法大名家

杨鹤皋法律史文集之二

春秋战国法律思想与传统文化

杨鹤皋 著

中国政法大学出版社

2022·北京

图书在版编目（ＣＩＰ）数据

春秋战国法律思想与传统文化/杨鹤皋著. —北京：中国政法大学出版社，2022.12
ISBN 978-7-5764-0507-1

Ⅰ.①春…　Ⅱ.①杨…　Ⅲ.①法律－思想史－研究－中国－春秋战国时代　Ⅳ.①D909.22

中国版本图书馆CIP数据核字(2022)第109060号

	春秋战国法律思想与传统文化
书　名	CHUNQIU ZHANGUO FALÜ SIXIANG YU CHUANTONG WENHUA
出版者	中国政法大学出版社
地　址	北京市海淀区西土城路 25 号
邮　箱	fadapress@163.com
网　址	http://www.cuplpress.com (网络实名：中国政法大学出版社)
电　话	010-58908466(第七编辑部) 010-58908334(邮购部)
承　印	固安华明印业有限公司
开　本	720mm×960mm　1/16
印　张	29
字　数	456 千字
版　次	2022 年 12 月第 1 版
印　次	2022 年 12 月第 1 次印刷
定　价	98.00 元

序

　　作为北京政法学院复办后的第一届学生，1980 年在中国法律思想史的课堂上，我第一次见到杨鹤皋老师。杨老师浓重的湖南口音、一丝不苟的治学态度，给我留下了深刻的印象。之后我虽有机会经常见到杨老师，但老师在我们的心中，永远是高山仰止。2011 年，杨老师出版著作《中国法律思想通史》，在附录"六十年读书与治学"中，他介绍了自己求学、参加革命的历程，使我对杨老师的人生经历有了一些了解。

　　2017 年，杨门弟子集聚一堂，为杨老师祝寿，我也有幸参与其中。席间，九十岁高龄的杨老师"发表演讲"，用"自勉""勤奋"和"任性"六个字概括了自己的一生。杨老师直抒胸臆的这番话，让我们走进他的内心，看到了老师的至真至纯。感慨、感动……说不清道不明的一些感受，事后很长一段时间一直萦绕在我们的内心。

　　之后杨老师嘱我为本书作序，作为后学晚辈，诚惶诚恐，但又师命难违。提笔之时千言万语，不知从何谈起。突然想到杨老师自己总结的六个字，我想一定要把杨老师的话记录整理出来，让更多的读者看到在这洋洋洒洒千万字背后的故事，看到老一辈学人孜孜以求的学术历程。

　　杨老师说："我当了几十年的教书匠，有两件比较大的值得庆幸的事情。第一件是能够集天下英才而教之，据我观察，从中国法律史专业毕业的同学，多数都是栋梁之材，在座的都是其中的佼佼者，这是第一件使我感到很欣慰的事情。第二件是我写了 500 多万字的著作。关于这些著作，有两点较为突出：其一是写了一部《中国法律思想通史》；其二是我的 500 多万字的著作，有些发行量比较大，自考教材发行了 30 多万册，司法考试的辅助教材发行了 20 多万册，这在我们专业中算比较多的。"在杨老师看来，人生九十，经历的事情比较多了，也应该小结一下。他感言道，小结六个字，一个是"自勉"，一个是"勤奋"，还有一个是"任性"。这中间既有一些经验，也有一些深刻的教训。

一曰"自勉"。人在顺境的时候毋须言及，重要的就是即使在逆境中，自己也不甘于沉沦。要往高处走，还要自我激励着做一些事情。22年的"右派"生活，那是很困顿的，吃饭都得拐着弯到食堂去。但是杨老师一直没有沉沦，没有放弃学术研究，没有放弃积累资料。

二曰"勤奋"。勤奋对于每个人来说，都是必不可少的。杨老师进入北京大学的时候，正赶上抗美援朝，有同学经常写有关朝鲜战争的文章，在几个报刊上发表。他当时就以人家为榜样，也给报纸投稿。留校任教，既教书，又能搞科研写文章，就更符合自己的志趣。1979 年北京政法学院复校以后，讲中国法律思想史的就他一个人，教学任务繁重，但是杨老师依然没有放弃科研。那时图书馆借资料最多的是杨老师，抄卡片，抄写了不少于 1000 张。功到自然成，杨老师 1979 年年初回到北京政法学院，10 月份就出版了《古代政法文献》一书，这些都是经年积累的结果。还有《春秋战国法律思想与传统文化》，杨老师是在原来《先秦法律思想史》的基础上，再分专题。其中，儒家十章、道家十章、法家十一章、墨家八章，还有一些新增加的内容。这都是多年勤奋积累的结果。

三曰"任性"。杨老师从多年经历中也总结出了一些教训。人如果完全只凭自己的主观意志做事，不考虑客观现实，不考虑人际关系，是会吃亏的。杨老师说，"1979 年之后，因为工作坚持原则也得罪了很多的人，甚至于针锋相对。后来我也有些转变，不再那么直接。但是有一点，我总是以乐观的态度对待，即使是遇到不公正的对待，也积极乐观。所以说不要那么任性，任性也是一个教训"。

"自勉""勤奋""任性"，短短的六个字，杨老师的学术人生跃然其中，这是对杨门弟子，也是对晚辈学人最好的教诲和勉励，让我们永远铭记在心！

祝杨鹤皋老师健康长寿！

作为学生谨作此短文以学习感悟而代序之。

高浣月

二〇一九年十月

出版说明

20 世纪 80 年代，我为中国政法大学研究生讲授"先秦法律思想史"，这本《春秋战国法律思想与传统文化》就是在"先秦法律思想史"讲稿的基础上整理而成，于 2001 年在我国台湾地区出版，出版时，曾邀陈鹏生教授作序，并共同署名。

此书 2001 年排印中错字较多，有的甚至影响原意。今为适应读者的需要，改用简体字出版，并请范忠信教授重新整理、审订。

此书第五十章、第五十一章的内容，同拙著《中国法律思想通史》（湘潭大学出版社 2011 年版）有重复之处，但为保持此书的完整性，故未作删减，特此说明。

杨鹤皋

2022 年 3 月于中国政法大学

目　录

第四编　墨家的法律思想与传统文化

第五编　道家的法律思想与传统文化

第六编　法家的法律思想与传统文化

第七编　阴阳家、杂家的法律思想与传统文化

第一编

绪论

中国奴隶制形成和发展的夏商西周时期，古代法律思想尚处在早期形成阶段。由于奴隶制生产水平低下，人们对自然和社会的认识，无不受到宗教迷信和神权思想的影响。统治者除了暴力镇压，还运用"君权神授""代天行罚"等神权法思想来加强思想统治，用神权来维护政权。

　　哪里有压迫，哪里就会有反抗和斗争。广大奴隶和平民不仅同奴隶主贵族的残暴统治进行了坚决的斗争，而且对他们所奉行的神权思想也展开了直接的进攻。如《尚书大传》记载，人们根据已经积累起来的自然科学知识，提出了金、木、水、火、土是万物之根本的唯物主义思想。

　　　　武王伐纣，至于商郊，停止宿夜。士卒皆欢乐歌舞以待旦。前歌后舞，假于上下。咸曰："孜孜无息，水火者，百姓之所饮食也；金木者，百姓之所兴生也；土者，万物之所资生，是为人用。"

　　诚然，这种思想在当时还处于萌芽状态，但它反映了人们对物质世界的重视和对神权思想的怀疑。

　　特别是西周后期，反神权思想随着奴隶制开始走向崩溃而得到进一步发展。《诗经》的一些诗篇生动而鲜明地反映了这种变化。如《硕鼠》篇把奴隶主贵族形象地比作贪得无厌的"硕鼠"，表示要远离"硕鼠"，去寻找公平合理的"乐土"。这不仅说明劳动者开始冲破神权思想的束缚，表现出强烈的反抗精神，而且表达了他们希冀建立一个公平合理社会的美好愿望。

　　这种反神权思想在当时还处于萌芽时期，没有形成较完整的体系。人们对神权思想也只限于怀疑和不满，还未能从理论上加以系统的批判。这一任务，由后来春秋战国时期的思想家承担起来了。

　　春秋战国时期是我国奴隶制瓦解和封建制确立的时期。在这一大变革时期，旧的统治思想已逐渐失去其统治地位，新的统治思想还没有确立起来。在这种情况下，不同阶层的人们都有机会提出他们的要求和愿望。这些要求和愿望，多是通过代表他们利益的思想家而反映出来的。这些思想家针对当时社会变革中出现的问题，提出自己的思想主张，著书立说，"以干世主"，从而形成了儒、墨、道、法等各种学派，思想战线上出现了群星灿烂、百家争鸣的繁荣局面。

第一章
春秋战国时期法律思想的社会基础

在春秋战国时期的社会大变革中，思想界出现了群星灿烂、百家争鸣的繁荣局面。这一局面的出现不是偶然的，而是由当时的经济条件、社会关系、政治关系所促成的。

第一节　奴隶制的瓦解与封建制的确立

春秋战国时期是我国社会经济、政治和文化大发展的时期。这种大发展，是由于生产力的发展所造成的。特别是铁器的使用，对社会生产的发展起到了决定性作用。据《国语·齐语》记载，管仲曾向齐桓公建议："美金以铸剑戟，试诸狗马；恶金以铸锄、夷、斤、斸，试诸壤土。"

所谓"美金"是指铜，"恶金"是指铁。这说明，春秋初期齐国已使用铁器耕作。后来，齐国又设置铁官，征收铁税，"以什伍农夫赋耜铁"；铁器的使用已相当普遍，"耕者必有一耒一耜一铫"。[1]春秋末期，晋国用铁铸刑鼎，著录范宣子所作的刑书，可见铁在晋国的应用也已相当普遍。使用铁器具有重大意义，因为铁使更大面积的农田得以耕作，使广阔的森林地区得以开垦，亦给手工业者提供了一种坚固和锐利程度非石头或当时所知道的其他金属所能匹敌的工具。

在铁器普遍使用的同时，牛耕也逐步推广起来。据《国语·晋语》记载，晋国的范氏、中行氏把祭祀用的牲牛用来耕田。孔子的弟子司马耕字子牛、冉耕字伯牛，牛与耕相连作为人名，可见牛耕已成为当时比较普遍的现象。

铁器的使用和牛耕的推广，促进了农业技术的改革，扩大了耕地面积，

---

[1]　《管子·海王》。

从而提高了农作物产量，为新的生产关系的出现和发展提供了条件。

西周奴隶社会，实行的是"溥天之下，莫非王土；率土之滨，莫非王臣"[1]的井田制度。这种奴隶主土地国家所有制是整个西周奴隶制的基础。随着社会生产力的发展，奴隶主土地国家所有制日益成为生产发展的障碍，社会矛盾逐渐激化。史书记载，当时鲁国"民不肯尽力于公田"[2]，"民困于下，怠于上公"[3]。齐国是"民三其力，二入于公，而饮食其一。公聚朽蠹，而三老冻馁"。[4]晋国的情况是"庶民罢敝，而宫室滋侈；道殣相望，而女富溢尤"。

"民闻公命，如逃寇仇。"[5]当时，各国奴隶主贵族"暴夺民衣食之财"[6]，对劳动者拼命榨取，抢夺他们的劳动果实。这一切说明，奴隶主贵族的统治已经十分腐朽，广大劳动者已无法生活下去，不得不铤而走险，起来反抗了，于是就出现"盗贼击夺以危上矣"[7]的局面。春秋战国时期，奴隶和平民反抗奴隶主统治的斗争十分频繁。如春秋时期较大的斗争就有：

公元前六四四年，齐国有"役人暴动"；

公元前六四一年，梁国有"奴隶暴动"；

公元前六二四年，沈国发生"民溃"；

公元前五五〇年，陈国有筑城的庶民暴动；

公元前四七八年，卫国有"工匠暴动"。

此外，还有许多奴隶聚集于山林水泽的险要之地，进行武装斗争。其中最著名的是春秋时期的盗跖和战国时期的庄蹻领导的起义。

奴隶和平民的反抗斗争，从根本上动摇了奴隶主贵族的统治，客观上为新兴封建制的产生开拓了道路。

随着农业生产力的提高，一些奴隶主为了更多地榨取奴隶，便在自己的封疆之外，"辟草莱，任土地"，开荒拓土，扩大耕地面积，这样，在公田之

---

[1]《诗经·小雅·北山》。

[2]《公羊传·宣公十五年》何休注。

[3]《盐铁论·取下》。

[4]《左传·昭公三年》。

[5]《左传·昭公三年》。

[6]《墨子·辞过》。

[7]《荀子·正论》。

外，出现了私田，奴隶主在私田上采取新的封建剥削方式。因为新的生产力所需要的是在生产中能表现某种自动性且愿意劳动的生产者，于是，这部分奴隶主转化成了地主，奴隶成了农奴或农民。

私田的出现和发展，破坏了奴隶制的井田制度。过去田土为周天子所授，因此"田里不鬻"，土地不能随便买卖或转让；而此时，私田完全属于私人所有，"贵货易土，土可贾焉"[1]，土地可以买卖了。到春秋后期，争田、夺田、土地私相赠与、私分土地之事，更是层出不穷。

由于私田日益增多，出现了"私门富于公室"的现象，公室为了增加收入，终于被迫打破公田和私田的界限而一律收税。例如，公元前五九四年，鲁国实行"初税亩"；公元前五四八年，楚国"量入修赋"；公元前五三八年，郑国实行"丘赋"。实行这些按土地收税的办法，意味着从律法上承认土地私有制。这样，就逐渐瓦解了奴隶制的基础，加速了封建制的发展。

新兴的封建地主为了发展自己的势力，采取各种办法同奴隶主贵族争夺劳动力，并逐步扩大自己的影响。随着他们经济实力的日益增长，其政治力量也逐渐强大起来。从春秋后期开始，他们就争取和利用奴隶、平民的力量，同奴隶主贵族进行夺权斗争，并且相继在一些诸侯国里夺得了政权。

第二节　兼并战争与夺权斗争

春秋战国时期，列国兼并战争迭起，战争的结果是：弱小的国家被强大的国家吞并，于是原来的"封建"国家一天一天减少。周初武王观兵孟津，据说与会的诸侯有八百；灭了商纣之后，周王又"封建亲戚"，把王室的同姓贵族、异姓贵族和元老重臣封往各地，建立了许多新的诸侯国，作为周王朝统治中心的屏障。荀子云："（周公）兼制天下，立七十一国，姬姓独居五十三人。"[2]这样，连原有诸侯国和新封之国，林立之"国"将近九百之多。到春秋时期，周天子的权威逐步衰落，一些强大的诸侯国欲取周天子的地位而代之。他们打着尊王的旗号，"挟天子以令诸侯"，极力想获取周天子过去所享有的政治和经济特权。于是各大诸侯国之间展开了争当霸主的角逐，一

---

〔1〕《左传·襄公四年》。
〔2〕《荀子·儒效》。

些小国被吞并了。据《史记》记载，春秋时共有一百四十余国〔1〕，其中著名的有齐、鲁、晋、秦、楚、宋、郑、卫、陈、蔡、曹、燕、吴、越、邓、许、申等国。到了战国时期，兼并战争更为频繁和激烈，规模也越来越大。各国都拥有强大的军事力量，一次战役中伤亡的士兵多达数万甚至数十万，正如孟子所说的那样，"争地以战，杀人盈野；争城以战，杀人盈城"。〔2〕频繁的兼并战争，使得许多国家被吞并了，只剩下"七雄"——齐、魏、韩、赵、秦、楚、燕和一些小国。"七雄"长期角逐的过程中，山东六国一个个败下阵来，惟秦越战越强，最后大小诸国都统一于秦。

在奴隶制衰落和封建制兴起、发展的过程中，随着新兴地主阶级经济、政治实力的壮大，他们向奴隶主贵族发起了夺权斗争。这种夺权斗争在春秋时已经开始，一直延续到战国时期。如公元前四〇三年韩、赵、魏"三家分晋"，公元前三八六年齐国的"田氏代齐"，都是这种斗争的表现。到战国中期，当时的"七雄"都相继建立起封建地主阶级政权。

当新兴地主阶级相继在各主要诸侯国夺取政权后，一些国家又进行了变法运动，以法律的形式肯定了地主阶级的胜利，宣告由奴隶制向封建制转化的完成。

---

〔1〕 见（清）顾栋高：《春秋大事表》。
〔2〕 《孟子·离娄上》。

第二章

春秋战国时期的百家争鸣与士文化

社会存在决定社会意识，春秋战国时期剧烈的社会变革，必然要反映到思想领域中来。当时，各个不同政治集团、不同阶层的人们，从维护自己的利益出发，都想按自己的意图来改造社会。当时所谓"诸侯异政，百家异说"，就是这种情况的反映。

第一节　私学的兴起与士文化

春秋战国社会大变革以前，官是士官，学是世学，典章制度为奴隶主贵族所专有，学术文化也为他们所垄断，一般平民不得与闻。荀子在论述学在官府的问题时，指出：

> 循法则度量，刑辟图籍；不知其义，谨守其数，慎不敢损益也。父子相传，以持王公。是故三代虽亡，治法犹存，是官人百吏之所以取禄位也。[1]

这些官人实际上属于史官。史官垄断文献资料且不外传，他们据有的种种知识，便是所谓官学了。到了春秋战国社会变革的时代，宗法世袭制度被破坏，这些官人们失去了禄位，他们所掌握的文献图籍不能够再世世代代承袭下去。结果，这些文献图籍四散，知识文化向外流传。正如汪中在《述学·左氏春秋释疑》中所说的那样："周之东迁，官失其守，而列国又不备官，则史皆得而治之。"这就是官失其守而导致私学兴起的时期。

---

[1]《荀子·荣辱》。

当"学在官府"的局面被打破,私学兴起之后,社会上就涌现出一大批知识分子,形成了"士"的阶层。他们著书立说、四处奔走,充当各派政治势力和诸侯的谋士。

最先开游士之风的有名人物当推孔子。他聚徒讲学,据说有"弟子三千,贤人七十二",其中不少人游说诸侯,成为谋士、宰臣。其后相继而起的游士很多,例如:墨子往来大江南北,其门徒遍于宋、郑、齐诸国;孟子"后车数十乘,从者数百人";农家"许行之徒数十人,捆履织蓆以为食"。其他如法家、纵横家、阴阳家等也各持主张,游说诸侯。他们的主张多数都重在改革现状,其目的则在于以布衣为卿相,实现自己的政治抱负。

当时各国欲图强争霸的国君,都竞相招引这些士人,甚至委以卿相之任。这样,各国养士之风盛行。如战国的"四公子"——齐孟尝君田文,赵平原君赵胜,魏信陵君魏无忌,楚春申君黄歇,都各养士数千人。苏轼对战国养士盛极一时的情形曾作了如下的表述:

> 春秋之末,至于战国,诸侯卿相皆争养士。自谋夫说客,谈天雕龙,坚白同异之流,下至击剑扛鼎,鸡鸣狗盗之徒,莫不宾礼。靡衣玉食以馆于上者,何可胜数!越王勾践有君子六千人,魏无忌、齐田文、赵胜、黄歇、吕不韦皆有客三千人。而田文招致任侠奸人六万家于薛。齐稷下谈者六千人。魏文侯、燕昭王、太子丹皆致客无数。[1]

士人的活动,对于百家争鸣局面的出现,确实起到积极的促进作用。

第二节 百家争鸣

春秋战国时期,反映各派政治势力和各社会阶层要求和愿望的思想家、政治家,都针对当时社会变革中的重大问题发表意见,提出自己的治国方案,"各著书言治乱之事,以干世主"。[2]于是各种学派接踵而起,各种思想纷纷出现,从而形成了我国古代思想史上最活跃的百家争鸣局面。

---

[1] 《苏东坡集·志林》。
[2] 《史记·孟子荀卿列传》。

在百家争鸣中出现的学派很多，据《汉书·艺文志》说，当时有儒、墨、道、名、法、阴阳、农、纵横、杂、小说十家，他们虽各执一端，实际上"相灭亦相生也"。其详曰：

> 诸子十家，其可观者九家而已。皆起于王道既微，诸侯力政，时君世主，好恶殊方，是以九家之术蜂出并作，各引一端，崇其所善，以此驰说，取合诸侯。其言虽殊，辟犹水火，相灭亦相生也。

这十大学派中，对法律思想史影响最深远的是儒、墨、道、法四家。当时，各学派的代表人物，对法的起源、性质、作用以及法与政治、经济、军事、文化教育、伦理道德、风俗习惯的关系，乃至立法、司法、执法的指导原则等等，都或多或少提出了自己的见解，在有些方面还有系统的论述。他们都言之成理、"持之有故"，在中国文化史上放射出灿烂的光辉。

春秋末期的孔子是儒家创始人。他倡导礼治，主张为政以德，重视人治。先秦儒家中，除孔子外，其主要代表人物尚有战国中期的孟子和战国末期的荀子。孟、荀适应时代的变化，在继承孔子思想的基础上，对儒学有很大发展。孟子仍然主张礼治，但其重点在于推行仁政。荀子既"隆礼"，又"重法"。然而，他们的思想主张，都被当时急功近利的统治者视为"迂阔之论"，不予采纳。

战国初期的墨子是墨家学派创始人。在先秦各学派中，唯独墨家是代表劳动者利益的一个学派。他们虽然人数不多，却敢于同贵族统治者针锋相对，同儒家对立，提出了以"兼爱"为核心的法律主张，向往建立一个兼爱互利的理想社会。

春秋末期的老子是道家创始人，战国中期的庄子则为道家理论的集大成者。道家推崇"道法自然"的自然法，主张无为而治。他们既反对儒家的礼治，也反对法家的法治。他们对礼乐法度的揭露是很深刻的，在客观上有助于人们认识统治者所奉行的礼法的本质。

春秋时期的管仲、子产、邓析是法家的先驱，他们在不同程度上提出了法治思想。战国初期的李悝和吴起，分别在魏国和楚国进行了变法，把新兴地主阶级已经取得的政治、经济成果，通过法令的形式固定下来。特别是战国中期的商鞅，在总结前人法治思想和变法经验的基础上，形成了较系统而完整的法治理论，从而出现了与儒家对立的法家学派。在法家学派中，重"势"的慎到，重"术"的申不害，特别是兼采法、术、势的齐法家，对法家理论的发展都作了重要贡献。战国末期的韩非则成为法家理论的集大成者，李斯成为法家事业的集大成者。在战国时期，法家学说的命运同儒家学说不同，它的主张被封建统治者所采纳，成为时代的宠儿。这是由于它的以法治国、重农重战、富国强兵、加强思想统治等主张，迎合了封建统治者急功近利、进行兼并战争和维护封建统治的需要。

后来，秦王朝奉行法家的学说，在文化思想上实行统一，定法家学说于一尊，对其他学派特别是儒家采取打击的政策，百家异说、百家争鸣的局面从此结束了。

第二编

春秋战国时期的法制改革与变法运动

第三章

春秋战国时期法律制度的变化与改革

春秋初期，各诸侯国基本上沿用西周的法律。春秋中叶以后，随着社会的深刻变化，法律制度也发生了巨大的变化，特别是成文法的公布，体现了新兴地主阶级的意志和要求，为封建法制的发展创造了条件。到战国时期，新兴地主阶级利用人民的斗争夺取政权，进一步推行变法运动，从而将获得的政治、经济利益用法令的形式固定下来，巩固了自己的统治地位。

第一节　春秋时期政治法津制度的变革

春秋时期，与封建经济的发展相适应，新兴地主阶级在政治上也逐步打破了旧制度下"贵贱有等"的局面。然而，当时的政权基本上仍掌握在奴隶主贵族手中。他们依靠政权维持旧制度，成为新兴地主阶级发展的严重障碍。

在当时的历史条件下，齐、晋、鲁、郑、楚等国，为了摆脱他们所面临的危机，在不触动奴隶主贵族根本利益的前提下，都被迫进行了一些社会政治改革。如齐国实行"三国五鄙"；晋国"作爰田""作州兵"；鲁国"初税亩"；郑国"作丘赋"；楚国实行"量入修赋"；等等。

特别值得注意的是，自春秋中叶以后，社会的深刻变革促进了法律制度的变化，其特点表现为以保护封建私有制为中心的成文法在各国陆续出现并加以公布。

春秋初期齐国管仲的改革，是从"法"和制度着手的。他提出的"修旧法，择其善者而业（创造）用之"的改革方针，就是要把历代政治、经济、法律制度中有用的东西吸收过来，加以改进，加以创新。他的"相地而衰征"的办法，则从法律上承认了私田的合法性。

郑国子产继"作封洫，作丘赋"之后，于公元前五三六年"铸刑书"，即将刑法条文浇铸在鼎上，公之于众，在一定意义上打击了奴隶主贵族的法律特权，促进了新兴地主阶级力量的发展。许多研究者认为，在中国历史上，这是第一次公布成文法，具有巨大的象征意义。它的影响极为深远，此后，各国也相继公布了成文法。

子产"铸刑书"后二十七年，即公元前五〇九年，晋国的赵简子（赵鞅）和荀寅率军在汝水边上修筑汝滨城时，向晋国百姓征收了四百八十斤铁，铸造成鼎，并且将范宣子所制定的刑法条文也浇铸在鼎上，公之于众，使人们有法可循。晋国成文法的公布，打破了以往贵贱殊法的制度，符合当时社会形势发展的需要。

邓析的《竹刑》是我国历史上第一部法家私人法典。据说他创办私学，以所著《竹刑》教人，宣传法治，向他"学讼者不可胜数"。此书未经郑国官方的授权和批准，而是以私人讲学的方式公布，这在中国古代法律史上是一种创造，并反映出邓析的勇敢和革新精神。

成文法的公布，是上升的封建制同衰败的奴隶制激烈斗争的结果。虽然这些新刑法的矛头仍然主要是指向劳动者，但对奴隶主贵族及其建立的旧的等级制度起到了打击作用，而对新的封建等级制度则起了维护作用。其对战国时代法家"不别亲疏，不殊贵贱，一断于法"理论的形成和封建法律制度的发展，则更有着直接的、重大的影响。

第二节　战国时期的变法运动

战国时期，当新兴地主阶级在齐、魏、赵、韩、楚、秦、燕等主要诸侯国取得政权时，他们为了适应封建经济发展的需要，都在一定程度上进行了政治改革和变法，以法律的形式肯定地主阶级的胜利，宣告了由奴隶制向封建制转化的完成。

战国初年，齐国新兴封建势力的代表田氏消灭了旧贵族的大部分势力，控制了齐国的政权。至齐威王时，任用邹忌为相，田忌、孙膑为将和军师，改革政治，加强武备，厉行法治，罢黜奸吏，国势逐渐强盛起来，成为可和魏国抗衡的大国。

晋国原由赵、韩、魏、智、范、中行氏六卿专政。公元前四九〇年，赵氏击败范氏和中行氏，公元前四五八年，赵、智、韩、魏四家分其土地；公元前四五三年，魏、赵、韩三家又灭了智氏，三分其地，分别建立了三个封建政权。公元前四〇三年，魏、赵、韩三家正式被周天子和各国承认为诸侯。之后，魏、赵、韩都进行了改革和变法。

魏文侯当政时，任用李悝为相，实行变法。李悝"夺淫民之禄"，废除世卿世禄制，确立"食有劳而禄有功"的原则；行"尽地力之教"及"平籴法"，收到富国强兵的功效；编撰《法经》，确立封建法制。

赵烈侯当政时，注意选拔人才，节约财政开支。后来赵武灵王为了加强军事实力，决定改革军制，"胡服骑射"，模仿北方少数民族组建轻骑兵。但遭到贵戚大臣的阻扰和反对，他们认为这是"变古之教，易古之道"。赵武灵王反驳说："夫服者，所以便用也；礼者，所以便事也。"圣人"随时制法，因事制礼。法度制令各顺其宜，衣服器械各便其用"。他坚决地实行改革，彻底改变了军事上的被动局面，使赵国成为一个诸侯畏惧、威服海内的强国。

韩在立国之后也进行了改革和变法，但不如魏赵。韩昭侯任用专门研究君主驾驭臣下之"术"的申不害为相。韩昭侯、申不害以实行"术治"为主，同时也注重法治。他们"修术行道"，"内修政教，外应诸侯"，使韩国"国治兵强"，"诸侯无侵韩者"，为韩国赢得了十五年和平。但韩国的改革不彻底，申不害"不擅其法，不一其宪令"，新法和旧法互相错杂，官吏得以上下其手，所以韩国的国力赶不上魏国和赵国。

吴起在楚国的变法取得了较大的成功。他废除世卿世禄制，将无能的官吏和冗员一律裁减；强调明法审令，从上而下地贯彻执行地主阶级的法律法令，实行法治。吴起的变法触犯了旧贵族的利益，最后吴起被他们杀害，楚国的变法也因之半途而废。

燕国在"七雄"中势力最弱。公元前三一八年，燕王哙把君位"禅让"给国相子之。子之统治了三年，国内大乱，"百姓恫恐"。于是，齐国乘机出兵，攻破燕国，子之被杀。经历了亡国危机之后的燕昭王，倒是个有志气的国君。他借助众多贤士的谋划，"明奉法，审官断"，整顿内政，强化法制；"察能而授官"，破除宗法传统，"不以禄私其亲"。经过二十八年的艰苦努力，燕国逐渐强大起来。

在各国变法运动中，秦商鞅变法成就最大。商鞅于公元前三六一年带着李悝的法经来到秦国，取得秦孝公的信任。六年后被任命为左庶长，以后又被提升为大良造（相当于相）。商鞅辅佐秦孝公执政二十多年，先后两次实行变法，取得显著成效，使贫穷落后的秦国一跃而成为当时最富强的诸侯国，为以后秦始皇统一中国奠定了基础。同时，商鞅还是卓有建树的法学家。他在总结前人法治思想的基础上，对中国古代法的基本理论作了全面的论述，成为先秦法家学派的代表人物之一。

战国时期，齐、魏、赵、韩、楚、燕、秦等诸侯国的社会改革和变法，前后经历一百多年，改革和变法的广度和深度很不一致，但基本的趋势都是以封建制代替奴隶制。它们通过改革和变法，为封建制的进一步发展扫清了道路。

第四章

管仲整饬旧制与以法治民的思想

第一节 管仲其人与《管子》其书

管仲，即管敬仲，姬姓管氏，名夷吾，颍上（今安徽颍上县）人，约生于公元前七二五年，卒于公元前六四五年。管仲早年贫困，与鲍叔牙一同经商。当时，齐襄公荒淫无道，其兄弟都认为他将不得善终，纷纷出走，"鲍叔牙奉公子小白奔莒，管夷吾、召忽奉公子纠奔鲁"。[1] 不久，齐襄公被杀。公子小白先回到齐国，成为齐国新的国君（即齐桓公）后，乃发兵对付鲁国，鲁应齐的要求，杀死公子纠，逼召忽自杀，管仲也被囚禁。这时，齐桓公打算任鲍叔牙为相，鲍叔牙则极力推荐管仲。鲍叔牙云：

> "臣不若夷吾者五：宽惠柔民，不若也；治国家，不失其柄，不若也；忠惠可结于百姓，不若也；制礼仪可法于四方，不若也；执枹鼓立于军门，使百姓皆加勇，不若也。"[2]

齐桓公听从了鲍叔牙的意见，把管仲从鲁国接回来，任命他为相。《管子·匡君大匡》篇中记载了管仲劝齐桓公称霸天下的过程，从中可看出管仲伟大的政治抱负：

> 管仲至，公问曰："社稷可定乎？"管仲对曰："君霸王，社稷定；君不霸王，社稷不定。"公曰："吾不敢至于此其大也，定社稷而已。"管仲又请，君曰不能。管仲辞于君曰："君免臣于死，臣之幸也，然臣之不死纠也，为欲定社稷也。社稷不定，臣禄齐国之政，而不死纠也，臣不

---

〔1〕《管子·匡君大匡》。
〔2〕《国语·齐语》。

敢。"乃走出至门，公召管仲，管仲反，公汗出曰："勿已，其勉霸乎。"

管仲辅佐齐桓公四十年，励精图治，在政治、经济、军事等方面进行了一系列改革，"以区区之齐在海滨，通货积财，富国强兵"，使齐国首先独霸中原，"九合诸侯，一匡天下"，〔1〕奠定了以后齐国"强于诸侯"的基础。管仲思想主张及其改革影响深远，在他死后百余年，孔子还赞叹说："管仲相桓公，霸诸侯。一匡天下，民到于今受其赐。"〔2〕

《管子》一书，相传为管仲所撰。实际上，"管子非一人之笔，亦非一时之书"，它是先秦管仲学派的著作汇编。《管子》一书的少部分篇章是管仲自己的作品，其他则为战国时托名之作。韩非说，"今境内之民皆言治，藏商管之法者家有之"；〔3〕司马迁也说："吾读管氏牧民、山高、乘马、轻重、九府及晏子春秋，详哉其言之也……至其书，世多有之。"〔4〕可见战国末期至西汉中期，《管子》一书已广泛流行。今本《管子》是西汉末年刘向根据其搜集到的《管子》版本及齐国的历史档案资料，重新编辑而成。全书原有八十六篇，后来佚失十篇，今存七十六篇。

第二节　管仲整饬旧制的主张

管仲的改革，是从"法"和制度着手的。他在回答齐桓公"安国若何"的问题时，明确提出当时之急务是"修旧法，择其善者而业用之，遂滋民，与无财，而敬百姓，则国安矣"。〔5〕韦昭注曰："业，犹创也。"显然，管仲所谓"修旧法"，就是整饬旧制度，但他并非主张一切都回到远古先王文武周公那个时代，而是"择其善者而业用之"，即把历代政治、经济、法律诸制度中有用的东西吸收过来，加以改进，有所创新。管仲改革的主要内容是：

其一，"作内政而寄军令"。齐桓公即位之初，齐国在诸国中并不是最强的，其周围有鲁、卫、晋等大国。在这种情况下，管仲认为作内政而寄军令，

---

〔1〕《史记·管晏列传》。
〔2〕《论语·宪问》。
〔3〕《韩非子·五蠹》。
〔4〕《史记·管晏列传》。
〔5〕《国语·齐语》。

是较明智的做法。正如管仲分析的那样：

> "……君若正卒伍，修甲兵，则大国亦将正卒伍，修甲兵，则难以速得志矣。君若欲速得志于天下诸侯，则事可以隐令，可以寄政。"桓公曰："为之若何？"管子对曰："作内政而寄军令。"[1]

可见"作内政而寄军令"表面上是强调整饬民政，实际上是要发展军事力量，而又不使大国警觉、小国畏惧。

管仲"作内政而寄军令"的基本做法是：分国为二十一乡，其中士乡十五，由士乡之士组成的士卒，专门从事军事训练和作战。十五乡的行政与军事编制相结合。《国语》云：

> 管子于是制国："五家为轨，轨为之长；十轨为里，里有司；四里为连，连为之长；十连为乡，乡有良人焉。以为军令：五家为轨，故五人为伍，轨长帅之；十轨为里，故五十人为小戎，里有司帅之；四里为连，故二百人为卒，连长帅之；十连为乡，故二千人为旅，乡良人帅之，故万人为一军，五乡之帅帅之。"[2]

这种办法，实际上是将军事组织和民政组织合为一体，使士卒"居同乐，行同和，死同哀"，以便于军队的组织，保证士兵的来源，从而增强了军事力量。

其二，"相地而衰征"。为了发展经济，管仲打破了井田制的限制，对大量发展起来的私田采取"相地而衰（差的意思）征"的赋税制度，即根据土地的好坏，分等征税。管仲说："陆（高平曰陆）、阜（大陆曰阜）、陵（大阜曰陵）、墐（沟上之道）、井（九夫为井，井间有沟）、田（谷地曰田）、畴（麻地曰畴）均，则民不憾。"[3]实行这种办法，其目的在于"使民不移"，增加赋税收入。但它承认了私田的合法地位，并有效地提高了土质较差的土地之利用率，有利于农业生产的发展。

---

〔1〕《国语·齐语》。
〔2〕《国语·齐语》。
〔3〕《国语·齐语》。

其三，选贤任能。管仲主张"选贤论材"，"使各为其所长"，[1]规定士经过乡长、官长、国君"三选"，可任"上卿之赞（辅助）"。同时，在基层组织中也打破了等级界限，使人们"祭祀同福，死丧同恤，祸灾共之，人与人相畴"。[2]这样就使士和庶民的地位得到提高，有了上升的机会。在实践中，管仲和齐桓公确实突破了宗法等级的界限，破格提拔非贵族出身的贤士担任重要官职，如赶牛车出身的宁戚就被任命为管理农业的大司农。

第三节　以法治民

齐桓公即位后，向管仲询问富国强兵之策。管仲回答："设象以为民纪，式权以相应，比缀以度（即法度），薄本肇末，劝之以赏赐，纠之以刑罚。"[3]显然，管仲主张向人民颁布各项法令制度，抓住这个根本来处理各种具体问题。凡遵守法令者给予赏赐，违法乱纪者处以刑罚。这就是他以法治民的主张。

这里所说的"劝之以赏赐，纠之以刑罚"，和《牧民》篇中所说的"信庆赏""严刑罚"是一个意思，管仲视之为国君手中的两种权柄，是治国治民不可缺少的工具。

据《国语·齐语》记载，管仲强调治国必须惩恶扬善，对"蔽明""蔽贤""不用上令"和结党营私的官吏，都按"其罪五"定性，按照五刑的规定加以惩处。对那些"寡功""政不治"的官吏，"一再则宥，三则不赦"，务使官吏各尽其职。

这种刑赏并用的主张，其实质在于使人民畏惧刑罚，服从统治。据《国语·晋语》记载，齐桓公的女儿、晋文公夫人对晋文公说："昔管敬仲有言，小妾闻之，曰：'……畏威如疾，乃能威民，威在民上，弗畏有刑；从怀如流，去威远矣，故谓之下。'"管仲这种"畏威如疾"的思想，就是后来法家"以刑治则民威（畏）"的法律主张的前奏。

管仲的政治法律主张及其改革不仅顺应了社会发展的趋势，在客观上加

---

〔1〕《管子·牧民》。
〔2〕《国语·齐语》。
〔3〕《国语·齐语》。

速了奴隶制的瓦解和封建制的形成，而且对后世产生了重大影响。管仲提倡耕战，主张富国强兵，以及实行刑赏并用的法治政策，故战国时期的法家多把他奉为先驱，并假借他的名义来传播他们的思想。

第五章

子产铸刑书及其宽猛相济论

第一节 子产的生平事迹

子产，姓公孙，名侨，字子产，因居东里，又称东里子产。约生于公元前五八〇年，卒于公元前五二二年。其父公子发（字子国）为郑简公时执政大夫之一，任司马。子产年少时就曾议论国家大事，颇有见地。二十岁左右，积极参加平定国内公族的叛乱，二十八岁左右被立为卿，参与国政。公元前五四二年郑相子皮授政子产，子产相郑简公，执政二十余年，进行了重大的政治、经济、法律的改革，取得很大成就。他是春秋后期一位杰出的政治家和外交家。

子产活动的年代后于管仲一百多年。管仲所凭借的国家，是偏于海滨的大国；而子产所凭借的国家，则是介于大国间的小国，正如子皮授政子产，子产推辞时所说的那样："（郑）国小而偪，族大宠多，不可为也。"[1] 当时，郑国地域狭小，处在争霸不已的晋楚两个大国之间，从晋，则楚不喜；从楚，则晋问罪，真是左右为难。至于国内，则贵族势力很大，斗争激烈，也不易为。在这种情况下，郑国欲图存争强，自不得不对外与晋楚等大国周旋，对内修明政治。

子产在执政二十多年中，充分发挥了他的政治才能，无论外交或内政，都取得了卓越的成就。

郑国是"国小而偪"的国家，就必须同大国讲亲善，宛转周旋，以避免被兼并。所以子产常到各国参加盟会，结交各国名臣，如晋国的叔向、齐国的晏婴、吴国的季札等。在交往中，子产既坚持维护本国利益，又始终不辱使命，是一位弱国的杰出外交家。在内政方面，子产实行了作封洫、制丘赋、

---

[1] 《左传·襄公三十年》。

铸刑书三大改革，使郑国国力大为增强，为郑国封建势力的发展扫清了道路。从子产的改革和言论来看，他是一位由奴隶主贵族转化而来的封建贵族。他的事迹和言论散见于《左传》《史记》《国语》等著作中。

第二节　作封洫与作丘赋

"作封洫"是把现有田界固定起来，开沟洫大兴水利，这也就承认了私有土地的合法性，并对旧贵族的势力起到了限制作用。

据《左传·襄公三十年》记载：

> "子产使都鄙有章，上下有服，田有封洫庐井有伍"，所谓"田有封洫"，其实是子产继前二十年其伯父子驷"为田洫"的未竟之业。当时执政者子驷曾因"为田洫"而侵犯了旧贵族的利益，被旧贵族杀害。"子驷为田洫，司氏、堵氏、侯氏、子师氏皆丧田焉。故五族聚群不逞之人，因公子之徒以作乱。于是子驷当国，子国为司马，子耳为司空，子孔为司徒。冬，十月，戊辰，尉止、司臣、侯晋、堵女父、子师仆帅贼以入。晨攻执政于西宫之朝，杀子驷、子国、子耳，劫郑伯，以如北宫。子孔知之，故不死。"[1]

面对这样空前的变乱，子产非常沉着，指挥若定，"为门者，庀群司，闭府库，慎闭藏，完守备，成列而后出，兵车十七乘，尸而攻盗于北宫，子蟜率国人助之"[2]，很快平定了这次变乱，但由于"众怒难犯"，子产又不得不"焚毁载书以安众"。这次田制改革没有成功。

子产执政后所实行的"田有封洫"，就是子驷"为田洫"的继续。他执政的头一年，就首先从田制改革入手，整理井田间的疆界和沟洫，重新编制公私田亩和居民住户，其主要目的在于承认田地私有，在私田上按亩征税，以增加赋税收入。这一改革，有助于农田的灌溉，提高农业产量，增加国家收入。这为郑国封建势力的发展创造了条件。

---

〔1〕《左传·襄公十年》。
〔2〕《左传·襄公十年》。

子产继"作封洫"后，为适应当时形势的需要，又"作丘赋"〔1〕，对军赋进行改革。以前，郑国的军赋只是对兵役的征发，车马兵甲军需的费用，则和祭祀等费用一起同出于籍田中。现在子产所作的"丘赋"，除扩大了车兵、徒卒等兵役的征发外，又开始了车马兵甲等军费的征收。其具体办法是："丘，十六井，当出马一匹、牛三头，今子产别赋其田，如鲁之田赋。"〔2〕

这就是按照田地的多少，向田地主人征收军赋。子产对军赋的改革，是符合土地制度改革要求的。它保证了国家军费的收入，扩大了兵源，从而增强了郑国的实力。对于土地所有者来说，虽然增加了一些负担，但自己的土地所有权得到承认，并取得作甲士的资格。

子产的改革曾遭到人们的非难。他作丘赋时，国人诽谤他，说他"贪"。特别是作沟洫时，起初人们要杀死他，三年之后，人们确实受益了，才颂扬他。《左传》云：

> （子产）从政一年，舆人诵之曰："取我衣冠而褚之，取我田畴而伍之，孰杀子产，吾其与之。"及三年，又诵之曰："我有子弟，子产诲之，我有田畴，子产殖之，子产而死，谁其嗣之。"〔3〕

这里说"我田"，当然是私田，看来这些"舆人"是包括土地私有者在内的诸人。"子产殖之"，则是说他们的田地的私有权得到正式承认了。

第三节　子产铸刑书及其在法文化中的地位

子产在田制和军赋改革的基础上，接着于公元前五三六年铸刑书，把刑法条文铸在鼎上，公布于众。许多研究者认为，在中国历史上，这是第一次公布成文法。晋国贵族叔向写了一封长信给子产，表示坚决反对。刑书早已失传，但我们从这封信中，可以窥测到它的一些内容。这里，特将《左传》所记此信的全文抄录于下：

---

〔1〕《左传·昭公四年》。
〔2〕《左传·昭公四年》杜预注。
〔3〕《左传·襄公三十年》。

　　鲁昭公六年三月，郑人铸刑书。叔向使诒子产书曰："始吾有虞于子，今则已矣。昔先王议事以制，不为刑辟，惧民之有争心也。犹不可禁御，是故闲之以义，纠之以政，行之以礼，守之以信，奉之以仁。制为禄位，以劝其从，严断刑罚，以威其淫。惧其未也，故诲之以忠，耸之以行，教之以务，使之以和，临之以敬，莅之以强，断之以刚。犹求圣哲之上，明察之官，忠信之长，慈惠之师，民于是乎可任使也，而不生祸乱。民知有辟，则不忌于上，并有争心，以征于书，而徼幸以成之，弗可为矣。夏有乱政，而作禹刑，商有乱政，而作汤刑；周有乱政，而作九刑。三辟之兴，皆叔世也。今吾子相郑国，作封洫，立谤政，制参辟，铸刑书，将以靖民，不亦难乎？又曰：'仪刑文王，万邦作孚。'如是，何辟之有？民知争端矣，将弃礼而征于书。锥刀之末，将尽争之，乱狱滋丰，贿赂并行。终子之世，郑其败乎！肸闻之，'国将亡，必多制'。其此之谓乎！"复书曰："若吾子之言，侨不才，不能及子孙，吾以救世也。既不承命，敢忘大惠。"〔1〕

从叔向的信中，确实反映出铸刑书是子产的一项重大的法律改革措施，具有重大的历史意义。

第一，刑书改革了凭统治者临事擅断的制度，开创了公布成文法的先例。子产"铸刑书"〔2〕，杜预注曰："铸刑书于鼎，以为国之常法。"在奴隶制下，奴隶主贵族密藏刑条，专凭他们的喜怒好恶，擅断罪刑，可以任意杀戮奴隶和平民。现在把刑律铸在鼎上，公布成文法，对罪与非罪，犯什么罪定什么刑，有了比较固定的标准，改变了无成文法可循的状态。这就限制了旧贵族的特权，自然要遭到他们的反对。他们害怕公布了法律，民众知道法律的规定，就不敬畏尊长了，就会发生争端，并依据法律条文侥幸取得胜利，因而无法统治了。由此可见，公布成文法，对谁有利，对谁不利，是十分清楚的。

第二，刑书有承认和保护私有权的内容，从而有利于封建经济的发展。叔向竭力反对子产的新政和刑书，认为"民知争端矣，将弃礼而征于书"。对

---

〔1〕《左传·昭公六年》。
〔2〕《左传·昭公六年》。

此，郭沫若有很精辟的分析，他说："叔向站在保守的立场，想维持旧日的礼制而反对新政，认为刑辟之设是'争端'的开始，其实这正是倒因为果。事实上是旧的礼制已经失掉了统治作用，世间上有了新的'争端'，故不得不用新的法令来加以防范。子产说他是为'救世'，正是现实的政治家所表露的真心话。"[1] 事实上，公元前五四二年子产执政后，立即开始了政治、经济的改革，六年之后即公元前五三六年才铸刑书，这正说明它是为了解决其经济、政治改革中所出现的新的矛盾和问题，是为了保护和巩固其田制和军赋改革的结果。所以说，刑书有承认和保护私有权的内容。

第三，刑书给了民众以新的地位。叔向主张遵循西周统一的奴隶制法制，反对郑国"多制"。而子产铸刑书的重大历史意义，正在于它冲破了那种可以任意杀戮民众的奴隶制法制，给了民众以新的地位，使他们能不顾礼制的规定，在合法范围内"争之"，并力图取得胜利。

子产铸刑书，公布成文法，适应了历史发展的趋势，其影响十分深远。此后，各国也相继公布成文法。叔向竭力反对铸刑书，但仅过二十多年后，他的故国晋也以"一鼓铁以铸刑鼎，著范宣子所为刑书焉"。[2] 可以说，子产的刑书为封建法制奠定了一定的基础，子产作为法家的先驱，是当之无愧的。

第四节　德为国本与宽猛相济论

子产重视文德在治国中的作用，把它视为国家长治久安的根本。他年轻时就认为郑这样的小国，"无文德而有武功"，会招来祸事。据《左传》记载：

> 郑子国子耳侵蔡，获蔡司马公子燮。郑人皆喜，惟子产不顺，曰："小国无文德而有武功，祸莫大焉。楚人来讨，能勿从乎？从之，晋师必至。晋楚伐郑，自今郑国不四五年，弗得宁矣。"子国怒之，曰："尔何知，国有大命而有正卿，童子言焉，将为戮矣。"[3]

---

〔1〕 郭沫若：《十批判书》，人民出版社 1954 年版，第 309 页。
〔2〕 《左传·昭公二十九年》。
〔3〕 《左传·襄公八年》。

子产这种重文德的思想是很可贵的，比起当权者只贪图眼前利益而不顾长远的主张要高明得多。后来他在给晋国范宣子的信中更明确提出："德，国家之基也。有基无坏，无亦是务乎！"〔1〕在子产看来，文德是治理国家的根本。没有比修德更重要的事了。只有有德者才能乐而无忧，国家才能长治久安。

子产除重视文德和对民实行宽宏之政外，也主张采取猛政，以对付人民的反抗。他作丘赋时，国人诽谤他说："其父死于路，已为虿尾。以令于国，国将若之何？"他坚定地回答说："何害！苟利社稷，死生以之。且吾闻为善者，不改其度，故能有济也。民不可逞，度不可改。诗曰：'礼义不愆，何恤于人言！'吾不迁矣。"〔2〕这种"死生以之""不改其度"的方法，便是属于猛政的内容。

关于这种朝政和猛政，子产在临终时告诫子大叔时讲得很清楚。子产云：

"我死，子必为政。唯有德者能以宽服民，其次莫如猛。夫火烈，民望而畏之，故鲜死焉。水懦弱，民狎而玩之，则多死焉，故宽难。"〔3〕

韩非亦云：

"子产相政，病将死，谓游吉（即子大叔）曰：'我死后，子必用郑，必以言莅人。夫火形严，故人鲜灼；水形懦，故人多溺。子必严子之形，无令溺子之懦。'"〔4〕

这种"宽猛相济，恩威并施"的主张，可以说是子产一生从政的总结。孔子也曾据此而得出"宽以济猛，猛以济宽，政是以和"〔5〕的结论。

子产的宽猛相济论对后世也有较大影响。后来一些思想家、政治家提出的礼法结合、文武并用等思想主张，都包含有宽猛相济的意思。

---

〔1〕《左传·襄公二十四年》。
〔2〕《左传·昭公四年》。
〔3〕《左传·昭公二十年》。
〔4〕《韩非子·内诸说上》。
〔5〕《左传·昭公二十年》。

第六章

晋铸刑鼎及其历史意义

第一节 晋铸刑鼎的历史背景

中国最早颁布成文法的是春秋末期的郑、晋二国，其中尤以晋国成文法的影响最大。在春秋时期，由于宗法分封制、世卿世禄制的衰落，以及土地制度的变化、新的地方行政管理体制的陆续形成等原因，法律制度也相应地发生了变化，以适应经济、政治发展的需要。

在春秋时期的社会变革中，晋国的改革是卓有成效的，其显著的特点是家族组织和宗法分封制遭到严重的破坏，国家政权很少由公族把持。春秋初年，晋武公以旁支代大宗，夺取了政权。执政者为了巩固自己的地位，从士为助献公灭桓庄之族开始，到骊姬之乱止，晋国的公族不断遭到打击，最后终于在晋国的政治舞台上消失了。清人顾栋高云：

> 盖世卿为春秋列国之通弊，而晋以骊姬之乱诅，无畜群公子，故文公诸子孙，雍仕秦，乐仕陈，黑臀仕周，无仕本国者。惟悼公之弟扬干与其子公子憖二人见传，终不闻其当国秉政为卿。[1]

晋国公族被灭，家族组织被破坏，维系最后统治集团的血缘纽带被割断，世卿世禄制衰落了。为了保证国家机器的正常运转，晋统治者不得不突破"亲亲"原则，根据才德标准，任用异姓和血缘关系疏远者为大臣。而且，不少他国逃亡来晋的臣僚也受到重用，如楚声子所说，"楚虽有材，晋实用之"，正是这种情况的真实写照。

这种社会关系的新变化，使"诸侯力家，卿置侧室，大夫有贰宗，士有

---

〔1〕（清）顾栋高：《春秋大事表》卷二十三。

隶子弟"的旧制不复存在。这反映在法律制度方面就表现为，统治者不得不制定法律来代替以前通行的传统习惯法。

晋国土地制度的变化，相应地也使法制有所发展。据《左传》记载，公元前六四五年，晋惠公率师与秦军战于韩原，晋军大败，惠公被俘。在君辱国危的形势下，为了扩充兵源，于是"作爰田""作州兵"。

> 晋于是乎作爰田。吕甥曰："君亡之不恤，而群臣是忧，惠之至也，将若君何。"众曰："何为而可？"对曰："征缮以辅孺子。诸侯闻之，丧君有君，群臣辑睦，甲兵益多，好我者劝，恶我者惧，庶有益乎。"众说（悦）。晋于是乎作州兵。[1]

"作爰田""作州兵"是重大的社会变革措施，极大地促进了土地私有制的发展。这反映在法制方面，必然要求制定法律，以保护私人的财产权利。

晋国的铸刑鼎，就是在这样的历史背景下发生的。

第二节　晋铸刑鼎及其历史意义

公元前五〇九年，晋国的赵简子（赵鞅）和荀寅带领军队在汝水旁修筑汝滨城时，向晋国百姓征收了四百八十斤铁，铸制成鼎，并且将晋平公时的大臣范宣子所制定的刑法条文也浇铸在鼎上，公之于众。此事遭到孔子的非难。据《左传·昭公二十九年》记载：

> 冬，晋赵鞅、荀寅帅师城汝滨，遂赋晋国一鼓铁，以铸刑鼎，著范宣子所为刑书焉。仲尼曰："晋其亡乎！失其度矣。夫晋国将守唐叔之所受法度，以经纬其民。卿大夫以序守之，民是以能尊其贵，贵是以能守其业。贵贱不愆，所谓度也。文公是以作执秩之官，为被庐之法，以为盟主。今弃是度也，而为刑鼎，民在鼎矣，何以尊贵？贵何业之守？贵贱无序，何以为国？且夫宣子之刑，夷之蒐也，晋国之乱制也，若之何以为法？"

---

[1]《左传·僖公十五年》。

　　在孔子看来，晋国铸刑鼎，失掉了它的法度，恐怕要亡国了！晋国应该遵守其始祖唐叔虞传下来的法度，作为百姓的行为准则，卿大夫按照他们的位次维护它，百姓才能尊敬贵人，贵人因此能保守住自己的家业。那么，孔子所指的这个法度又是什么呢？他解释说："贵贱不愆，所谓度也。"也就是说，严格地遵守贵贱等级的差别而不使错乱，就是法度。他慨叹道：现在废弃了这个法度，而铸造了刑鼎，百姓都能看到鼎上的条文，可以依据它来保护自己，贵人还能凭借什么来使自己受到尊重，还有什么家业可以保守？"贵贱无序"，还怎么治理国家？孔子认为范宣子的刑书，是晋国的"乱制"，就不能当作法律。

　　由此可以看出，在"礼崩乐坏"的春秋时代，孔子所坚持的，仍然是维护宗法等级的礼治，殊不知当时晋国的宗法等级制业已崩溃，礼的社会基础不复存在，它已不能起到作为人们行动的规范和准则的作用。在这种情况下，晋国铸刑鼎，将法律条文公诸于众，使人们的行动有法可循，就成为历史的必然了。

第七章

邓析的《竹刑》

第一节　邓析的生平事迹

邓析，春秋末期郑国人。生于公元前五四五年，卒于公元前五〇一年。关于他的生平事迹，我们知道得很少，只能从《左传》《荀子》《吕氏春秋》《列子》《说苑》等所保存的片段史料中，看到一个轮廓。他约与子产、孔子同时，子产执政时，他也是郑国大夫。公元前五〇一年被郑国旧贵族驷颛杀害。这一年子产已死二十一年，比孔子之死早二十二年。

邓析是我国历史上第一部法家私人法典——《竹刑》（一部写在竹简上的法律）的编著者。据说他创办私学，以所著《竹刑》教人，宣传法制，向他"学讼者不可胜数"。可惜《竹刑》失传，人们无法知其内容了。

《汉书·艺文志》著录邓析二篇，已失传。今本《邓析子》系后人托名所作。这部《邓析子》中有不少关于法制的论述，所以《四库全书总目提要》说："其书（指《邓析子》）汉志作二篇，今本仍分无厚、转辞二篇，而并为一卷，然其文节次不相属，似亦掇拾之本也。其言如天于人无厚，君于民无厚，父于子无厚，兄于弟无厚，势者君之舆，威者君之策，则其旨同于申韩。如令烦则民诈，政扰则民不定，心欲安静，虑欲远深，则其旨同于黄老。然其大旨主于势统于尊，事核于实，于法家为近。"

今本《邓析子》虽系后人托名所作，但其中有些观点确实源于邓析。

第二节　邓析的《竹刑》

邓析是春秋末期一位积极主张刑法改革的代表人物。他编著的《竹刑》，是用以对抗旧礼制的。据《列子》记载："邓析操两可之说，设无穷之辞。当

子产执政，作竹刑，郑国用之，数难子产之治。"〔1〕

晋人杜预注《左传》时也说，邓析"欲改所著旧制，不受君命，而私造刑法，书之于竹简，故言竹刑"〔2〕。从此我们可以看出如下内容。

第一，邓析的"欲改旧制"和他"不法先王，不是礼义"（《荀子·非十二子》）的主张是一致的。从当时的历史条件来分析，邓析这部有别于郑国旧制的《竹刑》，必然是一部体现新兴封建势力利益的刑书。而子产的刑书可能在否定旧制方面还不够彻底，有些疏漏的地方，因而受到邓析的批评和责难。

第二，邓析"不受君命，而私造刑法"，即编著《竹刑》未经郑国官方的授权和批准，而是以私人讲学的方式公布的。这在中国古代法律史上是一种创造，并反映出邓析的勇敢和革新精神。

邓析批评国政和宣传《竹刑》的方式也很特别。据《吕氏春秋》记载："郑国多相县（悬）以书者，子产令无县书，邓析致之。子产令无致书，邓析倚之。令无穷，则邓析应之亦无穷。"〔3〕

所谓"致"，是传致、送出；"倚"，即倚伏的"倚"，有隐藏、潜伏的意思。这是说郑国有很多人接连不断张挂批评国政的"揭帖"，子产下令不准张挂"揭帖"，邓析便把它传送出去。子产下令不准传送"揭帖"，邓析便把它混在其他物品中夹带出去。显然，邓析是用张挂、传送、秘密散发"揭帖"的方式，来宣传自己的革新思想和法律主张的。这对发展壮大郑国的封建势力起了积极作用。

此外，邓析还是一位善于运用法律，帮助民众打官司的人，受到民众的拥护。《吕氏春秋》云："子产治郑，邓析务难之。与民之有狱者约：大狱一衣，小狱襦裤。民之献衣襦裤而学讼者不可胜数。""洧水甚大，郑之富人有溺者，人得其死者，富人请赎之，其人求金甚多，以告邓析。邓析曰：'安之，人必莫之卖矣。'得死者患之，以告邓析，邓析又答之曰：'安之，此必无所更买矣。'"〔4〕

---

〔1〕《列子·力命》。
〔2〕《左传·宣公九年》杜预注。
〔3〕《吕氏春秋·离谓》。
〔4〕《吕氏春秋·离谓》。

邓析同民众中要学习打官司的人商定所收报酬：大案件一件长衣，小案件一件裤褂。民众中交纳长衣、裤褂跟他学习打官司的人数不清。看来邓析很像一位古代律师，他"操两可之说"，对同一案件可"是"可"非"，在受理"赎尸"案件中即是如此。

总的看来，邓析《竹刑》的编著，是春秋末期法家先驱法治主张的突出反映，为新兴地主阶级确立新的法权原则提供了一定的根据。

邓析的《竹刑》受到民众的欢迎，在郑国影响很大，使郑国当权者的政令难以推行。最后的结果是"郑驷颛杀邓析，而用其竹刑"[1]。这是说，郑国的执政者驷颛虽然杀害了邓析，却不得不采用他的《竹刑》。这一事实也说明，郑国进一步的革新已成为当时客观形势发展的迫切需要。

第三节　否定礼义的主张

春秋后期，随着新兴封建势力的发展，社会上也出现了反对维护贵族特权的礼治的思想。邓析是当时最激进的革新派。他敢于向旧的传统挑战，对郑国旧的礼制、禁令进行抵制和批评，明确提出"不法先王，不是礼义"的主张。荀子云：

> 不法先王，不是礼义，而好治怪说，玩琦辞，甚察而不急，辩而无用，多事而寡功，不可以为治纲纪；然而其持之有故，其言之成理，足以欺惑愚众，是惠施、邓析也。[2]

所谓"不是礼义"，就是否定和反对礼义。邓析"不法先王，不是礼义"的主张，同儒家"祖述尧舜，宪章文武"是针锋相对的。儒家宣扬法先王，把希望寄托在先王身上。邓析则认为，法先王只能造成政治混乱，不适合时代的需要，不能以先王之制为法。

"不法先王"和"不是礼义"是密切联系的。反对法先王，必然反对迷信先王所主张的礼义道德。邓析不但反对坚持礼治的旧贵族，也反对像子产

---

[1]《左传·定公九年》。
[2]《荀子·非十二子》。

那样继承礼治传统的新的封建贵族。他积极帮助民众打官司，出主意，同旧礼唱反调，提出了"以非为是，以是为非"的主张。《吕氏春秋》云："子产治郑，邓析务难之。……民之献衣襦裤而学讼者不可胜数。以非为是，以是为非，是非无度，而可与不可日变。所欲胜，因胜；所欲罪，因罪。郑国大乱，民口欢哗。"[1]可见邓析对于当时所进行的一些改革很不满意，所以他"数难子产之政"。其不满意的原因，可能是邓析认为子产的改革不彻底，所以非难他，从而使子产感到难于应付，郑国也大乱起来。

邓析及其后学反对儒家的礼义道德是不遗余力的。他们明确指出："暗则不任也，慧则不从也，仁则不亲也，勇则不近也，信则不信也，不以人用人。"[2]这是公开对儒家倡导的慧、仁、勇、信等道德观念的否定。他们批评儒家的礼义是"淫辞之端""别言异道"，坚定地表示："何方之道不从，面从之义不行，治乱之法不用。"[3]

总的看来，邓析敢于向旧传统挑战，批评维护贵族利益的礼治，积极宣传法治，是值得称道的。

---

[1]《吕氏春秋·离谓》。
[2]《邓析子·转辞》。
[3]《邓析子·无厚》。

第八章

李悝变法与编纂《法经》

第一节 李悝及其变法主张

李悝,又称李克,战国时期魏国人,子夏再传弟子。约生于公元前四五五年,卒于公元前三九五年。

战国初期首先实行变法的,要推魏国。公元前四五三年韩赵魏三家灭智氏后,魏国的新兴地主阶级也登上政治舞台。公元前四〇三年,魏确立了封建政权。魏国国君魏文侯,积极进取,延揽人才,急图霸业。他任李悝为相,主持变法,从政治、经济、法律等方面进行了一系列改革。《史记·平准书》云:

> 魏用李克,尽地力,为强君。自是之后,天下争于战国,贵诈力而贱仁义,先富有而后推让。故庶人之富者或累巨万,而贫者或不厌糟糠;有国强者或并群小以臣诸侯,而弱国或绝祀而灭世。以至于秦,卒并海内。

李悝曾汇集当时各国的法律,编撰成我国第一部比较系统的封建法典——《法经》,但早已失传。李悝的言论仅散见于《汉书·食货志》《晋书·刑法志》等书中。《汉书·艺文志》著录《李子》三十二篇,可惜也已失传。班固把李悝列为法家之首是有道理的,因为他是战国初期一位主张强君尊法、重耕战、重发展封建经济的人物。但李悝曾师事儒者,其主张中又有某些儒家思想的成分,也是不足为奇的。

第二节 尽地力与平籴法

在经济改革方面,李悝首先从生产关系方面着手。他废沟洫,废除井田制。明代董说《七国考》一书中，载有"李悝废沟洫"一条说："水利拾遗云：'李悝以沟洫为墟，自谓过于周公。'"沟洫是井田的排水系统，也是划分井田的界标。所谓"以沟洫为墟"，就是废井田，彻底改造井田制的遗迹，重新安排灌溉系统。这就为封建土地私有制的进一步发展创造了条件。由于李悝变法，魏国加速了经济改革，这是当时各国中魏国得以首先富强的根本原因。

李悝在"以沟洫为墟"的基础上，进行"尽地力之教"，大力促进农业的发展。他的重农思想是颇为突出的。他认为农业是人们的衣食之源，因此"农事害"是"饥之本"，"女工伤"是"寒之原"。如果"上不禁技巧，则国贫民侈"，不重视农业生产，人们的衣食问题得不到解决，就会产生奸邪之心，"凡奸邪之心，饥寒而起，淫佚者，久饥之诡也"〔1〕。同时，农业还是国家财政收入最重要的源泉，"农伤则国贫"，只有发展农业，才能使国家富裕。这正是李悝"尽地力之教"的指导思想。

"尽地力之教"包含"尽地力"和"善平籴"两项内容，前者是增加生产的政策，后者是调剂分配的政策。这在《汉书·食货志》中有较具体的记载。

所谓"尽地力"，就是充分利用地力，进一步提高劳动生产率，增加粮食产量。李悝认为，在方圆百里的地区内，有土地九百万亩，除去三分之一的山林、水面和人民居住的地方，有六百万亩耕种的土地。如果农民"治田勤谨"，每亩可以多收粮食三斗；反之，每亩会少收三斗。这样一"多"一"少"，"辄为粟百八十万石矣"。这是一个很大的数字，直接影响国家的财政收入。所以，李悝极力主张，农民要"治田勤谨"，多种粮食，深耕细作，勤于锄草，及时收割。李悝云："种谷必杂五种，以备灾害……力耕数耘，收获如寇盗之至。"〔2〕这些都是很宝贵的农业技术经验，它对提高农业劳动生产率有较大的作用；更重要的是它反映出李悝十分重视调动农民的生产积极性。

所谓"善平籴"，就是丰年国家购粮储存，荒年平价发放，以有余补不足。李悝观察到粮价不稳，使农民产生"不劝耕之心"，这是影响农业生产的决定性因素。李悝云："籴甚贵伤民（指城市居民），甚贱伤农；民伤则离散，

---

〔1〕《说苑·反质》。
〔2〕《太平御览》卷八二一引《史记》。

农伤则国贫。故甚贵与甚贱，其伤一也。善为国者，使民毋伤而农益劝。"〔1〕"伤民"和"伤农"都对国家不利，所以，善于治国的人必须做到"使民毋伤而农益劝"。而要做到这一点，就应当实行"平籴"政策。

李悝指出：一百亩田的常年产量一百五十石，下熟三百石，小饥年份只有一百石，中饥七十石，大饥三十石。政府应根据年成丰歉的情况，收购和发放粮食。李悝云："故大熟则上籴三而舍一（余四百石中收购三百石）；中熟，则籴二；下熟，则籴一。使民适足，价平则止。小饥则发小熟之所敛，中饥则发中熟之所敛；大饥则发大熟之所敛，而粜之。故虽遇饥馑水旱，籴不贵而民不散，取有余而补不足也。"〔2〕

这就是李悝"取有余而补不足"的平籴政策。实行这一政策，可以使粮价稳定，防止投机商从中渔利，以调动农民的生产积极性，促进农业生产的发展。李悝的平籴法对后世颇有影响，中国封建社会所实行的均输、常平仓等办法，实际上就是源于这里。

"尽地力"和"善平籴"都属于重农主义，在魏国实行时曾收到"国以富强"的功效，后来的法家也多遵行。

第三节　《法经》中的封建立法思想

李悝搜集整理了春秋末期以来各国所颁布的成文法，编撰《法经》六篇。《晋书·刑法志》大略记载了它的结构和一些内容，以后《唐律疏议》有所补充。明代董说的《七国考》记述较详，今将全文抄录于下：

> 魏文侯师李悝著法经，以为王者之政，莫急于盗贼，故其律始于盗、贼。盗贼须劾捕，故著囚、捕二篇。其轻狡、越城、博戏、借假不廉、淫侈、逾制为杂律一篇。又以具律具其加减。所著六篇而已。卫鞅受之。入相于秦。是以秦魏二国，深文峻法相近。正律略曰：杀人者诛，籍其家，及其妻氏。杀二人及其母氏。大盗戍为守卒，重则诛。窥宫者膑，拾遗者刖。曰："为盗心焉。"其杂律略曰：夫有一妻二妾其刑聝。夫有

---

〔1〕《汉书·食货志》。
〔2〕《汉书·食货志》。

二妻则诛。妻有外夫则宫。曰:"淫禁"。盗符者诛,籍其家。盗玺者诛。议国法令者诛,籍其家,及其妻氏。曰:"狡禁。"越城一人则诛。自十人以上夷其乡及族。曰:"城禁。"博戏罚金三市。太子博戏则答,不止则特答,不止则更立。曰:"嬉禁。"群相居一日以上则问,三日四日五日则诛。曰:"徒禁。"丞相受金,左右则诛。犀首以下受金则诛。金自镒以下罚不诛也。曰:"金禁。"大夫之家有侯物,自一以上者族。其减律略曰:罪人年十五以下,罪高三减,罪卑一减。年六十以上,小罪情减,大罪理减。

从《法经》所反映的封建立法思想和原则来看,主要有三条。

其一,"王者之政,莫急于盗贼"。李悝认为,"王者之政,莫急于盗贼",所以《法经》首先从盗、贼两篇开始;又因为对盗、贼要逮捕法办,所以接着是囚篇和捕篇。此外,还有两篇,一篇是杂律,其内容是如何惩治"轻狡""越城""博戏""借假不廉""淫侈""逾制"等不法行为的;另一篇是具律,其内容是按照不同情况加刑或减刑的规定。以上总计六篇,组成《法经》。李悝把盗篇和贼篇放在《法经》的前面,清楚地说明,其立法思想和立法原则首先是保证地主阶级的财产和人身不受侵犯。

什么是盗贼呢?说文云:"盗,私利物也。""贼,败也。"段玉裁注曰"窃贿为盗","毁则为贼"。荀子则说"窃货曰盗","害良曰贼"。[1]荀子在《正论》篇中还说:"上以无法使,下以无度行……故百事废,财物诎,而祸乱起。王公则病不足于上,庶人则冻馁羸瘠于下;于是焉桀纣群居而盗贼击夺以危上矣。"由此可见,在封建社会里,所谓"盗",是指经济上对公私财产的侵犯;所谓"贼",是指犯上作乱和对人身的侵犯。李悝为了维护封建统治,所以把镇压盗贼作为刑事立法的主要任务。

其二,限制旧贵族的法律特权。李悝对"刑不上大夫"的奴隶制传统有所突破,对旧贵族和上层统治者所享有的法律特权也有所限制。例如,《法经》规定,对贪污受贿要予以惩罚,"丞相受金,左右伏诛,犀首(相当于将军)以下受金则诛";凡参与赌博者要罚金,太子"博戏"要处答刑,直至可以废立。这些法律规定,具有否定"刑不上大夫"法律特权的积极意义。

---

〔1〕《荀子·修身》。

其三，重刑主义。轻罪重刑是先秦法家的共同特点，这在李悝的《法经》中有明显的体现。《法经》虽然也有惩治统治集团成员的规定，但其主要锋芒是针对被统治的劳动者的。

第一，对盗贼的惩罚十分严酷。《法经》明确规定："杀人者诛，籍其家，及其妻氏。杀二人，及其母氏。"甚至捡拾路上的物品，也要处以刖刑，原因是"有盗心焉"。

第二，对威胁封建君权的言行处刑极重。在封建制下，君权是神圣不可侵犯的。《法经》规定："窥宫者膑"；"盗符者诛，籍其家"；"盗玺者诛"，甚至议论国家法令的也要受到极重的刑罚，除本人被诛外，还要"籍其家，及其妻氏"。

第三，对聚众而可能谋反者处刑极重。《法经》规定，凡一人越城要处死刑；十人以上结伙越城的，其全乡全族的人都处死刑。"群相居一日以上则问，三日四日五日则诛。"如果我们把《法经》和秦律对照，就可以看出"秦魏二国，深文峻法"的观点是符合事实的。

《法经》是我国第一部比较系统的封建法典，对秦汉以后各代封建法典的编纂有重大影响。

此外，李悝还实行了"食有劳而禄有功"的政策。他把那些"其父有功而禄，其子无功而食之"的贵族斥之为"淫民"，主张"夺淫民之禄，以徕四方之士"，〔1〕即剥夺贵族的俸禄，转给那些有才能而愿意为魏国效劳的人。他明确提出有功劳才能享受俸禄，赏罚必须严明的原则："为国之道，食有劳而禄有功，使有能而赏必行，罚必当。"〔2〕很明显，这反映了新兴地主阶级要求对财产和权力进行再分配的愿望，并为他们的代表人物参加政权敞开了大门。这是符合历史发展趋势的。

综上所述，李悝的变法，促进了魏国封建政治经济的发展，使魏国迅速富强起来，成为战国初期的强国。他所编撰的《法经》对秦汉以后各代封建法典的编纂有重大影响。同时，我们也看到，李悝的法律主张中仍然保留着奴隶制时代野蛮法的残余，刑罚相当严酷，这些，后来又为商鞅、韩非、李斯等法家人物所继承。

---

〔1〕　《说苑·政理》。
〔2〕　《说苑·政理》。

第九章

吴起变法及其明法审令论

第一节　吴起及其变法主张

吴起，战国时卫国左氏（今山东曹县北）人。生年不详，卒于公元前三八一年。他不但是我国古代军事家，而且是早期法家的重要代表人物。他的活动和主张的详细情况已无从考查，只能从一些史籍的记载中知其大概。

吴起曾学于曾申，受经子夏。早年在鲁国为将，立有很大的战功。但因受到旧贵族排挤，乃离鲁去魏。他在魏文侯、武侯时为将，镇守与强秦接壤的西河，很得民心。《史记》云：

> 文侯以吴起善用兵，廉平，尽能得士心，乃以为西河守，以拒秦韩。
> 魏文侯既卒，起事其子武侯。武侯浮西河而下，中流，顾而谓吴起曰："美哉乎山河之固，此魏国之宝也。"起对曰："在德不在险。昔三苗氏左洞庭，右彭蠡，德义不修，禹灭之。夏桀之居，左河济，右泰华，伊阙在其南，羊肠在其北，修政不仁，汤放之。殷纣之国，左孟门，右太行，常山在其北，大河经其南，修政不德，武王杀之。由此观之，在德不在险。若君不修德，舟中之人尽为敌国也。"[1]

很明显，这里所阐述的是儒家的德治思想，无疑是受到曾申、子夏思想的影响。他在回答魏武侯"问元年"的问题时，更明确地提出"分禄必及，用刑必中，君心必仁"等思想主张[2]，也反映出他确实受到儒家思想的影响。

吴起治西河有功，颇有名声，"王错谮之于魏武侯"，于是他离魏去楚。

---

〔1〕《史记·孙子吴起列传》。
〔2〕《说苑·建本》。

当时，楚悼王正想进行改革，因而起用吴起为郡守、令尹，实行变法。《说苑》云：

> 吴起为苑守，行县适息。问屈宜臼曰："王不知起不肖，以为苑守，先生将何以教之？"屈公不对。居一年。王以为令尹，行县适息，问屈宜臼曰："起问先生，先生不教，今王不知起不肖，以为令尹，先生试观起为之也。"[1]

吴起变法为时不长，支持变法的楚悼王就死了。这时仇视变法的贵族乘机发动政变，用乱箭把吴起射死。《史记》云："楚之贵戚尽欲害吴起。及悼王死，宗室大臣作乱而攻吴起，吴起走之王尸而伏之。击起之徒因射刺吴起，并中悼王。"[2]

吴起是著名的军事家，且有军事理论著作，在战国末年和西汉时很流行。韩非云："境内皆言兵，藏孙吴之书者家有之。"[3]司马迁亦云："世俗所称师旅，皆道孙子十三篇，吴起兵法，世多有……"[4]

《汉书·艺文志》著录吴起四十八篇，已佚，今本《吴子》六篇系后人所托。

如前所述，吴起曾受儒家思想的影响，但从其总的思想倾向来看，他主张"明法审令"，"要在强兵"，"废公族疏远者"，"损不急之官"，"抚养战斗之士"，因此应属于法家。

第二节　废除世卿世禄制

吴起认为，楚有地数千里，兵百余万，应该成为强盛的国家。但现在如此贫弱，其根本原因就在于贵族的权力太大，分封的世袭领地太多，对国君十分不利。因此，他积极主张改革，实行变法。吴起在回答屈宜臼的问题时，阐述了他的变法主张："将均楚国之爵而平其禄，损其有余而继其不足，厉甲

---

[1]《说苑·指武》。
[2]《史记·孙子吴起列传》。
[3]《韩非子·五蠹》。
[4]《史记·孙子吴起列传》。

兵以时争于天下。"〔1〕

其中,"损有余而补不足"是吴起变法的根本原则。它以剥夺旧贵族的"有余"来弥补新兴地主阶级的"不足"。据《史记》记载,吴起变法时,确实贯彻了这个原则,并采取了一些措施:

> 使封君之子孙三世而收爵禄,绝灭(减)百吏之禄秩;损不急之枝官,以奉选练之士。〔2〕
>
> 捐不急之官,废公族疏远者,以抚养战斗之士,要在强兵。〔3〕
>
> 吴起谓荆王曰:"荆所有余者地也,所不足者民也。今君王以所不足益所有余,臣不得而为也。"于是令贵人往实广虚之地,皆甚苦之。〔4〕

综合起来,这些措施如下。

其一,废除贵族的世卿世禄制度,取消旧贵族三代以后的爵位和俸禄,对疏远的公族,一律废籍,取消他们所享有的特权。

其二,将无能的官吏和冗员一律裁减。

其三,根据楚国地广人稀的情况,强迫一部分旧贵族前往边远地区。

其四,将节省下来的钱用于训练士卒,选贤任能。

显然,吴起采取的这些措施,是为了加强国君的权力,限制或废除旧贵族的特权,为新兴封建势力的代表人物参加政权提供了便利条件,从而使国家富强起来。

第三节　明法审令论

吴起变法,要求"明法审令"〔5〕,从上而下地贯彻执行国家的法律法令,实行法治。

---

〔1〕《说苑·指武》。
〔2〕《韩非子·和氏》。
〔3〕《史记·孙子吴起列传》。
〔4〕《吕氏春秋·贵卒》。
〔5〕《史记·孙子吴起列传》。

> 吴起事悼王，使私不害公，谗不蔽忠，言不取苟合，行不取苟容，行义不顾毁誉，必有伯主强国，不辞祸凶。[1]
>
> 吴起为楚悼罢无能，废无用，损不急之官，塞私门之请，一楚国之俗……破横散从，使驰说之士无所开其口。[2]

由此可知，吴起严禁官吏以个人之私去危害国家之公，纠正以私害公的不正之风。官吏必须遵守法纪，不计毁誉，不顾祸凶，决心为实施国家的法治而拼死效力。同时又严厉取缔纵横游说之士，以统一舆论。

此外，吴起在魏时曾实行过奖励军功、信赏必罚的政策。《韩非子》云：

> 吴起为魏武侯西河之守。秦有小亭临境，吴起欲攻之。不去则甚害田者，去之则不足以征甲兵。于是乃倚一车辕于北门之外，而令之曰："有能徙此南门之处者，赐之上田之宅。"人莫之徙也。及有徙之者，遂赐之如令。俄又置一石赤菽于东门之外，而令之曰："有能徙此于西门之处者，赐之如初。"人争徙之。乃下令曰："明日且攻亭，有能先登者，仕之国大夫，赐之上田之宅。"人争趋之，于是攻亭，一朝而拔之。[3]

在《吕氏春秋·慎小》篇中也有类似的记载。这同后来商鞅在秦变法时"徙木立信"[4]的做法基本相同。他们都是为了取信于民，以期推行法治。

吴起在楚的变法，虽然时间不长，却收到显著的成效，使落后的楚国迅速强盛起来。对外部来说，"南平北越，北并陈蔡，却三晋，西伐秦"，使各诸侯国"患楚之强"。[5]

但吴起的变法是在同旧贵族的激烈斗争中进行的。以屈宜臼为代表的旧贵族极力阻挠变法。屈宜臼宣扬："善治国家者不变故，不易常。今子（指吴起）将均楚国之爵而平其禄，损其有余而继不足，是变其故而易其常也。"[6]并辱

---

〔1〕《战国策·秦策》。
〔2〕《战国策·秦策》。
〔3〕《韩非子·内储说上》。
〔4〕《史记·商君列传》。
〔5〕《史记·孙子吴起列传》。
〔6〕《说苑·指武》。

骂吴起是"祸人",将给楚国造成大祸。旧贵族的阻挠并没有动摇吴起变法的决心，他仍坚定地实行了变法。由于他的变法触犯了旧贵族的利益，最后他惨遭杀害，楚国的变法也因之半途而废，国势也就不如后来商鞅变法比较彻底的秦国。

第十章

商鞅变法

第一节　商鞅其人与《商君书》其书

商鞅，姓公孙，名鞅，卫国人，约生于公元前三九〇年，卒于公元前三三八年。他是卫国国君的后裔，故又称卫鞅，后因功被秦封于商（今陕西商县西南），又称商鞅。他年少时好刑名之学，及长，在魏国相公叔痤门下做家臣。公元前三六一年秦孝公下令求贤，商鞅带着李悝的法经到了秦国，取得秦孝公的信任，六年后被任命为左庶长，实行第一次变法。公元前三五二年又被提升为大良造，旋即实行第二次变法。公元前三三八年秦孝公去世，秦国旧贵族诬告商鞅谋反，他被车裂而死。

商鞅死后，学习其学说之风很盛。韩非说："今境内之民皆言治，藏商、管之法者家有之。"[1] 可见商鞅死后到战国末年一百余年间，曾流行一种关于商鞅的书，它可能就是《商君书》的最初版本。

《商君书》在汉代也有传本。司马迁云："余常读商君开塞、耕战书。"[2] 班固云："诸子：法家，商君二十九篇。"[3] 商鞅不仅著有政治法律的书，而且著有兵书："兵家：权谋，公孙鞅二十七篇。"[4]

今本《商君书》共二十四篇，经后人考订，其中有商鞅自著，也有其他法家的作品，但其内容和商鞅的思想没有矛盾，可以说它是商鞅这个学派的著作汇编。这部书是我们研究商鞅学说的主要依据。

---

〔1〕《韩非子·五蠹》。
〔2〕《史记·商君列传》。
〔3〕《汉书·艺文志》。
〔4〕《汉书·艺文志》。

第二节 商鞅变法

商鞅入秦前，秦国处在偏僻的西北，据古雍州之地，跨今陕西、甘肃两省，与西戎接壤，都栎阳（今陕西临潼）。《史记》记载当时的形势如下：

> 秦孝公元年，河山以东，强国六，与齐威、楚宣、魏惠、燕悼、韩哀、赵成侯，并淮泗之间小国十余。楚魏与秦接界。魏筑长城，自郑滨洛以北，有上郡。楚自汉中，南有巴、黔中。周室微，诸侯力政（征），争相并。秦僻在雍州，不与中国之会盟，夷狄遇之。[1]

当时的秦国，同六国相比，在政治和经济上都是落后的，所以被当作夷狄看待，没有资格参加中原各国的会盟。秦国奴隶主贵族把持国家政权，国君的废立全是由若干庶长作主。当时庶长们经常把流亡在外的秦公子迎接回来，立为国君，又经常把他们废黜。从公元前四二八年到公元前三八五年，秦经历怀公、灵公、简公、惠公、秦出子五代，国君时废时立，国家动乱不已，以致国势贫弱。因此秦在对外战争中不断遭到失败，丧失了不少领土，河西等地为魏国占有。在经济上，秦封建生产关系的建立也比中原各国晚得多。到公元前四〇八年（秦简公七年），秦国才开始实行"初租禾"[2]，将劳役地租改为实物地租，这比鲁国"初税亩"晚了一百八十多年。秦国在公元前三七八年（秦献公七年）才"初行为市"[3]，即开展城市贸易，这比中原各国也晚得多。这些都说明秦国的社会经济是比较落后的。

秦献公执政后，在政治制度上进行了一些改革。《史记》云："献公元年，止从死。"[4]即废除奴隶主杀人殉葬的制度。又云："（献公）十年，为户籍相伍。"[5]即把全国人口编入国家户籍，五家编成一伍。这在客观上增强了秦国的国力。秦献公的改革，初步削弱了奴隶主贵族的势力，加速了秦国封建

---

〔1〕《史记·秦本纪》。
〔2〕《史记·六国表》。
〔3〕《史记·秦始皇本纪》。
〔4〕《史记·秦本纪》。
〔5〕《史记·秦始皇本纪》。

化的进程。商鞅变法，就是在这个基础上向前推进的。秦孝公继秦献公之后，决心振兴秦国，下令求贤。商鞅应召入秦，得到了秦孝公的信任，就开始变法。

一、第一次变法

公元前三五六年（一说公元前三五九年），商鞅进行了第一次变法，其内容主要有以下方面。

第一，实行连坐法。商鞅"令民为什伍，而相牧司连坐，不告奸者腰斩。告奸者与斩敌首同赏，匿奸者与降敌同罚"。[1]商鞅的连坐法，是在秦献公"为户籍相伍"的基础上，又加了重刑的内容，以严密地统治人民。《索隐》解释"令民为什伍，而相牧司连坐"句说，刘氏云："'五家为保，十保相连。'牧司，谓相纠发也。一家有罪而九家连举发，若不纠举，则十家连坐。恐变令不行，故设重禁。"商鞅在《法强》篇中，明确提出重新编定秦国户籍，"举民众口数，生者著，死者削"，使全国人口增减有籍可考。然后规定五家为一伍，十家为一什，建立什伍相互纠察、监督及连坐的法律。实施连坐法的结果，就是把全国人民完全控制在国家法网之下，奸人无所隐匿。连商鞅自己到最后逃至边境的关口时，也因没有证件而无人敢收留他，他连连叹道："嗟乎，为法之敝，一至此哉！"[2]

第二，确立以小家庭为单位进行生产的制度。商鞅规定："民有二男以上不分异者，倍其赋。"[3]这是说户主有两个儿子以上，到一定年龄必须分财分居，否则就要加倍征收赋税。显然，这是针对当时秦国还广泛存在的"戎翟之教，父子无别，同室而居"的宗法式大家庭制度而提出的，其目的在于确立以小家庭为生产、生活单位的制度，从而调动农民的生产积极性，提高劳动生产率，发展封建经济。

第三，重农抑商，奖励农业生产。商鞅规定："僇力本业，耕织致粟帛多者复其身。事末利及怠而贫者，举以为收孥。"[4]这是商鞅运用法律手段来推

---

〔1〕《史记·商君列传》。
〔2〕《史记·商君列传》。
〔3〕《史记·商君列传》。
〔4〕《史记·商君列传》。

行其重农抑商的政策。对农民来说，如果勤耕勤织，因而粮食生产多的，可以免除徭役，这正符合他们的要求。相反，如果是从事工商业以及因为懒惰而贫困的，就没入官府为奴。商鞅在《垦令》篇中还具体规定了贯彻重农抑商的措施。

第四，废除世卿世禄制，奖励军功。商鞅规定："宗室非有军功，论不得为属籍。明尊卑爵秩等级，各以差次名田宅，臣妾衣服以家次。有功者显荣，无功者虽富无所芬华。"[1]这条规定的主旨是：废除世卿世禄制，而代之以封建等级制。凡宗室子孙没有军功的，就不能再享有宗室特权待遇，只有参战立功的，才能按其军功大小享受不同的封建特权，凡斩首一级的，就能享受"赏爵一级，益田一顷"[2]。

二、第二次变法

公元前三五二年，商鞅晋升为大良造（相当于国相）。公元前三五〇年，秦魏关系暂告缓和，国内形势比较稳定，而且商鞅已掌握秦军政大权，于是他便更彻底地进行改革，从经济基础和政治制度上大力加以改造，主要内容有以下方面。

第一，废除奴隶制的井田制，确认土地私有。《史记》云：商鞅"为田开阡陌封疆，而赋税平"。[3]朱熹在《开阡陌辨》中对它作了全面的解释。

> 商君……但见田为阡陌所束，而耕者限于百亩，则病其人力之不尽。但见阡陌之占地太广，而不得为田者多，则病其地利之有遗。……尽开阡陌悉除禁限，而听民兼并买卖，以尽人力开垦弃地，悉为田畴，而不使有尺寸之遗，以尽地利。使民有田即为永业，而不复归授，……使地皆为田，而田皆出税。

商鞅在全国范围内废井田，开阡陌，就从根本上废除了奴隶制的土地制度，从法律上确认了土地私有权，允许土地自由买卖，由国家统一收税。这

---

〔1〕《史记·商君列传》。
〔2〕《商君书·境内》。
〔3〕《史记·商君列传》。

是一项划时代的改革，标志着秦国封建土地所有制的确立。秦统一六国后，又推行于全中国，为统一的中央集权制国家奠定了经济基础。

第二，实行郡县制，建立君主集权的政治制度。春秋时期，有些国家就开始设县。秦在商鞅变法以前也曾设县，但未形成制度，进展缓慢。商鞅变法，则将县制作为通行全国的地方行政制度。商鞅规定："集小都乡邑聚为县，置令、丞，凡三十一县。"[1]县直接隶属于国君，县令直接由国君任免，赋税收入也直接上缴国君。于是分县制就代替了旧的分封制。这样，中央和地方的关系，就不像从前那样松散，而是集权于中央，集权于国君，从而创立了封建社会由中央到地方统一的行政机构。后来秦始皇分天下为三十六郡以监县，两级地方行政制度从此确立，统一的中央集权的封建统治制度从此确立。它对维护中国统一起到了重大作用。"百代皆行秦政法"，"郡县之制垂二千年，而弗能改矣"[2]，说的就是这个道理。

第三，禁止父子兄弟同居一室的落后习俗。原来秦国四境多是戎狄部落，而且秦国不少领土是从戎狄部族那里得来的，因而存在着戎狄的遗风，存在着"男女无别"的落后习俗。因此商鞅变法时，"令民父子兄弟同室内息者为禁"[3]，严防男女间发生淫乱的事情。这和李悝《法经》中规定的"淫禁"，在性质上是相同的。

第四，统一度量衡。过去，在奴隶制下，度量衡是极不一致的，各国除了国君颁布的"公量"以外，卿大夫们还分别制作"家量"。商鞅为了统一赋税和便利经济交往，颁布了标准的度量衡器，以统一秦国的度量衡制。现在存世的商鞅方升，上面有铭文，记载了量的容积。其铭文是："十八年（即秦孝公十八年），齐遑（率）卿大夫来聘，冬十二月乙酉，大良造商鞅爰积十六尊五分尊一为升。"

后来秦统一天下，又以商鞅的度量衡制为基础，统一全中国的度量衡。

商鞅的两次变法获得很大成功，从而为秦统一天下奠定了基础。后来秦昭王相蔡泽评价商鞅变法的成效时云：

─────────────

〔1〕《史记·商君列传》。
〔2〕《读通鉴论·秦始皇》。
〔3〕《史记·商君列传》。

夫商君为秦孝公明法令，禁奸本，尊爵必赏，有罪必罚，平权衡，正度量，调轻重，决裂阡陌，以静生民之业而一其俗，勤民耕农利土，一室无二事，力田蓄积，习战阵之事，是以兵动而地广，兵休而国富，故秦无敌于天下，立威诸侯，成秦国之业。[1]

这个评价，基本上符合历史事实。

第三节　明法重刑篇

商鞅认为，法是治理国家的唯一工具和判断是非功过的唯一标准；依法治国是一种划时代的治国之道。他在论述法的重要性时，说："法令者民之命也，为治之本也，所以备民也。为治而去法令，犹欲无饥而去食也，欲无寒而去衣也，欲东而西行也，其不几亦明矣。"[2]为此他反复劝告国君"不贵义而贵法"[3]，"不可须臾忘于法"[4]，一切以法治之，国家就能治理好。

在商鞅看来，法之所以重要，是由于法具有"定分止争"和"兴功禁暴"的作用。

所谓"定分"，就是确定事物的权利名分，其实质是要求把封建私有制和等级制用法令形式固定下来。商鞅认为，没有法以前，人人争夺，毫无限制，于是造成了混乱的局面。要治理好国家，就必须"定分"，权利名分定了，就可以禁止争夺。法就是"定分止争"的工具。商鞅云：

> 一兔走，百人逐之，非以兔可分以为百也，由名分之未定也。夫卖兔者满市，而盗不敢取，由名分已定也。[5]

很明显，商鞅把法和财产关系直接联系在一起，主张用法来确定私有权，其目的在于保护私有者的经济利益。

所谓"兴功"，主要指富国强兵。商鞅变法时，以重农政策来发展国家经

---

[1] 《史记·范睢蔡泽列传》。
[2] 《商君书·定分》。
[3] 《商君书·画策》。
[4] 《商君书·慎法》。
[5] 《商君书·定分》。

济力量，以重战政策来发展国家军事力量，终于使落后的秦国迅速富强起来。

　　所谓"禁暴"，则是指制止被压迫者的反抗，主要是农民的反抗。商鞅认为法是制民之本，"昔之能治天下者，必先制其民者也；能胜强敌者，必先胜其民者也。故胜民之本在制民，……善治者塞民以法"。[1]

　　法家的法，既包括刑罚，也包括奖赏。商鞅更是如此，他认为治国必须赏刑并用。《修权》篇云："凡赏者文也，刑者武也。文武者法之约（要）也。"这是说赏与刑是法的纲要，赏赐是勉励人们做好事的"文"的办法，而刑罚是制止人们做坏事的"武"的办法。但是，商鞅赏刑并用主张的实质在于实行重刑。《赏刑》篇云："重刑连其罪则民不敢试。民不敢试，故无刑也。"这其中反映了商鞅的重刑思想。他认为用重刑和连坐法，人们就不敢以身试法，自然也就用不着刑罚了。但商鞅所讲的重刑，有其特定的含义。

　　第一，和赏相对，在数量上是刑多赏少。"治国，刑多而赏少。故王者刑九而赏一，削国赏九而刑一。"[2]

　　第二，"重轻罪"，即加重轻罪的刑罚。商鞅云："刑罚重其轻者，轻者不至，重者不来，此谓以刑去刑。"[3]

　　在他看来，对轻罪施以重刑，轻罪就不会出现，重罪也没有了，这就叫"以刑去刑"。

　　总的来说，商鞅的法治理论，适应了战国时代社会发展的需要，在当时是一种先进的理论。至于他的重刑主张，则是一种赤裸裸的高压恐怖政策。

　　我们在研读商鞅的著作时，可以看到他多方面地阐述了法的基本理论，其认识水平不但远远超过法家先驱管仲、子产、邓析和战国初期法家李悝等人，而且也超过和他同时代的慎到和申不害。商鞅变法，则促进了社会政治、经济的发展，使秦国富兵强，这是他的历史贡献。

---

　　〔1〕《商君书·画策》。
　　〔2〕《商君书·开塞》。
　　〔3〕《商君书·靳令》。

第三编

儒家的法律思想与传统文化

第十一章

孔子、孟子、荀子与儒家学派

第一节　儒家学派

儒家是崇奉孔子学说的一个学派。春秋末期的孔子是儒家的创始人。儒这个称号不自孔子始。孔子以前，社会上已有一批以"六艺"教民和专为贵族人家相礼的知识分子，称为儒。孔子开始也靠儒谋生，不过他和一般的儒不同，他博学多才，有明确的政治主张，积极参加政治活动。孔子曾对其弟子子夏说："女为君子儒，无为小人儒。"[1] 显然，孔子是以君子之儒自诩的。《汉书·艺文志》云：

> 儒家者流，盖出于司徒之官，助人君顺阴阳明教化者也。游文于六经之中，留意于仁义之际，祖述尧舜，宪章文武，宗师仲尼，以重其言，于道为最高。孔子曰："如有所誉，其有所试。"唐虞之隆，殷周之盛，仲尼之业，已试之效者也。然惑者既失精微而辟者又随时抑扬，违离道本，苟以哗众取宠。后进循之，是以五经乖析，儒学浸衰，此辟儒之患。

然而，在先秦时，儒家的思想主张并未被当权者采纳，孔子的社会地位也不高。

孔子死后，儒分八派。《韩非子·显学》篇列举了这八派的名称：

> 自孔子之死也，有子张之儒，有子思之儒，有颜氏之儒，有孟氏之儒，有漆雕氏之儒，有仲良氏之儒，有孙氏之儒，有乐正氏之儒。

这八派里面，有几派不传。我们从后世流传的派系来看，只有孟氏一派

---

[1]　《论语·雍也》。

（即思孟学派）和孙氏一派（孙氏即孙卿，也就是荀子）。这两派是先秦儒家中影响最大的派别，而孟子和荀子是继孔子之后先秦儒家中的两个著名代表人物。

孔子所奠定的儒家学说，在先秦时期成为"显学"，西汉以后则成为官方统治思想，从法律思想方面来看，经过西汉中期"汉代之孔子"董仲舒改造的封建正统的儒家法律思想，在汉以后近两千年的中国封建社会中占统治地位，其影响至为深远。

第二节　孔子其人与《论语》其书

孔子，名丘，字仲尼，鲁国陬邑（今山东曲阜）人，生于公元前五五一年，卒于公元前四七九年。孔子是中国历史上伟大的思想家、政治家和教育家。其先世为宋国显赫的贵族，后来因宋国发生内乱而迁居鲁国。孔子的父亲孔纥，又名叔梁纥，是鲁国的一个武士，其地位远不如他的先辈那样显赫，又在孔子尚幼时便已去世，故孔子说："吾少也贱。"孔子自幼好学，又生活在"周礼尽在鲁矣"的文化气氛十分浓厚的环境中，所以少年时就有积极向上的志愿。他二十岁以后做过管理仓库账目（"委吏"）和看管牛羊（"乘田"）的小官。五十岁曾为中都宰，后升任司寇，摄行相事，但为时不长，被鲁国贵族孟氏、季氏排斥，未能实现他的政治抱负，于是乃离鲁而周游列国。《史记》记述了孔子家世及其周游列国前的情况：

> 孔子生鲁昌平乡陬邑。其先宋人也，曰孔防叔。防叔生伯夏，伯夏生叔梁纥。纥与颜氏女野合而生孔子，祷于尼丘得孔子。鲁襄公二十二年而孔子生。生而首上圩顶，故因名曰丘云。字仲尼，姓孔氏……
>
> 孔子要绖，季氏飨士，孔子与往。阳虎绌曰："季氏飨士，非敢飨子也。"孔子由是退。
>
> 孔子年十七，鲁大夫孟釐子病且死，诫其嗣懿子曰："孔丘，圣人之后，灭于宋。其祖弗父何始有宋而嗣让厉公。及正考父佐戴、武、宣公，三命兹益恭，故鼎铭云：'一命而偻，再命而伛，三命而俯，循墙而走，亦莫敢余侮。饘于是，粥于是，以糊余口。'其恭如是。吾闻圣人之后，虽不当世，必有达者。今孔丘年少好礼，其达者欤？吾即没。若必师

之。"及釐子卒，懿子与鲁人南宫敬叔往学礼焉。是岁，季武子卒，平子代立。

　　孔子贫且贱。及长，尝为季氏史，料量平；尝为司职吏而畜蕃息。由是为司空。[1]

　　孔子周游列国，游历过齐、卫、宋、郑、陈、蔡、楚等大小国家，想获得当权者的任用，结果，奔走十多年却到处碰壁。他回到鲁国，乃专门以设教授徒为业。

　　孔子是开创我国私人讲学的一位先进人物。春秋时期，由于激烈的社会变革冲击了贵族垄断文化教育的官学制度，原在官府任职的文化人，因避乱或失业而流落民间或异乡。如《论语》中就记有鲁国宫廷音乐家流落他处的一张名单："大史挚适齐，亚饭（古代天子诸侯用饭都得奏乐，所以乐官有亚饭、三饭、四饭之名）干适楚，三饭缭适蔡，四饭缺适秦，鼓方叔入于河（指黄河之滨），播鼗（摇小鼓）武入于汉，少师阳、击磬襄入于海（指海滨）。"[2]这些文化人为谋生计，便收徒讲学，开启了私人教育的时代。孔子从三十岁左右起就收徒讲学，先后差不多有四十年时间。据说他的弟子有三千之众，其中最优秀的有七十二人。孔子返鲁后还从事文化典籍的整理工作。据说曾删诗书，定礼乐。他还对鲁史官所记的《春秋》加以删订，此书是我国第一部编年体的历史著作。

　　现存《论语》一书，记载有孔子的谈话以及孔子和门人的问答，是研究孔子思想的主要资料。此外，在《左传》《礼记》《孟子》《荀子》等书中，也记载有孔子的言行。

第三节　孟子的生平与著作

　　孟子，名轲，邹（今山东邹城）人，约生于公元前三九〇年，约卒于公元前三〇五年。他是鲁国贵族孟孙氏的后代，三岁时父亲孟激去世，跟随母亲仉氏生活，曾有孟母三迁的故事。后来，孟子到孔子的故乡曲阜进一步深

---

〔1〕《史记·孔子世家》。
〔2〕《论语·微子》。

造，跟随孔子之孙孔伋之门人学习。孔伋就是子思，子思曾受学于孔子的弟子曾子。子思作《中庸》，进一步发挥了孔子的仁学，提出了"诚"的概念，认为没有"诚"就没有世界。孟子深得其要领，后米提出了"万物皆备于我"的思想。孟子的思想和子思基本相同，后人称其学派为"思孟学派"。

孟子四十岁以前主要是招收门徒讲学，四十岁以后则周游列国，以他的仁政主张游说诸侯，曾到过齐、梁、鲁、滕、薛、宋等国。当时，他"后车数百乘，从者数百人，以传食于诸侯"，但他所倡导的仁政主张却未被采用，晚年又回到邹国，同其弟子万章、公孙丑等著书立说。《史记》记述了他的生平事迹：

> 孟轲，邹人也。受业子思之门人。道既通，游事齐宣王，宣王不能用。适梁，梁惠王不果所言，则见以为迂远而阔于事情。当是之时，秦用商君，富国强兵；楚、魏用吴起，战胜弱敌；齐威王、宣王用孙子、田忌之徒，而诸侯东面朝齐。天下方务于合纵、连横，以攻伐为贤，而孟轲乃述唐虞三代之德，是以所如者不合。退而与万章之徒，序《诗》《书》，述仲尼之意，作《孟子》七篇。[1]

孟子始终以孔子的继承者自居，曾说"乃所顾，则学孔子也"，[2]他十分推崇孔子，如说：

> 可以仕则仕，可以止则止，可以久则久，可以速则速，孔子也……自有生民以来，未有孔子也。[3]

> 孔子，圣之时者也。孔子之谓集大成。集大成也者，金声而玉振之也。金声也者，始条理也；玉振之也者，终条理也。始条理者，智之事也；终条理者，圣之事也。智，譬则巧也；圣，譬则力也。由（犹）射于百步之外也，其至，尔力也；其中，非尔力也。[4]

事实上，虽然孟子发展了孔子的思想，但其学说仍然是孔子的思想体系，

---

[1]《史记·孟子荀卿列传》。
[2]《孟子·公孙丑上》。
[3]《孟子·公孙丑上》。
[4]《孟子·万章下》。

他确是孔子思想的忠实继承人，所以后世以"孔孟"并称。

现存《孟子》七篇，系孟子及其弟子万章等著。《汉书·艺文志》著录十一篇，相传除现存七篇外，另有"外书"四篇，早已散佚，今本系明人伪作。

第四节　荀子的生平与著作

荀子，名况，字卿，又称孙卿，赵国人。约生于公元前三一三年，约卒于公元前二三八年。十五岁时开始到齐国都城临淄的稷下学宫游学。当时，稷下学宫是各家各派学者汇集的地方，荀子在那里先后有二三十年时间，并三次担任祭酒（学宫之长）。他通过听取各家各派学者的讲学，直接掌握他们的学说思想，为以后继承和批评其学说打下了基础。他曾去过楚国，议兵于赵，考察于秦。荀子对秦国的政治、军事、民情习俗等表示钦佩和赞扬，但他建议秦国任用儒者，采用王道以统一天下。这与当时秦国推行法家的霸道政治相抵牾，所以他的主张没有被采纳，不久就离开秦国。关于荀子的以儒家王道、仁政统一天下的主张，在他批评其弟子李斯时，表述得相当清楚：

> 李斯问孙卿子曰："秦四世有胜，兵强海内，威行诸侯，非以仁义为之也，以便从事而已。"孙卿子曰："非女（汝，下同）所知也，女所谓便者，不便之便也。吾所谓仁义者，大便之便也。彼仁义者，所以修政者也；政修则民亲其上，乐其君，而轻为之死。故曰：凡在于君，将率末事也。秦四世有胜，諰諰然常恐天下之一合而轧己也，此所谓末世之兵，未有本统也……今女不求之于本而索之于末，此世之所以乱也。"[1]

荀子批评李斯不建起仁义这个根本，实行儒家主张的王道、教化，只是"以便从事"，从长远看不是"大便之便"，所以是不足取的。可见荀子比李斯为封建统治者设想得更长远些，他的主张，实际上反映了既要统一天下，又要巩固天下的思想。

---

〔1〕《荀子·议兵》。

后来，荀子应楚国相春申君之请，到了楚国，任兰陵令。春申君死后，荀子废居兰陵，直到老死。

《史记》记述了荀子的生平事迹：

> 荀卿，赵人。年五十始来游学于齐，驺衍之术迂大而闳辩；奭也文具难施；淳于髡久与处，时有得善言……田骈之属皆已死齐襄王时，而荀卿最为老师。齐尚修列大夫之缺，而荀卿三为祭酒焉。齐人或谗荀卿，荀卿乃适楚，而春申君以为兰陵令。春申君死而荀卿废，因家兰陵。李斯尝为弟子，已而相秦。荀卿嫉浊世之政，亡国乱君相属，不遂大道而营于巫祝，信禨祥，鄙儒小拘，如庄周等又猾稽乱俗，于是推儒、墨道德之行事兴坏，序列著数万言而卒。因葬兰陵。[1]

荀子的弟子很多，其中最著名的是韩非和李斯。荀子的思想对韩李二人颇有影响。韩非是先秦法家理论的集大成者，其学说正是秦始皇所需要的。李斯帮助秦始皇立法定制，成为秦始皇的主要辅助者。

荀子的著作保留下来的有《荀子》三十二篇。一般认为前二十六篇是荀子自著，自《大略》（其中若干片段仍为荀子的话）以下六篇是其弟子的直接记录。它是研究荀子思想的主要材料，同时也为研究先秦各家学说提供了丰富的资料。

荀子所处的战国末期，同孔孟所处的时代有所不同。这时中国正是由诸侯割据称雄的封建国家走向专制主义的封建国家的前夜。诸子百家的政治法律主张，经过斗争实践的检验，其功效如何亦已显明：儒家的德治、仁政主张，在当时的现实政治中行不通，是"迂腐之见"；而法家以法治国的学说，在各国变法运动中却显示出巨大的威力和功效。现实给荀子以强烈影响，他抛弃儒家学说中一些不合时宜的思想，批判地吸收各家的精华，特别是把法家的法治思想纳入儒家的思想体系，从而形成一种既隆礼又重法的礼法统一的思想主张。不过他的基本倾向仍偏重儒家。实际上，荀子是以儒为主，使儒法合流；以礼为主，使礼法合一的先行者。秦汉以后，封建正统思想的形成，在很大程度上受到他的学说的启发和影响。

---

〔1〕《史记·孟子荀卿列传》。

第十二章

儒家的王道仁政说

从孔子学说的整体来看，"仁"是其最高最根本的准则，也是他的政治法律思想的出发点。他积极倡导王道仁政高于王权，推崇尧舜和三代圣人之法。孟子、荀子则各自从其所处的历史条件出发，都发展了孔子的仁的思想和仁爱理想，提出了以王道、仁政统一天下的主张。

第一节　孔子的仁学

"仁"是孔子学说的核心。他谈"仁"的地方特别多，在《论语》中提到"仁"的就有一百零九处。孔子的弟子经常弄不清"仁"的含义，所以反复向他请教，孔子的答复也因人、因时、因事而异。

清人段玉裁《说文解字注》对"仁"字作注云："独则无耦，耦则相亲，故其字从人二。"这说明"仁"字象征两人以上的关系。而孔子论"仁"，则大大超过了这个字的训诂意义，实际上它包含着广泛的政治、经济、教育、伦理、哲学等各方面的综合意义。如《论语》云：

> "孝弟也者，其为仁之本欤！"[1]
> 子路曰："桓公杀公子纠，召忽死之，管仲不死。"曰："未仁乎？"
> 子曰："桓公九合诸侯，不以兵车，管仲之力也。如其仁，如其仁。"[2]
> 颜渊问仁。子曰："克己复礼为仁，一日克己复礼，天下归仁焉。"[3]

---

[1]《论语·学而》。
[2]《论语·宪问》。
[3]《论语·颜渊》。

樊迟问仁。子曰："爱人。"〔1〕

子贡曰："如有博施于民而能济众，如何？可谓仁乎？"子曰："何事于仁！必也圣乎！尧舜其犹病诸！夫仁者，己欲立而立人，己欲达而达人。能近取譬，可谓仁之方也已。"〔2〕

在孔子对仁的各种论述中，最能反映仁的含义和基本精神的是"仁者，爱人"。春秋时代，随着经济和社会的发展，重民思想也迅速发展起来，统治者中的一些有识之士意识到"惠民""利民"者存，"弃民""残民"者亡，从而重视争取民众，民众的地位逐渐提高，人的解放已成为时代的趋势。孔子"爱人"的思想正是和这一时代的趋势密切相关的。

孔子所讲的"人"，不但指贵族，而且也包括平民、奴隶。如《论语》云："其为人也孝悌，而好犯上者，鲜矣；不好犯上，而好作乱者，未之有也。"〔3〕这里作为可能犯上作乱的人，无疑是包括平民、奴隶的。又云："厩焚。子退朝，曰：'伤人乎？'不问马。"〔4〕这里的"人"，系指马夫之类，显然也不是贵族。由此可见，孔子承认奴隶也是人。在奴隶社会里，奴隶主只把奴隶当牲畜看待，不当人看待，而在孔子心目中，奴隶作为人的价值和地位已经提高了。他极力主张，要把同情和关怀人作为重要的道德原则，因而提出了"仁者，爱人"和"泛爱众"〔5〕的思想，这是我国古代较早出现的人道主义的表现形式。孔子认为，要做到爱人，就应该实行忠恕之道，即"己欲立而立人，己欲达而达人"，"己所不欲，勿施于人"。他要求人们处处要设身处地，为人着想，尊重自己，也尊重别人。自己愿意办到的事，也帮助别人办到，自己不愿意的事，也不要强加于人。

孔子认为，要做到爱人，就必须"克己"，"克己复礼为仁"，即克制自己的欲望，约束自己的视听言动，使之都符合礼的要求。当颜渊问仁的纲目时，孔子回答说："非礼勿视，非礼勿听，非礼勿言，非礼勿动。"〔6〕

〔1〕《论语·颜渊》。
〔2〕《论语·雍也》。
〔3〕《论语·学而》。
〔4〕《论语·乡党》。
〔5〕《论语·学而》。
〔6〕《论语·颜渊》。

在孔子学说中，一般地说，"仁"是伦理道德范畴，"礼"包括典章制度和法律规范，实际上是政治范畴。孔子强调"仁"和"礼"，并纳仁入礼，以仁释礼，就是要求从道德和政治法律两方面来约束人们的行动，使之合乎礼。

孔子认为，实践仁的道德全凭自己，并不需要依赖别人。社会每个成员都有实行仁的责任，要联系实际，身体力行，即所谓"能近取譬，可谓仁之方也矣"。实践仁的方法，又莫过于"孝弟"，即孝顺父母，敬爱兄长；从亲子之爱、骨肉之情出发，可扩充到"泛爱众而亲仁"，"四海之内皆兄弟"。孔子坚信仁是一种巨大的精神力量。孔子云："君子笃于亲，则民兴于仁。"[1]只要在上位的人以身作则，躬行孝悌忠恕，用道德的力量感化人民，就能造成一种良好的政治趋向和社会风气。孔子设想，如果每个人都能这样设身处地，为人着想，那么就不会有争夺，不会有怨恨，大家各安其位，和睦共处。

孔子从仁爱思想出发，猛烈地抨击各种惨无人道的暴政。《礼记》就记载有孔子指斥"苛政猛于虎"的故事。

> 孔子过泰山侧，有妇人哭于墓者而哀。夫子式（轼）而听之，使子路问之曰："子之哭也，一似重有忧者。"而曰："然。昔者吾舅死于虎，吾夫又死焉，今吾子又死焉。"夫子曰："何为不去也？"曰："无苛政。"夫子曰："小子识之：苛政猛于虎也！"[2]

孔子从仁爱思想出发，又严厉地谴责人殉。在奴隶社会，杀奴殉葬，司空见惯，而孔子则连"始作俑者"也加以谴责：

> 仲尼曰："始作俑者，其无后乎，为其象人而用之也。"[3]

实际上，这是抨击奴隶主杀奴殉葬，乃残暴不仁，应该受到谴责。毫无疑问，孔子这些批判暴政的思想主张是具有积极意义的，是他仁爱思想的具体体现。

---

[1]《论语·泰伯》。
[2]《礼记·檀弓下》。
[3]《孟子·梁惠王上》。

第二节　孟荀的王道、仁政说

由于时代的变化，孟子、荀子面临的形势和孔子不同，当时形势的焦点已不是恢复周室的共主地位问题，而是各诸侯国君谁取得天下的问题。因此，儒家的思想主张也有了变化，如孟荀将孔子的仁学发展为更加完整的王道、仁政学说，就是其中一项重大的变化。

孟子生活的战国中期，土地兼并激烈，大量农民失去土地，出现了"富者田连阡陌，贫者无立锥之地"，"庶人之富者累巨万，而贫者食糟糠"〔1〕的局面。各国统治者又不顾人民死活，横征暴敛，并热衷于兼并战争，给人民带来无穷的灾难。孟子云："庖有肥肉，厩有肥马，民有饥色，野有饿莩，此率兽而食人也。兽相食，且人恶之；为民父母，行政，不免于率兽而食人，恶在其为民父母也。"〔2〕又云："争地以战，杀人盈野；争城以战，杀人盈城，此所谓率土地而食人肉，罪不容于死。"〔3〕

在人民处于水深火热的情况下，孟子认为，国君对内要严格控制农民，对外要取得兼并战争的胜利，最好的办法莫过于实行王道、仁爱。因此，首先要争取人民的拥护，"是故得乎丘民而为天子"。而要得到人民的拥护，就必须赢得民心；桀纣之所以失掉天下，就在于失掉了民心，得不到人民的拥护。

> 孟子曰："桀纣之失天下也，失其民也；失其民者，失其心也。得天下有道：得其民，斯得天下矣；得其民有道：得其心，斯得民矣；得其心有道：所欲与之聚之，所恶勿施尔也。民之归仁也，如水之就下、兽之走圹也。故为渊驱鱼者，獭也；为丛驱爵（雀）者，鹯也；为汤武驱民者，桀与纣也。今天下之君有好仁者，则诸侯皆为之驱矣。虽欲无王，不可得已。"〔4〕

〔1〕　见《汉书·食货志》。
〔2〕　《孟子·梁惠王上》。
〔3〕　《孟子·离娄上》。
〔4〕　《孟子·离娄上》。

孟子认为人人都有对别人的同情、恻隐之心，即所谓"不忍人之心"，诸侯国君也不例外。如果国君把这种不忍人之心"扩而充之，推而广之"，用到政治上，就是王道或仁政。孟子和齐宣王的一次谈话，集中地反映了这种思想主张。

> 齐宣王问曰："齐桓、晋文之事可得闻乎？"孟子对曰："仲尼之徒无道桓文之事者，是以后世无传焉，臣未之闻也。无以，则王乎？"曰："德何如则可以王矣？"曰："保民而王，莫之能御也。"曰："若寡人者，可以保民乎哉？"曰："可。"……"老吾老，以及人之老，幼吾幼，以及人之幼。天下可运于掌。诗云：'刑（型）于寡妻，至于兄弟，以御于家邦。'言举斯心加诸彼而已。故推恩足以保四海，不推恩无以保妻子。古之人所以大过人者，无他焉，善推其所为而已矣……今王发政施仁，使天下仕者皆欲立于王之朝，耕者皆欲耕于王之野，商贾皆欲藏于王之市，行旅皆欲出于王之途，天下之欲疾其君者皆欲赴诉于王。其若是，孰能御之。"〔1〕

这里，所谓"老吾老，以及人之老；幼吾幼，以及人之幼"就是孟子所讲的实行和推广仁政的过程。他要求把扶老慈幼的一套办法，由近及远，推广到全体社会成员身上，让他们都能享受国君的恩惠。这样去统一天下，谁也阻挡不了。照孟子看来，齐宣王也具有"不忍人之心"，因此能够实行"不忍人之政"，即统一天下的仁政。但他批评齐宣王："王之不王，不为也，非不能也。"〔2〕如果齐宣王想要凭借武力称霸诸侯，那是不可能实现的；唯有实行仁政，才能统一天下。当齐宣王急于知道如何行仁政而向他请教时，他就正面提出"制民之产""申之以孝悌之义"等具体办法。

处于战国末期的荀子，鉴于时代的发展，一方面批判地继承了儒家的王道思想，另一方面又有选择地吸收了法家行之有效的霸道思想，并把二者结合起来，把它也叫做王道。实际上他是重王道兼采霸道。

荀子认为，王道可以取得天下，霸道只能使一国强盛，因此王道优于霸

---

〔1〕《孟子·梁惠王上》。
〔2〕《孟子·梁惠王上》。

道。他说，由于商汤、周武王行王道，所以，以百里之地而能统一天下，齐桓公、晋文公等霸主行霸道，以数千里之地却不能统一天下。

> 汤以亳，武王以鄗，皆百里之地也，天下为一，诸侯为臣，通达之属，莫不从服，无它故焉，以济义矣。是所谓义立而王也。德虽未至也，义虽未济也，……兵劲城固，敌国畏之；国一綦明，与国信之。虽在僻陋之国，威动天下，五伯是也。……是所谓信立而霸也。〔1〕

孟子认为不用暴力更可以促进天下统一，所以贬低霸道，美化王道。荀子则比较能够从战国时代的实际出发，重王道而不排斥霸道。他主张采取以仁德为主，以兵威为辅的办法去统一天下，并认为这就是他所主张的王道的表现。荀子云：

> 彼王者不然：仁眇天下，义眇天下，威眇天下。仁眇天下，故天下莫不亲也；义眇天下，故天下莫不贵也；威眇天下，故天下莫敢敌也。以不敌之威，辅服人之道，故不战而胜，不攻而得，甲兵不劳而天下服，是知王道者也。〔2〕

由于荀子仍重王道，所以他强调君主必须争取人民的支持，并把君和民的关系，比作船和水的关系，这种认识是相当深刻的。荀子云：

> 马骇舆，则君子不安舆；庶人骇政，则君子不安位。马骇舆，则莫若静之；庶人骇政，则莫若惠之。选贤良，举笃敬，兴孝弟，收孤寡，补贫穷，如是，则庶人安政矣。庶人安政，然后君子安位，传曰："君者，舟也；庶人者，水也。水则载舟，水则覆舟。"此之谓也。故君人者，欲安，则莫若平政爱民矣；欲荣，则莫若隆礼敬士矣；欲立功名，则莫若尚贤使能矣；是君人者之大节也。〔3〕

荀子意识到，君主只有获得人民的支持和拥护，才能兵强国富，才能巩

---

〔1〕《荀子·王霸》。
〔2〕《荀子·王制》。
〔3〕《荀子·王制》。

固自己的权力和地位，所以他强调，必须实行爱民、利民的政策，使人民为己所用。荀子云：

> 故有社稷者而不能爱民，不能利民，而求民之亲爱己，不可得也；民不亲不爱，而求其为己用，为己死，不可得也。民不为己用，不为己死，而求兵之劲，城之固，不可得也；兵不劲，城不固，而求敌之不至，不可得也；敌至而求无危削，不灭亡，不可得也；危削灭亡之情举积此矣，而求安乐，是狂生者也。……故人主欲强固安乐，则莫若反之民；欲附下一民，则莫若反之政。[1]

上引荀子的平政爱民和利民的主张，大体上和孟子的仁政相似。

总的看来，在春秋战国时代，儒家所倡导的王道仁政，对于抑制统治者的残暴，减轻人民所受压迫，有一定的积极作用。事实上，儒家的王道仁政说，一直是贯穿各封建王朝出现开明政治的一条线索，也是许多进步思想家所推崇的主张。它对中国传统文化产生过深刻的影响，这在下面的"宽刑罚""轻徭薄赋""重教化"等问题中将具体地加以论述。

---

[1]《荀子·君道》。

第十三章
儒家的自然法观念

第一节　承天之道以治人情的自然法观念

儒家认为，人是承受"天地之德、阴阳之交、鬼神之会、五行之秀气"而生的，人是天地之心、五行之端。[1]因此，人和天地、阴阳、鬼神、五行是一体的，是天地的特殊创造物。但是，人是有情的，这是人类的共同本性。怎样对待人之情呢？那必须以礼治之。也就是说，礼是基于人类的自然本性而产生的。所以《礼记·礼器》篇云："礼也者，合于天时，设于地财，顺于鬼神，合于人心，理万物者也。"《礼记·礼运》篇更集中地阐述了儒家这种自然法观念。

> 孔子曰：夫礼，先王以承天之道，以治人之情。……是故夫礼，必本于天，殽（傚）于地，列（取法的意思）于鬼神，达于丧、祭、射、御、冠、昏、朝、聘。故圣人以礼示之，故天下国家可得而正也……夫礼之初，始诸饮食。
>
> ……
>
> 何谓人情？喜、怒、哀、惧、爱、恶、欲，七者弗学而能。何谓仁义？父慈、子孝、兄良、弟弟（悌）、夫义、妇听、长惠、幼顺、君仁、臣忠，十者谓之人义。讲信修睦，谓之人利。争夺相杀，谓之人患。故圣人之所以治人七情，修十义，讲信修睦，尚辞让，去争夺，舍礼何以治之？饮食男女，人之大欲存焉，死亡贫苦，人之大恶存焉。故欲恶者，心之大端也。人藏其心，不可测度也，美恶皆在其心，不见其色也，欲一以穷之，舍礼何以哉？

---

[1] 见《礼记·礼运》。

我们分析这段话，有几点值得注意：

第一，人类有生之初，即有饮食男女之欲和死亡贫苦之恶，这是人的共同的本性，是自然存在的，而这种共同本性之相互交错，就是自然法观念产生的基础。这里，儒家并没有把"饮食男女之欲"这类人的自然属性区别开来。

第二，礼的出现正适应了人的这种共同本性，其作用在于"承天之道"以"治人之情"。儒家认为，无论君子或小人都具有这种人情、人欲。那么可以任凭这种人情、人欲发展吗？那岂不要发生争夺吗？天下的饮食、衣服等物质生活资料的数量有限，而小人又大大多于君子，争夺起来，岂不会发生小人胜而君子败的严重后果吗？那当然不行。所以不能任凭人情、人欲随意发展，必须以礼治之，使小人安于贫贱，君子得享富贵，而小人还自认是"天道"使然，俯首听命于君子，更不会去与君子争夺了。

第三，礼的本质，是以正义来维持组成社会的君臣、父子、兄弟、夫妇、朋友五者之社会生存秩序。这正如《礼运》篇所云："礼义以为纪，以正君臣，以笃父子，以睦兄弟，以和夫妇，以设制度。"

一般来说，儒家认为礼是基于人类的自然本性而产生的，相应主张亦反映出其自然法观念。所以下面就儒家关于人性的看法作进一步探讨。

第二节　性相近、性善与性恶论

自从孔子最先提出"性相近也，习相远也"[1]这一人性问题之后，先秦的一些思想家曾经对这个问题进行过热烈的辩论。东汉王充对这一辩论中所提出的各种见解，作过简要的介绍和评论。王充云：

> 周人世硕以为人性有善有恶，举人之善性，养而致之则善长；恶性，养而致之则恶长。如此，则情性各有阴阳，善恶在所养焉。故世子作养性书一篇。宓子贱、漆雕开、公孙尼子之徒，亦论情性，与世子相出入，皆言性有善有恶。
>
> 孟子作行善之篇，以为人性皆善，及其不善，物乱之也。谓人生于

---

[1] 《论语·阳货》。

天地，皆禀善性，长大与物交接者，放纵悖乱，不善日以生矣……

孙卿有反孟子，作性恶之篇，以为"人性恶，其善者，伪也"。性恶者，以为人生皆得恶性也；伪者，长大之后，勉使为善也。[1]

一、"性相近也，习相远也"

孔子提出的"性相近也，习相远也"的人性命题，尽管讲得比较抽象和空洞，但却表明了人类探索自身的本性或本质的开始，这对于揭示以人为中心的人类社会的本质，是一种具有重大理论意义的尝试。

照孔子看来，人生来具有彼此大致相近的善良本性，人性不存在先天禀赋上质的差异。但人性是会变化的，由于后来的习染的不同，彼此才相差相远。即所谓"性相近也，习相远也"。邢昺云："性谓人所禀受以生而静者也。未为外物所感，则人皆相似，是近也。既为外物所感，则习以性成，若习于善，则为君子；若习于恶，则为小人，是相远也。故君子慎所习。"这个解释比较符合孔子的原意。

但是，孔子又认为"仁"是人的本性，这与其"性相近也，习相远也"之说并不矛盾。他说："为仁由己，而由人乎哉。"[2]"仁远乎哉，我欲仁，斯仁至矣。"[3]显然，孔子把"仁"视为人类普遍相同的人性，是自然存在的。这种以"仁"为其自然法观念的基础的主张，对于构成孔子的政治法律思想有很大影响。

二、性善论

孟子主张人性善。孟子云：

人性之善也，由水之就下也。人无有不善，水无有不下。今夫水，搏而跃之，可使过颡；激而行之，可使在山。是岂水之性哉？其势则然

---

[1]《论衡·本性》。
[2]《论语·颜渊》。
[3]《论语·述而》。

也。人之可使为不善，其性亦犹是也。[1]

所谓"搏"，所谓"激"，都是指违反其本性。人之性善，是其自然本性，所以说人类有其相同的本性存在。孟子云：

> 人皆有不忍人之心。先王有不忍人之心，斯有不忍人之政矣。以不忍人之心，行不忍人之政，治天下可运之于掌上。所以谓人皆有不忍人之心者，今人乍见孺子将入于井，皆有怵惕恻隐之心——非所以内（纳）交于孺子之父母也，非所以要誉于乡党朋友也，非恶其声而然也。由是观之，无恻隐之心，非人也；无羞恶之心，非人也；无辞让之心，非人也；无是非之心，非人也。恻隐之心，仁之端也；羞恶之心，义之端也；辞让之心，礼之端也；是非之心，智之端也。人之有是四端也，犹其有四体也。有是四端而自谓不能者，自贼者也；谓其君不能者，贼其君者也。凡有四端于我者，知皆扩而充之矣，若火之始然（燃），泉之始达。苟能充之，足以保四海，苟不充之，不足以事父母。[2]

所谓"端"就是萌芽。孟子认为，人生来就具有恻隐、羞恶、辞让、是非这四个善的萌芽。由这四个萌芽就产生了仁、义、礼、智四种道德品质。所以说，这四种道德品质都是先天具备，为人所固有的，确是人的普遍人性。"仁、义、礼、智，非由外铄（照亮）也，我固有之也。"[3]后天的学习和努力，不过是对先天固有道德品质的扩充和完善。这种普遍相同的人性，也就是自然法观念所产生，亦即人类社会生活的秩序的基础。

仁、义、礼、智既然是人所固有的美德，为什么有人却不能成为善人，不能遵循这些普遍的道德规范去行动呢？孟子认为，那是受了环境的影响所"陷溺"的缘故。孟子云：

> 乃若其情，则可以为善矣，乃所谓善也。若夫为不善，非才之罪也。富岁。子弟多赖；凶岁，子弟多暴，非天之降才尔殊也，其所以陷

---

[1]《孟子·告子上》。
[2]《孟子·公孙丑上》。
[3]《孟子·告子上》。

溺其心者然也。今夫麰麦（大麦），播种而耰之，其地同，树之时又同，浡然而生，至于日至（指夏至）之时，皆熟矣。虽有不同，则地有肥硗，雨露之养，人事之不齐也。〔1〕

所谓"情""才"，都是指人的资质或人的本性。本来人的本性是可能为善的，所以叫做"性善"，如果为不善，那是另有原因的，即后天环境的影响，不能归咎于性。

显而易见，孟子的性善论是一种先验论，是不科学的。而且他一再声称，虽然人生来性善，但"庶民去之，君子存之"〔2〕，即平民百姓很快就丧失了这种善性，只有君子们才能保持它、发展它。实际上，仁、义、礼、智等道德观念是在一定的社会关系下形成的，不可能存在各阶级共有的什么"恻隐之心""羞恶之心""辞让之心""是非之心"。

总之，孟子认为人生来就有恻隐、羞恶、辞让、是非之善心，也就是人生来就具有仁、义、礼、智之善性。这种善性是出乎自然之理性，是人类普遍相同的本性。孟子的性善说，便是他的自然法观念产生的基础。所以说，孟子的政治法律思想，实际上是发轫于自然法则的理念。

三、性恶论

荀子主张人性恶。荀子云："人之性恶，其善者伪（人为）也。"〔3〕他把性和伪，即人的自然本性和后起的礼义道德区分开来。并批评孟子的性善论，说他不清楚性、伪之分。荀子云：

> 孟子曰："人之学者，其性善。"曰："是不然，是不及知人之性，而不察乎人之性伪之分者也。凡性者，天之就也，不可学，不可事。礼义者，圣人之所生也，人之所学而能，所事而成者也。不可学，不可事而在天者，谓之性；可学而能，可事而成之在人者，谓之伪；是性伪之分也。〔4〕

〔1〕《孟子·告子上》。
〔2〕《孟子·离娄下》。
〔3〕《荀子·性恶》。
〔4〕《荀子·性恶》。

凡礼义者，是生于圣人之伪，非故生于人之性也。故陶人埏埴而为器，然则器生于陶人之伪，非故生于人之性也。故工人斲木而成器，然则器生于工人之伪，非故生于人之性也。圣人积思虑，习伪故，以生礼义而起法度，然则礼义法度者，是生于圣人之伪，非故生于人之性也。

荀子在自然观方面强调天人之分，在人性论方面也强调天人之分。照他看来，性是一种天然生就的自然本性，性是不能学习、不能造作的，是人生来自然而然地就有的。就性的特质来说，它是天然的，这是指人的生理素质："性者，本始材朴也。"〔1〕天生是一个什么样子就是什么样子。而"伪"则不同，它是人为，是后天的学习和努力。"伪"作为性的对立面，是对自然质朴的素材进行人为的加工改造。这样，自然质朴的素材，才能美好完善。所以说："伪者，文理隆盛也……无伪则性不能自美。"所谓"伪者，文理隆盛"，就是指礼义道德是人为的；它不是生于性，而是生于"伪"。

荀子所谓恶，大部分指人的生理和生活要求，是人的自然本性，是生来就有的。

今人之性，生而有好利焉；顺是，故争夺生而辞让亡焉。生而有疾恶焉；顺是，故残贼生而忠信亡焉。生而有耳目之欲，有好声色焉；顺是，故淫乱生而礼义文理亡焉。然则从人之性，顺人之情，必出于争夺，合于犯分乱理而归于暴。故必将有师法之化，礼义之道，然后出于辞让，合于文理而归于治。用此观之，然则人之性恶明矣，其善者伪也。〔2〕

凡人之所一同：饥而欲食，寒而欲暖，劳而欲息，好利而恶害，是人之所生而有也，是无待而然者也。是禹桀之所同也。……可以为尧禹，可以为桀跖，可以为工匠，可以为农贾，在注错（指举止）习俗之所积耳。〔3〕

在荀子看来，人生来就有好利恶害的本性和对于衣食声色的情欲。如果任凭这种与生俱来的本性和情欲发展，必然产生互相争夺、互相残害和淫乱

〔1〕《荀子·礼论》。
〔2〕《荀子·性恶》。
〔3〕《荀子·荣辱》。

等恶行，从而造成社会秩序的紊乱。人的这种恶的本性的自然发展是只能如此的。所以，必须用"足以为万世则"的礼以治之〔1〕，加强后天的教育，用礼义之道去改造人的情性，使其去恶而趋善，使之懂得辞让，"合于文理"，从而使社会安定。由此可见，荀子的礼和孔孟的礼是由人之普遍善性而生不同，他认为礼是由人之普遍恶性而生。

从上可知，无论是孟子的性善论，或是荀子的性恶论，他们的出发点虽有所不同，但都强调后天环境对改造人性的作用，强调用礼义教化人民的决定性意义，可以说是殊途同归。正如梁启超在《先秦政治思想史》中所评论的那样："荀子与孟子，同为儒家大师，其政治论之归宿点全同，而出发点则小异。孟子言性善，故注意精神上之扩充，荀子言性恶，故注重物质上之调剂。"

总的说来，儒家论述人情、人欲，谈论人性，都由此引申出要以礼治之，要对人民进行道德教化。所以说，儒家的自然法观念和人性论，为其礼治、德治、仁政等政治法律主张提供了理论根据。

---

〔1〕 见《荀子·礼论》。

第十四章

儒家维护君权论与专制主义

梁启超在《中国古代学术思潮之演变》中指出："惟孔学则严等差，贵秩序，而措而施之者归结于君权……其所以干七十二君，授三千弟子者，大率上天下泽之大义。抚阳抑阴之庸言，于帝王驭民最为合适，故霸者窃取而利用之，以宰制天下。"继孔子之后的孟子和荀子，他们招徒讲学，著书立说，游说诸侯，"以干世主"，同样也表现出维护君权的思想。不过由于时代的变化，其具体内容有所不同而已。

第一节　孔子的相对君权思想

春秋时代，世道衰微，祸乱相寻，社会秩序紊乱，弑君亡国之事不断发生。司马迁云："弑君三十六，亡国五十二，诸侯奔走不得保其社稷者不可胜数。"〔1〕而孟子形容那时的状况说：

> 世道衰微，邪说暴行有作，臣弑其君者有之，子弑其父者有之，孔子惧，作春秋。春秋，天子之事也，是故孔子曰："知我者其惟春秋乎！罪我者其惟春秋乎！"〔2〕

孔子是从维护周天子的地位出发而修订春秋的，所以人们说孔子作春秋而"乱臣贼子惧"。

事实上，春秋时期的周天子已成为无足轻重的、名义上的领袖，而齐桓公、晋文公等霸主挟天子以令诸侯，相继取代了周天子的地位。各国甚至出现大夫专政或陪臣执政的局面。孔子云：

---

〔1〕《史记·太史公自序》。
〔2〕《孟子·滕文公下》。

天下有道，则礼乐征伐自天子出；天下无道，则礼乐征伐自诸侯出。自诸侯出，盖十世希不失矣；自大夫出，五世希不失矣；陪臣执国命，三世希不失矣。天下有道，则政不在大夫。天下有道，则庶人不议。[1]

当时，社会变革激烈，政权下移，礼乐征伐自诸侯出，或自大夫出，或陪臣执国命，已成为这一时代的潮流。而孔子却视之为天下无道，仍然维护周天子的地位，要求拨乱反正，提出了正名的主张。

齐景公问政于孔子。孔子对曰："君君，臣臣、父父，子子。"公曰："善哉！信如君不君，臣不臣，父不父，子不子，虽有粟，吾得而食诸？"[2]

子路曰："卫君待子而为政，子将奚先？"子曰："必也正名乎！"子路曰："有是哉，子之迂也，奚其正？"子曰："野哉由也！君子于其所不知，盖阙如也。名不正则言不顺；言不顺，则事不成。"[3]

因此，孔子为正名分而猛烈抨击僭越的行为。例如，按周礼规定，周天子用八佾舞蹈，诸侯用六佾舞蹈，大夫用四佾舞蹈。鲁国的大夫季氏僭用天子礼乐，使"八佾舞于庭"，孔子便怒不可遏地说："是可忍也，孰不可忍也！"[4] 季氏用天子祭祀宗庙的雍诗来祭祀祖先，孔子也谴责说："相维辟公，天子穆穆，奚取于三家之堂？"[5] 树塞门、置反坫是国君之礼，而管仲不遵守礼的规定，"亦树塞门"，"亦有反坫"，孔子也批评道："邦君树塞门，管氏亦树塞门。邦君为两君之好，有反坫，管氏亦有反坫。管氏而知礼，孰不知礼？"[6] 总之，孔子认为君有君之礼，臣有臣之礼，等级森严，上下不可逾越，以维护君主的权威。

在孔子看来，破坏君主权威的莫过于臣弑君一类的极端行为了。"弑父与

[1]《论语·季氏》。
[2]《论语·颜渊》。
[3]《论语·子路》。
[4]《论语·八佾》。
[5]《论语·八佾》。
[6]《论语·八佾》。

君，不可从也"〔1〕，"迩之事父，远之事君"。〔2〕对于君主的错误，做臣子的不可以采取极端的行动，只可谏净。

> 比干谏而死。〔3〕

如果君主拒不听谏，达到无道的程度，那么臣下可以弃官不做，离开他。

> 齐人归（馈）女乐，季桓子受之，三日不朝，孔子行。〔4〕
> 君子哉蘧伯玉！邦有道，则仕：邦无道，则可卷而怀之。〔5〕

因此，当公元前四八一年齐国大夫陈恒杀了齐简公时，孔子视为大逆不道，三次亲自去见鲁哀公，要求出兵讨伐。

> 齐陈恒弑其君壬（简公）于舒州，孔丘三日齐，而请伐齐，三。公曰："鲁为齐弱久矣，子之伐之，将若之何？"对曰："陈恒弑其君，民之不与者半，以鲁之众，加齐之半，可克也。"公曰："子告季孙。"孔子辞。退而告人曰："吾以从大夫之后也，故不敢不言。"〔6〕

孔子之所以积极维护君权，强调各级贵族严格遵守"君君、臣臣"的等级名分，其目的在于扭转当时"君不君、臣不臣"的局面，使大家各安其位，避免发生越轨的行为，从而保持社会的稳定。显然，这是本末倒置。春秋时期君臣关系的紊乱，是社会矛盾充分暴露和发展的结果，而不是什么名分不正引起的。孔子把正名视为当务之急，硬要使已经发生变化的客观现实，去服从过时的名分，这是一种不切实际的主张。

孔子尊君，维护君权，但他又重民，强调争取人民的重要性。因此，他的君权思想，是相对的君权思想，和后来商鞅、韩非等法家的绝对的君权有所不同。

孔子在谈到君臣关系时，强调彼此是相对的，并没有要求臣下单方面地

---

〔1〕《论语·先进》。
〔2〕《论语·阳货》。
〔3〕《论语·微子》。
〔4〕《论语·微子》。
〔5〕《论语·卫灵公》。
〔6〕《左传·哀公十四年》。

绝对服从君主。

> 定公问：“君使臣，臣事君，如之何？”孔子对曰：“君使臣以礼，臣事君以忠。”〔1〕

孔子认为，君和臣都是人，谁也不是生来就有治国安邦的才能，所以，即使贵为九五之尊，也不应该独断专行。“定公问：‘一言可以兴邦，有诸？’孔子对曰：‘言不可以若是其几也。人之言曰：为君难，为臣不易。如知为君之难也，不几乎一言而兴邦乎？’曰：‘一言而丧邦，有诸？’孔子对曰：‘言不可以若是其几也。人之言曰：予无乐乎为君，唯其言莫之违也。如其善而莫之违也，不亦善乎？如不善而莫之违也，不几乎一言而丧邦乎？’”〔2〕

因此，孔子十分推崇尧舜禹汤文武爱民、利民的德政，高度赞扬他们以天下为公的品德。

> 大哉尧之为君也！巍巍乎！唯天为大，唯尧则之。荡荡乎，民无能名焉。巍巍乎其有成功也，焕乎其有文章。〔3〕
> 巍巍乎！舜禹之有天下也而不与焉！〔4〕

显然，像尧舜禹那样的人才是孔子所理想的君主。

第二节　孟子的维护君权思想与暴君放伐论

在孟子思想中，人民被置于重要的地位，他深深懂得，只有争取人民的拥护，才能为天子，因而提出了“民贵君轻”说。

> 孟子曰：“民为贵，社稷次之，君为轻，是故得乎丘民而为天子。”〔5〕

---

〔1〕《论语·八佾》。
〔2〕《论语·子路》。
〔3〕《论语·泰伯》。
〔4〕《论语·泰伯》。
〔5〕《孟子·尽心下》。

这里，孟子并不是以为人民比国君更尊贵，而是说争取民心最重要。象征国家的土穀之神次之，相对说来，国君个人就不那么重要了。其目的在于劝告国君首先要争取人民，而不要眼睛只看到自己；争得民心才可以做天子。由此可见，孟子认为争取人民，赢得民心，是夺取政权和维护君权的手段，并没有否定君权的意思。我们参照他所说的"诸侯之宝三：土地，人民，政事"〔1〕，其含义就更清楚了。所以说：孟子仍然是君权主义者。如说：

　　圣王不作，诸侯放恣，处士横议，杨朱、墨翟之言盈天下。天下之言不归杨，则归墨。杨氏为我，是无君也；墨氏兼爱，是无父也。无父无君，是禽兽也。〔2〕

孟子把目无君上者视为禽兽，把不要君臣上下视为极大的罪过，其言辞可谓激烈矣！其维护君权的思想可谓鲜明矣！

然而，在君臣关系方面，孟子有比较开明的主张。他发展了孔子"君使臣以礼，臣事君以忠"的思想。孟子云：

　　君之视臣如手足，则臣视君如腹心；君之视臣如犬马，则臣视君如国人；君之视臣如土芥，则臣视君如寇仇。〔3〕

这里，孟子谈的虽然仍是君臣大义，但他认为君主应当尊重、爱护臣下，而不应当虐待臣下；君臣关系不是绝对的隶属关系，而是一还一报的双边关系，其中君主是矛盾的主要方面。所以他又说"君仁莫不仁，君义莫不义，君正莫不正"〔4〕，只要君主是仁义之君，臣下就应视之如腹心，尽忠职守，为君效劳。同时，孟子还认为臣下对君主不要阿谀奉承，不应助纣为虐："长君之恶其罪小，逢君之恶其罪大。"〔5〕

怎样对待不仁之君、有大过之君以及昏君、暴君呢？孟子发表了一系列闪烁着"民主"光辉的言论。

〔1〕《孟子·尽心下》。
〔2〕《孟子·滕文公下》。
〔3〕《孟子·离娄下》。
〔4〕《孟子·离娄上》。
〔5〕《孟子·告子下》。

其一，如果君主不仁，对待臣下无理的时候，臣下可以离开君主。

> 孟子曰："无罪而杀士，则大夫可以去；无罪而戮民，则士可以徙。"[1]

其二，君主有大过，又不纳忠言，不听劝告，就可以把君主换掉。孟子云：

> 君有大过则谏，反复之而不听，则易位。[2]
> 诸侯危社稷，则变置。[3]

其三，对于无道的昏君、暴君，如桀纣之类，可以放逐，甚至把他杀掉也未尝不可。

> 齐宣王问曰："汤放桀、武王伐纣，有诸？"孟子对曰："于传有之。"曰："臣弑其君，可乎？"曰："贼仁者谓之贼，贼义者谓之残。残贼之人谓之一夫。闻诛一夫纣矣，未闻弑君也。"[4]

孟子甚至提出了为民复仇、为民除害的思想，认为商汤讨伐残暴的葛伯是"为匹夫匹妇复仇"[5]，周武王伐纣是救民于水火之中。

孟子提出这种"暴君放伐"论，目的在于从反面警告君主，如果贪残暴虐，不顾人民死活，自己就有被逐、被杀的危险。毫无疑问，这是孟子思想中富有积极意义的部分。它在中国历史上，曾经成为许多进步思想家、政治家反对暴君、暴政的理论武器。

第三节 荀子的君主集权说与专制主义

荀子生活在从诸侯割据称雄走向专制主义的封建国家的前夜，天下统一

---

[1]《孟子·离娄下》。
[2]《孟子·万章下》。
[3]《孟子·尽心下》。
[4]《孟子·梁惠王下》。
[5] 见《孟子·滕文公下》。

的形势业已形成，所以他的维护君权说较之孔孟有较大的发展，有更多接近于实际的内容。他所倡导的是一种以"尊无上""势至重"为特点的君主集权论。

一、立君为民

如前所述，荀子把君和民比作舟和水，水能载舟，也能覆舟；人民可以拥戴他为君，也可能推翻他的统治。荀子在《大略》篇中进一步发挥了立君为民的主张。荀子云：

> 天之生民，非为君也；天之立君，以为民也。故古者列地建国，非以贵诸侯而已；列官职，差爵禄，非以尊大夫而已！

荀子并借推崇商汤、周武王兴办对天下有利的事情，除掉对天下有害的事情，来申述他的君主爱护、养育人民，"如保赤子"的观点。

> 汤武者，循其道，行其义，兴天下同利，除天下同害，天下归之。故厚德音以先之，明礼义以道之，致忠信以爱之，尚贤使能以次之，爵服赏庆以申重之。时其事，轻其任以调齐之，潢然兼复之，养长之，如保赤子。[1]

当然，君主爱护、养育人民以及立君为民之说，都是欺人之谈，事实上，君主全靠人民的劳动果实来养肥自己，而不是君主养育人民，但荀子提出立君为民之说，是为了劝告君主尽力争取人民。他认为，要兼并诸侯，统一天下，不仅是取得土地，得到权势，而且要争取人民，得到人民的拥护。荀子云：

> 取天下者，非负其土地而从之之谓也，道足以壹人而已矣。彼其人苟壹，则其土地奚去我而适它！

由此可见，荀子虽然意识到争取人民的重要性，但他还是把人民看成是

---

[1]《荀子·王霸》。

能够驾驭的驯服工具，看成是君主能够争取权力的一种力量。荀子懂得，君主的权力来自人民的服从，否则，其权力就有丧失的危险，即所谓"人服而势从之，人不服而势去之，故王者已于服人矣"。

二、"尊无上""势至重"的君主集权论

荀子明确主张建立集权于君主的专制政权，反对权力均等或权力分散。他强调君主的权势是统治人民的重要工具："立君上之势以临之"[1]，所以君主应当拥有最高的权威："势齐则不壹，众齐则不使"[2]；"权出一者强，权出二者弱"。[3]照荀子看来，君主只有至尊无上，"势至重"，才能有效地维护封建统治。荀子云：

> 天子无妻（齐），告人无匹也。四海之内无客礼，告无适也。足能行，待相者然后进；口能言，待官人然后诏。不视而见，不听而聪，不言而信，不虑而知，不动而功，告至备也。天子也者，势至重，形至佚，心至愈（愉），志无所诎，形无所劳，尊无上矣。诗曰："普天之下，莫非王土；率土之滨，莫非王臣。"此之谓也。
>
> 君者[4]，国之隆也；父者，家之隆也。隆一而治，二而乱。自古及今，未有二隆争重而能长久者。[5]

照荀子看来，君主至尊无上，"势至重"，但他又是身体安逸，心境愉快的。这一方面要求君主集权，一方面又不要事必躬亲，而是把处理国家事务的权力交给宰相，自己却能坐享安富尊荣。所以说，荀子的君主集权思想同韩非等法家的君主独裁论，是有所不同的。荀子云：

> 彼持国者，必不可以独也；然则强固荣辱在于取相矣！身能，相能，如是者王。身能，知恐惧而求能者，如是者强。身不能，不知恐惧而

---

[1]《荀子·性恶》。
[2]《荀子·王制》。
[3]《荀子·议兵》。
[4]"君者"出自《荀子·致士》。
[5]《荀子·致士》。

求能者，安唯便僻左右亲比己者之用，如是者危削。[1]

为什么这样讲呢？因为君主大权在握，但君主不一定贤明。因此君主的任务在于选择贤相来辅佐自己，把国家治理好。实际上，这就是儒家贤人政治的一项重要内容。

三、暴君可以抛弃

荀子承袭了孟子暴君放伐论的观点，认为对于像桀纣那样暴虐无道的君主，人民可以抛弃他们，《正论》篇云：

> 世俗之为说者曰："桀纣有天下，汤武篡而夺之。"是不然……汤武非取天下也，修其道，行其义，兴天下之同利，除天下之同害，而天下归之也。桀纣非去天下也。反禹汤之德，乱礼义之分，禽兽之行，积其凶，全其恶，而天下去之也。天下归之之谓王，天下去之之谓亡。故桀纣无天下，而汤武不弑君，由此效之也。汤武者，民之父母也；桀纣者，民之怨贼也。

像桀纣那样残暴不仁的君主，是人民之怨贼，人民理所当然地会抛弃他们。

四、臣非君之奴仆

荀子认为，君臣关系并不是主仆关系。这包含着某种平等的意思。臣对于君，如果志同道合，就共同治理天下；如果志不同，道不合，就不相为谋，可以离去，《臣道》篇云：

> 君有过谋过事，将危国家、殒社稷之惧也，大臣、父兄有能进言于君，用则可，不用则去，谓之谏。

在荀子看来，臣下是君主的辅佐者，并不是他的奴仆；臣下的所为，固

---

[1]　《荀子·王霸》。

然要上忠于君，但更要"下爱百姓而不倦"，以服务于天下为依归。荀子云：

> 内足使以一民，外足使以距（拒）难；民亲之，士信之；上忠乎君，下爱百姓而不倦，是功臣者也。
>
> ……
>
> 故曰：谏争辅拂之人，社稷之臣也。[1]

总的看来，荀子的君主集权说，适应了战国末年天下即将统一的趋势，有利于地主阶级建立全国统一的封建国家。同时，它又和法家的君主独裁论有所不同，其进步性是应当肯定的。

---

[1] 《荀子·臣道》。

第十五章

儒家礼治论与传统文化

先秦儒家主张"为国以礼",实行礼治。这种礼治思想是从周公那里承袭来的。相传西周初期的伟大政治家周公"制礼作乐",以维护和巩固西周王朝的统治。据《左传》记载,鲁国季文子说:"先君周公制周礼曰:'则以观德,德以处事,事以度功,功以食民。'"〔1〕可见周公对礼是何等重视!

那么,礼是什么呢?"礼"字在商代已经出现,甲骨文作"豊"等形,象征器皿盛玉,以祭天祭祖。这种祭天祭祖的仪式就叫做"礼"。到了西周时期,随着社会的发展,礼的内涵大大扩展了,它既包括政治、经济军事、文化等方面的典章制度,又包括一套繁琐的礼节仪式。它在西周奴隶社会中是国家、社会各方面活动的指导原则。

《左传》云:"礼,经国家,定社稷,序民人,利后嗣者也。"〔2〕

《礼记》云:

> 道德仁义,非礼不成;教训正俗,非礼不备;分争辨讼,非礼不决;君臣上下,父子兄弟,非礼不定;宦学事师,非礼不亲;班朝治军,莅官行法,非礼威严不行;祷祠祭祀,供给鬼神,非礼不诚不庄。是以君子恭敬撙节,退让以明礼。〔3〕

这主要是说,国家的政治、军事、法律、教育、婚姻、祭祀以及道德风尚等等,无一不受礼的支配。当然,其核心内容是以血缘关系为基础的宗法等级制度。

---

〔1〕《左传·文公十八年》。
〔2〕《左传·隐公十一年》。
〔3〕《礼记·曲礼上》。

儒家是维护这种宗法等级制度的，要求人们按照各自不同的等级，来享受权利，履行义务。

第一节　孔子的以礼治国论

在奴隶社会和封建社会中，根据官爵、门第、财产和身份等的不同，人被划分为许多等级。各个等级的社会地位、享有的权利和应尽的义务各不相同。等级愈高，社会地位愈尊贵，享有的特权愈多；等级愈低，社会地位愈卑贱，承担的义务也愈重。而等级高贵者所享有的特权，又是由国家用法律形式固定下来的，是"国之纲纪"，不许僭越，不得侵犯。

孔子等儒家极力把这种等级特权制度说成是天经地义的。孔子认为，人有智愚、贤不肖的不同，所以社会应该有分工，应该有尊卑、贵贱的等级。凡是智者、贤者，就应该尊贵，受人供养，有权统治别人；凡是愚者、不尚者，就应该卑贱，终年劳作，有义务去供养尊贵者。这就是孔子等儒家代表人物把人们分为君子小人、劳心劳力的根据。依照这样的分类，儒家又进而规定了双方不同的权利和义务。

《左传》云：

> 君子勤礼，小人尽力。勤礼莫如致敬，尽力莫如敦笃。[1]
>
> 君子劳心，小人劳力，先王之制也。[2]
>
> 世之治也，君子尚能而让其下，小人农力以事其上。是以上下有礼，而谗慝黜远，由不争也，谓之懿德。[3]

《论语·子路》篇也记载：樊迟请求学种庄稼和菜蔬，孔子斥责他是小人，认为只要在上者好礼、好义、好信，则"四方之民襁负其子而至矣，焉用稼"？

孔子还强调指出："君子而不仁者有矣夫，未有小人而仁者也。"

显然，孔子等儒者这种君子小人、劳心劳力的观点，混淆了剥削和劳动

---

〔1〕《左传·成公十三年》。

〔2〕《左传·襄公九年》。

〔3〕《左传·襄公十三年》。

的界限，为统治者享受等级特权提供了理论根据。荀子曾毫不避讳地道出了这个问题的实质："贱事贵，不肖事贤，是天下之通义。"[1]人生来是不平等的，一切享受和社会地位自然要有差异，要分等级："古者先王分割而等异之也，故使或美或恶，或厚或薄，或佚或乐，或劬或劳"[2]，自是理所当然之事。

孔子认为，只有依靠礼，依靠礼治，才能使君子和小人、劳心者和劳力者各自遵守一定的行为规范，来享受权利，履行义务，使尊卑贵贱、长幼亲疏的等级社会不致紊乱，并长久存在下去。

要推行礼治，首先必须学礼、知礼。《论语·季氏》记载陈亢和孔子的儿子伯鱼的谈话，伯鱼说孔子告诉他："不学礼，无以立。"《论语·尧曰》篇云："子曰：不知命，无以为君子也；不知礼，无以立也；不知言，无以知人也。"

另据《左传》记载，孟僖子认为没有礼仪，就不能自立，所以在临死时，还让他的儿子向孔子学礼。"孟僖子病不能相礼，乃讲学之，苟能礼者从之。及其将死也，召其大夫，曰：'礼，人之干也。无礼无以立……我若获没，必属说与何忌于夫子，使事之而学礼焉，以定其位。'"[3]

西周礼治的基本原则是"尊尊"和"亲亲"。"尊尊"是等级原则，要求小宗服从大宗，下级贵族服从上级贵族，奴隶和平民服从奴隶主。"亲亲"是宗法原则，要求父慈、子孝、兄友、弟恭。孔子继承和发展了这两项基本原则。前章所述孔子维护君权的思想，就属于"尊尊"的一项根本的内容。此外，孔子还具体地论述了礼治的一些问题。例如，《左传》云："为尊者讳，为亲者讳。"[4]据《论语》载，陈司败问："昭公知礼乎？"孔子曰："知礼。"孔子退，揖巫马期而进之，曰："吾闻君子不党，君子亦党乎？君取（娶）于吴，为同姓，谓之吴孟子。君而知礼，孰不知礼！巫马期以告。"子曰："丘也幸，苟有过，人必知之。"[5]按周礼规定，同姓不婚。可是鲁昭公娶同姓吴女，违背了周礼。而孔子严格遵守"为尊者讳"的原则，极力掩饰鲁昭公的

---

〔1〕《论语·宪问》。
〔2〕《荀子·富国》。
〔3〕《左传·昭公七年》。
〔4〕《公羊传·闵公元年》。
〔5〕《论语·述而》。

违礼行为。当孔子受到陈司败的批评时，不得不承认自己有错，最后以"苟有过，人必知之"而搪塞过去。

孔子在法律上遵守礼治原则，主张"为亲者隐"，那是他"为亲者讳"的一种表现。据《论语》记载：叶公告诉孔子，他们那里有个正直的人，其父偷了别人的羊，他便亲自去检举告发。孔子云："吾党之直者异于是：父为子隐，子为父隐，直在其中矣。"[1]

这种父子互相包庇，孔子却视为最公正无私的道德。

维护父权。早在殷周时代，奴隶主贵族为了维护和巩固自己的统治，就很重视孝道。如周公就曾把"不孝不友"视为罪大恶极，要严厉惩处，绝不赦免。据《尚书》记载，周公对其弟康叔封说：

封。元恶大憝，矧惟不孝不友。子弗祗服厥父事，大伤厥考心；于父不能字（爱）厥子，乃疾厥子。于弟弗念天显，乃弗克恭厥兄；兄亦不念鞠子哀，大不友于弟……乃其速由文王作罚，刑兹无赦。[2]

孔子继承和发挥了这种孝的思想。他的弟子有子的一段话表述了孔子关于孝的思想。

有子曰："其为人也孝弟，而好犯上者，鲜矣；不好犯上，而好作乱者，未之有也。君子务本，本立而道生。孝弟也者，其为仁之本与（欤）!"[3]

儒家认为一个人在家能孝顺父母，敬爱兄长，出外自然会忠于长上，忠于君主，更不会犯上作乱。这就是他们移孝作忠的思想。

孔子主张，人子对于父兄要绝对服从，在父母生前应该留家侍奉。

子曰："父母在，不远游，游必有方。"[4]

照孔子看来，不违背礼，不违反父母的意志，是人子奉事父母的孝道的

---

[1]《论语·子路》。
[2]《尚书·康诰》。
[3]《论语·学而》。
[4]《论语·里仁》。

一项基本原则。"孟懿子问孝。子曰：'无违。'樊迟曰：'何谓也？'子曰：'生，事之以礼；死，葬之以礼。'"[1]当然，生有所养，死有所葬，这是人子必须做到的。但孔子认为这只是孝的最低要求。子曰："今之孝者，是谓能养。至于犬马，皆能有养；不敬，何以别乎？"[2]

因此，对父母的孝更应当表现在"敬"上。父母即使有过错，只能委婉地进行规劝，如果不从，也不能怨恨。"子曰：'事父母几（轻微，婉转）谏，见志不从，又敬不违，劳而不怨。'"[3]实际上，这是很不容易做到的，所以当子夏问孝时，孔子回答说："色难。"[4]在父母面前，任何时候都要有愉悦的容色，确实是件难事啊！

孔子认为，违反父母之命而私自嫁娶，私蓄财物，也是违反孝道而不能容忍的。孔子云："父母在，不敢有其身，不敢私其财，示民有上下也。"[5]

在父亲生前，儿子固然应当如此；即使父亲死了，也必须恪守"父之道"，否则，便是不孝。孔子曰："父在，观其志；父没，观其行；三年无改于父之道，可谓孝矣。"[6]

由此可见，孔子维护父权的思想是相当突出的。

"礼之用，和为贵。"在处理人际关系方面，孔子主张实行中庸之道。孔子云："中庸之为德矣，其至矣乎！民鲜久矣。"[7]

郑玄《礼记·中庸》题解云：中庸者，"以其记中和之用也"。他在《礼记·正义》中又云："庸，常也。用中为常道也。"可见中庸的意思是无过，也无不及，恰如其分，也就是调和。孔子的弟子有子云：

> 礼之用，和为贵。先王之道，斯为美。小大由之，有所不行，知和而和，不以礼节之，亦不可行也。[8]

[1]《论语·为政》。
[2]《论语·为政》。
[3]《论语·里仁》。
[4]《论语·为政》。
[5]《礼记·坊记》。
[6]《论语·学而》。
[7]《论语·雍也》。
[8]《论语·学而》。

儒家强调礼的作用，以遇事都做得恰当为可贵。他们认为，过去圣君明王治理天下，最宝贵的地方就在这里。孔子还提出了更具体的要求，即用礼来节制恭、慎、勇、直这些道德品行，使它们恰到好处。相反，如果它们离开礼的节制，便会偏离中道。孔子云："恭而无礼则劳，慎而无礼则葸，勇而无礼则乱，直而无礼则绞。"[1]

由此可见，主张以礼让为国的孔子，强调"礼之用，和为贵"，就是大家和谐一致，消除争夺，一切都恰如其分。使社会保持安定。所以孔子又说：君子没有什么可争的事情，如果有所争，一定是比箭吧！但是当射箭的时候，相互作揖然后登堂；射箭完毕，走下堂来，作揖喝酒。那一种竞赛多有礼貌啊！[2]

第二节 孟子维护封建贵族特权的思想

孟子生活在各国封建主已取得政权的时代，当然不会像孔子那样向往西周的礼治，"率由旧章"了。但他仍然继承了孔子的礼治思想，认为"无礼义则上下乱"[3]。

孟子的理想社会，仍然是天子、诸侯、大夫、士、庶人宝塔式的等级森严的社会，并强调维持封建贵族的等级特权。

一、封建等级与财产占有相结合

孟子依托西周的制度，提出了一套尊尊、亲亲的封建等级结构，而这种等级结构又是和财产占有紧密结合在一起的。孟子云：

> 天子一位，公一位，侯一位，子、男同一位，凡五等也。君一位，卿一位，大夫一位，上士一位，中卫一位，下士一位，凡六等。天子之制，地方千里，公侯皆方百里，伯七十里，子、男五十里，凡四等……天子之卿受地视侯，大夫受地视伯，元士受地视子、男。大国地方百里，君十卿禄，卿禄四大夫，大夫倍上士，上士倍中士，中士倍下士，下士

---

[1] 出自《论语·泰伯》。
[2] 《论语·八佾》。
[3] 《孟子·离娄上》。

与庶人在官者同禄，禄足以代其耕也。……耕者之所获，一夫百亩；百亩之粪，上农夫食九人，上次食八人，中食七人，中次食六人，下食五人。庶人在官者，其禄以走为差。[1]

照孟子看来，这种封建等级结构神圣而不可侵犯。因贫穷而做官的，便该拒绝高官，居于卑位拒绝厚禄，只受薄俸。等级低下，而议论朝廷大事，"罪也"。[2]

二、劳心者治人与劳力者治于人

战国时代，有一派思想家叫农家。与孟子同时的楚国人许行，是研究"神农之言"即农家学说的，他是当时农家的代表人物。

许行主张君民"并耕而食，饔飧而治"，要求君主一边种地一边处理政事，反对统治者"厉民自养"；主张以物易物，不论货物的精粗美恶，只以大小长短定价。[3]这种主张反映了战国时期劳动者反剥削的善良愿望，要求绝对平均，反对商人的中间盘剥。但是许行想用平均主义和否认社会分工来解决当时的社会矛盾，却是违反历史发展规律的。

孟子抓住许行否认社会分工的弱点，援引许多生活实例，着重从社会分工的必然性和物质的差别性，来批评许行的主张。他从农业和手工业的分工、农民和工匠互相交换的必要说起，指出许行的帽子、衣服、炊具、犁头等，都要用粮食换来的事实，说明"百工之事固不可耕且为也"[4]，工农之间互相交换，对双方都是有利的。孟子指出，许行的学说哪能用来治理国家呢？

孟子的这种观点，是有一定道理的。当人类社会发展到一定阶段以后，脑力劳动和体力劳动的分工是不可避免的历史现象，是社会发展的一个进步。但是，孟子是从维护剥削者的利益来阐述社会分工的。孟子云：

有大人之事，有小人之事。且一人之身，而百工之所为备，如必自为而后用之，是率天下而路也。故曰，或劳心；或劳力；劳心者治人，劳

---

[1]　《孟子·万章下》。
[2]　《孟子·万章下》。
[3]　见《孟子·滕文公上》。
[4]　见《孟子·滕文公上》。

力者治于人；治于人者食人，治人者食于人，天下之通义也。[1]

本来，农民和工匠的分工，是生产劳动的分工；劳心者和劳力者的分工，当时是社会阶级的分工。这两种分工不能混为一谈。而孟子却错误地把它们混同起来，从而为剥削者享受剥削劳动者的特权制造了理论根据。

三、维护夫权的婚姻家庭观

据周礼的规定，在婚姻家庭制度上，夫权居于统治地位，男尊女卑，妻子被认为是从属的，始终处于无权的地位。孟子继承和发展了这种男尊女卑的思想，极力维护夫权，认为顺从是妇女应有的道德。

> 孟子曰："是焉得为大丈夫乎？子未学礼乎？丈夫之冠也，父命之；女子之嫁也，母命之，往送之门，戒之曰：'往之女家，必敬必戒，无违夫子！'以顺为正者，妾妇之道也。"[2]

他认为婚姻关系的成立，必须有父母之命，媒妁之言。丈夫生而愿为之有室，女子生而愿为之有家；父母之心，人皆有之，不待父母之命，媒妁之言，钻穴隙相窥，逾墙相从，则父母国人皆贱之。[3]

这种封建婚姻观，长期以来极大地限制了男女的婚姻自由，影响既深且广。

孟子甚至提出"不孝有三，无后为大"[4]的主张。在封建社会里，这种主张成为丈夫休弃妻子的"七出"条规的重要内容，且受到法律的保护。《大戴礼记》云：

> 妇有七去：不顺父母，去；无子，去；淫，去；妒，去；有恶疾，去；多言，去；盗窃，去。[5]

---

〔1〕《孟子·滕文公上》。
〔2〕《孟子·滕文公下》。
〔3〕《大戴礼记·本命》。
〔4〕《孟子·离娄上》。
〔5〕见《大戴礼记·本命》。

这七种休弃妻子的理由，都是片面地强加给妇女的罪名，是宗法制度对妇女的残酷迫害。

历代封建王朝关于妇女的立法，都是从儒家"男尊女卑""三从四德"的信条出发的，男女在法律上处于不平等的地位。

四、维护贵族的法外特权

孟子继承了孔子的法律面前不应讲平等的思想，认为君子和小人的界限不可逾越，以维护少数统治者超越于法律之外的特权。孟子云"君子犯义，小人犯刑"，就是公开主张人们在法律层面不应讲平等，遵守法律只是小人的事，至于君子则可以不受法律的约束。

同孔子一样，孟子也认为，为了维护"亲亲"原则，可以置法律于不顾，甚至主张放纵杀人犯。据《孟子》记载：

> 桃应问曰："舜为天子，皋陶为士，瞽瞍杀人，则如之何？"孟子曰："执之而已矣。""然则舜不禁与？"曰："夫舜恶得而禁之？夫有所受之也。""然则舜如之何？"曰："舜视天下犹弃敝屣也。窃负而逃，遵海滨而处，终身䜣然，乐而忘天下。"[1]

实际上孟子还是赞许舜包庇其父杀人的罪恶，逃避法律制裁的。可见孟子辨亲疏而不强调罪必有罚，以维护贵族享有的法外特权。很明显，这种主张是不可取的。

第三节　荀子的隆礼论

荀子适应战国末年天下即将统一的形势，提出了隆礼重法的理论。他说："隆礼至法则国有常。"[2]其中，隆礼是根本，居于首要地位。然而，荀子并不是简单重复此前儒家的理论，而是对礼作了新的解释，赋予它新的内容，主要是赋予它以封建等级制的内容。

---

〔1〕《孟子·尽心上》。
〔2〕《荀子·君道》。

一、礼为治国之本

荀子认为，礼是治国的根本，隆礼是诸侯统一天下不可缺少的条件。

> 礼者，治辨之极也，强固之本也，威行之道也、功名之总也。王公由之，所以得天下也。[1]
>
> 君人者，隆礼尊贤而王。[2]

照荀子看来，礼是为政的前导，如果政治离开了礼，便不能推行："为政不以礼，政不行矣。"[3]所以一切政治措施，无不取决于礼之兴废，国家之治乱，无不取决于礼之有无。礼的重要正如权衡对于轻重、绳墨对于曲直，规矩对于方圆一样，是衡量一切的最高标准，是"人道之极"。荀子云：

> 国无礼则不正。礼之所以正国也，譬之犹衡之于轻重也，犹绳墨之于曲直也，犹规矩之于方圆也，既错（措）之而人莫之能诬也。[4]
>
> 礼岂不至也哉？立隆以为极，而天下莫之能损益也……故绳墨诚陈矣，则不可欺以曲直；衡诚县矣，则不可欺以轻重；规矩诚设矣，则不可欺以方圆；君子审于礼，则不可欺以诈伪。故绳者，直之至；衡者，平之至；规矩者，方圆之至；礼者，人道之极也。[5]

因此，荀子认为人无礼则不能生存，百事无礼则无成就，国家无礼则不得安宁。可见荀子强调礼的重要性，已经到了无以复加的地步。

二、礼的起源

在荀子看来，人生来就有饮食男女之欲，好声色，自私自利，好逸恶劳。为了使人的物质需求得到适当的满足，防止人们互相争夺而导致社会混乱，

---

[1]《荀子·议兵》。
[2]《荀子·天论》。
[3]《荀子·大略》。
[4]《荀子·王霸》。
[5]《荀子·礼论》。

就由圣人制定礼，以规定人们对物质财富的"度量分界"。荀子云：

> 礼起于何也？曰：人生而有欲。欲而不得，则不能无求，求而无度量分界，则不能不争。争则乱，乱则穷。先王恶其乱也，故制礼义以分之，以养人之欲，给人之求。使欲必不穷乎物，物必不屈于欲，两者相持而长，是礼之所起也。[1]

> 古者圣王以人之性恶，以为偏险而不正，悖乱而不治，是以为之起礼义，制法度，以矫饰人之情性而正之。[2]

为了使人们的欲望不至于因物资的不足而得不到满足，使物资也不至于为人们的欲望所用尽，物资和欲望相互制约而能长久地保持协调，就需要制定礼。由此可见，荀子对礼的起源的论述，突破了儒家将义和利对立起来的观点，将二者加以调整，承认它们可以共存。正如《大略》篇所云："义与利者，人之所两有也。虽尧舜不能去民之欲利，然而能使其欲利不克其好义也。"

至于荀子所讲的"分"，则是指划分贵贱等级和社会分工。所以"制礼义以分之"中的礼义，实际上包括封建等级制度和道德规范。荀子在论述人能结成社会组织时讲得比较透彻。

> 水火有气而无生，草木有生而无知，禽兽有知而无义，人有气、有生、有知亦且有义，故最为天下贵也。力不若牛，走不若马，而牛马为用，何也？曰：人能群，彼不能群也。人何以能群？曰：分。分何以能行？曰：义。故义以分则和，和则一，一则多力，多力则强，强则胜物……

> 故人生不能无群，群而无分则争，争则乱，乱则离，离则弱，弱则不能胜物……君者，善群也。群道当，则万物皆得其宜。[3]

> 人之生，不能无群，群而无分则争，争则乱，乱则穷矣。故无分者，

---

[1]《荀子·礼论》。
[2]《荀子·性恶》。
[3]《荀子·王制》。

人之大害也；有分者，人之本利也。[1]

荀子以"人能群"作为区分人类和其他动物的标志，并认为人只有组成社会，依靠集体的力量，才能战胜和利用大自然，使自己生存下来。社会组织之所以能够维持，是因为有"分"；而"分"是根据礼来规定的。荀子特别指出"君者，善群也"，即君主是善于按一定分工和等级把人们组织起来的人。

由此可见，荀子讲人能合群，讲礼的起源，实际上也是讲国家和法的起源。他联系物质财富的分配来解释国家、等级制度、礼仪、法度的起源，无疑有其积极意义。这对长期以来流行的君权神授说、王权天授说是一种有力的批判。但他把国家和法度说成是圣人的创造，则是违反历史的真实的。

三、礼的内容

荀子礼治论的核心是严格划分人们的贵贱等级。他认为，礼是用来"断长续短，损有余，益不足"[2]的。他要求打破氏族血缘关系的界限，实行财产和权力的再分配，一切都严格按照封建名分等级去分享权利和物质利益。荀子云：

> 先王为之制礼义以分之，使有贵贱之等，长幼之差，知愚、能不能之分，皆使人载其事而各得其宜。[3]

这是说要依照礼的原则，对人们划分贵贱等级、长幼差别，以及智愚、能不能的不同。

其一，分贵贱之等。礼规定人们对物质财富的"度量分界"，那么，怎样去规定这种"度量分界"呢？最根本的一条就是划分人们的贵贱等级。荀子云：

> 分均则不论，势齐则不一，众齐则不使。有天有地而上下有差，明

---

[1]《荀子·富国》。
[2]《荀子·礼论》。
[3]《荀子·荣辱》。

王始立而处国有制。夫两贵之不能相事，两贱之不能相使，是天数也。势位齐，而欲恶同，物不能澹（瞻）则必争，争则必乱，乱则穷矣。先王恶其乱也，故制礼义以分之，使有贫富贵贱之等，足以相兼临者，是养天下之本也。《书》曰"维齐非齐"，此之谓也。[1]

礼者，贵贱有等，长幼有差，贫富轻重（指贵贱）皆有称者也。[2]

荀子理想中的贵贱等级的模式是：

农分田而耕，贾分货而贩，百工分事而劝，士大夫分职而听，建国诸侯之君分土而守，王公总方而议，则天子共（拱）已而止矣。

在这种封建等级结构中，农、贾、百工是被统治者，士大夫、诸侯、三公、天子是统治者，等级分明，不可逾越。

照荀子看来，礼的作用之一就在于把这种等级法律化，使人们各按自己的等级地位来享受权利，履行义务。其中最根本的是把这种等级的划分和财产的分配直接联系起来。

上贤禄天下，次贤禄一国，下贤禄田邑，愿悫之民完衣食。

这就是说，自天子以下各级统治者，必须按位定禄。位高必有厚禄，天子至尊至贵，理应有最高的俸禄。至于平民百姓，使他们能糊口度日便可。

其二，分长幼之差。荀子认为，父子没有礼作为准则就不亲，兄弟没有礼作为准则就不顺，夫妇没有礼作为准则就不欢。年幼的依据礼就能得到成长，年老的依据礼就能得到供养。荀子云：

父子不得不亲，兄弟不得不顺，夫妇不得不欢。少者以长，老者以养。

礼者，贵者敬焉，老者孝焉，长者弟焉，幼者慈焉，贱者惠焉。[3]

---

[1]《荀子·王制》。
[2]《荀子·富国》。
[3]《荀子·大略》。

分长幼之差是维护封建等级秩序的重要手段，所以受到荀子的重视。

其三，区分智愚、能不能。荀子生活的战国末期，农、工、商的分工已相当发达，所以荀子认为一个人的能力是不可能兼通各种技艺的，一个人也不可能兼管各种事务，"百技所成所以养一人"，没有农工商的社会分工是不行的。同时，人们智愚、能不能的情况不相同，但他们应分工合作。故荀子云：

> 故百技所成，所以养一人也。而能不能兼技，人不能兼官；离居不相待则穷，群而无分则争。穷者患也，争者祸也。救患除祸，则莫若明分使群矣。强胁弱也，知惧愚也，民下违上，少陵长，不以德为政，如是，则老弱有失养之忧，而壮者有分争之祸矣。事业所恶也，功利所好也，职业无分，如是，则人有树事之患，而有争功之祸矣。男女之合，夫妇之分，婚姻聘内送逆无礼；如是，则人有失和之忧，而有争色之祸矣。故知者为之分也。〔1〕

我们在探讨儒家礼治思想时，应注意到荀子的主张和孔孟已有所不同，他不但隆礼，而且又重法，开始把礼法融合起来。荀子云："礼者，法之大分，类之纲纪也。"〔2〕很明显，他承认礼中有法，法出于礼。实际上荀子是礼法融合的先行者。

第四节　礼治对传统文化的影响

儒家主张"为国以礼"〔3〕，实行礼治；认为"无礼义则上下乱"〔4〕，君臣、父子、兄弟、夫妇应各守其礼。特别是荀子，对礼进行了全面的改造，赋予礼以封建等级制的内容，要求人们都按礼所规定的等级名分去分享物质利益和权利，履行义务。

儒家主张的礼治，对中国传统文化产生了极大的影响。

---

〔1〕《荀子·富国》。
〔2〕《荀子·劝学》。
〔3〕见《论语·先进》。
〔4〕见《孟子·离娄上》。

就礼的本质来说，它是等级制。所以，它成为中国封建特权法的理论基础。《礼记·曲礼》篇云："夫礼者，所以定亲疏，决嫌疑，别同异，明是非也。"《淮南子·齐俗训》篇亦云"礼者，所以别尊卑，异贵贱"。可见其所"别之异"，就是区分名分等级之异，要求做到严上下，别贵贱，序尊卑，差长幼。礼是富于差异性和等级性的，因人而异，"名位不同，礼亦异数"。[1]所以上下、贵贱、尊卑、长幼各有其礼，每个人必须按照自己的等级地位去实行相应的礼，不得超越自己的等级而失礼，"失礼则入刑"，就要受到刑罚的制裁。

中国这种以礼为核心的等级制度发展得非常完备，从国家的典章制度到人们的衣食住行都有一套严密的等级规章，把封建特权法的内容贯彻到社会的方方面面。封建统治者力图使人们习惯于生存在严格的等级序列之中，养成事事有等级、物物有等级、无处没有等级的等级观念。如宋儒朱熹在《无刑录》中论述封建等级特权法时说：

> 凡有狱讼，必先论其尊卑、上下、长幼、亲疏之分，而后听其曲折之词。凡以下犯上，以卑陵尊者，虽直不右，其不直者，罪加凡人之坐。

这种把尊卑、上下、长幼、亲疏作为法律上是非曲直、有罪无罪、轻判重判的标准，显然是为了维护贵族和官吏在法律上所享有的特权。更有甚者，历代封建统治者还把这种法律特权定为制度，这集中反映在各封建法典所规定的"议""请""减""赎""官当""除免"等制度之中。其中，"议""请""减""赎"是规定贵族、官吏犯罪后有减免刑罚的特权；"官当""除免"是以其他刑罚代替实际刑罚的特权制度。

在奴隶社会和封建社会，阶级的差别是通过居民的等级划分固定下来，同时还为各个等级确定了在国家中的特别法律地位。人们的等级越高，社会地位越尊贵，享有的特权越多；等级越低，社会地位越卑下，则担负的义务越多。皇帝至尊至贵，拥有至高无上的权力，是全国最大的特权者；从各级贵族、官吏到地主，也都享有特权；底层的贱民、庶人，社会地位低下，更没有什么权利可言，有的是无休止的交粮纳税等义务。由此可见，对劳动者来

---

[1]《左传·庄公十八年》。

说，封建统治者所强调的是义务，而缺乏保护个人权利的内容。

从法文化方面来看，这是一种典型的以义务为本位的法文化。人一生下来就归属于某个等级，成为他人的附属物，当然就谈不上个人的尊严和自由，谈不上维护个人的权利了。因此，人们只能忍受义务，听凭权力者摆布，这种义务本位文化的直接影响，产生了人们对国家和官吏的异己感、不信任感，甚至恐惧。这是劳动者怕官吏、怕衙门、怕打官司，以及对法律抱疏远乃至敌视心理的重要原因。

同时，由于这种权力至上、权大于法的等级特权制的存在，人们产生权力崇拜心理，因为有权就有利，于是权力具有较大的诱惑力，人们不仅羡慕权力，而且竞相追逐权力。特别是权势者在争夺和维护权力的过程中，什么道德良心皆在所不顾，什么践踏法律、蹂躏人权亦在所不惜。

当然，礼和礼治在中国历史上所起的积极作用，也不可忽视。如儒家主张以礼让治国，"能以礼让为国乎？何有"，[1]那还会有什么困难呢？并且强调"礼之用，和为贵"[2]，凡事都做得恰当为可贵，提倡彼此谦让，大家和谐一致，使社会保持安定。中国长期成为礼让之邦，这和儒家的上述主张是分不开的。

----

〔1〕 见《论语·里仁》。
〔2〕 见《论语·学而》。

第十六章

儒家的德治论与传统文化

儒家的德治主张，和周公的思想有明显的继承关系。周公明确指出，文王为政，能够崇尚德政，慎用刑罚。

> 惟乃丕显文王，克明德慎罚，不敢侮鳏寡，庸庸（勤劳的意思），祗祗（敬谨），威（畏）威（畏惧天威），显民。[1]

当周公还政于成王时，还谆谆嘱咐成王：

> 王其疾敬德。……王敬作所，不可不敬德……王其德之用，祈天永命。[2]

他要成王敬德，并把它作为当务之急，是为了让上天来保佑他们这些敬德的统治者。照他看来，敬德是引起天命变革的主要原因，认为光讲天命是靠不住的，还必须注重人事，实行德治政策，把天命和德治结合起来，方能"祈天永命"。

同时，周公从维护奴隶主贵族的根本利益出发，还主张慎用刑罚，反对滥杀无辜，重视教化，劝民为善。

> 乱罚无罪，杀无辜，怨有同，是丛于厥身。[3]
> 明德慎罚，亦克用劝。要囚，殄戮多罪，亦克用劝，开释无辜，亦克用劝。[4]

---

〔1〕《尚书·康诰》。
〔2〕《尚书·召诰》。
〔3〕《尚书·无逸》。
〔4〕《尚书·多方》。

当然，周公提倡明德慎罚，并不是要削弱刑罚，更不是放弃刑罚，一旦劳动者起来反抗，他就毫不迟疑地使用刑杀手段。"小民淫用非彝"，不守法度，"亦敢殄戮"〔1〕。

周公这种明德与刑杀并用的思想，是儒家德主刑辅与宽猛相济说的渊源。

第一节　德主刑辅与宽猛相济

孔子在继承周公明德慎罚思想的基础上，又总结了历史经验教训，认为在春秋末期变革十分激烈的情况下，如果仍像从前那样侧重"折民惟刑"，单纯依靠暴力镇压，已无济于事，那并不能阻止人民的反抗斗争。如果采取道德教化的办法，那效果将会好得多，民众服从统治，自愿归顺，就像众星拱卫着北斗一样拱卫着君主。

> 为政以德，譬如北辰，居其所而众星共（拱）之。〔2〕

孔子作为一个思想家，看到光是采用"杀无道以就有道"的办法，不是最有效的统治方法。他希望统治者在统治策略上进行一些调整。他曾把传统的"折民惟刑"的方法和他自己主张的办法加以对比，说：

> 道（导）之以政，齐之以刑，民免而无耻；道之以德，齐之以礼，有耻且格。〔3〕

这是说，用政和刑来治国，人民只能暂时避免犯罪，但并不感到犯罪是可耻的；而用德和礼来治国，人民就会有羞耻之心，循规蹈矩，自然归顺。朱熹注解说："政者，为治之具，刑者，辅治之法，德礼则所以出治之本，而德又礼之本也。此其相为终始，虽不可以偏废，然政刑能使民远罪而已，德礼之效，则有以使民日迁善而不知，故治民者不可徒恃其末，又当深探其本也。"〔4〕由此可见，儒家把德礼地位抬得很高，称之为"出治之本"，是第一

---

〔1〕　见《尚书·召诰》。
〔2〕　《论语·为政》。
〔3〕　《论语·为政》。
〔4〕　《论语集注》卷一《为政》。

位的；政刑是"为治之具""辅治之法"，是第二位的。

在《礼记·缁衣》篇中有类似的一段话："子曰：夫民教之以德，齐之以礼，则民有格心；教之以政，齐之以刑，则民有遁（遁）心。"这里所说的"民有遁心"正是奴隶制解体过程中大批奴隶逃亡的写照，这一事实表明，单纯运用刑政进行统治是很不够了。只有同时运用德礼进行教化，才能使民无"遁心"而有"格心"，服服帖帖地接受统治。

综上所述，孔子关于德礼政刑的论述，有两点值得注意：第一，孔子认为德礼之治优于刑政之治，把前者放在第一位，把后者放在第二位。这虽反映出儒家的思想体系的完整性，但他贬低了刑赏、法制的作用。第二，突破了"礼不下庶人"的旧传统。所谓"齐之以礼"就是主张对"民"也要进行礼义道德的教化，也就是"礼下庶人"了。礼下庶人，是孔子对当时的礼治进行改革的一项具体主张。这和他维护礼治的思想并不矛盾，因为当人民接受礼义道德教化之后，就会更好地遵守礼治。

从实质上说，孔子所主张的行政之治，仍是统治人民的工具。孔子云：

君子怀德，小人怀土。君子怀刑，小人怀惠。[1]

《说文》："怀，思念。"可见孔子认为统治者不仅要关怀"德"，而且要关心"刑"，德和刑同为治国不可缺少的工具。刘向《说苑》中所引孔子的一句话说得更明确："治国有二机，刑德是也。"[2]

所以说，孔子重道德教化，轻刑罚只是从相对意义上来说的，实际上他并不否认刑罚的作用。据史籍记载，孔子为鲁司寇时，执法严肃认真，刚正不阿，干坏事的人都怕他。荀子云：

> 仲尼将为司寇，沈犹氏（据说他经常在早晨把羊喂饱饮足上市去卖，以诈买主）不敢朝饮其羊，公慎氏（据说他的妻子淫乱，他却不敢管）出其妻，慎溃氏（据说他奢侈浪费，胡作非为）踰境而徙，鲁之粥（鬻）牛马者不豫（欺诈）贾，必蚤正（预先改正）以待之也。[3]

董仲舒也称赞孔子为司寇时"至清廉平，路遗不受，请谒不听，据法听

---

[1]　《论语·里仁》。
[2]　《说苑·政理》。
[3]　《荀子·儒效》。

讼，无有所阿……断狱屯屯，与众共之，不敢自专"。〔1〕作为儒家的荀子和董仲舒，对他们的祖师爷孔子难免有过誉的地方，但其说也不是全然虚构。我们看那位反对儒家很激烈的韩非，不也称赞"仲尼为政于鲁，道不拾遗"么！〔2〕

由此可见，孔子在重视道德教化的同时，也不否认法和刑的作用。当教化不起作用时便要诉诸法和刑了。他的主张的真实内容是：宽猛相济，德主刑辅。

据《孔子家语·刑政》篇记载，孔子认为，"化之弗变，导之弗从，伤义以败俗，于是乎用刑矣"。这是说当人们不接受道德教化时，就要对他们动用刑罚了。所以，孔子不是无条件地主张推行道德教化的，而是要求根据形势的需要，"宽猛相济"，交替使用道德教化和暴力两手。如《左传》记载，郑国统治者兴兵"攻萑苻之盗，尽杀之"，孔子称赞说："善哉！政宽则民慢，慢则纠之以猛；猛则民残，残则施之以宽；宽以济猛，猛以济宽，政是以和。"〔3〕

不过，在一般情况下，孔子总是强调道德教化，强调对人民实行怀柔政策，而刑罚只是作为道德教化的辅助手段，后人把它概括为"德主刑辅"。

一、以德服人

孟子继承了孔子"为政以德"的思想，主张以德服人，君主应该依靠道德教化进行统治。德与刑相比，孟子把德置于首要地位，把刑置于从属地位。照孟子看来，只有以德服人，才能使天下归服；如果以力服人，则只能称霸诸侯。以德服人者，人们心悦诚服；而以力服人者，人们则不会心悦诚服。

孟子曰："以力假人者霸，霸必有大国；以德行仁者王，王不待大——汤以七十里，文王以百里。以力服人者，非心服也，力不赡也；以德服人者，中心悦而诚服也，如七十子之服孔子也。诗云：'自西至东，自南至北，无思

---

〔1〕《春秋繁露·五行相生》。
〔2〕《韩非子·内储说下》。
〔3〕《左传·昭公二十年》。

不服。'此之谓也。"〔1〕

孟子认为，只有实行德政，才可使民心归附，取得事半功倍的效果："德之流行，速于置邮而传命。当今之时，万乘之国行仁政，民之悦之，犹解倒悬也。故事半古之人，功必倍之。"〔2〕所以他极力主张对人民进行孝、悌、忠、信之类封建伦理道德的教育，以期达到"人伦明于上，小民亲于下"〔3〕的目的。

孟子和孔子一样，提倡德治，但并不否认刑罚的作用。孟子云：

> 上无道揆（道德规范）也，下无法守（指法律制度）也，朝不信道，工不信度，君子犯义，小人犯刑，国之所存者幸也。〔4〕
>
> 莫如贵德而尊士，贤者在位，能者在职；国家闲暇，及是时，明其政刑。虽大国，必畏之矣。〔5〕

在政治上，孟子把人划分为君子和小人；在法律上，他认为刑罚的锋芒主要是针对小人的，并把"下无法守""小人犯刑"视为亡国的征兆，主张明其政刑。由此可见，孟子把刑罚也作为治国不可缺少的工具。

孟子从儒家的德主刑辅思想出发，主张先德而后刑。

> 孟子曰："以生道杀民，虽死不怨杀者。"〔6〕
>
> 孟子曰："霸者之民驩虞（欢娱）如也，王者之民皞皞（广大自得的样子）如也。杀之而不怨，利之而不庸（酬功的意思），民日迁善而不知为者。夫君子所述者化，所存者神，上下与天地同流，岂曰小补之哉？"〔7〕

很明显，孟子这种"杀之而不怨"的论调，无疑是为了美化统治者的刑

---

〔1〕《孟子·公孙丑上》。
〔2〕《孟子·公孙丑上》。
〔3〕见《孟子·滕文公上》。
〔4〕《孟子·离娄上》。
〔5〕《孟子·公孙丑上》。
〔6〕《孟子·尽心上》。
〔7〕《孟子·尽心上》。

杀手段，给统治者的暴力统治披上一件"仁德"的外衣。但他所强调的"以生道杀民"，圣人经过之处，人民都受到感化，则体现出先教而后杀的进步思想。

二、以德兼人

荀子和孟子一样，也主张以德服人，反对单纯以力服人。他没有像孟子那样激烈地抨击以力服人的霸道，但也认为采用以德服人的王道是上策。荀子云：

> 仲尼之门，五尺之竖子，言羞称乎五伯（霸），是何也？曰：然，彼非本政教也，非致隆高也，非綦文理也，非服人之心也。[1]
>
> 齐之技击，不可以遇（抵挡）魏氏之武卒；魏氏之武卒，不可以遇秦之锐士；秦之锐士，不可以当桓文之节制；桓文之节制，不可以敌汤武之仁义。[2]

只有以德服人，才能争得人心。如果实行德政，推行仁义，可使"近者歌讴而乐之，远者竭蹶而趋之"。[3]

荀子把儒家这种以德服人的办法，又称之为"以德兼人"。他曾经就以德兼人与以力兼人作过对比，认为前者优于后者。人君要统一天下，应该采取以德兼人的办法，如果以力兼人就会走向反面。荀子云：

> 彼贵我名声，美我德行，欲为我民，故辟门除涂，以迎吾入；因其民，袭其处，而百姓皆安，立法施令莫不顺比；是故得地而权弥重；兼人而兵俞强，是以德兼人者也。非资我名声也，非美我德行也，彼畏我威，劫我势，故民虽有离心，不敢有畔虑，若是则戎甲俞众，奉养必费；是故得地而权弥轻，兼人而兵俞弱，是以力兼人者也。[4]

---

〔1〕《荀子·仲尼》。
〔2〕《荀子·议兵》。
〔3〕《荀子·儒效》。
〔4〕《荀子·议兵》。

荀子是先秦儒家中最重视法和刑的人物。他认为"隆礼至法则国有常"，"治之经，礼与刑"〔1〕，把法和刑看成是与礼一样的封建统治手段，国家要治理得好，就必须礼法并用。

在礼义道德教化和刑罚关系问题上，荀子主张先礼后法、刑，先教后诛。他既反对不教而诛，也反对教而不诛。"故不教而诛，则刑繁而不胜；教而不诛，则奸民不惩。诛而不赏，则勤励之民不劝；诛赏而不类，则下疑俗俭（险），而百姓不一。""故厚德音以先之，明礼义以道之，致忠信以爱之，尚贤使能以次之，爵服庆赏以申之，时其事，轻其任以调齐之，长养之，如保赤子。政令以定，风俗以一。有离俗不顺其上，则百姓莫不敦恶，莫不毒孽（痛恨）若被不祥，然后刑于是起矣。"〔2〕

然而照荀子看来，礼义道德的教化并非万能，世上总会有教而不化者。荀子说："尧舜者，至天下之善教化者也，南面而听天下，生民之属莫不振动从服以化顺之。然而朱象独不化，是非尧舜之过，朱象之罪也。"〔3〕对于像朱象这样教而不化的罪人，就必须诉诸刑杀了。

第二节　重教化说

儒家十分重视礼义道德的感化作用，认为对人民进行教化，可以使他们为善，而刑罚则无强人为善的力量，只能消极地禁人为恶。

孔子认为，人生来具有彼此大致相近的本性，人性不存在先天禀赋上的质的差异。他相信人性是变化的，其原因在于后天的习染，从而肯定了后天教育的重要性。教育的根本内容是德和礼。上节所述"道（导）之以德，齐之以礼，有耻且格"，就说明了这一点。《大戴礼记·礼察》篇云："凡人之知，能见已然不能见将然。礼者，禁于将然之前，而法者禁于已然之后，是故法之用易见，而礼之所为生难知也……礼云礼云，贵绝恶于未萌，而起教于微眇，使民日迁善远罪而不自知也。"可见礼义教化是特别重要的，它能防患于未然，使人们日益向善，根本没有违法犯罪的思想，这自然是最好的统

---

〔1〕《荀子·成相》。
〔2〕《荀子·富国》《荀子·议兵》。
〔3〕《荀子·正论》。

治方法了。

由于孔子重视教化的作用，所以他反对不教而杀。他在回答子张四种恶政是什么时，说：

> 不教而杀谓之虐，不戒视成谓之暴，慢令致期谓之贼，犹之与人也，出纳之吝谓之有司。〔1〕

孔子认为人民有过失，罪并不在于民，而是由于居上位的人对他们没有施行教化，或施行教化而不彻底的缘故，其罪责应由居上位的人来承担。不教而杀自然是极不公平的，所以他把它摆在四种恶政之首，并斥之为"虐"。

孟子主张人性善，人人都有善良的本性。然而，只有君子能保持它；平民百姓却失掉了它，他们追求利欲，从而干出许多坏事。那么，要想去掉人们追求利欲的恶行，使他们恢复固有的善良本性，就必须对他们进行礼义道德教化，让他们懂得"居仁由义"的重要性。孟子云：

> 仁言之不如仁声之入人深也，善政不如善教之得民也。善政，民畏之；善教，民爱之。善政得民财，善教得民心。〔2〕

这里主要是说，良好的政令赶不上良好教化那般能获得民心。政令只能使人民畏惧，教化却能使人民爱戴。良好的政令只能得到人民的财富，而良好的教化却能得到民心。

照孟子看来，教化的内容就是仁、义、礼、智、信、孝、悌之类的封建伦理道德。统治者必须"谨庠序之教，申之以孝悌之义"〔3〕，对人民进行教化。

> 人之有道也，饱食、暖衣、逸居而无教，则近于禽兽。圣人有忧之，使契为司徒，教以人伦——父子有亲，君臣有义，夫妇有别，长幼有序，朋友有信。〔4〕

---

〔1〕《论语·尧曰》。
〔2〕《孟子·尽心上》。
〔3〕《孟子·梁惠王上》。
〔4〕《孟子·滕文公上》。

孟子认为，对人民进行教化还是一种缓和社会矛盾，防止他们起义反抗的重要手段；否则，"上无礼，下无学，贼民兴，丧无日矣"。[1]

荀子则主张人性恶，认为人生来就有好利恶害的本性和对于衣食声色的情欲。如果任其发展，必然会不断产生破坏封建统治的言行。所以，他也主张对人民进行礼义道德的教化，"明礼义以化之"[2]。照荀子看来，有的人接受教化，积累知识，实行礼义，就成为君子，有的人放纵情性，任意胡为，违背礼义，就成为小人。

> 今之人，化师法，积文学，道（实行）礼义者为君子；纵性情，安恣睢（胡作非为）而违礼义者为小人。[3]

因此，荀子特别重视学礼，强调用封建主义的礼教教育，来为新兴地主阶级服务。荀子云：

> 学恶乎始？恶乎终？曰：其数则始乎诵经，终乎读礼；其义则始乎为士，终乎为圣人。……故学至乎礼而止矣。[4]

人们应该学礼、知礼，然后才能做到"一之于礼义"，一切都遵守礼义的原则。"夫行也者，行礼之谓也"[5]，人们都要按照礼去行动。

至于学礼的内容，荀子完全继承了儒家"君君、臣臣、父父、子子"的说教。他在《君道》篇中曾加以解释说：

> 请问为人君？曰：以礼分施，均遍而不偏。请问为人臣？曰：以礼待君，忠顺而不懈。请问为人父？曰：宽惠而有礼。请问为人子？曰：敬爱而致恭。请问为人兄？曰：慈爱而见友。请问为人弟？曰：敬诎而不苟。请问为人夫？曰：致功而不流（不放荡淫乱），致临（极其推崇礼义）而有辨。请问为人妻？曰：夫有礼则柔从听侍，夫无礼则恐惧而自

---

[1]《孟子·离娄上》。
[2]《荀子·性恶》。
[3]《荀子·性恶》。
[4]《荀子·劝学》。
[5]《荀子·大略》。

竦也。此道也，偏立而乱，具立而治。

荀子认为，人们只有学礼、知礼，君子、父子、兄弟、夫妇各守其礼，才能维护封建统治秩序，使社会保持稳定。

先秦儒家这种君君、臣臣、父父、子子的观念，成为此后两千余年封建社会的纲常名教的先声。

第三节　以德去刑论

孔子虽不否认刑杀的作用，但总是寄希望于礼义道德的教化。当季康子向孔子请教政治"如杀无道，以就有道"的问题时，孔子回答说："子为政，焉用杀？子欲善而民善矣。君子之德风，小人之德草。草上之风必偃。"〔1〕孔子强调，一个贤良的执政者，无需使用刑杀，只要执政者本身品德高尚，疾恶行善，教化民众，他们必然跟着从善。所以孔子又说：

善人为邦百年，亦可以胜残去杀矣。〔2〕

这主要是说，善人治理国家时，实行礼义道德教化，虽然短期难见成效，但时间久了，就可以克服残暴，免除刑杀。

在《论语·颜渊》篇中，孔子还提出了"无讼"思想，其中也含有"以德去刑"的意思。

子曰："听讼，吾犹人也。必也使无讼乎！"

刘宝楠在《论语正义》中解释这句话时说："言听讼吾与人同，无异能异法也。"孔子并不反对据法"听讼"，他自信在审理案件方面的能力和别人差不多，不过他的着眼点在于无讼。怎样达到无讼呢？那就要对人们进行礼义道德教化，让人们懂得是非，借以预防犯罪。所以人常把无讼和"导德齐礼"两章联系起来解释。如东汉王符云：

---

〔1〕《论语·颜渊》。
〔2〕《论语·子路》。

是故上圣不务治民事而务治民心，故曰："听讼，吾犹人也。必也使无讼乎！"导之以德，齐之以礼，务厚其情而务明其义，民亲则无相害伤之意，动思义则无奸邪之心。夫若此者，非法律之所使也，非刑威之所强也，此乃教化之所致也。[1]

由此可见，无讼仍是德主刑辅、以德去刑的意思。既然由于施行教化，人与人之间的争讼都不会发生，那么，刑罚自然也就没有必要了，最终就可以达到以德去刑的目的。

第四节　重道德与轻私利的价值观

在儒家传统中，关于道德和经济的关系，他们总是把道德放在首位，利是次要的，因此重义而轻利。殊不知人类的生存和发展，首先依赖于生产和经济条件，整个社会的一切活动都离不开物质利益。因此，应当把经济放在首位。

但是，儒家所反对之"利"，是指个人私利。他们强调道德理想高于物质利益，坚决反对追求个人私利。孔子云：

君子喻于义，小人喻于利。[2]
君子义以为质。[3]
放于利而行，多怨。[4]

可见孔子对义是非常重视的。认为君子要了解义是什么，为人要以义为本。所以，他鄙视"群居终日，言不及义"[5]；要求"见利思义"[6]，"见得思义"[7]。对于世人所追求的富贵，孔子认为，要考虑它是否合乎义，"不

〔1〕《潜夫论·德化》。
〔2〕《论语·里仁》。
〔3〕《论语·卫灵公》。
〔4〕《论语·里仁》。
〔5〕《论语·季氏》。
〔6〕《论语·宪问》。
〔7〕《论语·季氏》。

义而富且贵，于我如浮云"。〔1〕如果是不合乎义的富贵，那如过往的浮云，不值得一顾。

孔子虽然轻利，但并不排斥利。他说："学也，禄在其中矣。"〔2〕这是公开鼓励弟子好好学道，以获得物质利益。他还反复申说："君子怀德，小人怀土；君子怀刑，小人怀惠。"〔3〕因为小民是从事生产劳动而获得生活资料的，他们不能不关心首要的生产资料即土地，否则就无法生存下去。同时小民的求利又是为社会创造财富，它是整个社会赖以存在的基础，是国家赋税的来源，因而明智的统治者应当鼓励并提供条件以促其实现，所以孔子强调指出：必须"因民之所利而利之"。〔4〕统治者应当给小民以实际利益。他甚至还明确提出富民的主张。

> 子适卫，冉有仆。子曰："庶矣哉！"冉有曰："既庶矣，又何加焉？"曰："富之。"曰："既富矣，又何加焉？"曰："教之。"〔5〕

孔子针对统治者的贪得无厌，提出了一个富字，在富的基础上，才有"教之"的要求。他把教放在富的基础上，这既说明他的认识是比较现实的，也反映出他是主张给民以实际利益的。

总之，孔子承认道德理想应以物质利益为基础，而又肯定道德理想有高于物质利益的价值。

孔子云："三军可夺帅也，匹夫不可夺志也。"〔6〕这个志就是道、义、仁、德等道德准则。他要求人们"志于道，据于德，依于仁，游于艺"。〔7〕如果一个人做到这些，就可以达到高尚的精神境界。所以他说："士志于道，而耻恶衣恶食者，未足与议也。"〔8〕在孔子看来，仁人君子行义应当不顾利害，为了实现道德理想，甚至能够牺牲自己的生命。孔子云："志士仁人，无

---

〔1〕《论语·述而》。
〔2〕《论语·卫灵公》。
〔3〕《论语·里仁》。
〔4〕《论语·尧曰》。
〔5〕《论语·子路》。
〔6〕《论语·子罕》。
〔7〕《论语·述而》。
〔8〕《论语·里仁》。

求生以害仁，有杀身以成仁。"〔1〕这是多么崇高的人生价值观啊！

孟子发展了孔子重道德、轻私利的思想，认为义与利并不是绝对排斥的，而是把何者置于首位，以何者为指导的问题。孟子云：

> 鸡鸣而起，孳孳为善者，舜之徒也；鸡鸣而起，孳孳为利者，跖之徒也。欲知舜与跖之分，无他，利与善之间也。〔2〕

> 孟子见梁惠王。王曰："叟不远千里而来，亦将有以利吾国乎？"孟子对曰："王何必曰利，亦有仁义而已矣。王曰：'何以利吾国？'大夫曰：'何之利吾家？'士、庶人曰：'何以利吾身？'上下交征利而国危矣。万乘之国，弒其君者，必千乘之家；千乘之国，弒其君者，必百乘之家。万取千焉，千取百焉，不为不多矣。苟为后义而先利，不夺不餍。未有仁而遗其亲者也，未有义而后其君者也。王亦曰仁义而已矣，何必曰利？"〔3〕

在孟子看来，如果以利为指导，"上下交征利"，人们都去计较利，孜孜求利，"怀利以相接"，那么，这样的国家离危亡就不远了，所以，他尽力反对追求私利，反对在生活上去追求物质方面的豪华。他宣称："堂高数仞，榱题数尺，我得志弗为也；食前方丈，侍妾数百人，我得志弗为也；般乐饮酒，驱聘田猎，后车千乘，我得志弗为也。"〔4〕

但是，孟子也不排斥利。相反，他是相当关心人民的生计的。在他看来，如果以仁义为指导，统治者应当关心人民的衣食之利。他提出的一套仁政方案和政策，都是落实在利上的。他反复倡导：

> 明君制民之产，必使仰足以事父母，俯足以畜妻子，乐岁终身饱，凶年免于死亡，然后驱而之善，故民之从之也轻。〔5〕

> 不违农时，谷不可胜食也；数罟不入洿池，鱼鳖不可胜食也；斧斤

---

〔1〕《论语·卫灵公》。
〔2〕《孟子·尽心上》。
〔3〕《孟子·梁惠王上》。
〔4〕《孟子·尽心下》。
〔5〕《孟子·梁惠王上》。

以时入山林，材木不可胜用也。谷与鱼鳖不可胜食，材木不可胜用，是使民养生丧死无憾也。养生丧死无憾，王道之始也。[1]

圣人治天下，使有菽粟如水火。菽粟如水火，而民焉有不仁者乎！[2]

这里，孟子把行义首先应施利于民的道理讲得很透彻；对于民来说，首先必须满足起码的衣食之利，然后才能行仁义。如果民无一定的"恒产"，食不饱腹，衣不蔽体，那么，必然会铤而走险，"放辟邪侈无不为己"。[3]

然而，当道德理想和物质利益比较起来，孟子认为道德的价值高于一切物质利益。他明确提出关于人的价值的学说，"人人有贵于己者"[4]，即人人都有自己固有的价值。孟子云："有天爵者，有人爵者。仁义忠信，乐善不倦，此天爵也；公卿大夫，此人爵也。"[5]这是说，仁义忠信这种道德品质是天赋的，这种人人固有的价值是不可能剥夺的；而世间的爵位是当权者给予的，是可以剥夺的。同时，孟子也讨论了道德价值与个人利益的关系的问题，认为二者不可兼得时，要毫不犹豫地放弃个人利益。孟子云：

鱼，我所欲也，熊掌亦我所欲也；二者不可得兼，舍鱼而取熊掌者也。生亦我所欲也，义亦我所欲也，二者不可得兼，舍生而取义者也。生亦我所欲，所欲有甚于生者，故不为苟得也；死亦我所恶，所恶有甚于死者，故患有所不辟也。如使人之所欲莫甚于生，则凡可以得生者，何不用也？使人之所恶莫甚于死，则凡可以辟患者，何不为也？由是则生而有不用也，由是则可以辟患而有不为也，是故所欲有甚于生者，所恶有甚于死者。非独贤者有是心也，人皆有之，贤者能勿丧耳。[6]

在孟子看来，生是重要的，义也是重要的；如果二者不能两全，应舍生而取义。生为人所欲，但不能背义而偷生；死为人所恶，但不能背义而避患。

---

[1]《孟子·梁惠王上》。
[2]《孟子·尽心上》。
[3] 见《孟子·梁惠王上》。
[4]《孟子·告子上》。
[5]《孟子·告子上》。
[6]《孟子·告子上》。

他并举例说："一箪食，一豆羹，得之则生，弗得则死。呼尔而与之，行道之人弗受；蹴尔而与之，乞人不屑也。"[1]由此可见，生命固然重要，人格尤其重要，道德的价值远远超过物质利益。

荀子虽然不承认道德是天赋的，但也肯定人的价值在于"有义"："水火有气而无生，草木有生而无知，禽兽有知而无义，人有气有生有知亦且有义，故最为天下贵也。"[2]和孔、孟一样，荀子也尽力贬斥一味追求物质利益的人。荀子云："以从俗为善，以货财为宝，以养生为己至道，是民德也。"[3]又："不学问，无正义，以富利为隆，是俗人者也。"[4]他也是重视道义的："志意修则骄富贵，道义重则轻王公。"[5]重道德而轻富贵，这是儒家的共同观点。

总的看来，儒家的义利观，旨在劝诫统治者克己为民，并对其"卑劣的贪欲"加以道义的限制，当然这很难收到实际效果；但这种精神却哺育了我国无数优秀知识分子那种鄙弃私利，忧国忧民，不计个人得失，为民族献身的传统美德，在历史上影响至为深远。

第五节　德治论在传统文化中的地位

春秋战国时代，兼并盛行，诸侯称霸，各国统治者都急功近利，视儒家道德仁义为迂阔之论，不予采纳。秦朝统治者则"专任刑罚"，焚书坑儒，儒家的理论地位一落千丈。

继秦而起的西汉王朝，吸取秦朝"不施仁义"而骤亡的教训，在注重黄老学说的同时，也重视儒学的作用，于是儒家的德治论得到进一步的发展。

汉高祖刘邦的谋士陆贾为西汉王朝提出了较系统的治国安民的理论。其中，"以道德为上""以仁义为本"[6]的德治论占据重要地位。陆贾主张：

---

〔1〕《孟子·告子上》。
〔2〕《荀子·王制》。
〔3〕《荀子·儒效》。
〔4〕《荀子·儒效》。
〔5〕《荀子·修身》。
〔6〕《新语·本行》。

握道而治，据德而行，席仁而坐，仗义而强，虚无寂寞，通动无量。[1]

在陆贾看来，实行德治是巩固封建统治的一种好的方法，因为"儴道者众归之，恃刑者民畏之，归之则附其侧，畏之则去其域"[2]，重德能取得民心民力，而恃刑则容易失掉民心。

贾谊在总结秦朝骤亡的历史教训时，特别指出他们"专任刑罚"，缺少礼义教化，是一个重要原因。他主张兴教化，讲礼义，并使礼法结合起来，充分发挥它们维护封建统治的作用。

贾谊认为，国家的安危不是一朝一夕形成的，而是推行一定政策的结果。

人主之所积，在其取舍。以礼义治之者，积礼义，以刑罚之者，积刑罚。刑罚积而民怨背，礼义积而民和亲。[3]

照贾谊看来，德礼和刑罚是两种统治人民不可缺少的工具，不能弃刑不用。"若夫庆赏以劝善，刑罚以惩恶……岂顾不名哉？"[4]

贾谊认为，至于领悟治国的方法，懂得道义的要领，那完全是由于教化的力量。他承袭和发展了先秦儒家重视德教的思想。

世主欲民善同，而所以使民善者或异。或道之以德教，或驱之以法令。道之以德教者，德教洽而民气乐；驱之以法令者，法令极而民风衰。

因此，他主张治国应施行仁政，才能减少狱讼，甚至可以达到"狱讼衰息"。

董仲舒更加重视儒家的德治，认为统治者应当秉承"天意"以从事，对人民进行道德教化。

王者承天意以从事，故任德教而不任刑。刑者不可任以治世，犹阴之不可任以成岁也。为政而任刑，不顺于天，故先王莫之肯为也。今废

---

[1]《新语·道基》。
[2]《新语·至德》。
[3]《汉书·贾谊传》。
[4]《汉书·贾谊传》。

先王德教之官，而独任执法之吏治民，毋乃任刑之意与！孔子曰："不教而诛谓之虐。"虐政用于下，而欲德教之被四海，故难成也。[1]

这里，董仲舒对西汉统治者"独任执法"的酷吏来治民，提出了批评。他主张变更秦朝的统治方法，改弦易辙，即用儒家的道德教化代替法家的严刑峻法。

然而，董仲舒并不反对刑罚，其中心思想仍然是德主刑辅。"教，政之本也；狱，政之末也。其弗异域，其用一也。"[2]这是说，教化是本，刑罚是末，然而二者都是统治者统治人民的武器，它们都在不同领域发挥作用。

董仲舒所主张的德主刑辅论有其特色，那就是由天道引申出来的，说天亲阳而疏阴，任德不任刑，从而形成阳德阴刑论。董氏云：

> 王者欲有所为，宜求其端于天。天道之大者在阴阳，阳为德，阴为刑；刑主杀而德主生。阴常居大冬，而积于空虚不用处。以此见天之任德不任刑也。[3]

然而，从封建制度的本质来说，统治者为了统治人民，除利用道德教化以外，经常运用的统治工具却是刑罚。于是董仲舒把刑德同阴阳四时相比附，夏主生，冬主杀，生为德，杀为刑，冬不可废，刑也不可废，夏不能代冬，德也不能代刑。

> 天有四时，王有四政。四政若四时，通类也，天人所同有也。庆为春，赏为夏，罚为秋，刑为冬。庆赏罚刑之不可不具也，如春夏秋冬不可不备也。[4]

所谓庆、赏、罚、刑，实际上是德与威的软硬两手。"德不可共，威不可分"，德威并用，软硬兼施，二者缺一不可。不过，董仲舒对德和刑作了神学

---

[1]　《汉书·董仲舒传》。
[2]　《春秋繁露·精华》。
[3]　《汉书·董仲舒传》。
[4]　《春秋繁露·四时之副》。

的说明，极尽牵强附会之能事。所谓"刑者德之辅，阴者阳之助也"〔1〕，把刑说成是为了德，是德的补充，没有它也不能达到德治的目的。这样，董仲舒就从天那里为德主刑辅找到了新的理论根据，即天有阳有阴，"大德而小刑"，那么人间也要有德教，有刑罚而以德教为主。这是他为封建统治阶级设计的一种德刑兼用的统治方法。

先秦儒家的德治论，经过董仲舒的充实和发展，形成一种"阳德阴刑"的德主刑辅论。它是儒家法律思想的核心，并成封建立法、司法的重要指导原则，其影响至为深远。此后，一些著名思想家、政治家也提出过类似的主张。例如，王充的《文武张设》〔2〕、《唐律疏议》作者的"德礼为政教之本，刑罚为政教之用"〔3〕、韩愈的"德礼为先，而辅以政刑"〔4〕、司马光的"振举纪纲""一遵正法"〔5〕、朱熹的"以德为化民之本，而刑特以辅其所不及"〔6〕、丘濬的"礼教刑弼交相为用"〔7〕、康熙的"以德化民，以刑弼教"〔8〕等，都在一定程度上反映出德主刑辅的思想。

由于这种德主刑辅论包含有重教化，减轻刑罚，抨击统治者昏庸残暴，反对用繁法严刑来镇压人民等内容，它在历史上曾起过积极作用，在传统文化中占有重要的地位。

首先，它在历史上成为人民反抗昏君和暴政的理论武器。历史上进步的思想家、政治家常借儒家省刑罚、慎刑慎杀、反对暴政的思想主张，来抨击统治者的昏庸残暴，反对用繁法严刑对待人民。这样的事例是很多的。不仅如此，德治论中的有些内容还融合在封建法律之中。慎狱恤刑说曾是历代许多封建立法者所秉持的重要指导思想，从而形成了死刑三复奏、五复奏制度，登闻鼓的直诉制度，九卿会审制度等，这在一定程度上体现了对"人命关天"的严肃态度，多少能使一些罪不至死者免遭杀戮。所以说，在客观上这种理

〔1〕《春秋繁露·天辨在人》。
〔2〕 见《论衡·非韩》。
〔3〕 见《唐律疏议·名例》。
〔4〕 见《韩昌黎潮州请置乡校牒》。
〔5〕 见《司马温公文集·言王中正》。
〔6〕 见《朱文公文集·杂著·大禹谟》。
〔7〕 见《大学衍义补·神圣功化之极》。
〔8〕 见《清实录》卷九十。

论比法家的严刑峻法主张多少有利于被压迫者的生存与斗争。

其次，它重视道德教化的作用。儒法两家，各有所长，也各有所短。在道德与法的关系问题上，法家重视法的作用，是其长处，但忽视道德的作用，鼓吹法律万能论，则不可取。儒家轻视法的作用，片面夸大伦理道德的功能，也是偏颇的，但他们重视道德教化的作用，可为后世所借鉴。儒家认为，片面地强调法治，摒弃道德仁义，不可能使社会达到安定。汉代贾谊在著名的《过秦论》中，提出秦王朝之所以骤亡，就是因为忽视了道德仁义而"专任刑罚"。他因袭了儒家的传统思想，强调指出："礼者，禁于将然之前，而法者，禁于已然之后。"利益道德的作用突出地表现为预防犯罪的发生，"绝恶于未萌"，"使民日迁善远罪而不自知"。[1]这是颇有道理的。实际上，治理国家，既离不开法律，也离不开道德。法律和道德有其一致的一面，因为任何时代的法律都不会与道德相去太远，完全背离了道德准则的法律，是难以接受的。如果人们的道德水平不断提高，法律的贯彻执行也会少却很多阻碍。

再次，它把国家民族利益置于首位。儒家把社会看成是一个集合体，个人总是生活在群体之中，群体受到损坏，个人的生活也将失去保障。所以儒家主张把国家民族利益放在第一位，个人必须服从群体的利益。但人类和禽兽不同，人类善于按一定分工和等级组织起来，使大家各安其位，各尽其职，和谐相处，有秩序地进行生产和生活。毫无疑问，这种主张有维护等级制和束缚人的个性的作用。但儒家重视人的精神境界，认为道德需要是人的一种最迫切的需要。孔子说："志士仁人，无求生以害仁，有杀生以成仁。"[2]孟子也说，"生亦我所欲也，义亦我所欲也，如果二者不可得兼，舍生而取义者也"。[3]当个人利益和国家民族利益发生矛盾时，应毫不犹豫地服从国家民族利益，不惜为国捐躯，为民族献身。正是在这种爱国主义精神的熏陶和培育下，历史上出现过无数"先天下之忧而忧，后天下之乐而乐"的仁人志士。他们在民族危机深重、国家遭受侵略的时候，能毅然挺身而出，肩负起保卫祖国的重任。这种崇高的道德品质和爱国主义精神，难道不值得肯定吗？

最后，它倡导尊老抚幼。《礼记》作者主张，"老有所终，壮有所用，幼

---

[1]　见《汉书·贾谊传》。
[2]　见《论语·卫灵公》。
[3]　见《孟子·告子上》。

有所长，矜寡孤独废疾者皆有所养"。[1]应当如何尊老抚幼呢？孟子讲得很清楚："老吾老及人之老，幼吾幼以及人之幼。"[2]这是说，孝敬自己的老人也孝敬别人的老人，慈爱自己的子女也慈爱别人的子女。这是我国优良的民族传统。孝敬父母，抚养子女等，一直是人们遵守的道德准则，而且形成一种风俗，这是值得称道的。

---

〔1〕《礼记·礼运》。
〔2〕《孟子·梁惠王上》。

第十七章

儒家论法与刑

先秦儒家尽管尊礼治，重德治，但并没有摒弃法与刑。他们认为法与刑也是治理国家不可缺少的工具。特别是荀子，吸取了法家的法治思想，深深懂得以法治国的重要性，将它纳入儒家的思想体系，形成一种独具特色的既"隆礼"又重法的政治法律思想理论。

第一节　尊礼乐与施刑罚

孔子虽以"为国以礼"著称，但同样讲论法与刑。他主张"君子怀刑，小人怀惠"，就是他关心法度的表现。据《说苑》记载，孔子主张治国必须有法与刑："故德化之崇者至于赏，刑罚之甚者至于诛……夫有功不赏则善不劝，有过不诛则恶不惧。"[1]

孔子曾经当过鲁国司寇，并摄行相事，具有重要的司法实践经验。因而他的司法思想还是较为突出的。

据《尚书》记载，周公曾主张用中罚。

司寇苏公（武王的司寇苏忿生）式敬而由狱，以长我王国，兹式有慎，以列用中罚。[2]

所谓"用中罚"，即用刑"不过"，又无"不及"，刑当其罪的意思。

孔子继承和发展了周公这种用中罚的思想。在《论语》中，记载了孔子和他的弟子有关尊礼乐与施刑罚的论述。

---

〔1〕《说苑·政理》。
〔2〕《尚书·立政》。

子曰：".....名不正，则言不顺；言不顺，则事不成；.....礼乐不兴，则刑罚不中；刑罚不中，则民无所错（措）手足。"〔1〕

皇侃疏云："言所以为政，先须正名，且夫名以召实，实以应名。名若倒错不正，则当言语纰僻不得顺序也。若言不从顺序，则政行触事不成也。若国事多失，则礼乐之教不通行也。礼以安上治民，乐以移风易俗，若其不行，则君上安，恶风不移，故有淫刑滥罚，不中于道理也。刑罚既滥，故下民畏惧刑罚之滥，所以踢天踏地，不敢自安，是无所自措立手足也。"这都说明孔子"礼"与"刑"中的思想，是要求按照礼所规定的等级名分行事，然后纵能使社会秩序稳定，使用刑罚也纵能得当，不致产生淫刑滥罚。否则，就将产生严重的社会后果，百姓惶惶不安，不知如何是好。孔子这种刑罚适中的思想主张，是针对当时统治者滥施刑罚而发的。据《论语》记载：

子谓公冶长："可妻也。虽有缧绁之中，非其罪也。"以其子（儿女，这里指女儿）妻之。〔2〕

曾子有疾，召门弟子曰："启予足！启予手！诗云：战战兢兢，如临深渊，如履薄冰。而今而后，吾知勉夫！小子！"〔3〕

可见公冶长身陷囹圄，完全是一桩冤案；曾子临死，才庆幸自己免于刑戮。孔子弟子的遭遇尚且如此，普通平民百姓更可想而知了。可见统治者的暴虐无道，淫刑滥罚到了何等地步！孔子对于统治者的滥施淫威公开表示蔑视，把自己的女儿嫁给了公冶长。

当时，统治者欲多杀以止奸，欲杀恶人以全善人，所以常常出现刑罚失"中"，滥杀无辜的情况。孔子则主张恤刑慎杀，"子为政，焉用杀"〔4〕，就体现了他认为在一般情况下不适用死刑的主张。孔子主张对人民进行礼仪教化，化恶人为善人。对待死刑，尤其要持慎重态度。据《荀子·宥坐》篇记载：

孔子为鲁司寇，有父子讼者，孔子拘之，三月不别（判决的意思）。

---

〔1〕《论语·子路》。
〔2〕《论语·公冶长》。
〔3〕《论语·泰伯》。
〔4〕《论语·颜渊》。

其父请止，孔子舍之。季孙闻之，不说（悦），曰："是老也欺予，语予曰：为国家必以孝。今杀一人以戮不孝，又舍之。"冉子以告。孔子慨然叹曰："呜呼！上失之，下杀之，其可乎？不教其民而听其狱，杀不幸。三军大败，不可斩也；狱犴不治，不可刑也，罪不在民故也。谩令谨诛，贼也；今生也有时，敛也无时，暴也；不教而责成功，虐也。已此三者，然后刑可即也。书曰：义刑义杀，勿庸以即，予维曰：未有顺事。言先教也。"

因此，孔子强调统治者应宽以待民。"宽则得众"[1]，只有实行宽政，才能得到人民的支持。他讥讽那些不能宽以待民的统治者，说："居上不宽……吾何以宽之哉？"[2]

孔子还主张"赦小过"。[3]朱熹注云："过，失误也。大者于事或有所害，不得不惩，小者赦之，则刑不滥而人心悦矣。"可见孔子主张"赦小过"，也是针对统治者滥施刑罚而提出的。

前面所述孔子有关德礼政刑以及无讼等思想主张，都和他的刑、法的思想有关，在此不赘述。

第二节　省刑罚说

孟子生活的战国时期，各国统治者为了加强对人民的统治，刑罚繁苛严酷。例如，李悝的《法经》规定"窥宫者膑，拾遗者刖"，"议国法令者诛，籍其家及其妻氏"。商鞅之法，"弃灰于道者黥"，不执行王法者要"刑及三族"。[4]孟子也指责过齐宣王："杀其麋鹿者，如杀人之罪。"[5]

孟子坚决反对统治者严刑峻法，滥杀无辜。"如有不嗜杀人者，则天下之民皆引领而望之矣。诚如是也，民归之，如水之就下，沛然谁能御之？"[6]但

---

〔1〕《论语·阳货》。
〔2〕《论语·八佾》。
〔3〕《论语·子路》。
〔4〕见《商君书·赏刑》。
〔5〕《孟子·梁惠王下》。
〔6〕《孟子·梁惠王上》。

孟子感到遗憾的是，当时的君主"未有不嗜杀人者也"。他从其仁政思想出发，提出了"省刑罚"的主张。

> 昔者文王之治岐也，耕者九一，仕者世录，关市讥而不征，泽梁无禁，罪人不孥。[1]

所谓"罪人不孥"，就是只惩罚罪犯本人而不连累妻室儿女。孟子反对统治者实行的连坐法，要求统治者"省刑罚"，是一项具有巨大历史意义的思想主张。二百年后，到汉文帝时，终于废除了这项残酷的刑罚。

孟子关于法和刑的论述，还有下列几个方面。

其一，仁义道德与法度相配合。孟子倡导以仁义道德治国，但并不否认法律的作用，不过他认为法律只起配合和辅助的作用。孟子云：

> 尧舜之道，不以仁政，不能平治天下；今有仁心仁闻，民不被其泽，不可法于后世者，不行先王之道也。故曰，徒善不足以为政，徒法不能以自行。[2]

> 上无道揆也，下无法守也，朝不信道，工不信度，君子犯义，小人犯刑，国之所存者幸也。[3]

这是说，具有仁义道德的善心，还必须和好的法度相配合。首先他指出，没有仁义道德，必定不能治理好国家；其次是治国还需要有法度。如果没有仁义道德和法度，国家还能生存的那是侥幸。孟子把"下无法守""小人犯刑"视为亡国的征兆，主张治国应明其政刑。这表明他也把法和刑当作统治者治国必不可少的工具。

其二，慎刑慎杀。孟子认为，对待罪犯处刑必须适中，不枉不纵。这样，使罪犯自己知道罪有应得，从而不会产生怨恨。

> 以生道杀民，虽死不怨杀者。[4]

---

[1]《孟子·梁惠王下》。
[2]《孟子·离娄上》。
[3]《孟子·离娄上》。
[4]《孟子·尽心上》。

如果统治者枉杀无辜，即使是过失杀人，也属于背离仁道。

　　杀一无罪，非仁也。[1]

孟子认为，人死不可复生，君主对待死刑，必须十分慎重，详加考察，不能只听一面之词。

　　左右皆曰可杀，勿听；诸大夫皆曰可杀，勿听，国人皆曰可杀，然后察之，见可杀焉，然后杀之。故曰：国人杀之也。[2]

其三，凡盗匪、元凶、战犯、杀无赦。孟子认为，统治者诛戮杀人，意在剪除罪民，而使良民安居乐业。所以他并非绝对反对杀人。

　　凡盗匪杀人越货者，破坏社会秩序，谋财害命，人人痛恨，孟子主张格杀勿论。

　　康诰曰："杀越人于货，闵不畏死，凡民罔不譈（憝）。"是不待教而诛之者也。殷受夏，周受殷，所不辞也，于今为烈，如之何其受之。[3]

对于害民最甚的元凶首恶，孟子主张诛杀或予以惩罚，才能使人们信服，天下大悦。他举例说：

　　周公相武王，伐纣伐奄，三年讨其君，驱飞廉于海隅而戮之……天下大悦。[4]

　　舜流共工于幽州，放驩兜于崇山，杀三苗于三危，殛鲧于羽山，四罪而天下咸服，诛不仁也。

在战国时代，残杀人民者尤以战争最为残酷，对于发动战争之战犯，孟

---

[1] 《孟子·尽心上》。
[2] 《孟子·梁惠王下》。
[3] 《孟子·万章下》。
[4] 《孟子·滕文公下》。

子认为犯了弥天大罪，罪该万死！孟子云：

> 有人曰："我善为阵（陈），我善为战。"大罪也。[1]
> 争地以战，杀人盈野；争城以战，杀人盈城，此所谓率土地而食人肉，罪不容于死。故善战者服上刑；连诸侯者次之；辟草莱任土地者次之。[2]

这里，孟子强烈谴责当时那些好战的统治者，认为他们应该服上刑，这种主张有一定进步意义。至于他讲的"辟草莱任土地者次之"，显然是针对李悝、商鞅等激进的法家代表人物而发的，指责他们所进行的封建化改革运动是犯罪行为，这反映出孟子思想中保守的一面。

第三节　至法论

荀子在"隆礼"的同时，也强调重法，认为"隆礼至法则国有常"。这种主张和孔孟有所不同。

一、重法说

在隆礼的前提下，荀子特别强调重法，把法看成和礼一样是治国不可缺少的工具。君子必须制定法度来进行统治，用刑罚来加以制裁。他反复强调统治人民必须用法，治理国家必须以法作为准绳，赏功罚过必须以法作为标准。荀子云：

> 君法明，论有常，表仪既设民知方。进退有律，莫得贵贱孰私王？[3]
> 法者，治之端也。[4]

---

[1]《孟子·尽心下》。
[2]《孟子·尽心上》。
[3]《荀子·成相》。
[4]《荀子·君道》。

故土（国土）之与人也，道之与法也者，国家之本作（根本）也。[1]

刑称陈，守其银（垠，界限），下不得用轻私门。罪祸有律，莫得轻重威不分。[2]

荀子十分重视发挥法的作用："凡刑人之本，禁暴恶，且惩其未也。"[3]这是说，依法判罪科刑的目的，在于禁止凶暴，反对作恶，并且防范以后再发生类似的犯罪。由此可以看出：首先，法律起禁止的作用，即"重刑罚以禁之"。其次，法律起矫正的作用，即"严刑罚以纠之"。[4]最后，法律起防范的作用，即"严刑罚以防之"。[5]

二、法以礼为本

荀子生当乱世，深深懂得以法治国的重要，但他仍不失儒家本色，认为法必须以礼为本。

礼义生而制法度。[6]
礼者，法之枢要也。[7]

礼是法的根本，是法的总则、总纲，如果人们能够明礼自然知法，若是仅仅知法而不明礼，那么执行法律时难免流于机械而失当，所以说"不知法之义，而正法之数者，虽博，临事必乱"，"故械数（指法）者，治之流也，非治之原也"。[8]照荀子看来，法只是治国的工具，礼义才是其本源。礼是治国的根本，法是根据礼而制定的；法离开了礼，就不能很好地发挥作用。

[1]《荀子·致士》。
[2]《荀子·成相》。
[3]《荀子·正论》。
[4]《荀子·王制》。
[5]《荀子·王制》。
[6]《荀子·性恶》。
[7]《荀子·王霸》。
[8]《荀子·君道》。

三、士用礼治，庶民用法治

荀子从贵贱有等、上下有差的原则出发，主张对士以上的统治者采取礼治的办法，对广大的平民百姓则用法律加以制裁。荀子云："由士以上则必以礼乐节之，众庶百姓则必以法数制之。"〔1〕

至于那些"奸人之雄"，更须以法制裁之，而不能用礼。荀子认为，他们言辞险诈，行为乖戾，乱俗惑众，顽固不化，以礼义教化他们很不容易，必须把他们列为刑罚打击的重点，严加惩处。荀子云：

> 听其言则辞辩而无统，用其身则多诈而无功，上不足以顺明王，下不足以和齐百姓；然而口舌之均，噡唯则节（言谈或多少很适当），足以为奇伟偃却之属；夫是之谓奸人之雄。圣王起，所以先诛也。〔2〕

四、赏罚并用

荀子认为，由于人生来性恶，好利恶害，所以赏罚可用，"勉之以庆赏，惩之以刑罚"〔3〕，使之成为统治人民的一种工具。荀子云：

> 故先王圣人为之不然，知夫为人主上者，不美不饰之不足以一民也；不富不厚之不足以管下也；不威不强之不足以禁暴胜悍也。……然后众人徒，备官职，渐庆赏，严刑罚，以戒其心；使天下生民之属，皆知己之所愿欲之举在是于也，故其赏行；皆知己之所畏死之举在是于也，故其罚威。赏行罚威，则贤者可得而进也，不肖者可得而退也，能不能可得而官也。〔4〕

荀子认为，赏罚并用，就可以达到进贤劝民，禁暴除恶的目的。所以圣人治国平天下，要能"威强"，才足以"禁暴胜悍"；要能"禁暴胜悍"，就

---

〔1〕《荀子·富国》。
〔2〕《荀子·非相》。
〔3〕《荀子·王制》。
〔4〕《荀子·富国》。

必须"渐庆赏，严刑罚"，才能收到赏行罚威的功效。

在施行赏罚时，荀子主张赏必当功，刑必当罪，而反对赏不当功，罚不当罪。他把爵位官职奖赏刑罚都看作一种"以类相从"的报偿，爵位官职要和德相称，奖赏刑罚要和功罪相当，宽猛适宜，恰如其分；不应根据当权者的意志和爱憎，任意赐官予爵或滥施刑罚。荀子云：

> 凡爵列官职赏庆刑罚皆报也，以类相从者也。一物失称，乱之端也。夫德不称位，能不称官，赏不当功，罚不当罪，不祥莫大焉。[1]

> 故刑罚当罪则威，不当罪则侮；爵当贤则德，不当贤则贱。古者刑不过罪，爵不逾德。故杀其父而臣其子，杀其兄而臣其弟。刑罚不怒（不超过）罪，爵赏不逾德，分然各以其诚（指罪德的真实情况）通。是以为善者劝，为不善者沮；刑罚綦省而威行如流，政令致（至）明而化易如神。[2]

荀子从维护封建统治秩序出发，也反对重罪轻罚和有罪不罚，认为杀人的人不被处死，伤人的人不被判刑，那就是纵容暴行，宽容犯罪，于社会不利。

> 罪至重而刑至轻，庸人不知恶矣，乱莫大焉。凡刑人之本，禁暴恶恶，且惩（惩）其未也。杀人者不死，而伤人者不刑，是谓惠暴而宽贼也，非恶恶也。[3]

五、慎用刑罚

荀子虽然重视刑罚的作用，主张发挥刑罚的威力，以维护封建统治，但他同时又主张慎用刑罚，反对酷刑，"行一不义，杀一无罪，而得天下，不为也"。[4]

他主张，统治者在处理政事或审理案件时，要"恭敬以先之"，"然后中

---

[1]《荀子·正论》。
[2]《荀子·君子》。
[3]《荀子·正论》。
[4]《荀子·儒效》。

和察断以辅助之"，"然后进退诛赏之"。[1] 只有全面地考察，认真地调查分析，然后作出决定，这样的决定才是正确可行的。

荀子反对夷三族的酷刑。《汉书·刑法志》云："秦用商鞅，造连坐之法，造参夷之诛。"一人有罪，三族受戮，这是一种十分残酷的刑法，多少无辜惨死在族刑之下。荀子云：

> 乱世则不然……以族论罪，以世举贤。故一人有罪而三族皆夷，德虽如舜，不免刑均，是以族论罪也……虽欲无乱，得乎哉![2]

此外，在荀子关于刑法的论述中，还有对罪犯实行劳动改造和缓刑的思想主张。

> 故奸言、奸说、奸事、奸能、遁逃反侧之民，职而教之，须而待之，勉之以庆赏，惩之以刑罚，安职则畜（收留），不安职则弃。[3]

这是说，对于那些恶言乱语、为非作歹、会干坏事、到处逃窜、反复无常的人，给他们安排一定职业，教育他们，给他们一些时间，稍加等待，用奖赏鼓励他们改过，用刑罚惩处他们的恶行；安于职务的就留用，不安于职务的就流放。毫无疑问，荀子这种给可以改造者以劳动改造的思想主张，是十分新颖而又富有积极意义的。

综上所述，随着社会历史的发展，先秦儒家关于运用法和刑以治理国家的思想有一个发展过程。由于孔子主张为国以礼，其礼又具有法的性质，所以他很少直接论述法与刑。但他主管过鲁国的司法工作，其司法思想较突出些。

在春秋战国时代，群雄纷争，战乱频仍，统治者残酷地压迫劳动人民，刑罚繁苛，罪及无辜，给人民带来无穷的灾难。先秦儒家，特别是孟子，从仁爱的思想出发，主张实行宽政，"省刑罚"，以缓和社会矛盾，并提出了颇接近于仁义道德和法度相配合的主张。毫无疑问，这些主张中有不少合理的

---

[1]《荀子·致士》。
[2]《荀子·君子》。
[3]《荀子·王制》。

因素。

荀子生活在中国由诸侯割据称雄走向大一统专制国家的前夜，各诸侯国的变法革新已积累了不少经验，法家的以法治国业已取得成效。他吸收了法家的法治思想，形成了一套比较系统的既"隆礼"又重法的理论，为地主阶级的"长治久安"奠定了理论基础。秦汉以后，封建正统法律思想的形成，在很大程度上受到荀子思想的启发和影响。

当然，儒家讲的德与礼也好，法与刑也好，都是他们为统治者筹划的治国之道，其本质是维护剥削阶级的统治。正如鲁迅在《在现代中国的孔夫子》中所说的那样："不错，孔夫子曾经计划过出色的治国的方法，但那都是为了治民众者，即权势者设想的方法，为民众本身的，却一点也没有。"

第四节　儒家宽刑论对传统文化的影响

先秦儒家从其仁爱或仁政思想出发，在统治方法上，主张以德服人、反对以力服人，要求统治者减轻对人民的压迫。他们主张实行宽惠之政，"赦小过"[1]、"省刑罚"[2]、"罪人不孥"[3]，反对滥杀无辜，认为"杀一无罪，非仁也"。[4]这种宽刑论对传统文化产生了良好影响。在整个封建时代，不断地出现许多宽刑主张，要求减轻对人民的刑罚压迫。

西汉初年，许多政治家、思想家惩亡秦之弊，都主张宽刑以待民，除陆贾的"设刑者不厌轻"[5]、贾谊的"宁失有罪，不杀无辜"[6]等主张外，身为万乘之主的汉文帝则大力实践了儒家的宽刑主张，他废除了已实行一千多年的肉刑，曾为史家所称道。尽管有人说他"外有轻刑之名，内实杀人"，但那毕竟是法律制度上的一项重大改革，刑罚有所减轻。那位号称"汉代孔子"的董仲舒也是轻刑论者，主张"去奴婢，除专杀之威"。[7]东汉王符认为，

〔1〕　见《论语·子路》。
〔2〕　见《孟子·梁惠王上》。
〔3〕　见《孟子·梁惠王下》。
〔4〕　见《孟子·尽心上》。
〔5〕　见《新书·至德》。
〔6〕　见《新语·大政上》。
〔7〕　见《汉书·董仲舒传》。

治国最理想的方法是"德化","是以圣帝明王皆敦德化而薄刑威刑","尊德礼而卑刑罚"。〔1〕魏代玄学家王弼对当时的严刑峻法深表不满,他说:"若乃多其法网,繁其刑罚……则万物失其自然,百姓丧其手足。"〔2〕认为治国不能依靠刑罚:"夫刑以检物,巧伪必生……绝盗在乎去欲,不在严刑。"〔3〕王通生当隋末天下大乱之时,法繁狱酷,他极力倡导法缓狱简,减轻对人民的刑罚压迫。他说:"政猛宁若恩,法速宁若缓,狱繁宁若简。"〔4〕唐太宗李世民君臣认真吸取隋亡的教训,"动静必思隋氏",以宽仁治天下,用法务在宽简:"国家法令,唯须简约,不可一罪作数种条。格式既多,官人不能尽记,更生奸诈"。他们制定的法律,"凡削繁去蠹,变重为轻者,不可胜记"。〔5〕宋代文豪苏轼极力主张以仁义礼乐治天下,反对法繁刑酷,所以他猛烈抨击酷吏:"今吏议法,笔则笔,削则削,而至礼乐则不敢是,敢于杀人,而不敢于养人也。"〔6〕明代以总结封建正统法律思想而著称的丘濬,明确提出立法必须做到"经常简易"这四个字:"盖经常,则有所持循而无变易之烦;简易,则易以施为而无纷扰之乱。以此立法,则民熟于耳目而吏不能以为奸。"〔7〕在"天崩地解"的明末清初之际,启蒙思想家黄宗羲敏锐地看出,秦汉以后之法都是专制君主唯恐自己政权的命运不长久,"思患于未然以为之法",所以这种法"不得不密""法密则乱生于法矣"〔8〕,而他认为"法愈疏,而乱愈不作"。因此立法必须为公而不能为私,天下才不会出现动乱。这是他对秦汉以后封建法律的深刻分析。

在中国历史上,这样宽法慎刑的主张从未退场,它在一定程度上反映出这些思想家、政治家对人民苦难的同情。毫无疑问,这些思想主张是中国传统文化的精华。

---

〔1〕 见《潜夫论·德化》。
〔2〕 见《老子》四十九章注。
〔3〕 见《老子例略》。
〔4〕 见《中说·关朗》。
〔5〕 见《资治通鉴》卷一九四。
〔6〕 《苏东坡全集·礼以养人为本论》。
〔7〕 《大学衍义补·经制之义》。
〔8〕 《明夷待访录·原法》。

第十八章

儒家的轻徭薄赋说与传统文化

儒家在一定程度上认识到劳动者反抗力量的强大，所以主张统治者要慎重处理同劳动者的关系问题：最好给他们一定的田产，让他们安心生产，过上温饱的生活，并对他们进行礼义道德教化，防止他们走上犯罪的道路。这样，天下就能太平无事。

第一节　为民制产

孔子反对追求财利，曾经说过："君子喻于义，小人喻于利。"[1]然而，他虽对"喻于利"抱着鄙薄的态度，但并非不关心人民生计。他对当时经济上的一些现实问题，有许多正确的评价和积极的见解。例如：

> 子适卫，冉有仆。子曰："庶矣哉！"冉有曰："既庶矣，又何加焉？"曰："富之。"[2]
> 所重：民、食、丧、祭。[3]
> 子贡问政，子曰："足食、足兵，民信之矣。"[4]

"民以食为天"，看来孔子是懂得这个道理的，所以反复强调要关心和解决人民的吃饭问题。《论语》中就论述了"节用而爱人，使民以时"的问题。所谓"节用而爱人"是劝统治者减少浪费，向劳动者作一定让步，减轻一些

---

〔1〕《论语·里仁》。
〔2〕《论语·子路》。
〔3〕《论语·尧曰》。
〔4〕《论语·颜渊》。

剥削。所谓"使民以时"，就是要求统治者征发劳力不要过分，不要妨碍农时，使劳动者得以安心生产。孔子重视民事，甚至主张"使民如承大祭"〔1〕，"因民之所利而利之"，"择可劳而劳之"。〔2〕对于那些"博施于民，而能济众"的人，他赞许为"何事于仁，必也圣乎，尧舜其犹病诸"〔3〕的圣人，可见他是很赞成博施于民的。孔子的忠恕之道中，有一条原则叫"己所不欲，勿施于人"。〔4〕"勿施于人"，也包括"勿施于民"，体现着孔子"忧民"之心。汉人对此解释说：

> 己恶饥寒焉，则知天下之欲衣食也；己恶劳苦，则知天下之欲安佚也；己恶衰乏焉，则知天下之欲富足也。知此三者，圣王之所以不降席而匡天下。故君子之道，忠恕而已矣。夫处饥渴，苦血气，困寒暑，动肌肤，此四者民之大害也。大害不除，未可教御也。四体不掩，则鲜仁人；五藏（脏）空虚，则无立士。故先王之法，天子亲耕，后妃亲蚕，先天下忧衣与食也。

孟子重义轻利，认为如果人们都去计较利，那么政治和人伦关系就会混乱："君臣父子兄弟，终去仁义，怀利以相接，然而不亡者，未之有也。"〔5〕但他并非绝对排斥利，而是要求统治者以仁义为指导，去关心劳动者的衣食之利。所以，他提出的一套仁政方案都是落实在利上的。

孟子从维护封建统治的长远利益出发，常常直言不讳地谴责统治者的虐民暴政，认为"民之憔悴于虐政，未有甚于此时者也"。〔6〕当时地主阶级的虐政，首先表现为刑罚太重，赋敛无度，影响农业生产。因此孟子提出了"省刑罚，薄税敛，深耕易耨"和"为民制产"的主张，并将它们作为"施仁政于民"的紧迫任务。

孟子主张从民之欲，"所欲与之聚之"，给农民以固定的田产，以保证农民有起码的生存条件。孟子云：

---

〔1〕《论语·颜渊》。
〔2〕《论语·尧曰》。
〔3〕《论语·雍也》。
〔4〕《论语·颜渊》。
〔5〕《孟子·告子下》。
〔6〕《孟子·梁惠王上》。

无恒产而有恒心者，惟士为能。若民，则无恒产，因无恒心。苟无恒心，放辟邪侈，无不为己。及陷于罪，然后从而刑之，是罔民也。焉有仁人在位罔民而可为也？是故明君制民之产，必使仰足以事父母，俯足以畜（蓄）妻子，乐岁终身饱，凶年免于死亡；然后驱而之善，故民之从之也轻。

今也制民之产，仰不足以事父母，俯不足以畜妻子；乐岁终身苦，凶年不免于死亡。此惟救死而恐不赡，奚暇治礼义哉？

王欲行之，则盍反其本矣：五亩之宅，树之以桑，五十者可以衣帛矣。鸡豚狗彘之畜，无失其时，七十者可以食肉矣。百亩之田，勿夺其时，八口之家可以无饥矣。谨庠序之教，申之以孝悌之义，颁白者不负戴于道路矣。老者衣帛食肉，黎民不饥不寒，然而不王者，未之有也。[1]

孟子反复强调要为民制产，给农民以私有土地，分给每户农民以五亩之宅和百亩之田，希望人人有田可耕，有宅可住，不愁吃穿，都过上温饱生活。

孟子不仅主张给农民以固定的田产，而且强调要注意农时，将仁政建立在发展生产的基础之上。

不违农时，谷不可胜食也；数（细）罟不入洿池，鱼鳖不可胜食也；斧斤以时入山林，林木不可胜用也。谷与鱼鳖不可胜食，林木不可胜用，是使民养生丧死无憾也。养生丧死无憾，王道之始也。[2]

他认为要发展农业生产，就必须采取具体措施，如"不违农时"，即不要妨碍农民及时播种耕耘；要"深耕易耨"，即深翻地，勤锄草；要"粪其田"[3]，即注意施肥；要"土地辟，田野治"[4]，即不要荒废土地，等等。可是当时的统治者不顾农时，征发无度，孟子愤怒地指责他们："彼夺其民时，使不得

---

〔1〕《孟子·梁惠王上》。
〔2〕《孟子·梁惠王上》。
〔3〕见《孟子·滕文公上》。
〔4〕见《孟子·告子下》。

耕耨以养其父母。父母冻饿，兄弟妻子离散。"〔1〕这样下去，社会秩序就无法稳定，所以他大声疾呼："民事不可缓也。"

荀子作为新兴地主阶级的思想家，十分强调发展生产，增加社会财富，提出了"节用裕民"，使国家富足的主张。

> 足国之道，节用裕民，而善臧（藏）其余。节用以礼，裕民以政。彼裕民故多余，裕民则民富，民富则田肥以易（治理，下同），田肥以易则出实百倍。上以法取焉，而下以礼节用之。余若丘山，不时焚烧，无所臧之。夫君子奚患乎无余！故知节用裕民，则必有仁义圣良之名，而且有富厚丘山之积矣。此无他故焉，生于节用裕民也。不知节用裕民则民贫，民贫则田瘠以秽，田瘠以秽则出实不半，上虽好取侵夺，犹将寡获也；而或以无礼节用之，则必有贪利纠诤（榨取）之名，而且有空虚穷乏之实矣。此无它故焉，不知节用裕民也。〔2〕

所谓"节用裕民"，就是要求统治者节省费用，发展生产，使人民富裕起来，其根本目的是保证国家有充裕的财源，使统治者既可得到如"丘山之积"的财富，又可获得仁义圣良的美名，真是一箭双雕！

怎样裕民呢？

首先，荀子主张"农分田而耕"〔3〕，使农民有固定的田产。他提出"量地而立国，计利而畜（蓄）民，度人力而授事；使民必胜事，事必出利，利足以生民，皆使衣食百用出入相揜（相合，指平衡），必时臧余，谓之称数"。〔4〕

荀子主张"利足以生民，皆使衣食百用出入相揜，必时臧余"，就是说要使个体农民家庭有一定的独立的经济生活。他所讲的农分田而耕，是指根据劳动力的情况，把土地分给农民耕种；这一点十分重要，它是农民有一定的独立经济生活的根本条件。至于怎样分田而耕，荀子只重复了孟子百亩田、五亩宅的办法。荀子云：

〔1〕《孟子·梁惠王上》。
〔2〕《荀子·富国》。
〔3〕《荀子·王霸》。
〔4〕《荀子·富国》。

不富无以养民情，不教无以理民性。故家五亩宅，百亩田，务其业而勿夺其时，所以富之也。[1]

然而，荀子吸取了法家"富国以农"的思想，在论述农业的重要性和如何发展农业生产方面，比孟子前进了一大步。

荀子还提出了"制天命而用之"的人定胜天的光辉思想。他认为自然界是可以被认识的，人类不应一味消极地顺应自然，而应该积极地发挥主观能动性，努力去利用和改造自然，发展农业生产，为人类服务。荀子云：

天（指自然界）行有常，不为尧存，不为桀亡。应（适应，对待）之以治则吉，应之以乱则凶。强本（指农业生产）而节用，则天不能贫；养备而动时，则天不能病；修道而不贰，则天不能祸。故水旱不能使之饥，寒暑不能使之疾，祆怪（指自然灾害和自然界的变异情况）不能使之凶。本荒而用侈，则天不能使之富；养略而动罕，则天不能使之全；倍（背）道而妄行，则天不能使之吉。故水旱未至而饥，寒暑未薄（迫切）而疾，祆怪未至而凶。受时与治世同，而殃祸与治世异，不可以怨天，其道然也。故明于天人之分，则可谓至人矣。[2]

在荀子看来，凡是"天之所覆，地之所载"，一切自然资源，都能为人类所利用，都能用来造福于人类。人是自然界的主人，只要充分发挥人的作用，善于经营管理，土地生长五谷，每亩收获数"盆"，一年收获两次；一株果树可以收到成盆成斛的果实；畜长得很大，一只就能装满一车；鱼鳖成群，飞鸟如云；天地间的万物，都可供人利用，多到吃穿不尽。[3]由此可见荀子人定胜天的气概和发展农业生产的信心。

在发展农业生产方面，荀子提出了许多具体办法。例如：

其一，不误农时，因时制宜。荀子一再强调"罕举力役，无夺农时"[4]，要使农民能够按照四时季节的变化，去从事活动，因时制宜，不违背生物生

───────────

[1]　《荀子·大略》。
[2]　《荀子·天论》。
[3]　见《荀子·富国》。
[4]　见《荀子·王霸》。

长繁殖的规律。

> 春耕、夏耘、秋收、冬藏，四者不失时，故五谷不绝，而百姓有余食也。污池渊沼川泽，谨其时禁，故鱼鳖优多，而百姓有余用也。斩伐养长不失其时，故山林不童（秃，指山上没有草木），而百姓有余材也。[1]

其二，因地制宜，种植农作物。荀子认为人们对于地的认识，是要根据已经了解到的适合作物生长的条件合理地种植。荀子云：

> 所志于地者，已其见宜之可以息（繁殖生长）者矣。[2]

不同条件的土地，适宜于种植不同的农作物。荀子要求察看地势的高低，土壤的肥瘠，因地制宜地种植黍、稷、豆、麻、麦等不同品种的农作物，即所谓"相高下，视硗肥，序五种"。[3]

其三，精耕细作，除草施肥。荀子认为，要能获得农作物丰收，农民还必须翻耕田地，除去杂草，种植谷物，多施粪肥。

> 掩地表亩，刺草殖谷，多粪肥田，是农夫众庶之事也。[4]

其四，兴修水利，防治水旱自然灾害。荀子根据战国时期兴修水利，防治水旱自然灾害的经验，明确提出：

> 修堤梁，通沟浍，行水潦，安水藏，以时决塞；岁虽凶败水旱，使民有所耘艾（刈）。[5]

此外，荀子认为要做到裕民，还必须开源节流。照他看来，田地原野，是财货的源泉；垣墙地窖仓库，不过是财货的支流。所以，英明的君主必须

---

[1]《荀子·王制》。
[2]《荀子·天论》。
[3]《荀子·儒效》。
[4]《荀子·富国》。
[5]《荀子·王制》。

注意掌握农业农时，节约财政支出，增加农业生产。故云：

> 故明主必谨养其和，节其流，开其源，而时斟酌焉。潢然使天下必有余，而上不忧不足。如是，则上下俱富，交无所藏之，是知国计之极也。故禹十年水，汤七年旱，而天下无菜色者，十年之后，年谷复熟而陈积有余，是无它故焉，知本末源流之谓也。[1]

显然，这是荀子从财政经济方面为新兴地主阶级提出的一套富国裕民之道。

总的看来，儒家的为民制产等主张，强调分给农民一定数量的土地，发展农业生产，使他们安居乐业；毫无疑问，这是很有价值的思想主张，它有利于生产的恢复和发展，有利于安定人民的生活。

第二节　预防犯罪说

先秦儒家在预防犯罪方面，提出了不少可贵的见解。

孔子从"仁者爱人"和"泛爱众"的思想出发，探讨了人民犯罪的根源和如何预防犯罪的问题。

有一次，鲁国执政者季康子苦于盗贼太多，向孔子请教，孔子回答说：

> 苟子之不欲，虽赏之不窃。[2]

他很明白地把人民盗窃的原因归之于统治者的贪得无厌，横征暴敛，因而使人民失去了维持生活和进行再生产的起码条件。因此，他除了提出足食、富民等主张以外，还阐述了"不患贫而患不均"的思想。

> 丘也闻有国有家者，不患寡（当为贫）而患不均，不患贫（当为寡）而患不安。盖均无贫，和无寡，安无倾。[3]

---

[1]《荀子·富国》。
[2]《论语·颜渊》。
[3]《论语·季氏》。

董仲舒对这几句话有较确切的解释："孔子曰不患贫而患不均，故有所积重则有所空虚矣。大富则骄，大贫则忧，忧则为盗，骄则为暴，此众人之情也。"[1]由此可见，孔子确实是把人民的贫穷，视为他们犯罪的根本原因的。所以他又说："小人穷斯滥矣。"[2]他认为一个本来就没有高尚道德的人，到了穷困潦倒的时候就无所不为了。这里虽然他对"小人"存在着偏见，但却道出了贫穷是导致犯罪的重要原因。

怎样预防犯罪呢？他认为，除了使人民足食，能够过上温饱的生活外，就是要"教之"，[3]即对人民进行礼义教化。正如《大戴礼记》所说："礼者禁于将然之前，而法者禁于已然之后。"礼义教化具有"绝恶于未萌，而起教于微眇，使民日迁善远罪而不自知"的作用，这自然是预防犯罪最好的办法了。

孟子对人民犯罪的原因进行了一定的探索。他认为当时社会矛盾之所以尖锐，人民生活之所以痛苦，其根本原因在于人民没有"恒产"，衣食不足，父母妻子不保。所以他们铤而走险，违法犯罪，无所不为了。孟子云：

> 今也制民之产，仰不足以事父母，俯不足以畜妻子，乐岁终身苦，凶年不免于死亡，此唯救死而恐不赡，奚暇治礼义哉？
>
> 夫民之为道也，有恒产者有恒心，无恒产者无恒心。苟无恒心，放辟邪侈，无不为已。及陷于罪，然后从而刑之，是罔民也。[4]

怎样预防犯罪呢？孟子认为首先要解决人民的物质生活问题，使人人有田可耕，有宅可住，不愁吃穿。

> 孟子曰："易（治理）其田畴，薄其税敛，民可使富也。食之以时，用之以礼，财不可胜用也。民非水火不生活，昏暮叩人之门户，求水火，无弗与者，至足矣。圣人治天下，使有菽粟如水火。菽粟如水火，而民焉有不仁者乎？"[5]

---

〔1〕《春秋繁露·度制》。
〔2〕见《论语·卫灵公》。
〔3〕见《论语·子路》。
〔4〕《孟子·滕文公上》。
〔5〕《孟子·尽心上》。

在人民能过上温饱生活的基础上，孟子还主张"设为庠序学校以教之"[1]。这样，人民自然不会违法犯罪了。

荀子对于人民犯罪根源的分析和预防犯罪的办法，和孟子差不多。他认为，统治者看重富人而看不起穷人，横征暴敛，加重了人民的负担，使他们陷入贫穷的境地，这是人民犯罪多的原因。据《大略》载：

> 多（赞美、看重）积财而羞无有，重民任（负担）而诛不能（指不能胜任沉重负担的人），此邪行之所以起，刑罚之所以多也。

怎样预防犯罪呢？荀子认为统治者必须实施"裕民"政策，不误农时，发展生产，减轻人民的负担，使他们有吃有穿，能生活下去，自然会"奸邪不作，盗贼不起""人归之如流"了。

> 故古人为之不然：使民夏不宛（蕴，暑气）暍（中暑），冬不冻寒，急不伤力，缓不后时，事成功立，上下俱富。[2]
> 时其事，轻其任，以调齐之；潢然兼覆之，养长之如保赤子。若是，故奸邪不作，盗贼不起，而化善者（改过自新的人）劝勉矣。[3]

总的看来，儒家重视犯罪的预防，主张消除贫困，让人民能够生活下去，并对人民进行教育，防止他们违法犯罪，这包含着不少的合理因素，值得我们探讨。

第三节　轻徭薄赋说及其对传统文化的影响

儒家认为，对劳动人民应作出一定让步，保证他们有最低的生存条件。这也就是儒家主张轻徭薄赋的原因。

孔子针对春秋时赋税徭役繁重，农事荒废的情况，提出了减轻赋税徭役，使人民富足的主张。

---

[1]　见《孟子·滕文公上》。
[2]　《荀子·富国》。
[3]　《荀子·富国》。

> 道千乘之国，敬事而信，节用而爱人，使民以时。〔1〕

这主要是说，统治者举事要慎重，收取租税要有节制，使用民力要不违农时，孔子反对统治者横征暴敛的态度是坚决的，有一次他的弟子冉求帮助本来就很富有的季氏搜刮更多的财富，他十分气愤，号召弟子们群起而攻之。

> 季氏富于周公，而求也为之聚敛而附益之。子曰："非吾徒也，小子鸣鼓而攻之，可也。"〔2〕

据说孔子曾告诉冉求，对待怎样取予的问题，应遵循的原则是"施取其厚，事举其中，敛从其薄"，〔3〕孔子强调"敛从其薄"，明显地反映出其轻徭薄赋的思想主张。

可是当时的统治者千方百计地搜刮民脂民膏，加重人民的负担，哪里听得进去什么"敛从其薄"，使人民富足的劝告呢！鲁哀公就是这样一个人。据《论语·颜渊》篇记载：

> 哀公问于有若曰："年饥，用不足，如之何？"有若对曰："盍彻乎？"曰："二，吾犹不足，如之何其彻也？"对曰："百姓足，君孰与不足？百姓不足，君孰与足？"

据说有子的这些话反映了孔子的主张，孔子是主张实行"彻"法的。"彻"是十分抽一的赋税制度，它比十分抽二要少些。鲁哀公不懂得人民富裕了，君主自然也会富裕的道理，却想拼命搜刮，竭泽而渔，嫌十分抽二还不够。这正是当时统治者贪得无厌的写照。

孟子鉴于战国时期各国赋税徭役繁重，人民处在水深火热之中，所以他将"薄税敛"作为其仁政的一项重要内容。据《孟子·尽心下》篇记载：

> 孟子曰："有布缕之征，粟米之征，力役之征。君子用其一，缓其二。用其二而民有殍，用其三而父子离。"

---

〔1〕《论语·学而》。
〔2〕《论语·先进》。
〔3〕 见《左传·襄公十年》。

在当时"民之憔悴于虐政"的情况下，为了不使人民家破人亡，孟子认为在这些赋税徭役中只能征收一种。《孟子·滕文公上》篇还记载了孟子建议郊野用九分抽一的"助"法，城市用十分抽一的"贡"法。

对于商人，孟子还主张"市廛而不征，法而不廛"。这是指在市场上给予空地以储藏货物，却不征收货物税；如果货物滞销，则依法收购，不让它长期积压。当时关市之征对工商业是个大桎梏，孟子却主张"关，讥而不征"，即只负责纠察，一律不抽税。[1]这些主张对工商业的发展是有利的。

荀子抨击当时的统治者"急逐乐而缓治国"，是一些贪图享乐而荒于治国的人。他们"厚刀布之敛以夺之财，重田野之税以夺之食，苛关市之征以难其事"[2]，只知搜刮民财，不顾人民死活，导致"田野荒而仓廪实，百姓虚而府库满"，人民辛勤劳动所创造的财富，都集中到统治者手中去了。

荀子认为，统治者这样肆无忌惮地压榨人民，是一种亡国危身之道，故云：

> 修礼者王，为政者强，取民者安，聚敛者亡。故王者富民，霸者富士，仅存之国富大夫，亡国富筐箧，实府库。筐箧已富，府库已实，而百姓贫。夫是之谓上溢而下漏。入不可以守，出不可以战，则倾覆灭亡可立而待也……聚敛者，召寇、肥敌、亡国、危身之道也。[3]

为了避免亡国危身之祸，统治者应该轻徭薄赋，减轻人民的负担："轻田野之税，平关市之征，省商贾之数，罕兴力役，无夺农时。"[4]荀子提出的具体办法是：

> 田野什一，关市几（讥）而不征，山林泽梁，以时禁发而不税。相地而衰政（征），理道之远近而致贡，通流财物粟米，无有滞留。[5]

荀子认为，这样就可以达到国富民裕，上下相安，"四海之内若一家"的目的。

---

〔1〕 见《孟子·公孙丑上》。
〔2〕 见《荀子·富国》。
〔3〕 《荀子·王制》。
〔4〕 见《荀子·富国》。
〔5〕 《荀子·王制》。

　　先秦儒家轻徭薄赋的思想主张，对于抑制剥削者的贪婪和榨取，减轻人民的负担，安定人民生活和发展社会生产，均有一定的作用。同时，它对传统法律也产生了一定影响。

　　秦汉以降，历代许多思想家、政治家继承了先秦儒家轻徭薄赋的思想，认为赋税和徭役的轻重是农民能否进行正常生产的关键。他们的各种治安之策或改革主张，多数都有请求皇帝减少赋税、徭役的内容。有时皇帝也不得不采取轻徭薄赋的措施来缓和社会矛盾。例如，汉景帝刘启曾说："农事伤则饥之本也，女红害则寒之原也。夫饥寒并至，而能亡（无）为非者寡矣。"[1]所以他要"省徭赋"。唐初，当有人建议重法禁盗时，唐太宗李世民就说："民之所以为盗者，由赋繁役重，官吏贪求，饥寒切身，故不暇顾廉耻耳。朕当去奢省费，轻徭薄赋，选用廉吏，使民衣食有余，则自不为盗耳，安用重刑邪?"[2]特别值得重视的是，先秦儒家轻徭薄赋的思想对一些封建王朝的经济立法产生了良好影响。例如，汉初文景时期，采取了一系列轻徭薄赋的政策。文帝二年和十二年两次实行收"今年田租之半"，即把原来的十五税一减为"三十而税一"，有时甚至"除田之租税"[3]。景帝时还把田租"三十而税一"正式定为制度，同时徭役也有所减轻。据《汉书·贾捐之传》记载：文帝"闵中国未安，偃武行文……丁男三年而一事"。按汉代力役规定，更卒是指丁男每年给郡县服一月徭役，"丁男三年而一事"就是将一年服一月的徭役改为三年服一月。这比起秦王朝"赋敛无度"、滥用民力就好得多。唐初租庸调制规定，每丁每年缴租二石，调二丈，绵三两，缴布者为二丈五尺，麻三斤；力役是每年二十六天。租调和力役比隋的法定数都要轻些。

---

〔1〕《汉书·景帝纪》。
〔2〕《资治通鉴》卷一九二。
〔3〕《汉书·文帝纪》。

第十九章

儒家的人治论与传统文化

儒家既主张礼治、德治，所以又主张人治。他们认为国家的兴衰和社会的治乱，取决于统治者特别是最高统治者个人的好坏。

礼治强调上下、尊卑、贵贱的等级制，等级愈高，权力愈大，特权愈大。如西周时，诸侯在其封国内有相对的行政权、立法权、审判权。在这种情况下，统治者的个人作用十分突出。儒家讲德治，所以特别强调最高统治者个人必须有德，并任用贤人辅政，以德服人，而不是以力服人，充分发挥道德教化的作用，其实质仍然是强调统治者个人的作用。由此可见，儒家主张礼治、德治，强调统治者个人的作用，也就是主张人治。

第一节 贤人政治说

中国古代社会的政治具有人治的特征。君主集政治、军事、立法、经济等大权于一身，这是产生人治论的社会基础。人们认为国家一定要有贤人执政，才能治理得好，此即所谓"贤人政治"。

春秋战国时期"尚贤"思想活跃，儒、法诸家都从不同的角度，提出了任用贤人和改革选官制度的主张。据说孔子是第一个提出举贤才的思想家，他盛赞尧、舜、西周文王武王因得贤才而天下大治。

> 舜有臣五人而天下治。武王曰："予有乱（治）臣十人。"孔子曰："才难，不其然乎？唐虞之际，于斯为盛。有妇人焉，九人而已。三分天下其二，以服事殷。周之德，其可谓至德也已矣。"[1]

---

〔1〕《论语·泰伯》。

《论语·颜渊》篇记载孔子弟子子夏言舜汤推举贤才的论点，就是孔子举贤才的注脚。

> 子夏云："富哉言乎！舜有天下，选于众，举皋陶，不仁者远矣。汤有天下，选于众，举伊尹，不仁者远矣。"

舜和汤从众人中把贤才推举出来，圣君贤相，相得益彰，天下大治，于是不仁者就没有立足的余地了。《大戴礼记·主言》篇也说："昔者舜左禹而右皋陶，不下席而天下治。"这是告诉统治者，要想治理好国家，就必须举贤才。

为了贯彻举贤才的主张，孔子主张把正直的人提拔上来，放在邪曲者之上，百姓才心服口服。反之，如果把邪曲的人提拔上来，放在正直者之上，百姓就不会服从。

> 哀公问曰："何为则民服？"孔子对曰："举直错（措，放置）诸枉，则民服；举枉错诸直，则民不服。"[1]

为了贯彻举贤才的主张，孔子认为要打破出身门第的界限，只要是真正懂得礼乐的有才能的人，即使出身微贱，也可以推举出来担任官职。

> 子曰："先进于礼乐，野人也；后进于礼乐，君子也。如用之，则吾从先进。"[2]

这主要是说，政府官员有两个来源：一是宗族贵族，他们可以先做官，后学习礼乐；一是非贵族出身的一般士人，他们可以先学习礼乐，学好礼乐再做官。如果选用贤才，孔子主张选用先学礼乐的人。

显然，孔子所讲的"先进于礼乐"的"野人"，实际上是指士。他们大部分来自平民，掌握文化礼义，有从政的才能。孔子的弟子实际上就是士，他推荐他们去做官，"学而优则仕"，并不讲什么门第出身。例如，仲弓（即冉雍）的父亲是"贱人"，他出身贫贱，可是孔子认为他有德行，可以担任官职。

---

[1]《论语·为政》。
[2]《论语·先进》。

雍也可使南面。〔1〕

据《左传》记载，晋国实行郡县制时，执政的魏献子（魏舒）委派县大夫，既有宗族贵族，也有其他贤者，"唯善所在，亲疏一也"。

仲尼闻魏子之举也，以为义，曰："近不失亲，远不失举，可谓义也。"〔2〕

既不失亲者，又不失贤者，可见孔子是想用举贤的办法来弥补宗法制的不足。这是对宗法制的修正。但孔子并没有彻底突破"亲亲"的原则，仍然认为："君子笃于亲，则民兴于仁；故旧不遗，则民不偷。"〔3〕

孟子虽然没有完全摆脱"亲亲"的观念，但更倾向于"尊贤"，更加强调任贤的重要性。

孟子曰："不信仁贤，则国空虚。"〔4〕

贵德而尊士，贤者在位，能者在职……明其政刑，虽大国必畏之矣。〔5〕

尊贤使能，俊杰在位，则天下之士皆悦，而愿立于其朝矣。〔6〕

照孟子看来，国君任用贤人，国家就会强盛；不用贤人，国家就会灭亡。"虞不用百里奚而亡，秦穆公用之而霸"〔7〕，这说明是否任用贤人，是一个关系国家兴亡的重大问题。他大声疾呼，当权者应该居安思危，重用贤才，励精图治；如果内无辅弼贤臣，外无敌情观念，这样的国家总是要灭亡的。

入则无法家拂（弼）士，出则无敌国外患者，国恒亡。然后知生于

---

〔1〕《论语·雍也》。
〔2〕《左传·昭公二十八年》。
〔3〕《论语·泰伯》。
〔4〕《孟子·尽心下》。
〔5〕《孟子·公孙丑上》。
〔6〕《孟子·公孙丑上》。
〔7〕《孟子·告子下》。

忧患死于安乐也。[1]

怎样识贤、进贤呢？孟子主张需谨慎，但他终究主张"卑逾尊，疏逾戚"，逾越了世官世禄的世袭制度。孟子云：

> 国君进贤，如不得已，将使卑逾尊，疏逾戚，可不慎欤？左右皆曰贤，未可也；诸大夫皆曰贤，未可也；国人皆曰贤，然后察之；见贤焉，然后用之。[2]

特别值得提出的是，孟子主张从人民中选拔贤才，破格加以重用。他所看重的并不是那些王公大人的骨肉之亲，而是那些虽出身卑微但经过磨炼的贤者，认为只有他们才堪担当治国的重任。这种见解是十分卓越的，至今犹放射出灿烂的光辉。

> 孟子曰："舜发于畎亩之中，傅说举于版筑之间，胶鬲举于鱼盐之中，管夷吾举于士，孙叔敖举于海，百里奚举于市，故天将降大任于斯人也，必先苦其心志，劳其筋骨，饿其体肤，空乏其身，行拂乱其所为，所以动心忍性，曾（增）益其所不能。人恒过，然后能改；困于心，衡于虑，而后作；征于色，发于声，然后喻。"

然而，孟子的尚贤主张是不彻底的。他认为只有在不得已的情况下才可破格用人，而在一般情况下，还是主张保留世袭特权的。"为政不难，不得罪于巨室"[3]，"仕者世禄"[4]，"身为天子，弟为匹夫"的观点是相矛盾的。其原因在于孟子作为封建贵族的代言人，本能地要维护封建等级制和世袭特权。但另一方面，他为了替自己所代表的出身比较低微的士这一阶层参加政权制造舆论，又积极主张"贵德而尊士"，破格提拔，任用贤才。

荀子是先秦儒家中的革新派，是儒法合流、礼法统一的先行者。但他在人治与法治之争中，却坚持人治重于法治，主张"尚贤使能"，破格用人，吸

---

[1]《孟子·告子下》。

[2]《孟子·梁惠王下》。

[3]《孟子·离娄下》。

[4]《孟子·梁惠王下》。

收大量贤才参加政权。所以说，他虽不失儒家本色，但又吸收了墨家的尚贤思想。荀子云：

> 故君人者，欲安，则莫若平政爱民矣；欲荣，则莫若隆礼敬士矣；欲立功名，则莫若尚贤使能矣。[1]
>
> 故明主急得其人，而闇主急得其势。急得其人，则身佚而国治，功大而名美，上可以王，下可以霸；不急得其人，而急得其势，则身劳而国乱，功废而名辱，社稷必危。[2]

由此可见，荀子把选拔人才参与国政，视为统一中国的一个极为重要的条件，认为君主掌握人才比掌握权势更重要。他曾建议齐国"求仁厚明通之君子而托王焉，与之参国政，正是非"，就可以统一天下[3]。他也向秦昭王建议，任用"端诚信全之君子治天下焉，因与之参国政，正是非，治曲直，听咸阳"，就可以"兵不复出于塞外而令行于天下"。[4]

荀子"任贤使能"的思想主张，比孔孟更全面、更完备，其主要内容是：

其一，任贤必须以封建礼法为标准。荀子认为，君主招贤纳士对国家的安危存亡十分重要，选用人才必须以礼法作为检验其言行的标准，用地主阶级的等级制去限制所任用的人，注意"进贤"和"退奸"。荀子云：

> 故古之人为之不然。其取人有道，其用人有法。取人之道，参之以礼；用人之法，禁之以等。[5]
>
> 衡听、显幽、重明、退奸、进良之术：朋党比周之誉，君子不听；残贼加累之谮，君子不用；隐忌雍蔽之人，君子不近；货财禽犊之请，君子不许。凡流言、流说、流事、流谋、流誉、流愬、不官（指不通过公开的途径）而衡至者，君子慎之。闻听而明誉之，定其当而当，然后出其刑赏而还与之。如是，则奸言、奸说、奸事、奸谋、奸誉、奸愬莫之试也；忠言、忠说、忠事、忠谋、忠誉、忠愬莫不明通，方起以尚尽矣。

---

〔1〕《荀子·王制》。

〔2〕《荀子·君道》。

〔3〕见《荀子·强国》。

〔4〕见《荀子·强国》。

〔5〕《荀子·君道》。

夫是之谓衡听、显幽、重明、退奸、进良之术。[1]

可是，当时的君主在选拔人才上的态度如何呢？荀子尖锐地指出，他们的"选用贤人"仅仅停留在口头上，"口行相反"。所以他说："不在不言用贤，而在乎不诚心用贤。"

其二，选贤无私，破格用人。荀子吸取了法家"法不阿贵"的思想，反对旧贵族的世袭制度，主张选贤任能，破格用人。只要是有贤德、有才能的人，不必按照等级次序就可提拔起来；软弱无能的人要立即罢免。虽然是王公士大夫的子孙，如果行为不合于礼义，就把他们归入庶人；虽然是庶人的子孙，如果努力学习，行为合于礼义，就把他们归入卿相士大夫。

> 请问为政，曰：贤能不待次而举，罢不能不待须而废，元恶不待教而诛，中庸民不待政而化。分未定也则有昭缪。虽王公士大夫之子孙也，不能属于礼义，则归之庶人。虽庶人之子孙也，积文学，正身行，能属于礼义，则归之卿相士大夫。[2]

荀子不但强调选贤不分贵贱，而且强调选贤无私，"内不可以阿子弟，外不可以隐远人"。如果"唯便嬖亲比己者之用也"，那就危险了！[3]

其三，分职负责。荀子认为，一个圣明的君主必然善于抓住要领，总知万事之轻重，善察人才之臧否，设官分职，各负专责，不揽权多事，国家就能治理得好。荀子云：

> 大有天下，小有一国，必自为之然后可，则劳苦耗顇莫甚焉……论德使能而官施之者，圣王之道也，儒之所谨守也。传曰："农分田而耕，贾分货而贩，百工分事而劝，士大夫分职而听，建国诸侯之君分土而守，三公总方而议，则天子共己而已矣！"出若入若，天下莫不平均，莫不治辨，是百王之所同也，而礼法之大分也。[4]

---

[1] 《荀子·致士》。
[2] 《荀子·王制》。
[3] 见《荀子·君道》。
[4] 《荀子·王霸》。

君主怎样才能抓住要领，统管全局，使百官分职负责呢？荀子认为，最重要的是选择和委任一个贤能的宰相，让他率领百官去处理各项具体事务。所以，他把卿相辅佐比作君主的"基杖"。"人主不可以独也。卿相辅佐，人主之基杖也，不可不早具也。故人主必将有卿相辅佐足任者然后可，其德音足以填抚百姓，其知（智）虑足以应待万变然后可。"〔1〕

照荀子看来，如果君主任用这样一位贤能的宰相，便能够达到"天下为一，诸侯为臣"，国强民安的作用，从而取得统一天下的成功。

第二节　为政在人的人治论

孔子认为，统治者特别是最高统治者应当是道德高尚的人，他的人格和行为应当成为全国人民的榜样。上行下效，如果在上者讲求礼节，人民就没有人敢不尊敬；在上者行为正当，人民就没有人敢不服从；在上者诚恳信实，人民就没有人敢不说真话。所以，统治者的行为至为重要。孔子云："君子之德风，小人之德草，草上之风必偃。"〔2〕

照孔子看来，对于为政者来说，道理也很单纯，只要统治者先正其身，从修身入手，身修而后家齐，家齐而后国治，国治而后天下平。修身是齐家、治国、平天下的基础："知所以修身，则知所以治人；知所以治人，则知所以治天下国家矣。"〔3〕为政者必须以身作则，率之以正；"上有所好，下必有甚焉"，只要为政者本身行为正当，不发命令，事情也行得通，否则，即使三令五申，也属枉然。故云：

> 政者，正也。子帅以正，孰敢不正。〔4〕
> 其身正，不令而行；其身不正，虽令不从。〔5〕
> 苟正其身矣，于从政乎何有？不能正其身，如正人何？〔6〕

---

〔1〕《荀子·君道》。
〔2〕《论语·颜渊》。
〔3〕《礼记·中庸》。
〔4〕《论语·颜渊》。
〔5〕《论语·子路》。
〔6〕《论语·子路》。

修己以敬……修己以安人……修己以安百姓。〔1〕

这里，"子帅以正""其身正""苟正其身矣"中的"正"字，指正当行为，也就是"为政以德"的"德"；"孰敢不正""不令而行""以安百姓"，则指德治的功效。

这种"为政在人"的思想，《中庸》加以总结，云：

文武之政，布在方策，其人存，则其政举；其人亡，则其政息。人道敏政，地道敏树。夫政也者，蒲卢也，故为政在人。

它把国家政事的兴废，完全寄托在统治者个人是否贤德；社会的治乱，完全系于得人或失人。据说这是孔子的主张。这种人存政举，人亡政息，有治人，无治法的思想主张，是一种极端的人治主义。

孟子强调德治，希望有德的圣贤居于上位，以平治天下，"君子之守，修其身而天下平"；把实行仁政的希望完全寄托在身居高位的仁者身上，突出强调仁者个人的作用。他也是一个人治主义的倡导者。

孟子重视人治，轻视法治，认为"徒法不能以自行"，再好的法律，它自己也不能起作用，还是要靠人去施行。所以，必须由贤人当政。这种主张本来无可非议，但他由此出发，片面夸大统治者个人的作用，认为君主正，就没有人不正，"一正君而国定矣"，这就走向极端了。孟子云：

惟仁者宜在高位。不仁而在高位，是播其恶于众也。〔2〕

人不足与适（谪）也，政不足闻也；唯大人为能格君心之非。君仁，莫不仁；君义，莫不义；君正，莫不正。一正君而国定矣。〔3〕

孟子把国家的治乱，完全归因于君主个人的好坏，而不在于法律的有无。因此，孟子和孔子一样，特别强调统治者应注重修身，反躬自省，严于律己，自己的行为端正了，天下的人自然就会归顺。

---

〔1〕《论语·宪问》。
〔2〕《孟子·离娄上》。
〔3〕《孟子·离娄上》。

　　孟子曰："爱人不亲，反其仁；治人不治，反其智；礼人不答，反其敬。行有不得者皆反求诸己，其身正而天下归之。诗云：永言配命，自求多福。"孟子曰："人有恒言，皆曰，天下国家。天下之本在国，国之本在家，家之本在身。"〔1〕

　　但孟子认为，君主不应把君位当作私产，搞世袭制，而应该通过禅让的方式，把君位让给贤者，正像尧让位于舜那样。

　　　　尧之于舜也，使其子九男事之，二女女焉，百官牛羊仓廪备，以养舜于畎亩之中，后举而加诸上位，故曰，王公之尊贤者也。〔2〕

　　诚然，从孟子强调统治者个人应该以身作则来说，他的思想主张具有积极意义。但就其主要思想倾向来看，却是片面夸大君主个人的作用。在他的心目中，少数所谓圣君贤臣，都是些"救世主"般的人物。孟子云：

　　　　五百年必有王者兴，其间必有名（命）世者……如欲平治天下，当今之世，舍我其谁也？〔3〕

　　孟子本人就是以"命世"之贤才自诩的。据他说，由尧舜到汤五百多年，由汤到文王五百多年，由文王到孔子又五百年，历史就是靠这些"天才"人物来推动的。由孔子到他孟子，虽然还不到五百年，但当今之世，如果要治国平天下，"舍我其谁也"。可见他的英雄创造历史的思想，是相当突出的。

　　荀子继承了儒家"人存政举，人亡政息"的思想，也强调统治者特别是最高统治者个人的作用。他认为君主是臣民的引导者，臣民将随着君主的引导而前进，依照君主的榜样而行动。

　　　　主者，民之唱（倡导，这里指引导者）也；上者，下之仪也。彼将听唱而应，视仪而动……故上者下之本也；上宣明则下治辨矣，上端诚则下愿悫矣，上公正则下易直矣。〔4〕

---

　　〔1〕《孟子·离娄上》。
　　〔2〕《孟子·万章下》。
　　〔3〕《孟子·公孙丑下》。
　　〔4〕《荀子·正论》。

照荀子看来，治理天下是最重大的任务，没有最强有力的人是不能胜任的；天下的事情很繁杂，没有极高的分辨能力的人是不能处理得各得其分的；天下的人众多，不是最贤明的人是不能使他们和睦一致的。而圣人（实际上是指君主）就是这样最强有力、分辨能力极高、最贤明的人。所以，他在国家的一切活动中起决定的作用。

荀子也继承了儒家"徒法不能以自行"的思想，进一步论述了法和人的关系。他认为，人是最重要的，强调君子是"法之原"，因为法是由人来制定、执行的。所以，他劝封建君主不但自己要做执法的模范，而且还要任用善于施行法律的贤才，这样就可以达到"得其人则存"的目的。荀子云：

> 有乱君，无乱国；有治人，无治法。羿之法非亡也，而羿不世中；禹之法犹存，而夏不世王。故法不能独立，类（指依法类推、处理某一类事情之条例）不能自行：得其人则存，失其人则亡。法者，治之端也；君子者，法之原也。故有君子，则法虽省，足以编（遍）矣；无君子，则法虽具，失先后之施，不能应事之变，足以乱矣。[1]

因此，荀子反复强调治理好国家的关键是人而不是法，社会的治乱决定于有没有君子当政，而不在于有没有良好的法律。荀子云："君子也者，道法之总要也，不可少顷旷也。得之则治，失之则乱；得之则安，失之则危，得之则存，失之则亡。故有良法而乱者有之矣，有君子而乱者，自古及今，未尝闻也。"[2]

然而，由于荀子把礼和法视为同样重要的治国工具，所以在法和人的关系问题上，其主张和孔孟也有所不同，在一定程度上表现出法治与人治并重的思想：荀子云："赏不行，则贤者不可得而进也；罚不行，则不肖者不可得而退也。贤者不可得而进也；不肖者不可得而退也，则能不能不可得而官也。若此则万物失宜，事变失应，上失天时，下失地利，中失人和，天下敖（熬）然，若烧若焦。"[3]

---

〔1〕《荀子·君道》。
〔2〕《荀子·致士》。
〔3〕《荀子·富国》。

第三节　人治论对传统文化的影响

先秦儒家从其贤人治国论出发，在人与法的关系上重人轻法，在治国的方法上重人治，轻法治。孔子极力倡导人治，他说："文武之政，布在方策。其人存，则其政举；其人亡，则其政息。"〔1〕孟子也鼓吹人治，贬低法治，认为"惟仁者宜在高位"〔2〕，"徒法不能以自行"。〔3〕荀子也认为："法不能独立，类不能自行，得其人则存，失其人则亡。"〔4〕后来历代封建思想家、政治家大多主张人治，把希望寄托在圣君明主身上。

这种人治论遭到法家的非难。他们说"舍法而以身治（即人治正统），则诛赏予夺从君心出矣"，"君舍法以心裁轻重，则是同功而殊赏，同罪而异罚也。怨之所由生也"。〔5〕法家虽然反对人治，但又主张法自君出，鼓吹君主专制，最终还是没有跳出人治的窠臼。

这种重人治、轻法治的传统，在资本主义萌芽已有一定发展的明末清初之际，第一次真正受到了冲击。当时，具有启蒙民主主义思想的黄宗羲提出了反对人治、要求法治的主张。他认为"天下之治乱，不在一姓之兴亡，而在万民之忧乐"，天下之大，"非一人之能治"，应当"分治之以群工"。〔6〕他并提出"有治法而后有治人"说，要求以"天下之法"取代君主"一家之法"。在他看来，只有实行他所主张的"法治"，才能使天下永享太平。毫无疑问，黄宗羲从新兴市民阶层的利益出发而提出的这些主张，在当时是有进步意义的。但由于他并未从根本上触动封建专制制度，因而其主张不可能实现。

通观中国历史，儒家的人治论对传统法律文化产生了深刻的影响。

人治论作为一种社会思潮能够长期流传于中国封建社会，有其深刻的社会根源。首先是由于它适合封建统治阶级的需要。地主阶级的统治是以君主

---

〔1〕《礼记·中庸》。

〔2〕　见《孟子·离娄上》。

〔3〕　见《孟子·离娄上》。

〔4〕《荀子·君道》。

〔5〕《慎子·君人》。

〔6〕　见《明夷待访录·原臣》。

专制为特征的。皇帝集政治、经济、军事、立法等大权于一身，可以随心所欲，以言代法，以言毁法，根本不受任何法律的约束。所以历代皇帝多喜欢人治，而不喜欢法治。其次是人治在劳动人民中也有它的基础，在封建社会，自给自足的自然经济和互不交往的隔绝状态，使得农民不能以自己的名义来维护自己的阶级利益，一定要别人来代表他们。他们的代表，一定要同时是高高站在他们上面的权威。所以中国农民总是希冀在他们上面有一个好皇帝，以为有这样一个好皇帝，就可以使自己生活得好些，就会国泰民安。

　　显而易见，这种重人治、轻法治的传统是极有害的。首先，实行人治，国家大事由当权者个人的意志决定，由他个人说了算，必然发生错误。因为就个人来说，不论他如何英明，他个人的言行总会受到其所处环境、个人经历和感情等影响，他所作的决断难免失于偏颇。其次，实行人治，必然伴随特权。因为个人权威高于法律权威，当权者可以置法律于不顾，我行我素、法律只适用于别人，而不适用于自己。这样，他可以穷奢极欲，任人唯亲，徇私枉法，甚至草菅人命，而法律也管不了他。无数事实证明，哪里搞人治，哪里就有特权，人治与特权有着必然的联系。再次，实行人治，必然搞个人迷信，扼杀群众的自主精神。人治论的理论基础是英雄创造历史的唯心史观。在人治论者看来，最高当权者是天生的英才，历史应由他主宰。因此，由他发号施令，指挥一切，统治一切，也就理所当然。至于群众，那只不过是供他驱使的无知"群氓"，只能唯命是从，对他顶礼膜拜，高呼万岁，而不能说半个"不"字。在这种情况下，哪里还谈得上发挥群众的自主精神，哪里还谈得上发挥法律的权威呢！

第二十章
儒家法律思想的发展

儒家的学说，早在孔子时就已经建立起一个完整的体系，对以后各个时期产生了很大影响，特别是到西汉中期，董仲舒继承和发展了先秦儒家的思想，创立新儒学。封建统治者"独尊儒术"以后，儒家思想成为官方统治思想，而其法律思想也长期占据统治地位。

第一节 秦汉之际法律思想的变化与儒学的复兴

秦始皇结束了春秋战国以来"诸侯异政，百家异说"的局面，建立起中国历史上第一个统一的中央集权的封建国家。他信奉和实践先秦法家的学说，在文化思想上实行统一，特别对儒家采取严厉打击的政策。然而，秦王朝在法家理论指导下所实行的严刑峻法、横征暴敛和文化专制政策，激起了人民的激烈反抗，它很快就灭亡了。

秦朝统治者为了统一思想和舆论，以便巩固刚刚建立起来的封建专制主义中央集权国家，其上述主张乃是当时新兴地主阶级的一种历史要求，秦始皇和李斯等人不过是把本阶级的这种意志付诸实施而已。

然而，意识形态的发展有它自己的规律，政治权力对于意识形态的干预和改造，如果违反了这种规律，是必然要失败的。当时，随着全国即将大一统的形势，在意识形态领域里，已经在酝酿着为封建制服务的思想统一。秦始皇、李斯等人无视意识形态发展的这种客观规律，企图依靠政治权力来树立法家学说的绝对权威，焚书坑儒，并禁绝其他各家学说，其效果必然是适得其反。

秦王朝的灭亡，对地主阶级来说，是一个极大的震动。在这种形势下，如何维护和巩固地主阶级政权，防止再度爆发农民起义，就成为封建统治阶级最关心的问题和最重要的任务。当时的法律思想，就是围绕这一最重要任务的解决而发展的。

秦王朝的骤亡，使法家学说在政治上破产了，在思想理论战线上，它也成为众矢之的。当时，经过长期战乱之后，社会经济已濒临崩溃的边缘。在这样严峻的形势下，继秦而起的西汉王朝，如果继续以法家学说作为治国的指导思想，已不合时宜。因此，当时那些熟悉政治、历史的政治家、思想家们，都在努力寻求一种能适应新形势并有效地维护封建统治的新的思想武器。他们终于找到了"治道贵清静而民自定"〔1〕的黄老学说，作为治国的指导思想。同时，他们又兼采儒家、法家等其中有利于巩固封建统治的思想，以便更有效地统治人民。

秦汉之际，在法律思想方面由秦专任刑罚过渡到黄老"无为"的大转变，在中国古代法律思想史上具有重大意义。这相对地减轻了对人民的压迫，使社会矛盾有所缓和，社会经济迅速地得到恢复和发展，出现了"文景之治"。在这一过渡阶段中，随着统治阶级对思想管控的松弛，儒学也逐渐复兴和活跃起来。

陆贾是汉高祖刘邦的重要谋士，经常在刘邦面前称道诗书。他在《新语》一书中除了较系统地阐述了黄老无为而治的理论以外，还积极主张兼采儒家学说。

陆贾亲身经历了秦朝的兴亡，对于秦朝"尚刑而亡"的教训感受深刻。他极力主张改变秦朝那种"专任刑罚"的统治方式，认为统治者应该做到"口以道德为上，行以仁义为本"〔2〕，即实行德治。陆贾云：

> 德盛者威广，力盛者骄众。齐桓公尚德以霸，秦二世尚刑而亡。故虐行则怨积，德布则功兴。〔3〕

照陆贾看来，实行德治是巩固封建秩序的一种好的统治方法，重德能取得民心民力，而恃刑却容易失掉民心。显然陆贾沿袭了先秦儒家的德治思想。

陆贾认为，儒家仁义的道理就存在于六经之中："春秋以仁义贬绝，诗以

〔1〕《史记·曹相国世家》。
〔2〕《新语·本行》。
〔3〕《新语·道基》。

仁义存亡；乾坤以仁和合，八卦以义相承；书以仁叙九族，君臣以义制忠；礼以仁尽节，乐以礼（义）升降。"〔1〕所以统治者应该以仁义道德去教化人民，使他们自觉服从封建统治。

应该说，陆贾对于宣传儒学和复兴儒学是颇有贡献的，也对传播礼治思想、用儒家精神改革法律，有较大的贡献，使儒家法律思想更臻完善。

先秦儒家的礼治学说，毕竟只是一种理论、一种设想。贾谊则是在统一的封建国家已经建立的历史条件下，试图把礼治的理论具体化、制度化、法律化，并力求付诸实践的第一人。章太炎在《春秋左传读叙录》中明确地指出了这一事实："贾生之学，疏通知远，得之诗书，修明制度，得之于礼，非章句训诂之学也。"

"汉承秦制"，西汉初年统治者主张在承袭秦王朝既定的政治、经济制度的基础上，不生事，不扰民，因循苟安维持统治，不再改弦更张、多所创建。贾谊则认为，在总结秦朝速亡的教训的基础上，应当一反秦道而行之。

> 贾生以为汉兴至孝文廿余年，天下和洽而固当改正朔、易服色、法制度、定官名、兴礼乐。乃悉草具其事仪法，色尚黄、数用五、为官名，悉更秦之法。孝文帝初即位，谦让未遑也。诸律令所更定，及列侯悉就国，其说皆自贾生发之。〔2〕

他主张改革汉初沿袭秦朝的一些制度，"立经陈纪"，创立适合当时情况的政治法律制度，以改变当时"制度疏阔"的状况。

贾谊也要求用儒家精神改革法律。"汉承秦制"，在法律方面也大致如此。《汉书·宣帝纪》注云："萧何承秦法所作为律令，律经是也。"

秦汉法律的渊源关系，《晋书·刑法志》说得很清楚：

> 是时（指魏明帝定魏律以前）承用秦汉旧律，其文始自魏文侯师李悝撰次诸国法，著法经……商君受之以相秦。汉承秦制，萧何定律。

这种法律代表法家精神，所以为儒家所攻击。贾谊主张"悉更秦之法"，

---

〔1〕《新语·道基》。
〔2〕《史记·屈原贾生列传》。

用儒家精神改革法律。贾谊所改律令的内容虽不得而知，然而他从儒家立场出发，以礼入法，用儒家精神改革法律，则是毋庸置疑的。他的"黥劓之罪不及大夫"等一系列"刑不上大夫"的主张，[1]就明显地反映出他以礼入法，鼓吹法律不平等的思想。

同时，从礼和法的关系来说，贾谊比先秦儒家集大成者荀子的主张又进了一步。贾谊明确提出礼与法并不是对立的，而是相辅相成的，只是在统治的作用上不尽相同。

由此可见，贾谊吸取了先秦儒家的礼治思想特别是荀子的礼法并重的学说，又从秦的覆灭中吸取了如何"守成"的教训，主张用礼来规定封建等级，更注重以礼治民，以德为政，这比秦的"专任刑罚"高明得多。这说明儒家学说与法律制度相结合的思想主张，在汉代已日益臻于成熟。贾谊在这方面是起了重要作用的。但是我们应该看到，无论从当时在完善礼法结合、德刑并用这一思想方面所起作用之大观之，抑或从对以后历史发展的影响之深来看，居首要地位的当推西汉中期的董仲舒。

第二节　封建正统法律思想的确立与发展

经过西汉初期六七十年间社会经济的恢复和发展，劳动者创造了大量的财富，整个社会呈现出繁荣的景象。既然有了雄厚的物质基础，年轻而好大喜功的汉武帝就再也不能满足于清静无为的黄老学说了。

> 王者功成作乐，治定制礼，其功大者其乐备，其治辨者其礼具。[2]

儒家繁文缛节的礼，这个时候就派得上用场了。主张大一统和统治者积极有为的儒家思想，便特别为汉武帝所重视了。当时适应统治者政治要求的儒家最重要的代表人物便是董仲舒。

董仲舒是中国历史上最早、最完备而又最系统地神化了以孔子为代表的儒家思想，并全面论证封建制度的合理性与永恒性的思想家。他所创造的新

---

[1]　见《汉书·贾谊传》。
[2]　《史记·乐书》。

儒学已不同于先秦的儒学，它是以儒为主、儒法结合的产物，并吸收了道家、阴阳五行家以及殷周的天命神权思想等各种有利于维护封建统治的思想因素。他的新儒学的宗教神学色彩非常浓厚，完全适应了神化君权的需要。

董仲舒进一步发挥了儒家以礼义道德治国的思想，认为统治者应该秉承"天意"以从事，对人民进行礼义道德教化。他向汉武帝陈述礼义道德教化的优越性时，说：

> 道者，所由适于治之路也，仁谊（义）礼乐皆其具也。故圣王已殁，而子孙长久，安宁数百岁，此皆礼乐教化之功也。[1]

如果封建统治者以德治天下，实行礼乐教化，那么天下就会"甘如饴蜜，固如胶漆"，真是太好不过了！他援引儒家经典"春秋之法"，批评统治者不行德政，任意苦民、伤民。"春秋之法，凶年不修旧，意在无苦民尔……春秋之所恶者，不任德而任力，驱民而残贼之；其所好者，设而勿用，仁义以服之也。"[2]

董仲舒和先秦儒家的一个不同之处是，他是从天道、阴阳来论证其"阳德阴刑"的德主刑辅论的。如说：

> 阴阳理人之法也：阴，刑气也；阳，德气也……是故天敷右阳而左阴，务德而不务刑。刑之不可任以成世也，犹阴不可任以成岁也。为政而任刑，谓之逆天，非王道也。[3]

他在其著述中反复申述"阳德阴刑""大德小刑"问题，力图说明"天道之大者在阴阳"，大德而小刑是天意，谁要违反天意，那就会受到天的惩罚。

同时，董仲舒还借助于天意来阐述其"三纲"论。他认为，地上的封建秩序只不过是天上的森严秩序的映像。"天道"既然有阴阳两面，表现在有上必有下、有左必有右、有寒必有暑，等等。所以按照天意，人间秩序也必须

---

[1]《汉书·董仲舒传》。
[2]《春秋繁露·竹林》。
[3]《春秋繁露·阳尊阴卑》。

符合阴阳之道。

> 君为阳，臣为阴；父为阳，子为阴；夫为阳，妇为阴。[1]
> 天为君而覆露之，地为臣而持载之；阳为夫而生之；阴为妇而助之；
> 春为父两生之；夏为子而养之……王道之三纲可求于天。[2]

董仲舒认为，天总是贵阳而贱阴，亲阳而疏阴的。属于阳的君、父、夫永远是属于阴的臣、子、妻的统治者。这种关系是天经地义的，是天意的体现，是永远不能改变的。这样，儒家学派一贯强调的君、父、夫三者的绝对专制权力，便成了天赋特权，即所谓"王道之三纲，可求于天"。[3]

董仲舒编造的"三纲"论体现了整个封建统治的根本关系，它遂成为封建立法、司法的指导原则。

董仲舒还主张以春秋经义决狱。秦亡以后，儒家学说逐渐抬头，儒家思想开始渗透到法律中来，并对审判决狱产生很大影响。因为许多儒家学者做了官，特别是汉武帝"独尊儒术"以后，他们既掌握行政权力，也有司法责任，或参加司法问题的讨论，这样为他们以儒家经义来审判断狱创造了条件。于是，儒家思想在法律上逐渐成为司法的指导原则。

董仲舒是将儒家经义应用于法律的第一人。他极力倡导和鼓吹以春秋决狱，受到汉统治者的重视。他所作的《春秋决狱》二百三十二事，影响极为深远。在他的影响下，公孙弘"司文法吏事而又缘饰以儒术"[4]，兒宽"以古法义决疑大狱"[5]，连酷吏张汤也"决大狱，欲傅古义，乃请博士弟子治尚书、春秋、补廷尉史，平亭疑法"。[6]

为什么会出现这样的情况呢？这是由于当时国家拟定的法律已经颁布，臣下不能随意修改，必须说服皇帝并得到他的同意，才能修改一二条，如贾谊之例。这样做极为费事，而且没有成功的把握。所以汉时儒家在法律方面大部分的努力乃在于以经义决狱和对章句之注释。

---

〔1〕《春秋繁露·基义》。
〔2〕《春秋繁露·基义》。
〔3〕《汉书·董仲舒传》。
〔4〕《史记·儒林列传》。
〔5〕《史记·兒宽传》。
〔6〕《汉书·张汤传》。

　　董仲舒倡导以经义决狱，把经义应用于法律领域之后，引经断狱之风颇为流行，一直延续了好几百年。

　　从法律文化方面来看，董仲舒新儒学的出现，反映出地主阶级的法律思想已基本成熟，封建正统法律思想已经形成。它极力神化皇权，将"三纲"和德主刑辅绝对化为永恒的真理，将儒家经义应用于法律领域。此后，在中国两千年封建社会中，以"三纲"为核心的封建礼教便成为指导封建立法、司法的根本原则。

　　封建正统法律思想形成以后，随着社会的发展变化，也相应地有一些发展变化。西汉末期到东汉时期，社会矛盾激化，统治者企图假借天命神权以维护自己的统治，于是谶纬神学迷信思想大肆泛滥起来。汉章帝时，更进一步将谶纬之说和儒家经典密切结合起来，编纂出《白虎通义》，并确定为东汉王朝的"国宪"。

　　当谶纬神学的迷雾笼罩东汉社会的时候，一些进步思想家却敢于坚持朴素的唯物主义，勇敢地反对谶纬神权法思想。总的看来，由于东汉时期儒家思想早已占据统治地位，儒家经典是统治阶级的最高教条，所以，像桓谭、王充、王符、仲长统这样的进步思想家，虽然没有囿于儒学，都在不同程度上批判了谶纬神权法思想，但大体说来，却都保持着儒家的面貌。从法律思想方面来看，他们在批判谶纬神权法思想的同时，其主要思想主张大都类似以前儒家代表人物所提出的礼法并用、德主刑辅之说。

　　魏晋时期，玄学控制了整个思想领域，用老庄道家学说来解释儒家的经典《周易》。玄学家们提倡尚自然、笃名教。南北朝时代，思想界受佛教与道家的影响，而在法律思想方面，学者们则仍重视儒家思想。

　　魏晋时代的杜预和张斐，在法制和法律思想方面的建树是值得称道的，杜预参与《晋律》的制定，律成之后，又为之注解。他认为，上下尊卑贵贱等级关系的集中表现就是礼，君主、百官和百姓"礼不得同"。但对于治理国家来说，应该礼法并重、礼法结合，使礼同法、律令"相须为用"。[1]与杜预同时的张斐担任过明法掾，曾注解《晋律》。他提出，制定法律必须符合儒家纲常礼教的要求，使"礼乐崇于上"，"刑法闲于下"，从而达到"尊卑叙，

────────────
　　〔1〕　见《晋书·礼志》。

仁义明，九族亲，王道平"〔1〕的目的。这样，他以儒家的经义来注释当时的法律，使礼治披上了一层合法的外衣。

在魏晋南北朝时期，一些儒家学者参与立法工作，对当时的立法产生了影响。他们"以礼入律"，把儒家思想渗透到法律中来。如《曹魏律》中的"八议制"，《晋律》中的"五服治罪制"，《北魏律》中的"官当制"，《北齐律》中的"重罪十条"，就是以礼入律的明证。

隋朝统一中国后，随着地主阶级内部矛盾的缓和，隋文帝推出的开皇律，体现了儒家宽刑简政，慎狱恤刑等思想。

隋王朝只存在三十七年就被农民起义推翻了。继隋而起的唐王朝吸取隋朝骤亡的教训，实行"安人宁国"的安定政策，在法律上形成了纳礼入律、礼法结合、礼主刑辅等指导思想。就封建法制和法律思想来说，"一准乎礼"的唐律的诞生，标志着长期的礼法结合已成定局，儒家礼治的法律化已基本完成。可以说《唐律》是集战国、秦、汉、魏晋南北朝至隋以来封建礼法递遭变化之大成，补充其未周未备，大大丰富了儒家礼法结合的思想，形成了完整的礼主刑辅、礼法结合的思想体系。它明确规定："德礼为政教之本，刑罚为政教之用，犹昏晓阳秋相须而成者也。"而且，"一准乎礼以为出入"还具体贯彻到各项律文之中，使儒家的礼治原则得到了最终的确定。

"一准乎礼"的《唐律》吸收了历代封建王朝的统治经验和重要的法律原则，为封建统治者提供了一部治国安邦的法典，因而成为宋元明清各代法律的蓝本。正如《四库全书提要》所云：

> 《唐律》一准乎礼，得古今之平，故宋世多采用之。元时断狱皆每引为据。明代洪武初命儒臣，同刑官进讲《唐律》，后命刘惟谦等详定《明律》，其篇目一准于唐。

宋明时期，由于生产力和科学技术的发展，对封建统治阶级来说，公开的神学唯心主义已经不够了，需要有一种比较严密的思辨哲学来代替和补充它。宋明理学就是这样一种理论。它把儒学从神学的迷雾中解脱出来，使之哲理化。它吸收佛道两家的一些思想，提出了一些新的命题——理、天理、

〔1〕《晋书·刑法志》。

心、性、人欲等，对儒家学说重新作了一番阐释，使之更加适应封建社会趋向衰落时期的统治者的需要；同时它又弘扬了儒学思想中的精华。这两个相互矛盾的方面，在理学中是并见的。

朱熹是继孔子、孟子、董仲舒之后封建时代儒家思想又一集大成者，是宋明理学一个主要代表人物。

朱熹认为，"理"就是"天理"。它和封建伦理纲常是紧密联系在一起的。"未有君臣，已先有君臣之理"，三纲五常是先天就有的，是永恒的，"纲常万年，磨灭不得"。他主张"存天理，灭人欲"。[1]

在德礼、政刑的关系上，朱熹继承和发展了此前儒家的思想，进一步阐释了政和刑之间，德和礼之间的内部联系和相互关系。

> 愚谓政者，为治之具；刑者，辅治之法。德礼则所以出治之本，而德又礼之本也。此其相为终始，虽不可以偏废，然政刑能使民远罪而已矣。德礼之效，则有以使民日迁善而不自知。故治民者不可徒恃其末，又当深探其本也。[2]

在司法方面，他和儒家主张宽缓的传统颇有不同，提出了"以严为本，而以宽济之"[3]的主张。他认为，严则令行禁止，能够做到禁奸止乱，制止犯罪；宽则纲纪废弛，"奸豪得志"，善良的人民反而遭殃。

朱熹还倡导妇女守节。他十分赞赏程颐的"饿死事极小，失节事极大"的说教，并大力推行之，使许许多多的妇女遭到残酷的迫害。

清代进步思想家戴震尖锐地指出，朱熹鼓吹"以理杀人"，为的是维护尊卑贵贱的等级名分制度。他说："人死于法，犹有怜之者，死于理，其谁怜之？"[4]这在一定程度上揭露了封建统治者借用理学以加强思想镇压的实质。

朱熹的法律思想是中国封建社会后期的正统法律思想。它适应了当时统治阶级维护"三纲五常"、强化封建统治的需要，所以它备受封建统治阶级的

---

〔1〕《朱子语类》卷十三。
〔2〕《朱子语类》卷一〇八。
〔3〕《朱子语类》卷一〇八。
〔4〕见《孟子字义疏证》。

推崇。

理学发展到明代，出现了王阳明的心学。他把理学朝着主观唯心主义方向作了更极端的发展，认为"心即理，心外无物，心外无事，心外无理"〔1〕。"理"就在人的心中。他强调要从人们的心中断绝"恶念"，"破心中贼"。〔2〕显然，王阳明的心学，也是为封建统治者加强思想统治服务的。

到一九一一年，辛亥革命推翻了腐朽的清王朝，打破了封建纲常名教一统天下的局面。在中国历史上绵延两千多年的儒家学说，至此虽未退场，但已丧失了它的独尊地位。

自汉以后，为什么儒家学说对历代封建统治者有那样大的吸引力呢？其根本原因在于儒家学说（包括法律思想、理论）为他们提供了长治久安的理论指导和统治方法。这种理论，既肯定封建制度的合理性，又主张对封建剥削压迫的程度加以限制，以缓和社会矛盾，使封建政权得以长期延续下去。所以，它受到历代封建统治者的推崇。

---

〔1〕 《王文成公全书·传习录》。
〔2〕 见《王文成公全书·论学书》。

第四编

墨家的法律思想与传统文化

第二十一章

墨子与墨家学派

第一节　墨家学派

墨家创始于墨子，为战国时期一大学派。它是中国古代第一个由民众组成的有组织、有领导、有纪律的政治集团。在法家兴起以前，墨家是同儒家相对峙的最大学派，到战国末年，韩非还说："世之显学，儒墨也。"[1]

春秋后期，由于奴隶制迅速解体，小私有者、小手工业者的个体经济有了很大的发展。墨子就出身于这种迅速发展起来的小手工业者阶层，墨家成员大多也生活贫苦。

春秋战国之际，小生产者在政治上也日益活跃起来。他们迫切要求维护和发展自己的小私有经济，并希望出现一个和平安定的社会，让他们过上安居乐业的生活。因此，他们强烈反对贵族统治者对他们的压榨和掠夺，要求保护他们已经获得的私有财产权；反对给他们带来灾难的战争，要求保障他们生存的权利。在这种情况下，他们的代言人——墨家提出了明确的政治法律主张和社会理想，要求建立一个"兼爱"的社会。《汉书·艺文志》云：

> 墨家者流，盖出于清庙之守。茅屋采椽，是以贵俭；养三老五更，是以兼爱；选士大射，是以上贤；宗祀严父，是以右鬼；顺四时而行，是以非命；以孝视天下，是以上同。

由此可知，墨家通晓天人之理，深谙事物之情；他们针对春秋战国社会

---

[1]　《韩非子·显学》。

的现实，欲补弊扶偏，提出了兼爱、尚贤、明鬼、非命、尚同等学说。对墨家的"兼爱"等十项主张，《墨子·鲁问》篇作了扼要的说明。

墨家和儒、道、法诸家相比，具有不同的特点。

第一，墨者有坚定的政治信仰，富于牺牲精神。墨者多出身于底层社会，大量事实表明，他们在理论上和实践中，始终为民众的利益而奋斗，对改变时局具有强烈的要求，对自己的政治主张具有坚定的信念，宁死也不违背墨家的宗旨。否则，就不是真正的墨者。

《淮南子》云："墨子服役者百八十人，皆可使赴火蹈戮，死不旋踵。"〔1〕

陆贾云："墨门多勇士。"〔2〕

《墨经上》解释"责任"的"任"字时，云："任，士损己而益所为也。""损己"是牺牲自己，"益所为"是帮助别人。在这短短的词句中，反映出墨者那种大仁大勇的精神。

墨家规定，做官的墨者必须贯彻墨家的政治主张。如果做不到这一点，根据墨家"道不行则不受其赏，义不听则不处其朝"的原则，就要辞职。如《墨子·耕柱》篇载：

> 子墨子使管黔敖游高石子于卫，卫君致禄甚厚，设之于卿。高石子三朝必尽言，而言无行者，去而之齐，见子墨子曰："卫君以夫子之故，致禄甚厚，设我于卿，石三朝必尽言，而言无行，是以去之也，卫君无乃以石为狂乎？"子墨子曰："去之苟道，受狂何伤？古者周公旦非关叔（即管叔），辞三公，东处于商盖，人皆谓之狂。后世称其德，扬其名，至今不息。且翟闻之，为义非避毁就誉，去之苟道，受狂何伤？"高石子曰："石去之，焉敢不道也？昔者夫子有言曰：'天下无道，仁士不处厚焉。'今卫君无道，而贪其禄爵，则是我为苟陷人长也。"子墨子说（悦），而召禽子曰："姑听此乎！夫倍（背）义而乡（向）禄者，我常闻之矣；倍（背）禄而乡（向）义者，于高石子焉见之也。"

又如，墨子本人宁肯饿着肚子去实现他的主张，却不愿为高官厚禄而出

---

〔1〕《淮南子·泰族训》。
〔2〕《新语·思务》。

卖自己的理想。《墨子·鲁问》篇所记载的他不接受越王五百里封地之事，突出地反映出墨者必须处处贯彻自己的政治主张。

> 子墨子游公尚过于越，公尚过说越王，越王大说（悦），谓公尚过曰："先生苟能使子墨子于越，而教寡人，请裂故吴之地，方五百里，以封子墨子。"公尚过许诺，遂为公尚过束车五十乘，以迎子墨子于鲁，曰："吾以夫子之道说越王，越王大说（悦），谓过曰：'苟能使子墨子至于越，而教寡人，请裂故吴之地方五百里，以封子。'"子墨子谓公尚过曰："子观越王之志何者？意越王将听吾言，用我道，则翟将往。量腹而食，度身而衣，自比于群臣，奚能以封为哉？抑越王不听吾言，不用吾道，而吾往焉，则是我以义粜也，钧（均）之粜，亦于中国耳，何必于越哉？"

第二，墨家有严格的纪律。墨家内部的纪律很严格，凡墨者的政治活动必须遵守墨家的宗旨，如果违背了，就要受到批评或制裁。例如，墨子介绍其弟子胜绰当齐将项子牛的部下，胜绰不能实行墨家的政治主张，却贪恋官位，墨子乃派高孙子去交涉，免去胜绰的官职。《墨子·鲁问》篇记载了这件事。

> 子墨子使胜绰事项子牛，项子牛三侵鲁地，而胜绰三从。子墨子闻之，使高孙子请而退之曰："我使绰也，将以济骄而正嬖也。今绰也禄厚而谲夫子，夫子三侵鲁而绰三从，是鼓鞭于马靳也。翟闻之：'言义而弗行，是犯明也。'绰非弗之知也，禄胜义也。"

据说墨家成员做官时所得薪俸，要交一部分给墨家团体，作为集体的经费。如墨者耕柱子在楚国任官时，有一次就送给墨子十金，他对墨子说："后生不敢死（客气语），有十金于此，愿夫子之用也。"

第三，墨者"以自苦为极"，过着很艰苦的生活。他们以能与人民同甘共苦的夏禹为楷模，吃苦耐劳，穿着短衣草鞋，在各国间奔波，扶弱抗强，制止侵略战争。庄子云："昔禹之湮洪水，决江河而通四夷九州也，名山三百，支川三千，小者无数。禹亲自操橐耜而九杂天下之川，腓无胈，胫无毛，沐甚雨，栉疾风，置万国。禹大圣也而形劳天下也如此。"使后世之墨者，多以裘褐为衣，以跂蹻为服，日夜不休，以自苦为极，曰："不能如此，非禹之道也，不足谓墨。"[1]

《吕氏春秋》云："翟度身而衣，量腹为食，比如宾萌，未敢求仕。"[2]这种"以自苦为极"的精神，墨子确实体现在其实践中，据说他劝阻楚国攻宋时，"裂裳裹足"，日夜不休，走了十天十夜。儒家却批评那是贱人之所为，乃"役夫之道"。[3]

第四，墨家有自己的法律，即"墨者之法，杀人者死，伤人者刑"。[4]墨家是继孔子之后私人授徒讲学的最大团体。《吕氏春秋》云："孔墨之后学，显荣于天下者众矣，不可胜数。"[5]

孔墨虽然都以显学称，但孔门弟子多有可考，而墨子后学留下姓名者不多。孙诒让在《墨学传授考》中说：

> ……荆吴起之乱，墨者钜子孟胜，以死为阳城君守，弟子死者百八十五人，则不韦所述，信不诬也。犷秦隐儒，墨学亦微。至西汉，儒复兴，而墨竟绝。墨子既蒙世大诟，而徒属名籍，亦莫能记述。惟本书（指墨子）及先秦诸子，略纪其一二。今匀集之，凡得墨子弟子十五人（附存三人），再传弟子三人，三传弟子一人，治墨术而不详其传授系次者十三人，杂家四人，大都不逾三十余人。传记所载，尽于此矣。彼勤生薄死，以赴天下之急，而姓名渐灭，与草木同尽者，殆不知凡几，呜呼悕已！

墨者都以他们的领袖钜子为圣人，竭诚拥戴，服从他的命令，听从他的指挥。《庄子·天下》篇云："以钜子为圣人，皆愿为之尸，冀得为其后世。"

至于钜子的继承，既不是世袭，也不是由墨者选举，而是由前任钜子传给一个众望所归的墨者。第一任钜子，一般认为是墨子。以后的钜子，可考者有腹䵍、孟胜、田襄子三人。据《吕氏春秋·上德》篇载：

---

〔1〕《庄子·天下》。
〔2〕《吕氏春秋·高义》。
〔3〕《荀子·王霸》。
〔4〕《吕氏春秋·去私》。
〔5〕《吕氏春秋·当染》。

墨者钜子孟胜，善荆之阳城君，阳城君令守于国，毁璜以为符，约曰："符合听之。"荆王薨，群臣攻吴起，兵于丧所，阳城君与焉，荆罪之。阳城君走，荆收其国。孟胜曰："受人之国，与之有符，今不见符，而力不能禁，不能死，不可。"其弟子徐弱谏孟胜曰："死而有益阳城君，死之可矣。无益也，而绝墨者于世，不可。"孟胜曰："不然。吾于阳城君也，非师则友也，非友则臣也。不死，至今以来，求严师必不于墨者矣，求贤友必不于墨者矣，求良臣必不于墨者矣。死之所以行墨者之义而继其业者也。我将属钜子于宋之田襄子。田襄子贤者也，何患墨者之绝世也？"徐弱曰："若夫子之言，弱请先死以除路。"还殁，头前于孟胜。因使二人传钜子于田襄子。孟胜死，弟子死之者百八十。三（二）人以致令于田襄子，欲反死孟胜于荆，田襄子止之曰："孟子已传钜子于我矣，当听。"遂反死之。墨者以为不听钜子不察。

从这段记载中，我们不但看到墨者宁死也不违背墨家宗旨的勇敢牺牲精神，而且了解到钜子是怎样继承的。新的钜子一经指定，便负责地执行领袖的职务。

第二节　墨子与墨家著作

墨子，姓墨名翟，鲁国人，生卒年月不详。但据孙诒让《墨子闲诂》考证，他约生于公元前四六八年（周定王元年），卒于公元前三七六年（周安王二十六年），比孔子稍后，而早于孟子，大约与孔子的再传弟子同时。

司马迁没有为墨子立传，仅在《史记·孟子荀卿列传》中写了寥寥二十四个字："盖墨翟宋之大夫，善守御，为节用。或曰并孔子时，或曰在其后。"

墨子在当时被称为"贱人"，当过木匠，其技术与当时的巧匠公输般（鲁班）齐名。据说他用木制成鸟，能飞三天不落下来。（见《淮南子·齐俗训》）他更善于制造守城的器械，当年他劝阻楚国攻宋，曾同公输般在楚王面前比试过，结果公输般输了。《墨子·公输》篇记载了这件事。

公输般为楚造云梯之械成，将以攻宋，子墨子闻之，起于齐，裂裳裹足，日夜不休，行十日十夜而至于郢，见公输般。公输般曰："夫子何命焉为？"子墨子曰："北方有侮臣，愿借子杀之。"公输般不说。子墨子曰："请献十金。"公输般曰："吾封固不杀人。"子墨子起，再拜曰："请说之，吾从北方闻子为梯，将以攻宋，宋何罪之有？荆国有余于地，而不足于民，杀所不足，而争所有余，不可谓智。宋无罪而攻之，不可谓仁。知而不争，不可谓忠。争而不得，不可谓强。义不杀少而杀众，不可谓知类。"公输般服……

于是见公输般，子墨子解带为城，以牒为械，公输般九设攻城之机变，子墨子九距（拒）之，公输般之攻械尽，子墨子之守围有余，公输般诎。而曰："吾知所以距子矣，吾不言。"

子墨子亦曰："吾知子之所以距我，吾不言。"楚王问其故，子墨子曰："公输子之意，不过欲杀臣，杀臣，宋莫能守，可攻也。然臣之弟子禽滑厘等三百人，已持臣守围之器，在宋城上，而待楚寇矣，虽杀臣，不能绝也。"楚王曰："善哉！吾请无攻宋矣。"

墨子本人后来上升为士，成为一个博通经典的人。他自称"上无君上之事，下无耕农之难"，喜欢读书，学习书中精微要义，懂得是非曲直。据《墨子·贵义》篇记载：

子墨子南游使卫，关（局，车里面可以放东西的木栏）中载书甚多，弦唐子见而怪之，曰："吾夫子教公尚过曰：'揣曲直而已。'今夫子载书甚多，何有也？"子墨子曰："昔者周公旦朝读书百篇，夕见七十士，故周公旦佐相天子，其修（久的意思）至于今。翟上无君上之事，下无耕农之难，吾安敢废此。翟闻之：'同归之物，信有误者。'然而民听不钧，是以书多也。今若过之心者，数逆于精微，同归之物，既已知其要矣，是以不教以书也，而子何怪焉？"

墨子早年学儒者之业，但他并没有成为儒者，反而成为儒家的反对派。《淮南子》云："墨子学儒者之业，受孔子之术，以为其礼烦扰而不悦，厚葬靡财而贫民，（久）服伤生而害事，故背周道而用夏政。"[1]

---

[1] 《淮南子·要略训》。

墨子生于儒学盛行的鲁国，"学儒者之业"，是很自然的事情。但他过的是贫苦生活，从小生产者的立场出发，对儒家维护贵族利益，搞"繁文缛节，礼让周旋"十分不满。他深感儒家学说十分空泛，不切实用，不但不能救世，而且足以丧失天下。

> 子墨子谓程子曰："儒之道足以丧天下者，四政焉。儒以天为不明，以鬼为不神，天鬼不说，此足以丧天下。又厚葬久丧，重为棺椁，多为衣衾，送死若徒，三年哭泣，扶后起，杖后行，耳无闻，目无见，此足以丧天下。又弦歌鼓舞，习为声乐，此足以丧天下。又以命为有贫富寿夭，治乱安危有极矣，不可损益也。为上者行之，必不听治矣；为下者行之，必不从事矣，此足以丧天下。"程子曰："甚矣！先生之毁儒也。"子墨子曰："儒固无此若四政者，而我言之，则是毁也！今儒固有此四政者，而我言之，则非毁也，告闻也。"[1]

由此可见，墨子和儒家在一系列重大问题上存在着根本分歧，所以他从儒家学派中分化出来，另创墨家学派。

《汉书·艺文志》说，墨家的著作《墨子》有七十一篇，现存五十三篇。墨子是一部反映墨家学派思想的总集，尽管它不是墨子自撰，也不是同一个作者写的，但反映了墨子的主要思想。正如郭沫若在《青铜时代》中所说："《论语》虽然不是孔子的手笔，《墨子》虽然不是墨子的手笔，但其中的主要思想我们不能说不是孔子和墨子的东西。"

在《墨子》中，尚贤、尚同、兼爱、非攻、节用、节葬、天志、明鬼、非乐、非命都有大同小异的上、中、下篇（间有缺者，目录尚存），许多研究者认为，这是墨子死后墨家分为三派以后各派自述其师承的现象。墨家的三派，战国末年的韩非早有说明："自墨子之死也，有相里氏之墨，有相夫氏之墨，有邓陵氏之墨……墨离为三。"[2]

梁启超在《先秦政治思想史》中分析《尚贤》等分为上、中、下三篇的情况时指出，这些是墨学的大纲目，《墨子》书的中坚，篇中有子墨子字样，

---

[1]《墨子·公孟》。
[2]《韩非子·显学》。

可以证明是门弟子所记，非墨子自著。每题各有三篇，文义大同小异，盖墨家分为三派，各记所闻。梁氏的论断是正确的，确实《尚贤》等十篇是《墨子》书的中坚，代表了墨子和墨家学派的主要思想。

多数研究者认为，《墨子》中的《经上》《经下》《经说上》《经说下》《大取》《小取》六篇，是后期墨家的作品。它们继承了前期墨家的思想，但抛弃了前期墨家"尊天""明鬼"等宗教唯心主义杂质。《墨子》中的《耕柱》《贵义》《公孟》《鲁问》《公输》五篇，则记述了墨子和他的弟子的言行。另外，从《备城门》到《杂守》等十一篇，记述了战争防御和制造器械的方法。

关于墨子和墨家的主要思想，《鲁问》篇中叙述得较清楚。墨子曰："凡入国必择务而从事焉，国家昏乱，则语之尚贤尚同；国家贫，则语之节用节葬；国家憙音湛湎，则语之非乐非命；国家淫僻无礼，则语之尊天事鬼；国家务夺侵凌，则语之兼爱非攻；故曰择务而从事焉。"

这些是墨家学说的纲领，它的核心是兼爱或曰"兼相爱，交相利"，其法律思想亦如此。当然，我们研究、论述墨家的思想，应以墨子为其宗祖。

第二十二章

墨家以兼爱为核心的法律观与功利价值论

第一节 "不相爱"是天下祸乱的根源

墨家认为，古代的圣王都是实行兼爱的，当时的人无论高低贵贱都相亲相爱。墨子举夏禹、周文王、周武王时代为例云：

> 古者禹治天下，西为西河渔窦，以泄渠孙皇之水，北为防原泒，注后之邸，幠池之窦，洒为底柱，凿为龙门，以利燕代胡貉与西河之民；东方漏大陆，防孟诸之泽，洒为九浍，以楗东土之水，以利冀州之民；南为江汉淮汝，东流之，注五湖之处，以利荆楚干越与南夷之民……昔者文王之治西土，若日若月，乍光于四方于西土，不为大国侮小国，不为众庶侮鳏寡，不为暴势夺穑人黍稷狗彘，天屑临文王慈，是以老而无子者，有所得终其寿，连（矜）独无兄弟者，有所杂于生人之间，少失其父母者，有所放依而长……昔者武王将事泰山隧，传曰："泰山，有道曾孙周王有事，大事既获，仁人尚作，以祗商夏，蛮夷丑貉，虽有周亲，不若仁人，万方有罪，维予一人。"[1]

照墨家看来，人们应当倡导夏禹、周文王、周武王的这种兼爱精神。兼爱是圣王之常法，天下之治道，不可不努力去做。

可是到了近世，情况却大不相同，人们互相残害，天下大乱。《墨子》云：

> 今若国之与国之相攻，家之与家之相篡，人之与人之相贼，君臣不惠忠，父子不慈孝，兄弟不和调，此则天下之害也。[2]

---

〔1〕《墨子·兼爱中》。
〔2〕《墨子·兼爱中》。

墨家认为，圣人以治理天下为事，应当知道天下大乱的根源，才能治理得好，正如同医生给人治病一样，一定要知道疾病的根源，才能医治。究竟天下"祸篡怨恨"的根源是什么？墨家认为，它就是人们"不相爱"。

> 当察乱何自起？起不相爱。臣子之不孝君父，所谓乱也。子自爱，不爱父，故亏父而自利；弟自爱，不爱兄，故亏兄而自利；臣自爱，不爱君，故亏君而自利，此所谓乱也。虽父之不慈子，兄之不慈弟，君之不慈臣，此亦天下之所谓乱也。父自爱也，不爱子，故亏子而自利；兄自爱也，不爱弟，故亏弟而自利；君自爱也，不爱臣，故亏臣而自利，是何也？皆起不相爱。虽至天下之为盗贼者亦然，盗爱其室，不爱其异室，故窃异室以利其室；贼爱其身，不爱人，故贼人以利其身，此何也？皆起不相爱。虽至大夫之相乱家，诸侯之相攻国者亦然。大夫各爱其家，不爱异家，故乱异家以利其家，诸侯各爱其国，不爱异国，故攻异国以利其国，天下之乱物，具此而已！察此何自起，皆起不相爱。[1]

照墨家看来，社会上一切斗争，一切互相残杀的事情，都是从"不相爱"产生出来的。这样，人与人之间互相侵凌、暴夺，生命、财产、荣誉、幸福都有被破坏的危险，必须设法避免。

第二节　以兼爱为核心的法律观

墨家学说的核心是兼爱。他们的尚贤、尚同、非攻、节用、节葬、天志、明鬼、非乐、非命等主张，都是围绕着兼爱这一中心思想而展开讨论的。墨家的法律观也是以兼爱为核心的。

墨家认为，既然一切篡夺攻伐、残害都是由于人们"不相爱"而产生的，那么，用什么方法来改变这种状况呢？他们主张以"兼相爱，交相利"的方法去代替它。《墨子》云：

> 是以仁者非之，既以非之，何以易之？子墨子言曰："以兼相爱，交

---

[1]《墨子·兼爱上》。

相利之法易之。"然则兼相爱，交相利之法，将奈何哉？子墨子言："视人之国，若视其国；视人之家，若视其家；视人之身，若视其身。是故诸侯相爱，则不野战；家主相爱，则不相篡；人与人相爱，则不相贼；君臣相爱，则惠忠；父子相爱，则慈孝；兄弟相爱，则和调；天下之人皆相爱，则强不执弱，众不劫寡，富不侮贫，贵不傲贱，诈不欺愚，凡天下祸篡怨恨，可使毋起者，以相爱生也，是以仁者誉之。"〔1〕

一句话，墨家强调人的平等性，人与人之间的关系应当是"兼相爱，交相利"的平等的关系。只要大家做到"兼相爱，交相利"，就能使国家富强，人民众多，刑政治平，社稷安宁。

墨家提出兼爱的命题，也是针对儒家的。孔子和儒家热衷于讲"仁"，孔子提出的以仁为核心、以复礼为目的的儒家学说，强调仁者"爱人"〔2〕。墨家认为孔子的爱人不是兼爱，因而不能算作仁；只有他们主张的兼爱才是真正的仁，即所谓"兼即仁矣，义矣"〔3〕。

第一，墨家所主张的兼爱或仁有其特定的含义，和孔子的仁者"爱人"有明显的区别。墨家的兼爱具有普遍的意义。他们主张爱一切人，爱人不分厚薄，人我都一样，只有普遍爱了所有的人，然后才可以称为爱人。《墨子》云：

> 爱人不外己，己在所爱之中，己在所爱，爱加于己。
> 臧之爱己，非为爱己之人也，厚人不外己，爱无厚薄。〔4〕
> 爱人，待周爱人，而后为爱人。不爱人，不待周不爱人，不失周爱，因为不爱人矣。〔5〕

儒家则相反，爱人要分厚薄，不能一视同仁。他们主张"亲亲而仁民，仁民而爱物"，而"仁民"的实质在于民能供养君子，这当然谈不上普遍地爱人。

---

〔1〕《墨子·兼爱中》。
〔2〕见《论语·颜渊》。
〔3〕《墨子·兼爱下》。
〔4〕《墨子·大取》。
〔5〕《墨子·小取》。

第二，墨家的爱人具有平等的意义。他们要求爱别人如同爱自己一样，爱别人的父母如同爱自己的父母一样，不分亲疏远近，一视同仁地爱，即所谓"爱无差等"。

> 子墨子曰："姑尝本原之孝子之为亲度者，吾不识孝子之为亲度者，亦欲人爱利其亲与？意欲人之恶贼其亲与？以说观之，即欲人之爱利其亲也。然即吾恶先从事即得此？若我先从事乎爱利人之亲，然后人报我以爱利吾亲乎？意我先从事乎恶贼人之亲，然后人报我以爱利吾亲乎？即必吾先从事乎爱利人之亲，然后人报我以爱利吾亲也。然即之交孝子者，果不得已乎？毋先从事爱利人之亲者与？意以天下之孝子为遇，而不足以为正乎？姑尝本原之先王之所书，大雅之所道，曰：'无言而不雠，无德而不报，投我以桃，报之以李。'即此言爱人者必见爱也，而恶人者必见恶也。"[1]

儒家则不同，他们虽然主张仁者"爱人"，但是他爱他的父母要比爱他的同族的别人多，爱他的同族要比爱同族以外的别人多。可见儒家所谓"爱人"，仍然以"亲亲"为基础，即所谓"爱有差等"。

"爱有差等"和"爱无差等"，是儒家和墨家之间斗争的一个主要问题。《墨子·耕柱》篇记载了一个叫巫马子的儒者和墨子关于这个问题的一次辩论。巫马子对墨子说："我跟你不同，我不能兼爱。我爱邹国人胜过越国人，爱鲁国人胜过邹国人，爱我同乡的人又胜过鲁国人，爱我家里的人又胜过同乡的人，爱我的父母又胜过家里的人，爱我自己又胜过父母，跟我越近的，我越爱得多。我要是挨打，我就感觉痛苦；别的人要是挨打，我不感觉痛苦。我为什么不去掉我感觉到的痛苦，而去掉我所感觉不到的痛苦。所以只可以为我的利益而杀别人，不可以为别人的利益而杀我。"墨子说："你是要把这个原则藏在心里呢？还是要告诉别人？"巫马子说："我为什么要把它藏在心里呢？我将要告诉别人。"墨子说："这样，如果一个人喜欢你这个原则而照着去实行，这一个人就会为他自己的利益而想把你杀死；如果十个人喜欢你这个原则而照着去实行，这十个人就会为着他们自己的利益而想把你杀死；

---

[1]《墨子·兼爱下》。

如果天下人都喜欢你这个原则而照着去实行，天下人都会为着他们自己的利益而想把你杀死。反过来说，如果一个人不喜欢你这个原则，这个人就认为你散布流言蜚语而想把你杀死；如果十个人不喜欢你这个原则，这十个人就认为你散布流言蜚语而想把你杀死；如果天下人都不喜欢你这个原则，他们就认为你散布流言蜚语而想把你杀死。这样，喜欢你的原则的人想杀你，不喜欢你的原则的人也想杀你。你随便说了一句话，这句话就使你经常有杀身之祸。”

第三，墨家的兼爱超越了空间和时间的限制。他们不仅把广大地区和狭小地区看成一样，全心全意地爱那里的人们，而且爱过去时代、将来时代的人和当今时代的人一样，完全没有区别。《墨子》云：

> 凡学爱人，爱众世与爱寡世相若，兼爱之有相若，爱尚（上）世与爱后世，一若今之世人也。[1]

特别值得注意的是，墨家认为“兼相爱”应以“交相利”为基础，而“兴天下之利，除天下之害”必须成为国家立法的原则。

第三节　功利价值论

一般地说，儒家重义轻利，认为求利是小人的事。孔子云：“君子喻于义，小人喻于利。”[2]孟子也反对人们“孳孳求利”。[3]墨家则相反，他们以利为基本价值，以人民之大利即公利为唯一的价值标准。因此，他们坚决反对儒家的重义轻利说。墨子云：“义，利也。”[4]

义就是利。“兼相爱”必须表现为“交相利”，“爱人”就是“利人”。前面所引的“无言而不雠，无德而不报，投我以桃，报之以李”，正说明墨家主张人与人之间的关系，应该是一种报偿的关系，“兼相爱”要以“交相利”为基础。爱和利是互相结合的，如“忠”是利君；“孝”是利亲，以利亲为

---

〔1〕《墨子·大取》。
〔2〕《论语·里仁》。
〔3〕见《孟子·尽心上》。
〔4〕《墨子·经上》。

职分，而能善利其亲；"功"是有利于人民。所以利君、利亲、利人民，就是爱君、爱亲、爱人民。

所谓利，即利益、功利。但墨家特别强调公利、众利、百姓之利、国家之利。他们认为，仁人志士应以利天下为自己分内之事，为天下兴利除害，而不问是否于己有利，"摩顶放踵利天下，为之"，"杀己以利天下"，亦为之。

> 子墨子言曰："今天下之所誉者，其说将何？为其上中天之利，而中中鬼之利，而下中人之利，故誉之与？……是故古之知（智）者之为天下度也，必顺虑其义，而后为之行。是以动则不疑，速通成得其所欲，而顺天鬼百姓之利，则知者之道也。[1]
>
> 古者上帝鬼神之建设国都，立正长也，非高其爵，厚其禄，富贵游佚而错（措）之也，将以为万民兴利除害，富贵贫寡，安危治乱也。[2]
> 发为刑政，观其中百姓人民之利。[3]

因此，凡属有利于人民的事情就应当努力去做，有害于人民的事情就应当严厉禁止。人们的一切言行，应当以求得"国家百姓之利"为目的；国家治理的实际效果，应当以是否符合人民的利益来衡量。所以墨家反复强调要为国家和人民兴利除害。《墨子》云：

> 必务求兴天下之利，除天下之害，将以为法乎天下。利人乎即为，不利人乎即止。[4]

显然，墨家这种要求国家和法律由维护少数贵族的利益转而为维护大多数民众利益的主张，在当时的历史条件下，具有巨大的进步意义。

---

[1]《墨子·非攻下》。
[2]《墨子·尚同中》。
[3]《墨子·非命上》。
[4]《墨子·非乐上》。

第四节　建立兼爱的理想社会

墨家"兼相爱，交相利"的主张，集中反映了小生产者希望能彼此互助互利的美好愿望，大家"有力者疾以助人，有财者勉以分人，有道者劝以教人"[1]，建立起"兼爱"的理想社会。在这种社会里，"兼相爱，交相利"的主张得以实行，从而将出现刑政治、万民和、国家富、财用足的繁荣昌盛局面。在这种社会里，饥者得食，寒者得衣，病者得医，死者得葬，老有所养，幼有所长。墨子描述了这种理想的社会。

> 子墨子曰："天之意……欲人之有力相营，有道相教，有财相分也；又欲上之强（勤，下同）听治也，下之强从事也。上强听治，则国家治矣；下强从事，则财用足矣。若国家治，财用足，则内有以洁为酒醴粢盛，以祭祀天鬼；外有以为环璧珠玉，以聘挠（交）四邻。诸侯之冤（怨）不兴矣，边境甲兵不作矣。内有以食饥息劳，持养其万民，则君臣上下惠忠，父子兄弟慈孝。"故惟毋明乎顺天之意，奉而光施之天下，则刑政治，万民和，国家富，财用足，百姓皆得暖衣饱食，便宁无忧。[2]

> 藉为人之国若为其国，夫谁独举其国，以攻人之国者哉？为彼者犹为己也。为人之都若为其都，夫谁独举其都，以伐人之都者哉？为彼者犹为己也。为人之家，若为其家，夫谁独举其家，以乱人之家哉？为彼犹为己也……以兼为正，是以聪耳明目，相与视听乎。是以股肱毕强，相为动宰乎。而有道肆相教诲。是以老而无妻子者，有所侍养以终其寿；幼弱孤童之无父母者，有所放依以长其身。今惟毋以兼为正，即若其利也。[3]

当然，这仅仅是墨家所憧憬的一种美好愿望罢了，在中国古代，是不可能出现这样兼爱的理想社会的。

---

〔1〕《墨子·尚贤下》。
〔2〕《墨子·天志中》。
〔3〕《墨子·兼爱下》。

当时，有人怀疑"兼相爱，交相利"是否能够实行，"兼爱"社会能否实现，墨家则作了肯定的回答。墨家认为："夫爱人者，人必从而爱之；利人者，人必从而利之；恶人者，人必从而恶之；害人者，人必从而害之。"[1] 既然"兼相爱，交相利"的主张有利于他人又有利于自己，合乎人的本性，那么只要有决心，是容易实行的，会像火一样地向上，水一样地向下，是防堵不住的。

但墨家认为，实现"兼相爱，交相利"的关键在于在上位的人，只要他们喜欢这样做就能做到，过去有比这更难办到的事情都办到了。墨子举例云，从前楚灵王喜欢细腰，于是楚国的人士每天吃饭不超过一顿，用力扶稳，才站得起来，扶着墙才能向前走。我们知道节食是一件很难的事，然而由于楚灵王喜欢，所以没有多久，民风已为之转变，这无非是迎合上面的意思罢了。[2] 从前越王勾践喜欢勇敢，训练他的将士三年，还不知道效果如何，于是故意放火烧船，下令击鼓前进，他的将士拼命向前，死在水火里的不计其数。他们这样做，无非是迎合上面的意思罢了。[3] 从前晋文公喜欢穿粗布衣服，当他在位的时候，晋国的人士都穿粗布衣和母羊皮的裘，戴厚绸做的帽子，穿粗笨的鞋，进可以见文公，出来也可以上朝。他们这样做，也无非是迎合上面的意思罢了。[4]

由此，墨家得出的结论是：

> 今若夫兼相爱，交相利，且易为也，不可胜计也，我以为则无有上说之者而已矣。苟有上说之者，劝之以赏誉，威之以刑罚，我以为人之于就兼相爱交相利也，譬之犹火之就上，水之就下也，不可防止于天下。[5]

墨家的这种"兼爱"主张，曾受到荀子的批评。荀子说"墨子有见于齐，无见于畸"[6]，即墨子仅见到人类平等的一面，而忘却还有差等的一面。这

---

[1] 《墨子·兼爱中》。
[2] 见《墨子·兼爱下》。
[3] 见《墨子·兼爱下》。
[4] 见《墨子·兼爱下》。
[5] 《墨子·兼爱下》。
[6] 《荀子·非十二子》。

个批评是合乎历史实际状况的。

第五节　兼爱论在传统文化中的地位

如前所述，兼爱论是墨家学说的核心。许多事实表明，墨家在理论上和实践中都比较真实地反映了小生产者互助、互爱、互利的要求，扩大到不分任何阶层的"天下之人皆相爱"，从而形成"兼相爱，交相利"的兼爱论。在中国古代社会，尽管这种理论和主张不可能实现，但它却很有价值，对我国传统文化产生了巨大的影响。

这种理论和主张最有价值的地方在于，提出了人的平等性。墨家提倡"兼以易别"。〔1〕所谓"兼"，指平等；"别"，指差别和等级。他们提倡"兼"是为了取代"别"。同时，我们从墨家的兼爱论中还可看出财产平均的思想，如说："有力者疾以助人，有财者勉以分人……则饥者得食，寒者得衣，乱者得治。"〔2〕

墨家这种政治平等、经济平均的思想和主张，对历代农民起义产生了深刻影响。

秦末农民起义领袖陈胜、吴广在起义中响亮地提出了"王侯将相宁有种乎"〔3〕的口号，就寓有政治平等之意，那些帝王将相难道是天生的贵种吗？这个口号有力地批判了封建统治者所宣扬的"尊卑有序，贵贱有别"、不得"犯上作乱"的说教。

东汉末年，农民起义此伏彼起，猛烈冲击着封建政权。当时流行在农民中的太平经，就以宗教的形式反映了农民的一些要求。如"智者当保养愚者"，"力强者当养力弱者"，"后生者当养老者"，显然，这是农民的互助思想。他们还坚决反对封建统治者聚敛财富，"积财亿万，不肯救穷施急，其罪不除"，并主张救贫济穷，自食其力。黄巾农民起义军领袖张角利用了这些思想，组织太平道，借治病传教之名进行起义的准备工作，经过十几年努力，发动几十万贫苦农民，一齐向地主豪强、官府衙门冲杀过去，"旬日之间，天

---

〔1〕　见《墨子·兼爱下》。

〔2〕　《墨子·尚贤下》。

〔3〕　见《史记·陈涉世家》。

下响应,京师震动"。[1]与此同时,张鲁在汉中发动了"五斗米道"农民起义,其基本主张"大都与黄巾相似"。[2]

唐末王仙芝起义,自称"天补平均大将军"。宋朝的王小波在起义时号召群众说:"吾疾贫富不平,今为汝均之。"这种"平均"的思想主张,是农民平等思想的重大发展,对以后的农民起义有深刻影响。

宋朝的钟相、杨幺起义是继王小波、方腊之后又一次大的农民起义。他们提出"法分贵贱贫富,非善法也","我行法,当等贵贱,均贫富"。[3]这不仅是农民军的政治纲领,而且也体现了起义农民的法律思想。他们持此说以动员人民,"故环数百里间,小民无知者翕然从之"[4],一时间就控制了十九个县,得到了广大民众的同情和拥护。

明朝末年,先后爆发了由王二、高迎祥、李自成、张献忠领导的农民起义。其中影响最大的是李自成领导的农民起义。李自成明确指出,当今社会的极不平等现象,是地主压榨农民造成的:"王侯贵人,剥削穷民,视其冻馁,吾故杀之,以为若曹。"[5]同时他还提出"均田""免赋"的口号,其中"免赋"的具体措施是"不当差、不纳粮"[6]、"不输租"[7],三年免赋。这些突出地表现了中国农民反封建的平等要求,反映了他们要求解放的迫切愿望。

清朝道光年间,太平天国农民武装起义在《天朝田亩制度》里明确而具体地提出了经济上的平等主张。

> 凡天下田,天下人同耕,此处不足,则迁彼处,彼处不足,则迁此处。凡天下田,丰荒相通,此处荒则移彼丰处,以赈此荒处,彼处荒则移此丰处,以赈彼荒处。务使天下共享天父上主皇上帝大福,有田同耕,有饭同食,有衣同穿,有钱同使,无处不均匀,无人不饱暖也。

---

〔1〕见《后汉书·皇甫嵩传》。
〔2〕见《三国志·张鲁传》。
〔3〕《建炎以来系年要录》卷二十一。
〔4〕《三朝北盟会编》卷七十三。
〔5〕《绥寇纪略》卷八。
〔6〕见《怀陵流寇始终录》卷十六。
〔7〕见《明史·蔡懋德传》。

　　显然，《天朝田亩制度》总结和提高了中国历代农民提出的"均平""均田""免赋"的思想，是中国历史上第一次提出消灭封建土地制度的土地纲领。它的规定在当时具有很大的号召力量，集中地反映了农民强烈要求土地和平等的迫切愿望。毫无疑问，在反对旧专制制度的斗争中，平等思想是最革命的思想。

　　此外，墨家的政治平等、经济平均的思想和主张，对历代进步思想家、政治家也有一定的影响。例如，李贽"庶人非下，侯王非高"〔1〕的平等思想，以及龚自珍的均贫富、去悬殊、劳心者和劳力者有相互更替的权利的思想〔2〕等，显然也受到墨家思想的影响。

　　总而言之，墨家以及历代农民起义领袖、进步思想家和政治家的政治平等、经济平均的思想主张，是中国传统文化的重要组成部分，值得我们研究、总结。

---

〔1〕　见《李氏丛书·老子解下》。

〔2〕　见《龚自珍全集·平均篇》。

第二十三章
墨家的法律起源论

第一节　尚同的法律起源论

在诸国林立、政局混乱的战国时代，小生产者的生存无保障，财产被掠夺，而承担的徭役又极繁重，生产常常荒废。他们渴望有一个和平稳定、政令统一的社会，使其能免于"饥者不得食，寒者不得衣，劳者不得息"的悲惨遭遇。墨家代表这个阶层的利益，明确指出：社会动乱的重要原因就在于没有统一的国家，没有统一的法律，没有统一的是非标准，没有统一的思想，没有贤明的政长。因此，他们提出"尚同"的主张，要求各级政长直到天子都必须"一同天下之义"，用"兼相爱，交相利"的原则来统一思想。

墨家设想古代有过没有国家和法律的时代，那时，人们不能"兼相爱，交相利"，互相怨恨仇杀，天下混乱。《墨子》云：

> 方今之时，复古之民始生，未有正（即政，下同）长之时，盖其语曰："天下之人异义，是以一人一义，十人十义，百人百义，其人数兹（即滋，下同）众，其所谓义者亦兹众。是以人是其义，而非人之义，故交相非也。内之兄弟父子作怨雠，皆有离散之心，不能相和合，至于舍余力不以相劳，隐匿良道，不以相教，腐朽余财，不以相分，天下之乱也，至于禽兽然，无君臣上下长幼之节，父子兄弟之礼，是以天下乱也。"[1]
>
> 古者天之始生民，未有正长也，百姓为人。苟若百姓为人，是以一人一义，十人十义，百人百义，千人千义，逮至人之众，不可胜计也，则其所谓义者，亦不可胜计。此皆是甚义，而非人之义，是以厚者有斗，

---

〔1〕《墨子·尚同中》。

而薄者有争，是故天之欲同一天下之义也。[1]

这主要是说，由于人各私身，利于己者谓之"义"，各私其家，利于其家者谓之"义"，人人意见不一，都认为自己的是非标准对，而别人的不对，这样，必然要发生争执甚至斗殴。照墨家看来，当时人们没有统一的思想，都不懂得"兼爱"的道理，以致在家庭里面常常因为父子兄弟各人的看法不同而互相怨恨，天下百姓都以水火毒药这些东西来损害别人，"天下之乱，若禽兽然"。

在这样混乱的情况下，墨家希望有一个强有力的政府，树立一个是非标准。他们提出：推选出天下最贤能的人立为天子，有了天子，然后从上而下地逐级选出统治者。

> 夫明乎天下之所以乱者，生于无正长，是故选天下之贤可者，立以为天子。天子立，以其力为未足，又选择天下之贤可者，置立之以为三公；天子三公既以立，以为天下博大，远国异土之民，是非利害之辩，不可一二而明知，故画分万国，立诸侯国君；诸侯国君既已立，以其力为未足，又选择其国之贤可者，置立之以为正长。[2]

> 是故天之欲同一天下之义也，是故选择贤者，立为天子；天子以其知（智，下同）力为未足独治天下，是以选择其次，立为三公；三公以其知力为未足独左右天子也，是以分国建诸侯；诸侯又以其知力为未足独治其四境之内也，是以选择其次，立为卿之宰；卿之宰又以其知力为未足独左右其君也，是以选择其次，立而为乡长家君。是故古者天子之立三公、诸侯、卿之宰、乡长家君，非特富贵游佚而择之也，将使助治刑政也。故古者建国设都，乃立后王君公，奉以卿士师长，此非欲用说也，唯辩而使助治天明也。[3]

由此可知，墨家主张由天选出天子为政长，天子的设立，是为了"一同天下之义"，三公是辅助天子的，诸侯是为了管理的便利，分成区域，负责

---

[1]《墨子·尚同下》。
[2]《墨子·尚同上》。
[3]《墨子·尚同下》。

"一同天下之义"。依此类推，卿大夫和乡里之长，是负责其所管辖地区"一同其义"的工作的。墨家认为，古代圣王治理天下就是这样做的，他所选择作为左右辅佐的都是贤人，都很了不起，而在外围的人帮助他看和听的也很多，因此替人谋事，提前想到，给人办事，提前完成，美闻令誉，提前传播，所以古时候有这么一句话："一目之视也，不若二目之视也。一耳之听也，不若二耳之听也。一手之操也，不若二手之强也。"〔1〕这些都说明治理天下，必须选出贤人作为辅佐。

诚然，墨家的由天选择"贤可者"为天子的说法是不可取的，但他们又是有所本的，那可能是来自尧舜的传说。据《庄子·徐无鬼》篇载：

> 舜有膻（善）行，百姓悦之，故三徙成都，至邓之虚（墟）而十有（又）万家。尧闻舜之贤，举之童土之地，曰："冀得其来之泽。"

既然已经选出了天子和各级政长，于是天子就从事于"一同天下之义"的工作，向天下民众发布命令，使大家依照天子的意见去做。天子有过错，就去谏止他。凡是听到或看到好的事，一定要向上面报告；听到或看到不好的事，也一定要向上面报告。人们做了好事，就应该称赞他；干了坏事，就必须纠正他。民众不得存有私心，为非作恶，否则，天子便要执行他的刑罚。《墨子》云：

> 天子诸侯之君，民之正长，既已定矣。天子为发政施教曰："凡闻见善者，必以告其上，闻见不善者，亦必以告其上。上之所是，亦必是之，上之所非，亦必非之。民有善，傍（访，下同）荐之；上有过，规谏之。尚同义其上，而毋有下比之心。上得则赏之，万民闻则誉之。意（抑）若闻见善，不以告其上，闻见不善，亦不以告其上。上之所是不能是，上之所非不能非；民有善，不能傍荐之；上有过，不能规谏之，下比而非其上者，上得则诛罚之，万民闻则非毁之。故古者圣王之为刑政赏誉也，甚明察以审信，是以举天下之人，皆欲得上之赏誉，而畏上之毁罚。"〔2〕

---

〔1〕《墨子·尚同下》。
〔2〕《墨子·尚同中》。

那么，怎样去具体地"一同天下之义"呢？墨家认为，"一同"的步骤是先从基层的里长做起，里长要遵照天子所颁布的标准，以"一同天下之义"。一里治理好了，然后推广到乡；一乡治理好了，然后推广到国；一国治理好了，然后推广到天下。这样一级一级地统一上去，都统一到天子那里，天下百姓，"皆上同于天子"。《墨子》云：

> 是故里长顺天子政，而一同其里之义。里长既同其里之义，率其里之万民，以尚同乎乡长，曰："凡里之万民，皆尚同乎乡长，而不敢下比。乡长之所是，亦必是之；乡长之所非，亦必非之。去而不善言，学乡长之善言；去而不善行，学乡长之善行。乡长固乡之贤者也，举乡人以法乡长，夫乡何说而不治哉？察乡长之所以治乡者，何故之以也？曰，唯以其能一同其乡之义，是以乡治。"
>
> 乡长治其乡，而乡既已治矣。有（又）率其乡万民，以尚同乎国君，曰："凡乡之万民，皆尚同乎国君，而不敢下比。国君之所是，亦必是之；国君之所非，亦必非之。去而不善言，学国君之善言；去而不善行，学国君之善行。国君固国之贤者也，举国人以法国君，夫国何说而不治哉？察国君之所以治国，而国治者，何故之以也？曰，唯以其能同其国之义，是以国治。"
>
> 国君治其国，而国既已治矣。有（又）率其国之万民，以尚同乎天子，曰："凡国之万民，皆尚同乎天子，而不敢下比。天子之所是，亦必是之；天子之所非，亦必非之。去而不善言，学天子之善言；去而不善行，学天子之善行。天子者固天下之仁人也，举天下之万民，以法天子，夫天下何说而不治哉？察天子之所以治天下者，何故之以也？曰，唯以其能一同天下之义，是以天下治。"[1]

从墨家对"一同天下之义"的论述来看，他们认为天下是一个整体，国、乡、里是从整体分出的部分。整体制约部分，部分须服从整体。所以天子的是非，就应成为天下人的是非；天子的政令，国君、乡长、里长和天下百姓都必须服从。这样是否违反"尚贤"的原则呢？其实不然，因为里长、乡长、

[1]《墨子·尚同中》。

国君、天子都是贤者、仁人，他们的行为都是善的，都合乎"义"的标准。而他们的所谓"义"，也就是"正"。《墨子》云：

> 义者，正也。何以知义之为正也？天下有义则治，无义则乱。……然而正者，无自下正上者，必自上正下。是故庶人不得次（恣，下同）己而为正，有士正之；士不得次己而为正，有大夫正之；大夫不得次己而为正，有诸侯正之；诸侯不得次己而为正，有三公正之；三公不得次己而为正，有天子正之；天子不得次己而为正，有天正之。[1]

这样一级"正"一级的原则，使天子、三公、诸侯、大夫、士等各级政长的行为都合乎"义"。

如前所述，既然选出了从天子到乡长等各级官吏，然后由天子"发宪布令于天下之众"[2]，这就意味着国家和法律产生了。

墨家这种对国家和法律起源的论述，同儒家荀子在《礼论》《王制》等篇中所论述的大致相同；所不同的是，荀子从物的方面观察，认为人类必须组成社会，必须有国家和法律，来调剂物的不足；墨家则从思想方面观察，也认为人类必须组成社会，必须有国家和法律，来统一人们的思想，以避免社会混乱。

然而，墨家不但要求"上同于天子"，而且要上同于天，否则，天就会降下灾祸来加以惩罚。

> 天下之百姓，皆上同于天子，而不上同于天，则灾犹未去也。今若天飘风苦雨，溱溱而至者，此天之所以罚百姓之不同于天者也。[3]

墨家认为，"上同于天"就会得到天的赐福。这种"上同"的办法，上用之于天子，可以治理好天下；中用之于诸侯，可以治理好国家；下用之于卿大夫，可以治理好他们的家邑。所以大用之以治天下，不会不完满，中用之以治国或小用之以治家邑，也不会发生阻碍，就是这个道理啊！

---

[1]《墨子·大志下》。
[2]《墨子·尚同下》。
[3]《墨子·尚同上》。

照墨家看来，天是有意志、有行为的人格神，有赏善罚恶的能力。它的意志是要人们为善行义，实行兼爱；人为善行义，它便赏之，否则罚之。所以法天子就是法天，互助互利，尽善尽美，称得上是一个美满的天国。墨家认为，这没有其他的缘故，只是能够以"尚同为政"而已。《墨子》云：

故古者圣王，唯能审以尚同，以为正长，是故上下情通。上有隐事遗利，下得而利之；下有蓄怨积害，上得而除之。是以数千万里之外，有为善者，其室人未遍知，乡里未遍闻，天子得而赏之。数千万里之外，有为不善者，其室人未遍知，乡里未遍闻，天子得而罚之。是以举天下之人，皆恐惧振动惕慄，不敢为淫暴，曰天子之视听也神。先王之言曰："非神也，夫唯能使人之耳目，助己视听；使人之吻，助己言谈；使人之心，助己思虑；使人之股肱，助己动作。"助之视听者众，则其所闻见者远矣。助之言谈者众，则其德音之所抚循者博矣。助之思虑者众，则其谈谋度速得矣。助之动作者众，则其举事速成矣。

故古者圣人之所以济事成功，垂名后世者，无他故异物焉，曰，唯能以尚同为政者也。[1]

我们从《礼记·礼运》篇所描述的大同之世来看，墨家所憧憬的兼爱互利的理想社会，和它大致相似。

第二节　君主专制主义的法制统一论

墨家所设计的政治蓝图，是一个宝塔式的封建国家，天子除受天制约之外，高踞于宝塔的顶端。如前所述，天子拥有极大的权力：他"一同天下之义"，选任三公等各级统治者，全体臣民都要服从于他；他"发宪布令"，全体臣民必须严格遵守；他掌握着刑赏的权力，随时可以赏善罚恶。

后期墨家对君主专制主义的法制统一问题，更有具体的论述。如《墨子·经上》篇云：

---

[1]　《墨子·尚同中》。

> 君，臣萌通约也。

萌通"氓"，即民。约是约定，也是约束。一经约定，就有约束的力量。詹剑峰作了这样的解释："'君，臣氓通约'者，就是臣民相约立君以'一同天下之义'，而君则行'天下同一的大义'，发宪布令，以约束臣氓，而氓必须遵守宪令，服从约束。"[1]

同时，我们从墨家的"尚同"主张中，还可以看出它是以法律为后盾的。他们反复强调，如果不上同于天子，就要受到严厉的刑罚制裁。《墨子》云：

> 古者圣王为五刑，请以治其民，譬若丝缕之有纪，罔罟之有网，所以连收天下之百姓，不上同其上者也。[2]

> 治天下之国，若治一家；使天下之民，若使一夫。意独子墨子有此而先王无有此耶？则亦然也。圣王皆以尚同为政，故天下治。何以知其然也？于先王之书也，太（泰）誓之言然。曰："小人见奸巧，乃闻不言也，发罪钧（均）。"此言见淫辟（僻，下同）不以告者，其罪亦犹淫辟者也。[3]

由此可见，墨家主张将行政、立法、司法大权都归于天子，已经有了初步的君主专制主义的法制统一的思想。墨家拥护王权，这在当时普遍的混乱状态下，是一种进步的政治倾向。这种主张也是后来法家中央集权的法治理论的思想前奏。

总的看来，墨家在论证国家和法律的起源时，看到它们是社会发展到一定阶段的产物，这包含有合理的因素；主张从天子到地方官吏都是贤者、仁人，也有其进步意义。特别是他们主张国家和法律应成为为民"兴利、除害、富贫、众寡、安危、治乱"的工具，集中反映了小生产者的美好愿望。但是他们幻想依靠天的权威和力量来"一同天下之义"，这正是小生产者在政治上软弱的一种表现。

---

[1] 詹剑峰：《墨子的哲学与科学》，人民出版社1981年版，第70页。
[2] 《墨子·尚同上》。
[3] 《墨子·尚同下》。

第二十四章

墨家的自然法思想

第一节　以天为法的自然法思想

墨家维护小生产者的利益，坚决反对贵族的礼和法，认为在人定法之外，还有一种源于"天志"、合乎自然的自然法。这种自然法具有最高的效力和权威，是指导现实立法的基本原则。

墨家所说的天，是有理智、有意志、有感觉、有行为的人格神。天的意志，称之为"天志"或"天之意"。《墨子》云："子墨子置立天志以为仪法。"〔1〕墨家常常强调"天志"，要求王公大人和庶民百姓都要"敬事鬼神"，顺从天意行事，从而使天下大治。

墨家认为天在宇宙中是最尊贵的、最聪明的："天为贵，天为智"，它最合乎做人的标准。人们的行为，最好的标准是要合乎义，而义则来源于"天志"。

> 子墨子言曰："今天下之君子欲为仁义者，则不可不察义之所从出。"既曰不可不察义之所从出，然则义何从出？子墨子曰："义不从愚且贱者出，必自贵知（智，下同）者出。"何以知义之不从愚且贱者出，而必自贵且知者出也？曰："义者善政也。"何以知之为善政也？曰："天下有义则治，无义则乱，是以知义之为善政也。夫愚且贱者，不得为政乎贵且知者，然后得为政乎愚且贱者，此吾所以知义之不从愚且贱者出，而必自贵且知者出也。"然则孰为贵？孰为知？曰："天为贵，天为知而已矣，然则义果自天出矣。"〔2〕

---

〔1〕《墨子·天志下》。
〔2〕《墨子·天志中》。

"天志"的内容是什么？墨家认为，它是"兼相爱，交相利"，"欲义而恶不义"。更具体地说，其内容是：

> 天之意，不欲大国之攻小国也，大家之乱小家也。强之暴寡，诈之谋愚，贵之傲贱，此天之所不欲也。不止此而已，欲之有力相营，有道相教，有财相分也，又欲上之强（勤，下同）听治也，下之强从事也。[1]

对于这样至高无上、尽善尽美的天和"天志"，人们自然应该崇拜，崇拜的方式是一切行为以天为法。至于父母、师长或国君，墨家认为他们都不值得效法，因为他们人数虽众，而不仁者居多，效法他们就是效法不仁。《墨子》云：

> 天下之为父母者众，而仁者寡，若皆法其父母，此法不仁也。法不仁不可以为法，当皆法其学奚若？天下之为学者众，而仁者寡，若皆法其学，此法不仁也。法不仁不可以为法，当皆法其君奚若？天下之为君者众，而仁者寡，若皆法其君，此法不仁也，法不仁不可以为法。故父母、学、君三者，莫可以为治法。[2]

那么，究竟应当效法谁呢？墨家认为，最好是效法天。这种天，他们经常是指自然之天。所以，墨家特别推崇"以天为法"的自然法。《墨子》云：

> 然则奚以为治法而可，故曰莫若法天，天之行广而无私，其施厚而不德，其明久而不衰，故圣王法之。既以天为法，动作有为，必度于天，天之所欲则为之，天之所不欲则止。然而天何欲何恶者也？天必欲人之相爱相利，而不欲人之相恶相贼也。奚以知天之欲人之相爱相利，而不欲人之相恶相贼也？以其兼而爱之，兼而利之也。奚以知天兼而爱之，兼而利之也？以其兼而有之，兼而食之也。[3]

---

[1]《墨子·尚同中》。
[2]《墨子·法仪》。
[3]《墨子·法仪》。

为什么"天志"这样重要，人们要"以天为法"呢？概括起来，其原因是：

第一，"天志"爱人利人，天为平民百姓造就世界万物、创造社会制度。

> 且吾所以知天之爱民之厚者有矣，曰，以历为日月星辰，以昭道之；制为四时春秋冬夏，以纪纲之；雷降雪霜雨露，以长遂五谷丝麻，使民得而财利之；列为山川溪谷，播赋百事，以临司（伺）民之善否，为王公侯伯，使之赏贤而罚暴；贼金木鸟兽，从事乎五谷麻丝，以为民衣食之财。自古及今，未尝此也。[1]

从这些描绘看来，墨家的天，并不像殷周贵族统治者的天那样可怕，也不像儒家的天那样可畏，它是善良、仁慈、"爱民甚厚"的，确实是当时劳苦民众的理想之天！

第二，天兼有万物，对人类一律平等，人们不分贵贱等级，都受天的保护。《墨子》云：

> 今天下无大小国，皆天之邑也。人无长幼贵贱，皆天之臣也。此以莫不犓羊，豢犬猪，洁为酒醴粢盛，以敬事天，此不为兼而有之，兼而食之邪？[2]

天是广大无私的。它普照大地，一视同仁；它给予人类无穷无尽的阳光雨露，而不自以为有德（"不德"）；它"明久而不衰"，是永恒不变的。

第三，天有赏善罚恶的能力，连天子都要服从于它。《墨子》云：

> 曰，爱人利人，顺天之意，得天之赏者有之；憎人贼人，反天之意，得天之罚者亦有矣。夫爱人利人，顺天之意，得天之赏者谁也？曰，若昔三代圣王、尧舜禹汤文武者是也。……

第四，天的神通广大无边，它明察秋毫，如果得罪了它，必然受到惩罚，"无所逃避"。

---

〔1〕《墨子·天志中》。
〔2〕《墨子·法仪》。

子墨子言曰："今天下之士君子，知小而不知大。何以知之？以其处家者知之。若处家得罪于家长，犹有邻家所避逃之。然且亲戚兄弟所知识，共相儆戒，皆曰：'不可不戒矣！不可不慎矣！恶有处家而得罪于家长，而可为也？'非独处家者为然，虽处国亦然。处国得罪于国君，犹有邻国所避逃之。然且亲戚兄弟所知识，共相儆戒，皆曰：'不可不戒矣！不可不慎！谁亦有处国得罪于国君，而可为也？'此有所逃避之者也，相儆戒犹若此其厚，况无所逃避之者也，相儆戒岂不愈厚，然后可哉？且语言有之曰：'焉日焉而得罪，将恶避逃之？曰无所避逃之。'夫天不可为林谷幽闲无人，明必见之。然而天下之士君子之于天也，忽然不知以相儆戒，此举所以知天下士君子，知小而不知大也。"[1]

所谓"天之志""天之意"，其实就是墨家之志、墨家之意。只不过是墨家为了实现他们的理想，把他们的政治法律主张填进"天志"里罢了。墨子讲得很清楚，他们以"天志"为其行事的法则，正如同制车轮的人有画圆的规，木匠有画方的矩一样；车工和木匠用规矩度量一切圆形和方形，而他们墨家要用"天志"来度量一切事物。

子墨子言曰："我有天志，譬若轮人之有规，匠人之有矩；轮匠执其规矩，以度天下之方圆。曰：'中者是也，不中者非也。'今天下之士君子之书，不可胜载，言语不可尽计，上说诸侯，下说列士，其于仁义，则大相远也。何以知之？曰，我得天下之明法以度之。"[2]

子墨子之有天之意也，上将以度天下王公大人为刑政也，下将以量天下之万民，为文学出言谈也。观其行，顺天之意，谓之善意行；反天之意，谓之不善意行。观其言谈，顺天之意，谓之善言谈；反天之意，谓之不善言谈。观其刑政，顺天之意，谓之善刑政；反天之意，谓之不善刑政。故置此以为法，立此只为仪，将以度量天下之王公大人卿大夫之仁与不仁，譬之犹分黑白也。[3]

---

[1]《墨子·天志上》。
[2]《墨子·天志上》。
[3]《墨子·天志中》。

由此可见，墨家一直把"天志"牢牢掌握在自己手中，使它成为衡量一切事物的客观标准。具体地说：其一，"天志"是衡量王公大人一切刑政的标准；其二，"天志"是衡量天下万民是非、善恶的标准；其三，"天志"是衡量别家学说的标准。

实际上，墨家把"天志"作为实现自己理想的工具，这主要是想借助于天的权威来恐吓和约束统治者。当时，统治者利用天意去维护自己的利益，驾驭人民，墨家则把天变了质，使之成为维护民众利益的天，让天成为统治者的监督者，而使统治者有所畏惧。所以《墨子》云：

> 天子未得恣己而为政，有天政（正）之。天子为政于三公、诸侯、士、庶人，天下之士君子固明知，天之为政于天子，天下百姓未得之明知也。故昔三代圣王，禹汤文武，欲以天之为政于天子，明说天下之百姓，故莫不刍牛羊，豢犬彘，洁为粢盛酒醴，以祭祀上帝鬼神，而求祈福于天，我未尝闻天下之所求祈福于天子者也，我所以知天之为政于天子者也。[1]

显然，这种思想主张具有一定合理因素。它在客观上对统治者的恣意妄为有一定约束作用。

第二节　明鬼说

墨家创始人墨子生活在古代社会，当时，迷信天、鬼的风气很盛，从《墨子》中我们确实感到他亦不能免俗，相信有鬼神的存在。但墨子是从"兴天下之利，除天下之害"的要求出发，来阐述明鬼说的，其中心意思是鬼神能赏善罚暴，即利用鬼神的权威来推行自己的主张。后期墨家则完全抛弃了鬼神观念。

墨子认为，自从三代的圣王死了以后，人们都不讲道义，天下大乱，那都是由于人们怀疑鬼神的存在，不知道鬼神能够赏善罚暴，否则，天下就不会那么混乱。

---

[1]《墨子·天志上》。

子墨子言曰:"逮至昔三代圣王既没,天下失义,诸侯力正(征),是以存乎为人君臣上下者之不惠忠也,于听治,贱人之不强于从事也。民之为淫暴寇乱盗贼,以兵刃毒药水火,迓无罪人乎道路率径,夺人车马衣裘以自利者并作,由此始,是以天下乱,此其故何以然也?则皆以疑惑鬼神之有与无之别,不明乎鬼神之能赏贤而罚暴也。今若使天下之人,偕(皆)若信鬼神之能赏贤而罚暴也,则乎天下岂乱哉?"〔1〕

在墨家看来,既然要兴天下之利,除天下之害,那么对于鬼神的有无就应该考察清楚,而考察必须以众人耳目所闻见的实际经验做标准。

子墨子曰:"是与天下之所以察知有与无之道者,必以众人之耳目之实,知有与亡(无)为仪者也。请诚惑(或)闻之见之,则必以为有。莫闻莫见,则必以为无。若是,何不尝入一乡一里而问之,自古以及今,生民以来者,亦有尝见鬼神之物,闻鬼神之声,则鬼神何谓无乎?若莫闻莫见,则鬼神可谓有乎?"〔2〕

墨子肯定鬼神的存在。他举出许多古人耳目直接觉察到有鬼神的事实,"从者莫不见,远者莫不闻",以证实鬼神的确存在。但他所举的例子,都是用来吓唬统治者的,如"周宣王杀其臣杜伯而不辜",结果遭"鬼神之诛";"燕简公杀其臣庄子仪而不辜",也同样受"鬼神之诛"。凡是"殃杀天下之万民"的暴君,都受到了"鬼神之罚"。〔3〕

所以,墨子强调,人们必须谨慎从事,不可恣意妄为。即使在深溪高林、幽涧无人的处所,人们的行为也不可以不谨慎,因为有鬼神在监视着,而鬼神的威力是无往而不胜的。如《墨子·明鬼下》篇所说:"山林幽谷,鬼神之明必知之。鬼神之罚不可为富贵众强,勇力强武,坚甲利兵,鬼神之罚必胜之。"

墨子所讲的鬼神又是十分明智的。有个儒者巫马子问墨子,鬼神和圣人相比,谁更明智?墨子认为鬼神的明智大大超过圣人。

---

〔1〕 《墨子·明鬼下》。
〔2〕 《墨子·明鬼下》。
〔3〕 见《墨子·明鬼下》。

巫马子谓子墨子曰："鬼神孰与圣人明智？"子墨子曰："鬼神之明智于圣人，犹聪耳明目之与聋瞽也。昔者夏后开（启）使蜚廉折金于山川，而陶铸之于昆吾；是使翁难雉乙，卜于白若之龟，曰：'鼎成三足而方，不炊而自烹，不举而自臧，不迁而自行，以祭于昆吾之虚（墟），尚飨。'乙（已）又言兆之由（繇）曰：'飨矣！逢逢（蓬蓬）白云，一南一北，一西一东，九鼎即成，迁于三国。'夏后氏失之，殷人受之；殷人失之，周人受之。夏后殷周之相受也，数百岁矣，使圣人聚其良臣，与其桀（杰）相而谋，岂能智（知，下同）数百岁之后哉？而鬼神智之。是故曰，鬼神之明智于圣人也，犹聪耳明目之与聋瞽也。"[1]

墨子这样不遗余力地强调鬼神的威力和明智，反复强调鬼神可以赏罚祸福，其目的在于借助鬼神的威力，制止当时各种罪恶的产生，建立起一种理想的社会秩序。

是故子墨子曰："尝若鬼神之能赏贤如（而）罚暴也。"盖本施之国家，施之万民，实所以治国家利万民之道也。是以吏治官府之不洁廉，男女之为无别者，鬼神见之；民之为淫盗寇乱盗贼，以兵刃毒药水火，迓无罪人乎道路，夺人车马衣裘以自利者，有鬼神见之。是以吏治官府，不敢不洁廉，见善不敢不赏，见暴不敢不罪；民之为淫暴寇乱盗贼，以兵刃毒药水火，迓无罪人乎道路，夺车马衣裘以自利者，由此止，是以天下治。[2]

关于鬼神的赏罚，在墨子看来，其并不单是专门针对一般官吏和民众的，换言之，鬼神对于天子也不例外。《墨子》云：

昔者殷王纣贵为天子，富有天下，上诟天侮鬼，下殃傲天下之万民……故于此乎，天乃使武王至明罚焉。武王以择车百两，虎贲之卒四百人，先庶国节窥戎，与殷人战乎牧之野，王乎禽费中恶来……折纣而

---

[1]《墨子·耕柱》。
[2]《墨子·明鬼下》。

系之赤环，载之白旗，以为天下诸侯僇……此吾所谓鬼神之罚。〔1〕

因此，墨子告诫人们：凡是言语和行动，有利于鬼神和百姓的就做，反之就不做。凡是言语和行动，与三代圣王尧舜禹汤文武相符合的就做，反之就不做。照墨子看来，古代的圣王都懂得鬼神所喜好的，而避免鬼神所憎恶的，以求兴天下之利，除天下之害，所以率领万民敬祀鬼神，从而也就得到鬼神所降的幸福了。

> 故古者圣王，明天鬼之所欲，而避天鬼之所憎，以求兴天下之利，除天下之害，是以率天下之万民，斋戒沐浴，洁为酒醴粢盛，以祭祀天鬼。其事鬼神也，酒醴粢盛，不敢不蠲洁；牺牲不敢不腯肥；珪璧币帛，不敢不中度量；春秋祭祀，不敢失时几（期）；听狱不敢不中；分财不敢不均；居处不敢怠慢。曰，其为正长若此，是故上者天鬼有厚乎其为正长也，下者万民有便利乎其为政长也。天鬼之所深厚而能强（勤，下同）从事焉，则天鬼之福可得也。万民之所便利而能强从事焉，则万民之亲可得也。〔2〕

综上所述，墨家讲"法天"，一般说来是指效法自然之天，因而人们称其"以天为法"的思想为自然法思想。然而毋庸讳言，墨家学说的宗教色彩是较浓厚的。他们大讲"天志"，极力宣扬"明鬼"，要求王公大人和庶民百姓都"尊天事鬼"，顺从天鬼的意志行事，"是以天鬼福之"，从而使天下大治。

从表面上看，墨家的"天志"和"明鬼"比儒家的"敬鬼神而远之"表现出更浓厚的宗教色彩，而从实质上看，它却具有更进步的政治内容。墨家的"天志明鬼"说，实际上反映了当时被压抑的小生产者的意志，体现了他们对贵族统治者的憎恨，表达了他们改善自己政治地位的要求。由于他们没有力量改变现实，于是把自己的希望寄托在鬼神的身上，希望通过最高的、明智的、有权力的鬼神来制裁那些无法无天的权贵，以实现"兼相爱，交相利"的理想社会。

---

〔1〕《墨子·明鬼下》。
〔2〕《墨子·尚同中》。

　　值得注意的是，墨家的"以天为法"，并不是对统治者人定法的辩护和肯定，而是对它们的批判和否定。墨家在政治上是想借鬼神的权威来恐吓和约束统治者，告诫他们不要滥施暴政；在法律上则是要求把"兼相爱，交相利"的立法原则神圣化，来取代统治者的礼和法。

第二十五章

墨者之法与赏贤罚暴论

在墨家学说中，"法治"与赏罚思想也占有一定地位。他们认为，无论做什么事情，都不可没有法或法度。对于治国者来说，法如同工匠手中的规矩一样，工匠无规矩不能成方圆，治国者没有法或法度，国家便不可能治理好。值得注意的是：前期墨家强调"以天为法"，后期墨家在阐述法与赏罚问题时，其言谈中却连天的影子也不见了。

第一节　论法的重要性

如前所述，墨家"置天志以为法仪"，以"天志"作为衡量一切事物的标准，亦即以"天志"作为法的最高准则。凡顺乎"天志"而制定的法，叫做"善法"；反之，则为"恶法"。

墨家认为，法或法度是实现其"兼相爱，交相利"的理想社会的重要手段和工具，因而特别重视发挥法的作用。《墨子·法仪》篇云：

> 子墨子曰："天下从事者，不可以无法仪，无法仪，而其事能成者无有也。虽至士之为将相者，皆有法，虽至百工从事者，亦皆有法。百工为方以矩，为圆以规，直以绳，正以县。无巧工不巧工，皆以此五者为法。巧者能中之，不巧者虽不能中，放依以从事，犹逾己。故百工从事，皆有法度。

墨家所讲的法或法度，乃泛指一切标准、规范或制度，其含义是很广泛的。他们说士人之为将相者必当有法，而治国平天下者亦莫不有法，这不但表明他们所谓法或法度确实包含我们今天说的"法律""国家制度"在内，而且反映出他们对法律是何等重视！

《墨子·小取》篇亦云：

> 效者，为之法也；所效者，所以为之法也。故中效则是也，不中效
> 则非也。

《广雅·释诂》云："效，具也"，是犹"轮人之有规，匠人之有矩，可
为天下方圆之法者也"。在墨家看来，凡依法度而行者，则为"中效"，"中
效"是对的；凡不依法度而行者，则为"不中效"，"不中效"是错的。所以
墨家效法工匠之有规矩，要用如同规矩一样的法度来治理天下。

第二节 法的本质是正义

墨家认为，法的本质是正义。所谓正义，系指公正无私，"兼相爱，交相
利"、为善、不行不义而言。正义本于上天好生之德，故宜法天。因此，所谓
正义是法的本质，与"以天为法"的自然法思想是一致的。墨家最重"义"
字，"义"就是"正"，认为重义、行义是天意的体现，天下有义则治，无义
则乱。

> 是故子墨子言曰："戒之慎之！必为天之所欲，而去天之所恶。"曰：
> 天之所欲者何也？所恶者何也？天欲义而恶其不义者也。何以知其然也？
> 曰：义者正也。何以知义之为正也？天下有义则治，无义则乱，我以此
> 知义之为正也。[1]
> 然则天亦何欲何恶？天欲义而恶不义。然则率天下之百姓，以从事
> 于义，则我乃为天之所欲也，我为天之所欲，天亦为我所欲。然则我何
> 欲何恶？我欲福禄，而恶祸祟。若我不为天之所欲，而为天之所不欲，
> 然则我率天下之百姓，以从事于祸祟中也。
> 然则何以知天之欲义而恶不义？曰，天下有义则生，无义则死；有
> 义则富，无义则贫；有义则治，无义则乱。然则天欲，其生而恶其死，

---

[1] 《墨子·天志下》。

欲其富而恶其贫，欲其治而恶莫乱，此我所以知天欲义而恶不义也。〔1〕

既然天要人们重义、行义，那么天下的士君子如果确实想要行义，使自己的言行上合乎圣王之道，下合乎国家人民之利，就不可不留心观察天的意志，并遵循天的意志行事。所以墨家得出的结论是："天之志者，义之经也。"〔2〕

墨家认为，"兼爱"是"义"的根本。既然要重义，那么首先必须使人们能够顺天之意，做到"兼爱"，做到"兼爱天下之人"。照墨家看来，遵循天意而行的政治，可称之为"义政"；违反天意而行的政治，就是"力政"。实际上，所谓"义政"，正是墨家所追求的理想政治，而所谓"力政"，则是墨家所反对的现实社会中的武力政治。《墨子》云：

> 顺天意者，义政也；反天意者，力政也。然义政将奈何哉？子墨子言曰："处大国不攻小国，处大家不篡小家，强者不劫弱，贵者不傲贱，诈者不欺愚，此必上利于天，中利于鬼，下利于人，三者无所不利，故举天下美名加之，谓之圣王。力政者则与此异，言非此，行反此，犹幸驰也。处大国攻小国，处大家篡小家，强者劫弱，贵者傲贱，诈者欺愚，此上不利于天，中不利于鬼，下不利于人，三不利无所利，故举天下恶名加之，谓之暴王。"〔3〕

墨家又认为，义是为政的根本，统治者必须贵义，必须顺天之意，以天为法，因为天最尊贵、最明智啊！

> 子墨子言曰："今天下之君子之欲为仁义者，则不可不察义之所从出。"既曰不可以不察义之所从出，然则义何从出？子墨子曰："义不从愚且贱者出，必自贵且知（智，下同）者出。"何以知义之不从愚且贱者出，而必自贵且知者出也？曰："义者善政也。"何以知义之为善政也？曰："天下有义则治，无义则乱，是以知义之为善政也。夫愚且贱者，不

---

〔1〕《墨子·天志上》。
〔2〕《墨子·天志下》。
〔3〕《墨子·天志上》。

得为政乎贵知者，贵且知者，然后得为政乎愚且贱者，此吾所以知义之
从愚且贱者出，而必自贵且知者出也。"然则孰为贵？孰为知？曰："天
为知而已矣，然则义果自天出矣。"〔1〕

然而，我们进一步研究墨家关于法的本质问题的论述时，固然可以见到
他们许多"以天为法"的言论，但触及现实的法律、刑狱时，他们的主张则
又是实实在在的。《墨子·非命上》篇云：

> 盖尝尚（上）观于先王之书，先王之书，所以出国家，布施百姓者，
> 宪也……所以听狱制罪者，刑也。

这主要说，由国家制定并公开颁布施行的就是法（宪），其中用来审判案
件和制裁犯罪的就是刑律。由此可见，墨家给法和刑所下的定义，同法家相
比，已经很相似了。

第三节　赏贤罚暴论

墨家认为法的作用主要表现为赏贤罚暴。如果对善人奖赏，对暴人惩罚，
那么国家必治。相反，如果善人不赏，而暴人不罚，那么国家必定大乱；赏
既起不到劝善的作用，而罚也起不到止暴的作用。《墨子》云：

> 知（智）者之事，必计国家百姓所以治者而为之；必计国家百姓之
> 所以乱者而辟（避）之。然计国家百姓之所以治者何也？上之为政，得
> 下之情则治，不得下之情则乱。何以知其然也？上之为政，得下之情，
> 则是明于民之善非也；若苟明于民之善非也，则得善人而赏之，得暴人
> 而罚之也。善人赏而暴人罚，则国必治。上之为政也，不得下之情，则
> 是不明于民之善非也；若苟不明于民之善非，则是不得善人而赏之，不
> 得暴人而罚之，善人不赏而暴人不罚，为政若此，国家必乱。〔2〕

---

〔1〕《墨子·天志中》。
〔2〕《墨子·尚同下》。

是故古之圣王，发宪出令，设为赏罚以劝贤沮暴。[1]

然而，墨家论述善恶之道，总是离不开"天志"。他们认为，是否尊天事鬼，是否爱利万民，这是赏罚的标准。如果法天顺天，就能得到天的赏赐；如果背天逆天，便要受到天的惩罚。

子墨子言曰："吾所以知天之贵且知（智）于天子者有矣。曰天子为善，天能赏之；天子为暴，天能罚之。"[2]

顺天意者，兼相爱，交相利，必得赏；反天意者，别相恶，交相贼，必得罚。然则是谁顺天意而得赏者？谁反天意而得罚者？子墨子言曰："昔三代圣王，禹汤文武此顺天意而得赏也。昔三代之暴王，桀纣幽厉，此反天意而得罚者也。"[3]

曰杀不辜者，天予不祥。不辜者谁也？曰人也。予之不祥者谁也？曰天也。[4]

同时，墨家认为鬼神圣明，相信鬼神时刻在监督人类的行为。他们把鬼神视为司法官，能赏善罚恶，并促使人们守法，不去为恶，以维护社会之安宁。

子墨子曰："古圣王皆以鬼神为神明，而为祸福，执有祥不祥，是以政治而国安也。自桀纣以下皆以鬼神为不神明，不能为祸福，执无祥不祥，是以政乱而国危也。故先王之书，箕子有之，曰：'其傲也，出于子不祥。'此言为不善之有罚，为善之有赏。"[5]

是以天下乱，此其故何以然也？则皆以疑惑鬼神之有无之别，不明乎鬼神之能赏贤而罚暴也。若使天下之人，偕（皆）若信鬼神之能赏贤而罚暴也，则夫天下岂乱哉？[6]

---

[1]《墨子·非命上》。
[2]《墨子·天志中》。
[3]《墨子·天志中》。
[4]《墨子·天志上》。
[5]《墨子·公孟》。
[6]《墨子·明鬼下》。

关于赏罚的原则，墨家也有不少论述。如上所述，墨家论赏罚多与"天志"相联系，认为天能赏善罚恶。但在《墨子·经上》篇中却对赏罚功罪，划分了明确的界限。

> 赏，上报下之功也。罚，上报下之罪也。
>
> 功，利民也；罪，犯禁也。

照墨家看来，赏赐是为了报功，如果不是真正有功就不赏赐，于是赏赐就能起到劝善的作用。有罪必罚，谁也不能存在侥幸心理，于是刑罚就能起到止暴的作用。

墨家认为，对待赏罚应持慎重态度，既不滥赏，也不滥罚，赏当其功，罚当其罪，不徇私情，公正执法。为此，他们提出了一些原则。

第一，赏罚要公正不阿，不徇私情。墨子云："古者文武为正（政），均分赏贤罚暴，勿有亲戚兄弟之所阿。"[1]

第二，赏罚要平等，同类事件适用同一法律。《墨子·经下》篇云："一法之相与也尽，若方之相合也。"孙诒让释曰："言同法者之彼此相似也，皆若物之方者之彼此相合也。"《墨子·经说下》篇云："一方尽类，俱有法而异，或木或石，不害其方之相合也。尽类犹户也，物俱然。"孙诒让释曰："俱有法而不异，尽类犹方也者，言其法同，则彼此尽相类，亦犹方与方之尽相类也。"

这些都是墨家强调法要平等，凡同法必同类，同类者必同法，亦即审理同类案件时，应适用同一法律。

第三，对赏罚的处理要及时、准确。各级官吏得知善与不善的事情，必须迅速报告天子。《墨子·尚同中》篇云："古者国君诸侯之见善与不善也，皆驰驱以告天子，是以赏当贤，罚当暴，不杀无辜，不失有罪。"

第四，赏罚要与道德、舆论相一致。这是为了充分发挥赏罚的威力。如果法律上的赏罚和社会舆论的毁誉不一致，那么赏罚就不能起到劝善、止暴的作用。《墨子》云：

> 若苟上下不同义，赏誉不足以劝善，而刑罚不足以沮暴，何以知其

---

〔1〕《墨子·兼爱下》。

然也？曰，上唯毋立而为政乎国家，为民正长。曰，人可赏吾将赏之，若苟上下不同义，上之所赏，则众之所非。曰人众与处，于众得非，则是虽使得上之赏，未足以劝乎。上唯毋立而为政乎国家，为民正长，曰，人可罚吾将罚之，若苟 上下不同义，上之所罚，则众之所誉，曰人众与处，于众得誉，则是虽仗得上之罚，未足以沮乎。〔1〕

总的看来，墨家的法观念具有不少天帝、鬼神的色彩，但就其当时的社会效果来说，在一定程度上还是有利于民众的。他们不但以法作为行事的准则，而且从其兼爱和"赏当贤，罚当暴"的原则出发，强调以利害为取舍，以善恶为尺度，凭借天帝鬼神的权威来施行赏罚，这在客观上对统治者的滥刑滥杀能起到一定抑制作用。

第四节　墨者之法及其对传统文化的影响

墨家和其他学派不同，它有自己的法律。"墨者之法曰：杀人者死，伤人者刑。"这符合墨家反对"相恶""相贼"的精神。凡是墨者都必须严格遵守墨家的法律，即使是墨家领袖钜子也不能例外。有一次，墨家钜子腹䵍的儿子杀了人，腹䵍不徇私情，遵行墨者之法，把他的儿子处死。《吕氏春秋·去私》篇记载了这件事：

　　墨者有钜子腹䵍，居秦，其子杀人，秦惠王曰："先生之年长矣，非有它子也，寡人已令吏弗诛矣；先生之以此听寡人也。"腹䵍对曰："墨者之法曰：杀人者死，伤人者刑。此所以禁杀伤人也。夫禁杀伤人者，天下之大义也。王虽为之赐，而令吏弗诛、腹䵍不可不行墨者之法。"不许惠王，而遂杀之。子，人之所私也，忍所私以行大义，钜子可谓公矣。

墨家基于这种秉公执法的精神，又强调谨慎用刑，要求做到"不杀无辜，不失有罪"。〔2〕同时，他们也主张善于用刑。只有善于用刑，才能治理人民。《墨子》云：

---

〔1〕《墨子·尚同中》。
〔2〕《墨子·尚同中》。

　　昔者圣王制为五刑，以治天下。逮至有苗之制五刑，以乱天下，则岂刑不善哉？用刑则不善也。是以先王之书，吕刑之道，曰："苗民否（不）用练，折则刑，惟作五杀之刑，曰法。"则此言善用刑者以治民，不善用刑者以为五杀，则此岂刑不善哉？用刑则不善，故遂以为五杀。[1]

　　墨家这种"墨者之法"对传统文化有一定影响，他们的"杀人者死，伤人者刑""不杀无辜，不失有罪"等主张，为历代所反复提倡和发挥。如汉高祖刘邦的约法三章"杀人者死，伤人及盗抵罪"[2]、赤眉农民起义军的"杀人者死，伤人者偿创"[3]，等等，明显地受到"墨者之法"的影响。

---

〔1〕《墨子·尚同中》。
〔2〕见《汉书·刑法志》。
〔3〕见《后汉书·刘盆子传》。

第二十六章
墨家的非礼乐论

墨家的反礼乐和儒家的"隆礼乐"是针锋相对的。他们批评儒家制定了繁缛的礼乐去迷惑人民，用久丧伪哀去欺骗自己的父母，结果越搞越乱。《墨子》云：

> 国治则为礼乐，乱则治之。是譬犹噎而穿井也，死而求医也。古者三代暴王桀纣幽厉，萌为声乐，不顾其民，是以身为刑僇，国为戾虚者，皆从此道也。[1]

儒家隆礼乐的目的在于维护贵贱有别的等级制度，所以遭到力主平等的墨家的反对。同时，墨家还把批判的矛头直接指向儒家的祖师爷孔子。在《墨子·非儒下》篇中，借晏子之口批评孔子，特别指责孔子的"隆礼乐"主张无补于人，无益于治。

> 夫儒浩居（倨）而自顺者也，不可以教下：好乐而淫人，不可使亲治；立命而怠事，不可使守职；宗（崇）丧循哀，不可使慈民；机服勉容，不可使导众。孔某盛容修饰以蛊世，弦歌鼓舞以聚徒，繁登降之礼以示仪，务趋翔（跄）之节以观众，博学不可使议世，劳思不可以补民，累寿不能尽其学，当年不能行其礼，积财不能赡其乐，繁饰邪术，以营世君，盛为声乐，以淫遇民，其道不可以期世，其学不可以导众。

---

[1]《墨子·公孟》。

第一节　非礼论

儒家认为，礼是有等级性的。它的主要作用就在于区分尊卑贵贱的等级，维护贵族的特权。《左传》有"名位不同，礼亦异数"[1]，就是这个意思。春秋时一位贵族随武子在讲到"服章"是用来表示贵贱等级时，就直言不讳地说："君子小人，物有服章，贵有常尊，贱有等威。"

墨家对儒家所倡导的礼和礼制是坚决反对的。《墨子》云：

"礼，敬也。"[2]礼：贵者公，贱者名，而具有敬侵（慢）焉。等，异论也。[3]

这里，墨家主要表述了他们反对区分尊卑贵贱的等级制的思想。《墨子·经上》篇说，礼只是敬而已。《墨子·经说上》篇则进一步加以解释，认为贵者并称为公，贱者自称其名，其实都是人，不应因贵贱的不同而有敬慢的区别。所以说，儒家"贵贱有等"的礼是"异论"。

儒家所维护的礼是周礼。《淮南子》在评述墨家反对周礼时说：墨子背周道而用夏政。[4]

显然，"用夏政"只是墨家托古之辞，而"背周道"倒是确凿的事实。所以他们强调指出："俛仰周旋威仪之礼，……诸加费不加民利者，圣人弗为。"[5]

因此，墨家对贵族的厚葬、久丧的丧葬之礼提出了尖锐的批评。他们指责王公大人在生前已享受穷奢极欲的生活，死后还要厚葬，一定要有棺有椁，埋葬的地方要深，衣衾要多，装饰棺椁的锦绣要繁，起造的坟墓要大。庄子也说古时的丧礼，天子有天子的气派，各级贵族有各级贵族的规定。

---

[1]《左传·庄公十八年》。
[2]《墨子·经上》。
[3]《墨子·经说上》。
[4]《淮南子·要略》。
[5]《墨子·节用中》。

天子棺椁七重，诸侯五重，大夫三重，士再重。[1]

这种"贵贱有仪，上下有等"的礼仪，正是墨家所坚决反对的。

墨家认为，厚葬不仅浪费了大量财物，形成奢侈的风气，而且统治者还惨无人道，杀人殉葬。墨子云：

存乎匹夫贱人死者，殆竭家室，存乎诸侯死者，虚府库，然后金玉珠玑比乎身，纶组节束，车马藏乎圹，又必多为屋幕，鼎鼓几筵壶滥，戈剑羽旄齿革，寝而埋之。满意，若送徙，曰天子杀殉，众者数百，寡者数十；将军大夫杀殉，众者数十，寡者数人。[2]

依照久丧的礼俗，行三年之丧。三年里，什么事都不干，生产荒废，把活人弄得半死。墨家揭露这种居丧礼节时云：人们不分昼夜地啼哭，泣不成声，披麻戴孝，脸上挂着眼泪，住在侧屋里，睡在茅草上，用土块作枕，又强忍不食而挨饿，衣着单薄而受冻，以致弄得面目瘦削，脸色黝暗，耳目昏昏，手足无力，一切事情都不能做了。又说士人以上者居丧，一定要搀扶才能起来，撑着拐杖才能行走，这样要经过三年之久。[3]墨家认为，这样下去，必然造成严重的恶果：

国家必贫，人民必寡，刑政必乱……使为上者行此，则不能听治；使为下者行此，则不能从事；上不听治，刑政必乱，下不从事，衣食之财必不足。若苟不足，为人弟者，求其兄而不得，不弟弟必将怨其兄矣；为人子者，求其亲而不得，不孝子必是怨其亲矣；为人臣者，求其君而不得，不忠臣必且乱其上矣。是以僻淫邪行之民，出则无衣也，入则无食也，内续奚吾，并为淫暴，而不可胜禁也。[4]

因此，墨家主张废除表示尊卑贵贱等级的厚葬，一律"桐棺三寸"，不要殉葬的物品；不分亲疏贵贱，一律于葬后即照常生产，"反从事乎衣食之财"。

---

〔1〕《庄子·天下》。
〔2〕《墨子·节葬下》。
〔3〕 见《墨子·节葬下》。
〔4〕《墨子·节葬下》。

自春秋以来，"礼"实际上起着维护宗法等级制度的作用。墨家"非礼"，对于宗法等级制度是一个挑战，在当时具有进步意义，它所起的社会作用是不可低估的。如墨家批评贵族的葬礼，完全是从节约物质财富和保护劳动者出发的，无情地揭露和抨击了王公大人活着时奢侈荒淫，死后还用大量财物陪葬甚至杀人殉葬的罪恶。毫无疑问，墨家节葬、短丧的主张，反映了劳动者的愿望和要求。

第二节　非乐论

墨家在"非礼"的同时，对贵族统治者的作乐也加以非难。墨家说，他们之所以"非乐"，并非认为钟鼓、琴瑟等竽的声音不好听，亦非认为雕刻、文彩的颜色不美丽，而是由于它们只供人听听、看看，不能解决广大人民最迫切的衣食问题。"撞巨钟，击鸣鼓，弹琴瑟，吹竽笙而扬干戚，民衣食之财将安可得乎？"[1]墨家还举古代圣王造舟车是为了有利于人民的例子，来支持他们"非乐"的主张。

> 古者圣王亦尝厚措敛乎万民，以为舟车，既以成矣，曰："吾将恶许用之？"曰：舟用之水，车用之陆，君子息其足焉，小人休其肩背焉，故万民出财齐而予之，不敢以为感恨者，何也？以其反中民之利也，然则乐器反中民之利亦若此，即我弗敢非也。然则当用乐器，譬之若圣王之为舟车也，即我弗敢非也。[2]

墨家认为，当时人民处在苦难的深渊，"饥者不得食，寒者不得衣，劳者不得息"。那些王公大人还要掠夺人民衣食之财，来供自己享乐，这只能加重人民的灾难。

王公大人为了欣赏音乐，就得制造各种乐器，让年轻力壮的人去演奏，因而浪费了劳动力，耽误了生产。"使丈夫为之，废丈夫耕稼树艺之时，使妇人为之，废妇人纺绩织纴之事。今王公大人，惟毋为乐，亏夺民衣食之财，

---

[1]《墨子·非乐上》。
[2]《墨子·非乐上》。

以拊乐如此多也。是故子墨子曰：'为乐非也。'"

墨家举例说，从前齐康公"兴万乐"，有乐工万人，而乐舞的人不可以穿粗衣，吃糟糠，因为饮食若不精美，面容就不丰润漂亮了，衣服若不华美，身体动作就不好看了。"是以食必梁肉，衣必文绣，此掌（常，下同）不从事乎衣食之财，而掌食乎人者也。是故子墨子曰：'今王公大人，惟毋为乐，亏夺民衣食之财，以拊乐如此多也。'是故子墨子曰：'为乐非也。'"〔1〕

墨家一再抨击的王公大人"亏夺民衣食之财"，系指贵族统治者享乐浪费，耗资巨大，唯有向人民去榨取。他们"辍民之事，靡民之财，不可胜计"。《墨子·非乐上》篇全面地分析了贵族统治者享乐浪费给国家和人民所带来的损失。

今惟毋在乎王公大人说乐而听之，则必不能蚤朝晏退，听狱治政，是故国家乱而社稷危矣。今惟毋在乎士君子说乐而听之，则必不能竭股肱之力，亶其思虑之智，内治官府，外收敛关市山林泽梁之利，以实仓廪府库，是故仓廪府库不实。今惟毋在乎农夫说乐而听之，则必不能早出暮入，耕稼树艺，多聚叔（菽，下同）粟，是故叔粟不足。今惟毋在乎妇人说乐而听之，则必不能夙兴夜寐纺绩织纴，多治麻丝葛绪布縿，是故布縿不兴。

最后，墨家得出的结论是：如果确实要求兴天下之利，除天下之害，"当在乐之为物，将不可不禁而止也"。

从上可知，墨家的"非乐"，主要是反对贵族统治者的享受作乐。"其乐愈甚，其治愈寡"，音乐艺术对治理国家毫无用处。而贵族统治者的享受作乐，又是建立在劳动者饥寒痛苦之上的。墨家的这种抗议，反映了劳动者的要求。但墨家激烈反对音乐艺术本身，认为王公大人如果放弃音乐艺术的享受，就会有更多的时间用来治理国家，这种认识是片面的。庄子云：

---

〔1〕《墨子·非乐上》。

歌而非歌，哭而非哭，乐而非乐，是果类乎？其生也勤，其死也薄，其道大觳。使人忧，使人悲，其行难为也。死其不可以为圣人之道，反天下之心。天下不堪。墨子虽能独任，奈天下何！离于天下，其去王也远矣。[1]

荀子也提出了批评：

墨子蔽于用而不知文。[2]

这些批评是有一定道理的。确实，墨家不懂得音乐艺术的价值，看不到文化艺术对人民生活所起的作用。郭沫若在评论墨子"非乐"主张时说得比较透彻："'非乐'不仅在反对音乐，完全在反对艺术，反对文化。他说：'仁者之为天下度也，非为其目之所美，耳之所乐，口之所甘，身体之所安。以此亏夺民衣食之财，仁者弗为也。'这是对的。但如果是谋人民的目之所美，人民的耳之所乐，人民的口之所甘，人民的身体之所安，这不仅不会'亏夺民衣食之财'，而且可以增加衣食之源，何尝便可以一概反对？"[3]郭沫若的批评是对的。当人类进入文明社会以后，文化艺术更是人们不可缺少的精神滋养，怎么能一概加以反对呢！

---

[1] 《庄子·天下》。
[2] 《荀子·解蔽》。
[3] 郭沫若：《十批判书》，人民出版社1954年版，第117页。

第二十七章

墨家的尚贤论与传统文化

据《墨子·鲁问》篇记载，墨子推荐其弟子魏越出仕时，对他说："凡入国，必择务而从焉，国家昏乱，则语之尚贤尚同……"可见墨子也把尚贤作为治理国家的一项迫切任务，以解决当时政治混乱不堪的问题。自西周以来，贵族统治者实行世卿世禄制度，"周道亲亲""立嫡以长不以贤"，从天子到卿大夫，都是由嫡长子世袭，贵族垄断了做官的权利。到了春秋战国时期，随着奴隶制向封建制的转变，兼并战争频发，各国统治者为了战胜对手，在激烈的竞争中取得胜利，竞相招纳政治、经济、军事、外交、文化等各方面的人才，许多政治家、思想家都开始议论"推贤""进贤""举贤"一类的问题。墨家的尚贤主张正是在这种情况下产生的。但墨家尚贤的出发点是维护小生产者的利益，极力争取小生产者的代表人物有参政的权利，因而他们坚决反对贵族的世卿世禄制；他们主张以"兼相爱，交相利"为标准，选任贤者，来治理国家，人称"贤人政治"。

第一节 对世卿世禄制的批判

俞正燮云："太古至春秋，君所任者，与共开国之人及其子孙也。大夫以上皆世族，不在选举也，……其分不可越也。"[1]

西周以来的王室大臣，以及春秋时期各诸侯国的卿大夫，都是那些同姓或异姓的贵戚，他们世袭执政，而广大平民根本无权任官参政。这种不合理的世卿世禄制正是墨家所坚决反对的。

墨家在批评这种世卿世禄制时，指出：

---

〔1〕 引自顾颉刚的《禅让传说起于墨家考》。

今王公大人，其所富，其所贵，皆王公大人骨肉之亲、无故富贵、面目美好者也。今王公大人骨肉之亲、无故富贵、面目美好者，焉故必知（智，下同）哉？若不知，使治其国家，则其国家之乱，可得而知也。今天下之士君子，皆欲富贵而恶贫贱，然女何为而得富贵而辟贫贱哉？曰：莫若为王公大人骨肉之亲、无故富贵、面目美好者。王公大人骨肉之亲，无故富贵、面目美好者，此非可学能者也。使不知辩，德行之厚，若禹汤文武，不加得也；王公大人骨肉之亲，躄瘖聋瞽，暴如桀纣，不加失也。是故以赏不当贤，罚不当暴，其所赏者，已无功矣，其所罚者，亦无罪。是以使百姓皆攸心解体，沮以为善。[1]

墨家攻击的"骨肉之亲"，是指当时王公大人的兄弟子侄，"面目美好者"是指王公大人的嬖幸。这些人即使是跛子、哑巴、聋子、瞎子，以至极其残暴的人，因为"亲亲"的原则，也能世代为官，永享富贵。这些人的特点是："贫于政者，不能分以人事；厚于货者，不能分人以禄。"[2]既然"事则不与，禄则不分"，那么天下的贤人，怎么会到王公大人的身边来呢？既然天下的贤人不能来到王公大人身边，辅佐他治理国家，其后果就不堪设想了。《墨子》云：

若苟贤者不至乎王公大人之侧，则此不肖者在左右也，不肖者在左右，则其所誉不当贤，而所罚不当暴。王公大人尊此以为政乎国家，则赏亦必不当贤，而罚亦必不当暴。若苟赏不当贤而罚不当暴，则是为贤者不劝而为暴者不沮矣。是以入则不慈孝父母，出则不长弟（悌）乡里，居处无节，出入无度，男女无别，使治官府则盗窃；守城则倍（背）畔；君有难则不死，出亡则不从；使断狱则不中，分财则不均，与谋事不得，举事不成，入守不固，出诛不强。故唯昔者三代暴王桀纣幽厉之所以失措其国家，倾覆其社稷者，已此故也。[3]

这些都是世卿世禄制的弊端，而要矫正这种弊端，就必须选择贤人从政。

---

[1]《墨子·尚贤下》。
[2]《墨子·尚贤中》。
[3]《墨子·尚贤中》。

于是墨家提出了"官无常贵,民无终贱"的主张,认为做官的不能永远安享富贵,平民百姓不能永远沦于贫贱。他们要求以"贤人政治"代替贵族世袭制,让平民百姓在政治舞台上也大显身手。所以说,墨家的尚贤主张具有否定世卿世禄制的革命意义。

第二节　尚贤乃为政之本

墨家对于贤才及其社会作用作了较深刻的阐述。他们总结了"贤者为政则国治,愚者为政则国乱"的历史经验,认为要得到国家之富、人民之众、刑政之治,只有依靠尚贤,尚贤乃为政之根本。

> 子墨子言曰:"今王公大人之君人民,主社稷,治国家,欲修保而勿失,胡不察尚贤为政之本也。"何以知尚贤之为政本也?曰:"自贵且智者为政乎愚且贱者,则治;自愚且贱者为政乎贵且智者,则乱。"是以知尚贤之为政本也。[1]
> 子墨子言曰:"今者王公大人,为政于国家者,皆欲国家之富,人民之众,刑政之治,然而不得富而得贫,不得众而得寡,不得治而得乱,则是本失其所欲,得其所恶,是其故何也?"
> 子墨子言曰:"是在王公大人,为政于国家者,不能以尚贤事能为政也。"是故国有贤良之士众,则国家之治厚,贤良之士寡,则国家之治薄。故大人之务,将在于众贤而已。[2]

墨家抨击当时的统治者,在任官方面不能"尚贤事(使)能"时,指出:现在的王公大人,有一件衣服不能制作,一定要找好的裁缝来做;有一只牛羊不能宰杀,一定要找好的屠夫来宰杀。他们遇到上面这两种事情,未尝不知道以"尚贤使能"为重,而一遇到国家混乱,社稷倾危,就不知道"尚贤使能"以治理之。凡是自己的子弟、亲戚,即使虚有其表而无实际才能的也用他。难道他们很有智慧吗?实行这种"不察其智"的办法,结果是:不能

---

[1] 《墨子·尚贤中》。
[2] 《墨子·尚贤上》。

治理一百人的，叫他做治理一千人的官；不能治理千人的，叫他做治理一万人的官。为什么这样做呢？因为做了这种官，"爵高而禄厚"。这样，他们担任的官职超过他们的才能十倍。但是，不可能把一天的时间延长十倍，也不可能使他一下子增长十倍的才能。所以，他完成的只有一成，其他九成等于白费。即使是白天黑夜地干，也一定干不好。为什么呢？"则王公大人不明乎以尚贤使能为政也。"〔1〕

墨家认为，古代圣王治理天下，就实行了"尚贤使能"的原则。尧举舜，汤举伊尹，武丁举傅说，难道因为他们是"骨肉之亲""面目美好者"吗？那只是法其言，用其谋，行其道，上可以有利于天，中可以有利于鬼，下可以有利于人而已。再往上推，那些古代圣王也是以"尚贤使能为政"的。《墨子》云：

> 是故推而上之，古者圣王，既审尚贤欲以为政，故书之竹帛，琢之槃盂，传以遗后世子孙，于先王之书，吕刑之书然，王曰："吁！来！有国有土，告女讼刑，在今而安百姓，女何择言人，何敬不刑，何度不及。"能择人而敬为刑，尧舜禹汤文武之道可及也，是何也？则以尚贤及之，于先王之书，竖年之言然，曰："晞夫圣武知（智）人，以屏辅而身。"此言先王之治天下也，必选择贤者，以为其群属辅佐，曰："今也天下之士君子，皆欲富贵而恶贫贱，莫若为贤。"为贤之道将奈何？曰："有力者疾以助人，有财者勉以分人，有道者劝以教人。"若此则饥者得失，寒者得衣，乱者得治。若饥则得食，寒则得衣，乱则得治，此乃生生。〔2〕

墨家的尚贤论，开启了我国古代"任人唯贤"原则的先河，从严格意义上讲，墨子是我国历史上第一个提出"任人唯贤"原则的人。在两千多年前，墨家对于贤才及其社会作用就作了如此明确而深刻的论述，确实是难能可贵的。

---

〔1〕 见《墨子·尚贤中》。
〔2〕 《墨子·尚贤下》。

第三节　尚贤的原则与方法

墨家不但明确提出了"尚贤使能"的主张，而且对如何全面地实现这一主张，提出了一些重要的原则和方法，这正是他们超越前人之处。

一、有能则举之

先秦诸子中，最早提出举贤才主张的是孔子。据《论语》记载：

> 仲弓为季氏宰，问政。子曰："先有司，赦小过，举贤才。"[1]
> 舜有臣五人而天下治。武王曰："予有乱臣（即治臣）十人。"孔子曰："才难，不其然乎？唐虞之际，于斯为盛。有妇人焉，九人而已。三分天下有其二，以服事殷。周之德，其可谓至德也已矣。"[2]

孔子这种举贤才和"才难"的思想，无疑是很可贵的；但同时他又主张"故旧不遗"，并未完全否定"亲亲"的原则。墨子曾批评孔子："亲亲有术（杀），尊贤有等，言亲疏尊卑之异也。"[3]

墨家尚贤则与孔子"尊贤有等"的举贤才思想不同，他们反对"亲亲"，否定"尊贤有等"，要求打破贵贱贫富亲疏的界限，在我国历史上第一次提出"有能则举之"的任人唯贤的原则。人们不论出身或社会地位如何，即使是"农与工肆之人"，只要是贤才，都享有同等的权利，都可以使官，参与国家政事。这种主张，同儒家"诸侯世其国，大夫世其家""士之子恒为士，农之子恒为农"的传统理论也是对立的。《墨子》云：

> 故古者圣王甚尊尚贤而任使能，不党父兄，不偏富贵，不嬖颜色。贤者举而上之，富而贵之，以为官长；不肖者抑而废之，贫而贱之，以为徒役。是以民皆劝其赏，畏其罚，相率而为贤者。以贤者众，而不肖

---

[1]　《论语·子路》。
[2]　《论语·泰伯》。
[3]　《墨子·非儒下》。

者寡，此谓进贤。[1]

是故古者圣王之为政也，言曰："不义不富，不义不贵，不义不亲，不义不近。"是以国之富贵人闻之，皆退而谋曰："始我所恃者新也，富贵也，今上举义不辟贫贱，然则我不可不为义。"亲者闻之，亦退而谋曰："始我所恃者亲也，今上举义不辟疏，然则我不可不为义。"近者闻之，亦退而谋曰："始我所恃者近也，今上举义不辟远，然则我不可不为义。"远者闻之，亦退而谋曰："我始以远为无恃，今上举义不辟远，然则我不可不为义。"逮至远鄙郊外之臣，门庭庶子，国中之众，四鄙之萌人闻之，皆竞为义，是其故何也？曰：上之所以使下者，一物也，下之所以事上者，一术也。譬之富者，有高墙深宫，墙既立，仅只为凿一门，有盗人入，阖其自入而求之，盗其无自出，是其故何也？则上得要也。故古者圣王之为政，列德而尚贤，虽在农与工肆之人，有能则举之，……故官无常贵，民无终贱，有能则举之，无能则下之，举公义，辟私怨，此若言之谓也。[2]

从这几段论述来看，有几点值得注意：

第一，墨家在选任官吏、组织政权的问题上，要求"举义不避贱"，"举义不避疏"，"举义不避远"，即要突破宗法关系和等级身份的限制，以其行为表现是否合乎"义"来定取舍。

第二，墨家提出"不党父兄，不偏富贵，不嬖颜色"的原则，实际上是对儒家"亲亲""尊尊"的否定。

第三，在选任贤才问题上，墨家突出强调劳动者的地位。如"农与工肆之人"，是指农、工、商劳动者；"国中之众"，是指城市一般的百姓；"四鄙之萌人"，是指郊野的农夫和奴隶。而他们所打击的"不肖者""无能者"，则多为贵族。

第四，墨家提出的"官无常贵，民无终贱"的口号，反映了平民百姓强烈要求参加政权和提高社会地位的愿望和要求。

---

[1]　《墨子·尚贤下》。
[2]　《墨子·尚贤上》。

墨家认为"尚（上）欲祖述尧舜禹汤之道，将不可以不尚贤"[1]，而他们所举古代帝王尚贤的例子，所用之人多为耕田的、做饭的、打鱼的，等等，实际上这些都是劳苦的奴隶。这些虽然是上古之事，却反映墨家要求从下层劳苦群众中间举拔贤能的思想。《墨子》云：

> 故古者尧举舜于服泽之阳，授之政，天下平；禹举益于阴方之中，授之政，九州成；汤举伊尹于庖厨之中，授之政，其谋得；文王举闳夭泰颠于罝罔之中，西土服。故当是时，虽在于厚禄尊位之臣，莫不敬惧而施，虽在农与工肆之人，莫不竞劝而尚（上）意。[2]

> 故虽贱人也，上比之农，下比之药，曾不若一草之本乎？且主君亦尝闻汤之说乎？昔者汤将往见伊尹，令彭氏之子御，彭氏之子半道而问曰："君将何之？"汤曰："将往见伊尹。"彭氏之子曰："伊尹，天下之贱人也。若君欲见之，亦令召问焉，彼受赐矣。"汤曰："非女所知也。今有药于此，食之，则耳加聪，目加明，则吾必说而强食之。今夫伊尹之于我国也，譬之良医善药也。而子不欲我见伊尹，是子不欲吾善也。"因下彭氏之子，不使御。[3]

二、选任、考核贤才的标准

墨家认为，贤才是"国家之珍"，"社稷之佐"，执政者必须大力选拔贤才。他们并具体地提出选贤的标准是"厚乎德行，辩乎言谈，博乎道术"[4]，即德行高，口才好，学问渊博。只有这样德才兼备的贤者，才能做到"有力者疾以助人，有财者勉以分人，有道者劝以教人"，在实践中真正贯彻"兼相爱，交相利"的原则。

怎样考核、任用贤才呢？墨家提出：

> 然后圣人听其言，迹其行，察其所能而慎予官，此谓事（使）能。

---

〔1〕《墨子·尚贤上》。
〔2〕《墨子·尚贤上》。
〔3〕《墨子·贵义》。
〔4〕《墨子·尚贤上》。

故可使治国者，使治邑。凡所使治国家、官府、邑里，此皆国之贤者也。[1]

这种"察能予官"的主张，显然是为了矫正春秋以来所实行的乡举里选制的弊端，尽可能地发挥贤才的作用。俞正燮在《癸巳类稿·乡兴贤能论》中指出："太古至春秋，君所任者，与其开国之人及其子孙。上士、中士、下士、府、胥、徒取诸乡贤兴能，大夫以上，皆世族不在选举也。"当时执政者迫于形势，不得不向下层士人开放政权，让他们担任大夫以下的下层官吏。这同从上到下一切都由贵族世袭比较起来，无疑是一个进步。然而，它仍然对贤才有很大的束缚作用，妨碍着贤才作用的发挥。

墨家主张以"察能予官"的办法代替"大夫以上，皆世族不在选举"的制度，"以德就列，以官服事，以劳殿赏，量功而分禄"。[2]根据其德才的高低授予相应的官职，小到"治邑"，大到"治国"，务必使人尽其才，才尽其用。这样就为发挥贤才的作用开辟了道路。

三、"贵之、富之、敬之"

墨家认为，光有"察能予官"的原则还不够，如果不懂得怎样推行的方法，那么事情还不能取得成功。采用什么方法呢？墨家主张"贵之、富之、敬之"，即用提高物质待遇和社会地位的方法，为贤才充分发挥作用创造条件。《墨子》云：

> 既曰若法，未知所以行之术，则事犹若未成，是以必为置三本。何谓三本？曰："爵位不高，则民不敬也；蓄禄不厚，则民不信也；政令不断，则民不畏也。"故古圣王高予之爵，重予之禄，任之以事，断予之令，夫岂为其臣赐哉？欲其事之成也。[3]
>
> 众贤之术将奈何哉？子墨子言曰："譬若众其国之善射御之士者，必将富之、贵之、敬之、誉之，然后国之善射御之士将可得而众也。况又

---

[1]　《墨子·尚贤中》。
[2]　《墨子·尚贤上》。
[3]　《墨子·尚贤中》。

> 有贤良之士，厚乎德行，辩乎言谈，博乎道术者乎，此固国家之珍，而社稷之佐也，亦必且富之、贵之、敬之、誉之，然后国之良士，亦将可得而众也。[1]

照墨家看来，只有在经济上给予贤士以优厚的俸禄，在政治上给予高贵的社会地位，在工作上有职有权，他们才能竭尽全力为国君服务，治理好国家。墨家认为古代的圣王就是这样做的：

> 古者圣王唯毋得贤人而使之，般（颁）爵以贵之，裂地以封之，终身不厌。贤人唯毋得明君而事之，竭四肢之力，以任君之事，终身不倦，若有美善，则归之上，是以美善在上，而所怨谤在下，宁乐在君，而忧感在臣，突古者圣王之为政若此。

四、贤士必须尽职尽力

墨家主张"察能予官"，而贤士则必须早出晚归，尽职尽力，表现出高度的负责精神和良好的办事效果。墨家在具体描述贤人执政的情形时指出：

> 贤者之治国也，蚤（早，下同）朝晏退，听狱治政，是以国家治而刑法正。贤者之长官也，夜寝夙兴，收敛关市、山林、泽梁之利，以实官府，是以官府实而财不散。贤者之治邑也，蚤出莫（暮）入，耕稼、树艺，聚菽粟，是以菽粟多而民足乎食。故国家治则刑法正，官府实则万民富。[2]

虽然贤士各有其职务，但都要落实到"交相利"原则上。墨家所谓的"贤人政治"，不是为个人的私利打算，而是为了"国家之利"和"万民之富"，使民众足衣足食。他们认为，当国家治、刑法正、仓廪实、万民富以后，就可以做到对上能具备酒食去祭祀天帝鬼神，对外能制造货币、和四邻诸侯交易，对内可以使饥者得食，寒者得衣，劳者得息，保养万民。于是天

---

[1]《墨子·尚贤上》。
[2]《墨子·尚贤中》。

帝鬼神降福给他。《墨子》云：

> 外有以怀天下之贤人，是故上者天鬼福之，外者诸侯与之，内者万民亲之，贤人归之。以此谋事则得，举事则成，入守则固，出诛（征）则强。故唯昔三代圣王，尧舜禹汤文武之所以王天下，正诸侯者，此亦其法已。[1]

在我国历史上，历代执政者为了维护和巩固自己的统治，都需要有自己的人才。当奴隶主贵族统治时，做官的尽是世卿世禄，平民百姓无权参与政治。而墨家的尚贤论，猛烈地冲击着世袭贵族的特权，并把劳动者放在突出的地位上，力图使包括小生产者在内的劳动者，在政治上享有与贵族平等的权利：当官的绝不应该永享富贵，平民百姓也绝对不会安于贫贱，时代变了，劳动者也可以大显身手了。

第四节　尚贤与传统文化

墨家关于人才及其社会作用的论述，比前人系统和深刻得多。他们总结了"尚贤为政之本"的历史经验，揭示出"国有贤良之士众，则国家之治厚；贤良之士寡，则国家之治薄"[2]的普遍规律，从而肯定人才对治国的重要性。所以说墨家开启了中国古代"任人唯贤"的先河。他们关于"尚贤使能"的一系列主张，为历代所反复提倡和发挥。

墨家的尚贤说对中国传统文化产生了重大影响。自秦汉以来，进步的思想家、政治家大都是任人唯贤的宣传者或实行者。而且，历代都有主张"贤良执法"者。例如，东汉桓谭主张，在选任贤良辅佐国政时，应特别注意选用贤吏执法。桓氏云：

> 国家设理官，制刑辟，所以定奸邪。又内置中丞御史，以齐毂下。故常用明习者，始以欲分正法。[3]

---

〔1〕《墨子·尚贤上》。

〔2〕《墨子·尚贤上》。

〔3〕《新论·谴非》。

贤吏正士，为上处事，持法宜如丹青。[1]

在桓谭看来，国家设置法官的目的，就是要他们定奸邪，端正法度，所以他们必须是贤良公正之士。相传皋陶是东夷族首领，舜任命他掌管刑狱，并由他创立了刑法，因而天下大治。桓谭认为，只有像皋陶这样的贤良之士来执掌刑狱，执法才能公正平允。

三国的诸葛亮，是一位"科教严明"、公正执法的政治家。《三国志》作者陈寿云：

> 诸葛亮之为相国也，抚百姓，示仪轨，约官职，以权制，开诚心，布公道，尽忠益时者虽仇必赏，犯法怠慢者虽亲必罚；服罪输情者虽重必释，游辞巧饰者虽轻必戮；善无微而不赏，恶无纤而不贬……邦域之内，咸畏爱之，刑政虽峻而无怨者，以其用心平而劝戒明也。[2]

这个评论是合乎历史事实的。诸葛亮辅政时，赏罚严明，无恶不惩，无善不显，一直为史家所称道。

唐朝著名诗人、思想家白居易对司法官吏的选拔和任用尤为关注。当时，朝廷"轻法学，贱法吏"，以致司法官吏很少是贤良之士。他们贪赃受贿，庇护亲友，挟嫌报复，畏惧权豪，欺凌卑弱。怎样改变这种局面呢？白居易向朝廷建议，将法学提为上等考科，并慎选司法官吏，让明习法令的贤良之士来担任法官。白氏云：

> 陛下诚欲申明旧章，划革前弊，则在乎高其科，重其吏而已。臣谨按：汉制以四科辟士，其三曰明习律令，足以决狐疑，能按章覆问，文中御史者，辟而用之。伏惟陛下：愚法学为上科，则应之者必俊义也；升法直为清列，则授之者必贤良也。然后考其能，嘉其善；明察守文者，擢为御史；钦恤用情者，迁为法官。[3]

这样，就能使"舞文之弊不生于刀笔之下"。白居易还认为，唐太宗时贞

---

〔1〕《群书治要》卷四十四。
〔2〕《三国志·蜀志·诸葛亮传》。
〔3〕《白居易集·策林四·论刑法之弊》。

观法制之所以能够推行，其重要原因之一是有一批好的司法官吏。后来执行的是同样的法，但枉法滥刑之事层出不穷，其原因并非刑法不便于时，而是由于执法之吏非其人。所以说："虽有贞观之法，苟无贞观之吏，欲其刑善，无乃难乎？"〔1〕

宋代王安石变法时，认真贯彻"善吾法择吏以守之"的原则。他认为单有好的法律仍不足以治理好国家，必须有好的官吏去贯彻执行："古人有言，徒善不足以为政，徒法不能以自行"〔2〕，推行新法，就得有一支良好的执法官吏队伍。王安石在论述理财、法律、官吏三者的关系时指出：

> 夫合天下之众者，财也；理天下之财者，法也；守天下之法者，吏也。吏不良，则有法而莫守；法不善，则有财而莫理，然则善吾法而择吏以守之，以理天下之财，虽上古尧舜犹不能毋以此为先急，而况于后世之纷纷乎？〔3〕

在变法过程中，王安石将其选任良吏的主张付诸实践，选拔了一批官吏去推行新法。

元人苏天爵长期任监察御史等职，深谙法贵得人之理。苏氏云：

> 司刑官吏，先贵得人。若官不得人，则乏推鞫之明；吏不得人，惟务文深之害；或无罪枉陷于刑章，或有罪侥幸以苟免，以致下有冤抑之苦，则必上干阴阳之和；故累朝以来，数差官审决，盖欲刑政肃清，臣民畏惧故也。〔4〕

所以，他提出具体的建议：精选通晓刑名官吏，先将各省所系罪囚，一一审录，加以处理，以免久系囹圄之苦，其中冤屈者亦得宽释。

明代丘濬在总结封建正统法律思想时，也论述到慎选司法官吏的问题。"夫狱慎之事，择人以用，不间以小人"，"得其必能敬刑"。〔5〕刑狱之事，人

---

〔1〕《白居易集·策林四·论刑法之弊》。
〔2〕《临川先生文集·材论》。
〔3〕《临川先生文集·度支副使厅壁题名记》。
〔4〕《滋溪文稿·乞差官录求》。
〔5〕见《大学衍义补·慎刑宪》。

民之生死所系，必须选择正直仁厚、至公无私、不为权势财利所动摇的人充当。而刑狱之不得行其公者，非为威胁，则为利诱。丘濬云：

> 刑狱之事，实关于天。典刑者惟一循天理之公，而不循乎人欲之私，权势不能移，财利不能动，如此用刑者无愧于心，受刑者允当其罪，吾之心合天之心矣……典狱之职，所系之重如此，膺天命而制生灵之命者，可不择人之用之乎？要之，狱所以不公者，外为权势之嘱托，内为财利之贿赂故也。[1]

这种分析比前人进了一步，特别是他明确指出了狱讼不公的内外原因，真可谓入木三分。即使是对现代社会来说，这种分析也是有借鉴意义的。

清康熙帝为了巩固自己的统治，特别注重吏治。他认为：“从来民生不遂，由于吏治不清。长吏贤，则百姓自安矣。”[2]要治理好国家，首要的是要有一批德才兼备、公正执法的官吏。他指出：

> 有治人，无治法，但真能任事者亦难得，朕观人必先心术，次才学，心术不善，纵有才学何用？[3]

对于司法官吏来说，康熙强调要依法审判，不得徇私枉法，不得法外妄用重刑或宽贷权贵。他曾下诏：“刑罚关系人命，凡审谳用刑，理应恪守宪制，精详慎重，不得恣行酷虐，致滋冤滥。……恐不肖官员，日久玩忽，乃于法外妄用重刑，有负钦恤之意。”[4]有一次，旗人四舒等辱骂顺天府丞王维珍，康熙下令从重惩处，而且察议其主。有人奏曰：“其主乃康亲王。”康熙说：“朕止论事之是非，不论其为何人也。”[5]这种不许司法官员袒护权贵的做法，是应该肯定的。

---

[1] 《大学衍义补·慎刑宪》。
[2] 《清圣祖实录》卷四十一。
[3] 《清圣祖实录》卷四十一。
[4] 《清圣祖实录》卷四十一。
[5] 《清圣祖实录》卷一二三。

第二十八章

墨家的经济立法思想

墨家活动的战国时代，各诸侯国的统治者搜刮民脂民膏，过着奢侈的生活，并不断地进行兼并战争，强迫人民为他们卖命，给人民带来极大的灾难。墨家认为，当时人民有三大忧患：

> 民有三患，饥者不得失，寒者不得衣，劳者不得息，三者民之巨患也。[1]

墨家为人民的饥寒交迫而忧虑，并非无的放矢。儒家的孟子，也同样非难统治者："庖有肥肉，厩有肥马，民有饥色，野有饿莩，此率兽而食人也。"确实，当时人民"救死惟恐不赡"，生活在水深火热之中。

墨家的成员多半来自社会底层，直接参加生产劳动，深深懂得劳动者的疾苦，所以，他们极力主张用法律保障劳动者的权益。他们维护劳动者权益的经济立法思想，具有巨大的进步意义。

第一节　维护劳动者权益的立法思想

一、"赖其力者生，不赖其力者不生"

墨家代表小生产者的利益，十分重视人民的生计，重视劳动，强调要保障劳动者的生存权利。

墨家分析当时的土地、人口情况时指出：现在一个大国，所有荒废的土

---

[1]　《墨子·非乐上》。

地以千计，可供开垦的平原以万计。"然则土地者所有余也，士民者所不足也。"〔1〕本来就是土地有余而人民不足，如果"贱人不强（勤）从事则财用不足"，这是很平常的道理。所以，必须重视生产，多生产粮食，使人民免于饥饿。《墨子》云：

> 凡五谷者，民之所仰也，君之所以为养也。故民无仰，则君无养，民无食，则不可事；故食不可不务也，地不可不立也，用不可不节也。五谷尽收，则五味尽御于主，不尽收，则不尽御。一谷不收谓之馑，二谷不收谓之旱，三谷不收谓之凶，四谷不收谓之馈（通匮），五谷不收谓之饥。〔2〕

墨家看来，劳动是人生的第一要义。因为人类只有出力劳动生产才能生存，不出力劳动生产就不能生存。人类通过劳动，就能获得吃、穿、用的生活资料。这是墨家最有价值的理论贡献之一。《墨子》云：

> 今人固与禽兽、麋鹿、蜚鸟、贞虫异者也。今之禽兽、麋鹿、蜚鸟、贞虫，因其羽毛以为衣裘，因其蹄蚤（爪）以为绔屦，因其水草以为饮食。故唯（虽）使雄不耕稼树艺，雌亦不纺绩织纴，衣食之财固已具矣。今人与此异也，赖其力者生，不赖其力者不生。〔3〕

飞禽走兽靠自然生活，人类要维持自己的生存，则靠劳动，自食其力。可见劳动是人类生存的根本，是物质财富的来源。这就叫"赖其力者生，不赖其力者不生"。这是墨者从"农与工肆"生活中体验出来的。因此，墨家特别强调要保障"赖其力"的劳动者的生存权利。他们借"天志"来论证这种权利的神圣不可侵犯性："今天下无大小国，皆天之邑也；人无长幼贵贱，皆天之臣也。"因此，上天对每一个人都"兼而爱之，兼而利之"，保护着每一个人，不许"相恶相贼"。〔4〕

---

〔1〕《墨子·非乐上》。
〔2〕《墨子·七患》。
〔3〕《墨子·非乐上》。
〔4〕 见《墨子·法仪》。

二、"不与其劳"，不获其实

墨者目睹当时统治者奢侈浪费，荒淫无度，而对劳动者却无限制地征发徭役，征收赋税，以致"民用不足，冻饿死者，不可胜数也"。[1]他们为了维护小生产者的利益，要求保护他们的劳动成果。特别是他们把劳动和法律联系起来，认为只有"与其劳"，才能获其实，才能使劳动成果为己所有，获得所有权。否则就是"不义"，就是盗窃、抢夺。《墨子》云：

> 今有人于此，入人之场园，取人之桃李瓜姜者，上得且罚之，众闻则非之，是何也？曰不与其劳，获其实，已非其有所取之故。[2]

所谓"已非其有所取之故"，意思是因为他去窃取不属于他所有的东西。墨家坚决反对那种不劳而获、损人利己的行为，认为"不与其劳，获其实"，是不正当的。

墨家认为，必须鼓励人们努力劳动，积极发展生产。人类只有依靠自己的辛勤劳动，创造出自己生存所必需的生活资料，并为社会增加财富。《墨子》云：

> 今也农夫之所以早出暮入，强（勤，下同）乎耕稼树艺，多聚叔（菽）粟，而不敢感倦者，何也？彼以为强必富，不强必贫，强必饱，不强必饥，故不敢怠倦。今也妇人之所以夙兴夜寐，强乎纺绩织纴，多治麻统葛绪，捆布縿，而不敢息倦者，何也？曰彼以为强必富，不强必贫，强必煖，不强必寒，故不敢怠倦。[3]

由于墨家重视生产劳动，珍惜劳动成果，所以他们批评儒家轻视劳动的观点，嘲笑他们因不事生产而经常挨饿的境地，像乞丐一样向人家索取残羹剩饭，勉强度日。

---

〔1〕《墨子·节用上》。
〔2〕《墨子·天志下》。
〔3〕《墨子·非命下》。

（儒者）倍本弃事而安怠傲，贪于饮食，惰于作务，陷于饥寒，危于冻馁，无以达之，是若人乞，鼸鼠藏，而羝羊视，贲彘起。君子笑之，怒曰："散人焉知良儒？"夫夏乞麦禾，五谷既收，大丧是随，子姓皆从，得厌饮食，毕治数丧，足以至矣。因人之家以为翠，恃人之野以为尊（樽），富人有丧，乃大说喜曰："此衣食之端也。"〔1〕

然而，墨家主张社会应有分工，承认劳动有体力劳动和脑力劳动的区别，"各从事其所能"，各自量力而行，事情就可以成功。《墨子》云：

治徒娱、县子硕问于子墨子曰："为义孰为大务？"子墨子曰："譬若筑墙然，能筑者筑，能实壤者实壤，能欣（掀，下同）者欣，然后墙成也。为义犹是也，能谈辩者谈辩，能说书者说书，能从事者从事，然后义事成也。"〔2〕

今虽毋在乎王公大人蒉若信有命而致行之，则必怠乎听狱治政矣，卿大夫必怠乎治官府矣，农夫必怠乎耕稼树艺矣，妇人必怠乎纺绩织纴矣。王公大人怠乎听狱治政，卿大夫怠乎治官府，则我必为天下必乱矣。农夫怠乎耕稼树艺，妇人怠乎纺绩织纴，则我以为天下衣食之财，将必不足矣。〔3〕

这里，墨家所讲的筑墙者、农夫、妇人，是体力劳动者，而谈辩者、说书者，是脑力劳动者。可是墨家把王公大人、士君子等也完全等同于出力的劳动者，这种看法是片面的。

在墨家看来，无论是体力劳动者还是脑力劳动者，如果各尽其所能，办事就能成功。所以墨家常说："竭股肱之力（指体力劳动），亶（殚）其思虑之智（指脑力劳动）。"这和孟子"或劳心，或劳力"的观点有些相似。但也有不同的地方，墨家认为，只要是劳作就是神圣的，只要能吃苦，能为社会服务，就应受到称赞，才可称为"墨者"；而孟子则鄙视劳作，认为劳作是"小人"之事，"小人"努力劳作以供养"君子"，是天经地义的事。

---

〔1〕《墨子·非儒下》。
〔2〕《墨子·耕柱》。
〔3〕《墨子·非命下》。

总的看来，墨家作为小生产者的代言人，其言论和行动的出发点，天然地带有反剥削的要求。在中国历史上，墨家是第一个反对"不与其劳获其实"，主张人人自食其力、不劳动即无生活权利的学派，而这种思想主张是极有价值的，在墨家活动的那个时代，人们普遍的看法是"君子劳心，小人劳力"，[1]并把它说成是"天下之通义"。而墨家却站出来大声喊道，"不与其劳，获其实"，是不正当的；"赖其力者生，不赖其力者不生"，应该保障劳动者的生存权利。这不但是惊世骇俗之论，而且成为劳动者维护自己生存权利的思想武器。

第二节　对"费财劳力"的批判

所谓"凡费财劳力，不加利者，不为也"[2]，是指凡是劳民伤财，实际没有利的，就不做。针对贵族统治者残酷地掠夺劳动者生活之财，过着荒淫无度的生活，浪费了大量物质财富的局面，墨家提出了上述原则，其目的在于限制贵族统治者的奢侈浪费，制止他们的掠夺，减轻劳动者的负担。

在先秦诸子学说中，确有不少批判当时统治者滥施暴政、赋敛无度的言论，反映了劳动者的呼声，其中尤以墨子的揭露最全面、最深刻，集中表达了劳动者的愿望和要求。

墨家对贵族统治者在衣、食、住、行等方面的奢侈浪费，作了深刻的揭露和批评。

墨家认为，人们穿衣服，冬天是用来防寒，夏天是用来御暑的。凡制作的衣服，能够冬天感到温暖，夏天感到凉爽就够了，超过了这个原则，就不需要了。可是王公大人却在衣服上绣上花纹，镶上花边，佩上金钩珠玉，劳民伤财，奢侈已极。《墨子》云：

> 当今之主，其为衣服，则与此异矣。冬则轻暖，夏则轻清，皆已具矣，必厚作敛于百姓，暴夺民衣食之财，以为锦绣文彩靡曼之衣，铸金以为钩，珠玉以为珮，女工作文彩，男工作刻镂，以为身服，此非云益

---

〔1〕　见《左传·成公十三年》。
〔2〕　《墨子·辞过》。

暖之情也。单（殚）财劳力，毕归之于无用也。[1]

在饮食方面，王公大人的铺张浪费也十分惊人。他们享受牛羊美味，蒸烤鱼鳖，每顿有上百样菜，连看都看不过来，哪能全尝到呢！《墨子》云：

> 今则不然，厚作敛于百姓，以为美食刍豢，蒸炙鱼鳖，大国累百器，小国累十器，美食方丈，目不能遍视，手不能遍操，口不能遍味，冬则冻冰，夏则饰饐。人君为饮食如此，故左右像之。是以富贵者奢侈，孤寡者冻馁，虽欲无乱，不可得也。[2]

同时，王公大人住的"台榭曲直之望，青黄刻镂之饰"；行的方面，还要"饰车以文彩，饰舟以刻镂"，极尽豪华奢侈之能事！

这些衣食住行的费用，都是从劳动者那里搜刮来的。墨家愤怒地控诉这些王公大人，"厚作敛于百姓，暴夺民衣食之财"，来满足他们无穷无尽的欲望。墨家认为，王公大人们享受的奢侈品，都是"费财劳力，不加利者"，应当严厉禁止。

王公大人们不仅生前穷奢极欲，死后，还要厚葬久丧，"靡民之财，不可胜计"。

不仅如此，王公大人骄奢淫逸的生活还有另一面："当今之君，其蓄私也，大国拘女累千，小国累百。"这样，就使"天下之男多寡无妻，女多拘无夫，男女失时，故民少"。[3]

照墨家看来，人们都应当过俭朴的生活，贵族统治者也必须实行较低的消费标准。在消除奢侈，实行"节用"以后，就会大大减轻人民的负担，统治者所征发的徭役和征收的赋税将会有一定限度。《墨子》云："以其常役，修其城郭，则民劳而不伤；以其长正（征）收其租税，则民费而不病。"[4]

---

[1] 《墨子·辞过》。
[2] 《墨子·辞过》。
[3] 见《墨子·辞过》。
[4] 《墨子·辞过》。

第三节 维护私有财产权的主张

墨家所代表的小生产者是直接生产者，依靠自己的辛勤劳动，才获得劳动果实，所以他们十分重视自己的劳动果实；同时，他们又是小私有者，所以也重视私有财产，要求保护他们私有财产的所有权。对于"不与其劳"而获其实的亏人自利的行为，主张运用法律手段而予以惩罚。墨家认为亏人自利的行为是"不义"的，小如盗窃、抢劫，大至侵略战争，都是如此。

今有一人，入人园圃，窃其桃李，众闻则非之，上为政者得则罚之。此何也？以亏人自利也。至攘人犬豕鸡豚。此何故也？以其亏人愈多。苟亏人愈多，其不仁兹甚，罪益厚。至杀不辜人也，拖其衣裘，取戈剑者，其不义又甚入人栏厩，取人牛马。此何故也？以其亏人愈多。苟亏人愈多，其不仁兹甚，罪益厚。[1]

今天下之诸侯，将犹皆侵凌、攻伐、兼并，此为杀一不辜人者，数千万矣，此为踰人之墙垣，扭格人之子女者，与角人府库，窃人金玉蚕絮者，数千万矣，踰人之栏牢，窃人之牛马者，与入人之场园，窃人之桃李瓜姜者，数千万矣，而自曰义也。故子墨子言曰："是蕡我者，则岂有以异是蕡黑白甘苦之辩者哉？"[2]

墨家为什么坚决主张惩罚那些"不义"的行为呢？因为他们得来的财富，不是自己劳动所得，而是靠偷窃、抢劫得来的，靠掠夺得来的，"已非其有所取之故"。可见墨家非常重视私有财产权，认为私有财产不可侵犯，因而对非法占有别人劳动果实，侵犯私有财产者，必须运用法律手段加以制裁。这充分反映了小生产者要求保护自己的劳动成果和私有财产权的强烈愿望。

墨家对侵犯私有财产权的行为特别憎恨，因而主张对这种行为严刑重罚，他们提出"杀盗人，非杀人"[3]，即杀死盗窃犯，不算杀一般人。照墨家看来，这不是滥杀无辜，因为盗窃是"恶贼"人的行为，应当受到重罚。

---

[1]《墨子·非攻上》。
[2]《墨子·天志下》。
[3]《墨子·小取》。

　　总之，墨家维护劳动者权益的经济立法思想，在当时历史条件下具有巨大的进步意义。首先，墨家第一个明确提出"赖其力者生，不赖其力者不生""不与其劳不获其实"的主张，这是对统治者残酷压榨劳动者的强烈抗议，反映了广大劳动者的要求和愿望。其次，墨家对王公大人劳民伤财、奢侈浪费的揭露和抨击，有助于提高人们对贵族统治者的残酷性、腐朽性的认识。最后，墨家要求从法律上保障劳动者的生存权利，改善他们的经济状况，这种主张也是有利于社会发展的。

　　综上所述，墨家的思想，从总体上看是进步的。墨家所代表的小生产者，在政治上、经济上同奴隶主贵族是对立的，同新兴地主阶级也是对立的，他们的要求和愿望集中反映在包括其法律主张在内的墨家学说中。

　　墨家的法律主张贯穿着"兼相爱，交相利"的精神。他们从小生产者互助互利的自发认识出发，要求扩大为对家族、对社会，以至于对全人类，都抱着"兼相爱，交相利"的信念，共同努力，实现"兼爱"的理想社会。

　　然而，在历史上小生产者并不能真正成为一种独立的政治力量，所以尽管其代表者墨家提出了系统的学说和主张，却无力去实现它；他们只得借助于上天的意志和鬼神的力量，把"交恶"相害的社会改变为"兼爱"互利的社会。尽管这种社会还未曾出现过，但墨家学说和主张的历史价值是应当充分肯定的。

　　秦汉以后，墨家作为一个思想流派来说消失了，墨学成为"绝学"。但其思想体系中的一些具体内容，则为后世其他各家所吸收。如功利主义为法家所推崇，尚贤说为后世儒家所吸收，"天志"论也为汉儒董仲舒所吸收并改造成为更精致的"天人感应"说，等等。

第五编

道家的法律思想与传统文化

第二十九章

老子、庄子与道家学派

第一节　道家学派

道家，是以先秦老子、庄子关于"道"的学说为核心的学术派别，春秋末期的老子是道家的创始人，战国中期的庄子则为道家学说的集大成者。

《庄子·天下》篇叙述道家学说的兴起时指出："以本为精，以物为粗，以有积为不足，澹然独与神明居。古之道德有在于是者，关尹、老聃闻其风而悦之。"可见道的学说源远流长。老子本人也一再赞扬古代的善为道者。

古之善为道者，微妙玄通，深不可识。[1]

古之所以贵此道者何？不曰以求得，有罪以免邪！[2]

古之善为道者，非以明民，将以愚之。[3]

由此可见，在老子以前已经有一些人阐述了"道"的道理。老子继承和发展了它，创立了比较完整的"道"的学说。

道家者流，盖出于史官，历记成败存亡祸福古今之道，然后知秉要执本，清虚以自守，卑弱以自持，此君人南面之术也。合于尧之克攘（让），易之嗛嗛，一谦而四益，此其所长也。及放者为之，则欲绝去礼学，兼弃仁义，曰独任清虚可以为治。[4]

这里所指出的"清虚以自守，卑弱以自持"，"绝去礼学，兼弃仁义"，

---

〔1〕《老子》十五章。
〔2〕《老子》六十二章。
〔3〕《老子》六十五章。
〔4〕《汉书·艺文志》。

正是道家学说的缩影。

第二节　老子其人与《老子》其书

对于老子这个人和《老子》这部书，长期存在着争论和意见分歧。当前相当多的学者认为老子即老聃，姓李名耳，生于春秋末期，楚国人。

据《史记·老子韩非列传》记载：

> 老子者，楚苦县厉乡曲仁里人也，姓李氏，名耳，字聃，周守藏室之史也。

> 孔子适周，将问礼于老子。老子曰："子所言者，其人与骨皆已朽矣，独其言在耳。且君子得其时则驾，不得其时则蓬累而行。吾闻之，良贾深藏若虚，君子盛德，容貌若愚。去子之骄气与多欲，态色与淫志，是皆无益于子之身。吾所以告子，若是而已。"孔子去，谓弟子曰："鸟，吾知其能飞；鱼，吾知其能游；兽，吾知其能走。走者可以为罔（网），游者可以为纶，飞者可以为矰。至于龙，吾不能知其乘风雨而上天。吾今日见老子，其犹龙邪！"老子修道德，其学以自隐无名为务。居周久之，见周之衰，乃遂去。至关，关令尹喜曰："子将隐矣，强为我著书。"于是老子乃著书上下篇，言道德之意五千余言而去，莫知其所终。

这里，司马迁所记的老子似乎很清楚了：有姓有名有字，其籍贯有国、有县、有乡、有里；而且还记述了孔子曾向他问礼，看来他与孔子同时而年辈稍长。然而，司马迁接着又写道：

> 或曰：老莱子亦楚人也，著书十五篇，言道家之用，与孔子同时云……

> 自孔子死之后百二十九年，而史记周太史儋见秦献公曰："始秦与周合，合五百岁而离，离七十岁而霸王者出焉。"或曰儋即老子，或曰非也，世莫知其然否。老子，隐君子也。

由此可见，司马迁对老莱子、太史儋同老聃是否是一个人，并没有明确地回应。

近人马叙伦考证，老子即老聃，确与孔子同时而年辈稍长。马氏云："老子生当定王简王之世。孔子五十一岁见老子，为敬王十八年（公元前五〇二年），盖已八九十岁，其卒年虽不可知，而庄子载秦失吊其死，则非不知所终者也。"[1]

《老子》一书是否为老子所作，历来也有争论。现存《老子》八十一章，又叫《道德经》，很多学者认为它成书于战国初期，并非老子所作，但基本上代表了老子的思想。一九七三年在长沙马王堆第三号汉墓中发现两部帛书《老子》，其编排方法与传统的《老子》不同，德经在前，道经在后。

第三节　庄子其人与《庄子》其书

庄子，姓庄名周，约生于公元前三六九年，卒于公元前二八六年，与孟子同时而稍晚一些。他是宋国蒙（今河南商丘东北）人。他只做过管理漆园的小官，不久就隐退。庄子生活贫困，终身潦倒，有时靠借贷过日子。当时学术界著名人物只有惠施经常和他往来，进行辩论，所以朱熹说，庄子当时无人宗之，他只在僻处自说。庄子的生平，《史记·老子韩非列传》有一些记载：

庄子者，蒙人也，名周。周尝为蒙漆园吏，与梁惠王齐宣王同时。其学无所不窥，然其要本归于老子之言。故其著书十余万言，大抵率寓言也。作渔父、盗跖、胠箧，以诋訿孔子之徒，以明老子之术。畏累虚、亢桑子之属，皆空语无事实。然善属书离辞，指事类情，用剽剥儒、墨，虽当世宿学不能自解免也。其言洸洋自恣以适己，故自王公大人不能器之。

楚威王闻庄周贤，使使厚币迎之，许以为相。庄周笑谓楚使者曰："千金，重利；卿相，尊位也。子独不见郊祭之牺牛乎？养食之数岁，衣

---

[1]　马叙伦：《老子校诂》，北京景山书社1924年版，第36页。

以文绣，以入大庙。当是之时，虽欲为孤豚，岂可得乎？子亟去，无污我。我宁游戏污渎之中自快，无为有国者所羁，终身不仕，以快吾志焉。"

庄子的著作，司马迁说他"著书十余万言，大抵率寓言也"。《汉书·艺文志》云：《庄子》一书五十二篇。现存的《庄子》只有内篇七篇，外篇十五篇，杂篇十一篇，共三十三篇。许多研究者认为内篇为庄子自著，外篇、杂篇是其后学的著作。其实未必尽然，外篇、杂篇里也有一些庄子自己的手笔（如前引司马迁所云《渔父》《盗跖》《胠箧》诸篇）。大体说来，可以说现在的《庄子》是庄学汇编。

庄子是一个穷困潦倒的隐士，对现实社会极端不满，鄙视功名利禄，拒绝同统治者合作，常常发表抨击贵族统治者的言论。有一次他穿着打补丁的粗布衣过访梁惠王时，就当面发表了一通关于处在"昏上乱相"之间，必然困窘不堪的言论。据《山木》篇载：

> 庄子衣大布而补之，正緳系履而过魏王，魏王曰："何先生之惫邪？"庄子曰："贫也，非惫也；士有道德不能行，惫也；衣弊履穿，贫也，非惫也，此所谓非遭时也。王独不见夫腾猿乎？其得柟梓豫章也，揽蔓其枝而王长其间，虽羿、蓬蒙不能眄睨也。及其得柘棘枳枸之间也，危行侧视，振动悼栗，此筋骨非有加急而不柔也，处势不便，未足以逞其能也。今处昏上乱相之间而欲无惫，奚可得邪？此比干之见剖心徵也夫！"

庄子生活的战国时代，"窃钩者诛，窃国者为诸侯"的事件时常发生，他自己就经历了宋国的窃国事件。公元前三二八年，宋公子偃逐剔成夺取君位，自立为王。宋王偃是个暴君，残酷地压榨人民，庄子是深有体会的。他一向拒绝同统治者合作，鄙视功名利禄，并辛辣地嘲笑那些追求名利的人。《秋水》篇中"惠子相梁"一段，写庄子辞相，甚至把相位比作腐鼠，而对惠施官迷心窍、疑神疑鬼的丑态，极尽嘲弄、讥讽之能事。

> 惠子相梁，庄子往见之。或谓惠子曰："庄子来，欲代子相。"于是惠子恐，搜于国中三日三夜。庄子往见之，曰："南方有鸟，其名为鹓

雏，子知之乎？夫鹓雏发于南海而飞于北海，非梧桐不止，非练实不食，非醴泉不饮。于是鸱得腐鼠，鹓雏过之，仰而视之曰：'吓！'今子欲以子之梁国而吓我邪？"

其实，这是庄子对官场的揭露和抨击，其进步性是不可低估的。

第三十章

道家的自然法思想

所谓道，其本义原为"道路"。《说文》云："道，所行道也。"将道运用在人类社会，则为一定的原理和准则，为人类处世接物所共同遵循的原则。这种观念，儒家和道家大致相同。然而，儒家所谓道，是以"人"为中心，主要表现为从积极方面来规范人类的生活，用以齐家治国平天下，即所谓礼治德治之道或仁政之道。道家所谓道，是以"自然"为中心，主要表现为从消极方面来防患于未然，一切顺应自然，正本清源，消弭祸患，无事以安民。

道为道家学说的核心，是其法律观的出发点和理论基础。

第一节　道为万物之宗

道是道家学说的核心，也是其哲学的最高范畴。

老子认为，道是宇宙的本体，是万事万物的根源和主宰。

　　道之为物，惟恍惟惚。惚兮恍兮，其中有象；恍兮惚兮，其中有物；窈兮冥兮，其中有精。[1]

　　有物混成，先天地生。寂兮寥兮，独立而不改，周行而不殆。可以为天下母。吾不知其名，字之曰道，强为之名曰大。大曰逝，逝曰远，远曰反。[2]

　　道生一，一生二，二生三，三生万物。万物负阴而抱阳，冲气以为和。[3]

---

〔1〕《老子》二十一章。
〔2〕《老子》二十五章。
〔3〕《老子》四十二章。

　　归纳上面的话，所谓道，是一种混混沌沌、恍恍惚惚、超时空的东西；它生于天地之前，不依赖外来的力量，自己在那里独立地循环往复地运行着；它是天下万物之宗，是天下万物及其变化的总根源。可见老子的所谓道，是看不见、摸不着、无形无相的精神性的东西，万物都是由它产生的。

　　庄子和老子一样，把道看成是天地万物的主宰，天地由它产生，万物由它创造。庄子云：

　　　　夫道有情有信，无为无形；可传而不可受，可得而不可见；自本自根，未有天地，自古以固存；神鬼神帝，生天生地；在太极之先而不为高，在六极之下而不为深，先天地生而不为久，长于上古而不为老。豨韦氏得之，以挈天地；伏戏氏得之，以袭气母（指阴阳）；维斗得之，终古不忒；日月得之，终古不息；堪坏（昆仑山神）得之，以袭昆仑；冯夷（河神）得之，以游大川；肩吾（泰山神）得之，以处大山；黄帝得之，以登云天；颛顼得之，以处玄宫；禺强（水神）得之，立乎北极；西王母得之，坐乎少广，莫知其始，莫知其终；彭祖得之，上及有虞，下及五伯；傅说得之，以相武丁，奄有天下，乘东维、骑箕尾而比于列星。[1]

　　　　东郭子问于庄子曰："所谓道，恶乎在？"庄子曰："无所不在。"东郭子曰："期而后可。"庄子曰："在蝼蚁。"曰："何其下邪？"曰："在稊稗。"曰："何其愈下邪？"曰："在瓦甓。"曰："何其愈甚邪？"曰："在屎溺。"东郭子不应。庄子曰："夫子之问也，固不及质。正、获（都是官名）之问于监市履狶也，'每下愈况'。汝唯莫必，无乎逃物。至道若是，大言亦然。"[2]

　　这主要是说，道是万物的本源，天地鬼神和人间万事万物都从道那里产生；它无形无影，自本自根，是非物质的；它比上古还要古，超越了天地的范围，但又无处不在，体现在一切事物之中，与帝王、日月山川等社会、自然现象密切联系着。由此可见，庄子的道论和老子的道论一脉相承。

----

　　〔1〕《庄子·大宗师》。
　　〔2〕《庄子·知北游》。

然而庄子所说的道和老子的道也有所不同。庄子云"有先天地生者物邪？物物者非物，物出不得先物也，犹其有物也"[1]；"天地与我并生，而万物与我为一"。[2]即产生物质的东西并不是物质，是精神；而这种精神是主观精神，它与世界万物混同一体，合而为一，万物就是我，我就是万物。很明显，庄子把老子的道从主观上更加以夸大了。

庄子认为万物虽然都受道的支配，但道无是非，无贵贱，无约散，因此，万物也没有这方面的区别。可以说，相对主义是庄子的道的一个突出特点。庄子云：

> 物无非彼，物无非是……是亦彼也，彼亦是也。彼亦一是非，此亦一是非，果且有彼是乎哉？果且无彼是乎哉？彼是莫得其偶，谓之道枢……
>
> 恶乎然，然于然。恶乎不然，不然于不然。物固有所然，物固有所可。无物不然，无物不可。故为是举莛与楹，厉与西施，恢诡谲怪，道通为一。[3]
>
> 吾知道之可以贵，可以贱，可以约，可以散，此吾所以知道之数也。[4]

由此可见，庄子根本否认世界上有是非、善恶、美丑、大小、贵贱等区别，根本否认有真理标准，认为公说公有理，婆说婆有理，谁也难以判断。他夸大了事物的相对性，完全否认事物有质的区别，所以他的认识完全是主观的。从庄子的道来看，像那丑陋的女人和美丽的西施是没有区别的，可以通而为一。世上哪有什么客观标准呢？"赍（调和）万物而不为义，泽及万世而不为仁，长于上古而不为老，覆载天地、刻雕众形而不为巧。"[5]客观事物是无法认识的，哪里去寻找残暴、仁德、长寿、巧妙的标准啊！

显然可见，庄子这种相对主义和主观主义，确已成为否定现实存在、怀

---

[1]《庄子·知北游》。
[2]《庄子·齐物论》。
[3]《庄子·知北游》。
[4]《庄子·知北游》。
[5]《庄子·天道》。

疑一切，追求精神解脱的思想基础。

总的看来，道家所论之道，不可能正确地反映客观世界。黑格尔在《哲学史讲演录》中评论老子的道时指出：

> 什么是至高至上的和一切事物的起源？就是虚、无、恍惚不定（抽象的普遍）。这也就名为"道"或"理"……一切事物的起源、最后者、最高者乃是"无"……他们（指道家）否认世界的存在。

显然，黑格尔对道家的评论是比较中肯的。

第二节　道法自然的自然法思想

春秋末世，"礼崩乐坏"，征伐不已，祸患频仍，统治者苛征暴敛，攘夺火并。他们所关心的是难得之货、至高之位、倾国之权和盖世之名。天下纷纷然，人们处在水深火热之中。道家认为，挽救之方，唯有淡泊知足，效法自然，清静无为，即以道治天下。

道家所谓道法自然，就是说道的本质是自然的，自然也就是道。道之所以能起主宰的作用，完全是由于它顺应自然，效法自然，听任万物之自化，而不横加干预。

老子认为，天地万物以及人类都受自然的支配，所以要效法自然。老子云：

> 故道大，天大，地大，人亦大。域中有四大，而人居其一焉。人法地，地法天，天法道，道法自然。[1]

所谓"人法地"，是说人之厚其德，乃取法于地之无所不载；所谓"地法天"，是说地之成其大，乃取法于天之无所不覆；所谓"天法道"，是说天之能长久，乃取法于道之无所不生；所谓"道法自然"，是说道之生育不息，乃取法于自然之有条不紊，春夏秋冬循环不已，各不相犯。可见老子所讲的自然，是自然而然的意思，自然而然就是天然，没有人为的成分。照老子看来，

---

〔1〕《老子》二十五章。

既然天地、人类和道都要受自然的支配，那自然就是最根本的东西，所以都要取法于自然。特别是人类，她是道化育而生的，道既取法于自然，那人类更应取法于自然。

老子道法自然的思想，实际上认为在人定法之外，还有一种来源于自然的自然法。老子云：

> 天之道，不争而善胜，不言而善应，不召而自来，繟然而善谋。天网恢恢，疏而不失。[1]

河上公注云："天所网罗，恢恢甚大，虽疏远，司察人善恶，无有所失。"可见这种自然法网具有刑赏的力量，能够赏善罚恶，十分森严，所以人类必须力求顺天。这种自然的法网无比广大，网孔虽然稀疏，却不会有漏失！

在老子看来，自然是道的本体，经过天和圣人相继取法，就成为"天之道"和"圣人之道"。

> 功成身退，天之道。[2]
> 天之道，其犹张弓欤？高者抑之，下者举之，有余者损之，不足者补之。天之道，损有余而补不足，人之道则不然，损不足以奉有余。[3]
> 天之道，利而不害。[4]
> 是以圣人无为，故无败；无执，故无失。民之从事常于几成而败之。慎终如始，则无败事。是以圣人欲不欲，不贵难得之货；学不学，复（补救）众人之所过。以辅万物之自然而不敢为。[5]
> 是以圣人常善救人，故无弃人；常善救物，故无弃物。[6]
> 圣人不积，既以为人己愈有，既以与人己愈多。[7]

---

[1]《老子》七十三章。
[2]《老子》九章。
[3]《老子》七十七章。
[4]《老子》八十一章。
[5]《老子》六十四章。
[6]《老子》二十七章。
[7]《老子》八十一章。

可见老子对这种"天之道""圣人之道"推崇备至，把它视为人类社会所应遵循的规范。

庄子继承和发扬了老子崇尚自然、推崇自然法的思想。他也认为自然界井然有序，莫不源于天地之无为，一切顺应自然，遵循自然法则，万物乃各得其所。所以，他极力反对人为。庄子云：

> 夫虚静恬淡寂漠无为者，万物之本也……赏罚利害，五刑之辟，教之末也；礼法度数，形名比详，治之末也……是故古之明大道者，先明天而道德次之……〔1〕
>
> 技兼于事，事兼于义，义兼于德，德兼于道，道兼于天。
>
> 北海若曰："知道者必达于理，……故曰：天在内，人在外，德在乎天。知天人之行，本乎天，位乎得，蹢躅而屈伸，反要而语极。"曰："何谓天？何谓人？"北海若曰："四足，是谓天；落马首，穿牛鼻，是谓人。故曰：无以人无以故灭命，无以得殉名，谨守而勿失，是谓反其真。"〔2〕

所谓"道兼于天"，就是老子道法自然的意思。天者，自然也。如果违反自然，那对万物不但无益而且有害，所以说，"无以人灭天"。从以上引文中我们还可以看到，这里庄子虽然没有完全否定法和刑的作用，但特别强调道德、礼法、刑罚要以自然为本，其推崇自然法的思想是很明显的。

庄子认为，天下事物都有其自然本性，凡是自然的就是好的，人为的就是坏的，人们应当顺其自然，不要煞费苦心去改变它，不要损伤事物的自然本性。如牛马四足这是自然生成的，如果络马首，穿牛鼻，那就是人为。凫脚短，鹤脚长，这也是自然生成的，如果人为地截长补短，那它们就会死于非命。庄子反复强调要听任自然，不要妄为，不要损害事物的自然本性。

> 马，蹄可以践霜雪，毛可以御风寒。龁草饮水，翘足而陆，此马之真性也。虽有义（仪）台路寝无所用之。及至伯乐，曰："我善治马。"烧之，剔之，刻之，雒之。连之以羁馽，编之以皂栈，马之死者十二三

---

〔1〕《庄子·天道》。
〔2〕《庄子·秋水》。

矣！饥之渴之，驰之骤之，整之齐之，前有橛饰之患，而后有鞭笑之威，而马之死者已过半矣。〔1〕

是故凫胫虽短，续之则忧；鹤胫虽长，断之则悲。故性长非所断，性短非所续，无所去忧也。〔2〕

南海之帝为儵，北海之帝为忽，中央之帝为浑沌。儵与忽时相与遇于浑沌之地，浑沌待之甚善。儵与忽谋报浑沌之德，曰："人皆有七窍以视听食息。此独无有，尝试凿之。"日凿一窍，七日而浑沌死。〔3〕

庄子这种顺应自然而黜人为的主张，曾遭到荀子非难。荀子说"庄子蔽于天而不知人"〔4〕，即只知道天然，而不知道人为。这有一定道理。确实，庄子只懂得因任自然，而不懂得"治化之道"。

照道家看来，他们所推崇的自然法比人定法优越得多，其原因是：自然法体现了自然无为的要求，广大无边，"天网恢恢，疏而不失"，谁也逃脱不了它的约束；它对人无所偏爱，一视同仁，大公无私，"天道无亲，常与善人"〔5〕；它"天长地久"〔6〕，是永恒存在的行为规范。

总之，自然法反映了人类社会普遍的道德原则，体现了人类生活的规范和法则，提升了人类生存的美好意境，所以人类应当遵循自然法，按照自然法的要求行事。

第三节　法自然与传统文化

如上节所述，道家认为，天地、人类和道都受自然的支配，都要取法于自然。自然井然有序，皆源于天地之无为；天地无为，任物之自然，遵循自然法则而行，万物乃各得其所。反之，违反自然，则无益于万物且有害也。司马谈在《论六家要旨》中对此作了分析。司马氏云：

---

〔1〕《庄子·马蹄》。
〔2〕《庄子·骈拇》。
〔3〕《庄子·应帝王》。
〔4〕见《荀子·非十二子》。
〔5〕《老子》七十九章。
〔6〕《老子》七章。

道家使人精神专一，动合无形，赡足万物。其为术也，因阴阳之大顺，采儒墨之善，撮名法之要，与时迁移，应物变化，立俗施事，无所不宜，指约而易操，事少而功多。[1]

这里，司马谈虽然对道家的评价未免过高一些，但其中所指出的"使人精神专一"，"因阴阳之大顺"，"与物迁移，应物变化"等，的确是道家的重要特点。他所强调的是，人们的行为要符合道，符合自然。因为人是整个自然界的组成部分，受自然的制约，人在其中就应顺从自然的法则，遵循自然法则行事。

道家这种道法自然论，对中国传统文化产生了深刻的影响。例如，道家的道法自然论对魏晋玄学的影响最为突出。魏晋时期，玄学家们用老庄学说来解释儒家经典《周易》，就其主要倾向来说，是先秦道家的新发展。玄学创始人之一王弼在注《老子》"人法地，地法天，天法道，道法自然"时指出：

法，谓法则也。人不违地，乃得全安，法地也；地不违天，乃得全载，法天也；天不违道，乃得全覆，法道也；道不违自然，乃得其性。法自然者，在方而法方，在圆而法圆，于自然无所违也。自然者，无称之言，穷极之辞也。用智不及无知，而形魄不及精象，精象不及无形，有仪不及无仪，故转相法也。道顺自然，天故资焉；天法于道，地故则焉；地法于天，人故象焉；所以为主，其一之者主也。

从上引注解中，可以看出王弼完全继承并发挥了老子道法自然的思想。此外，王弼还把"无"或"道"视为万物的本源，把社会政治（名教）视为自然（道）的产物。王弼云"万物以自然为性，故可因而不可为也，可通而不可执也"[2]；"物有其宗，事有其主"。[3]万物都是从自然（道）产生的，顺应自然，不勉强，就是符合自然了。但他把道解说为宗主："品制万物，'宗主'存焉"，"夫少者，多之所贵也；寡者，众之所宗也"。[4]他认为能够

---

〔1〕　见《史记·太史公自序》。
〔2〕　《老子》二十九章章注。
〔3〕　《老子》四十九章注。
〔4〕　《周易略例·明象》。

治理众人的，不可能是众人，而只能是极少数人，即封建统治者。封建统治者依据道来立名分，定尊卑，这样就把道为万物之本源的原理推广运用到社会政治领域中来，借以调和名教与自然的对立。

在名教和自然的关系问题上，西晋玄学家郭象的论述比王弼等人进了一步。过去学者都认为名教和自然有矛盾，而郭象却认为二者是一致的，名教即自然。郭象云：

> 天地万物，凡所有者，不可一日而相无也，一物不具，则生者无由得生。一理不全，则天年无缘得终。[1]

他认为宇宙间存在的一切事物，都是合理的，依此而推论，则现实社会的纲常名教、政治法律制度等都是合理的。他甚至把名教和自然说成是一体的两个方面："夫理有至极，外内相冥，未有极游外之致而不冥于内者也……故圣人常游外以冥内，无心以顺有。故虽终日挥形，而神气无变；俯仰万机，而淡然自若。"[2]这样，郭象就调和了名教与自然的矛盾。按照他的说法，只有按照名教的原则去生活，才符合自然，即使是封建君主的统治，那也体现了天道自然的原则。郭象云："千人聚，不以一人为主，不乱则散。故多贤不可以多君，无贤不可以无君。此天人之道，必至之宜。"[3]

这样，他就歪曲了自然和社会的本来面目，完全站到维护封建君主专制一边去了。

在隋唐时期，突出反映道家道法自然思想的代表作是《无能子》。它主张"任其自然，遂其天真，无所司牧（不被管辖，不被统治）"。[4]这从一个侧面反映了唐末黄巢大起义时期的思想倾向。《真修》篇还具体阐述了道法自然的思想。

> 夫鸟飞于空，鱼游于渊，非术也，自然而然也。故为鸟为鱼者，亦不自知其能飞能游。苟知之，立心以为之，则必堕必溺矣。亦犹人之足

---

[1] 《庄子·大宗师》注。
[2] 《庄子·大宗师》注。
[3] 《庄子·人间世》注。
[4] 见《无能子·圣过》。

驰手捉、耳听目视，不待习而能之也。当其驰捉视听之际，应机自至，又不待思而施之也。苟须思之而后可施之，则疲矣。是以任自然者久，得其常者济。

自然界的鸟能飞，鱼能游，这是自然而然，是它们的本能，如果违反它们的自然本性，那将产生不良的后果。人也是这样，足驰手捉，耳听目视，这是自然而然，是人的本能；如果违反人的自然本性，思之而后为之，那将疲惫不堪。所以无能子得出的结论是"任自然者久"，其天道自然的思想跃然纸上。

隋唐以后的各历史时期，都有一些思想家批判地吸收道家天道自然等合理思想成分，并加以改造，融合在他们的思想学说中，从而丰富了中国传统文化。

第三十一章

道家的无为而治论与传统文化

　　道家主张，道法自然，而自然的天道是无为的；把这种天道应用于政治法律领域，就产生了无为而治的理论。他们认为，如果人们遵循天道来行事，就要自然无为，一切顺应自然，除去一切违反自然的因素，排除一切人为的影响，让人们自由发展而不横加干涉，那么天下就会太平无事。所以道家反对有为，并极力抨击统治者的骄奢淫逸、横征暴敛、侵略掠夺等各种作为。

第一节　无为而治论

　　老子认为，天下万物都应当顺其自然而不加以人为干涉。天地、圣人就是这样来对待万物的。

　　　　天地不仁，以万物为刍狗；圣人不仁，以百姓为刍狗。天地之间，其犹橐籥（古代风箱）乎？虚而不屈，动而愈出。[1]

　　这是说天地是不偏私的，任凭万物自然生长；圣人也是不偏私的，任凭人民自由发展。这就是老子对自然无为的说明。

　　然而，老子生活的春秋末世的社会状况如何呢？当时社会变革剧烈，"礼崩乐坏"，道德沦丧，老子感到这种趋势已难以挽回，所以他反对儒家的礼治。同时，他又认为新兴封建势力的法治也很糟糕，"法令滋彰，盗贼多有"[2]，更不能治理好社会。照他看来，只有从根本上除掉一切情欲和纷扰，消弭恶因，以清静无为的态度对待一切，才是救世的良方。所以他把无

　　　　[1]《老子》五章。
　　　　[2]《老子》五十七章。

为而治作为最理想的治国方法。老子云：

> 道常无为而无不为，侯王若能守之，万物将自化。化而欲作，吾将镇之以无名之朴。镇之以无名之朴，夫亦将无欲。不欲以静，天下将自定。[1]

> 是以圣人之治……使夫智者不敢为也。为无为，则无不治。[2]

> 是以圣人处无为之事，行不言之教，万物作焉而不辞，生而不有，为而不恃，功成而弗居。夫唯弗居，是以不去。[3]

老子把"无为而无不为"当作一项重要的原则，认为"无为"本身就是一种"为"。这符合他的"无中生有"的思想，即无为也可以导致有为，政治上的无为正是有为的一种手段。这是统治者应当采取的治国之道。如果统治者顺应自然，对人民不横加干涉，天下自然会稳定。

《淮南子》对无为有比较确切的解释："所谓无为者，私志不得入公道，嗜欲不得枉正术，循理而举事，因资而立功，推自然之势，而曲故不得容者，故事成而身不伐，功立而名弗有。"[4]

这是说，无为就是顺应自然，不轻举妄动，不违背事物的发展规律，不贪功冒进，成功之后不居功自傲。简而言之，无为就是没有一点私欲的作为。老子曾用婴儿、赤子来比喻这种无为。

> 常德不离，复归于婴儿。[5]
> 含德之厚，比于赤子。[6]

确实，婴儿、赤子是无为的，但又是有为有欲的。他饥食渴饮，喜怒哀乐，和常人一样。然而，婴儿、赤子的"为"和"欲"，是顺应自然要求的"为"和"欲"，而不是那种追求功名利禄的"为"和"欲"。

---

[1]《老子》三十七章。
[2]《老子》三章。
[3]《老子》三章。
[4]《淮南子·修务训》。
[5]《老子》二十八章。
[6]《老子》五十五章。

老子要求统治者"为天下而浑浑焉"，少私寡欲，无私无欲。他认为人们对于客观世界是无能为力的，只能听其自然，不可强求。如果勉强去做，就会把事情搞坏。"将欲取天下而为之，吾见其不得已。天下神器，不可为也。为者败之，执者失之。"〔1〕如果统治者真正做到无为而治，人民自然归顺，人民自然富足，人民自然纯朴，天下自然太平无事。老子云：

> 我无为而民自化，我好静而民自正，我无事而民自富，我无欲而民自朴。〔2〕

由此可见，无为有莫大的好处，什么也赶不上它。

庄子和老子一样，认为天道是自然无为的，人们应当效法天道，做到虚静恬淡，寂寞无为，对世间的一切不要加以人为干涉。他进一步发挥了老子无为而治的思想。庄子云：

> 夫虚静恬淡寂漠无为者，天地之平而道德之至也。故帝王圣人休焉。休恬则虚，虚则实，实则伦矣。虚则静，静则动，动则得矣。静则无为，无为也，则任事者责矣。无为则俞俞。俞俞者，忧患不能处，年寿长矣。夫虚静恬淡寂寞无为者，万物之本也……
> 夫帝王之德，以余地为宗，以道德为主，以无为为常。无为也，则用天下而有余；有为也，则为天下用而不足。故古之人贵乎无为也。上无为也，下亦无为也，是下与上同德。〔3〕

庄子把无为作为根本，所以君主治理天下，没有比无为更好的了。君主不要靠那些才能智慧，不图那些功名利禄，要真正做到虚心若镜，无为而治。庄子云："君子不得已而临莅天下，莫若无为。无为也，而后安其性命之情。"〔4〕远古时代就是无为盛世，那时的帝王无为平静，百姓自然安宁，各得其所。他主张，君主应当以远古盛世的帝王为榜样。一切都无心无为，成为天道的体现者。庄子云：

---

〔1〕《老子》二十九章。
〔2〕《老子》五十七章。
〔3〕《庄子·天道》。
〔4〕《庄子·在宥》。

君原于德而成于天。故曰：玄古之君天下，无为也，天德而已矣。以道观言而天下之君正；以道观分而君臣之义明；以道观能而天下之官治；以道泛观而万物之应备。故通于天地者，德也；行于万物者，道也；上治人者，事也；能有所艺者，技也。技兼于事，事兼于义，义兼于德，德兼于道，道兼于天。故曰：古之畜天下者，无欲而天下足，无为而万物化，渊静而百姓定。[1]

然而，我们从庄子对无为的论述中可以看到，他的无为主张和老子的无为也有所不同。老子以"无为"为"为"，那是相对的无为，而庄子的无为是绝对的，也就是真正"复归于自然"。他主张人们把在世俗中染上的是非好恶等恶习清除净尽，恢复纯朴的自然心性，不夹杂任何私心成见，"顺物自然"。具体说来，就是要做到："无为名尸，无为谋府，无为事任，无为知主。体尽无穷，而游无朕。尽其所受乎天而无见得，亦虚而已！至人之用心若镜，不将不逆，应而不藏，故能胜物而不伤。"[2]

庄子以为，既然自然无为是最完善的，那么就应当一切听任自然，事物都有其固定的法则，就不要人为地加以改变，否则就会损害事物的本性。庄子云：

彼至正者，不失其性命之情。故合者不为骈，而枝者不为跂；长者不为有余，短者不为不足……

且夫待钩绳规矩而正者，是削其性者也；待绳约胶漆而固者，是侵其德者也；屈折礼乐，呴俞仁义，以慰天下之心者，此失其常然也。天下有常然。常然者，曲者不以钩，直者不以绳，圆者不以规，方者不以矩，附离不以胶漆，约束不以纆索。故天下诱然皆生，而不知其所以生；同焉皆得，而不知其所得。故古今不二，不可亏也。[3]

因此，就治理国家来说，也要听其自然，不要去干预人们的生活，不要用仁义礼乐去约束他们，任凭他们自然发展，大家各得其所，国家就能治理

[1]《庄子·天地》。
[2]《庄子·应帝王》。
[3]《庄子·骈拇》。

得好。而统治者也很少发号施令，事情就办妥帖了，"功成事遂，百姓皆谓'我自然'"。[1]道家主张政治要宽宏些，不要严苛："其政闷闷，其民淳淳；其政察察，其民缺缺。"[2]在"昏君乱相"的残酷统治下，这种主张是有一定积极意义的。

第二节 否定有为

道家的无为是作为统治者有为的对立面而提出的。他们指出："治，乱之率（由，因）也，北面之祸也，南面之贼也。"[3]统治者有心求治，就是有为，有为就要妨害自然，所以说治乃乱之由。天下之所以混乱，人民之所以难以治理，就是由于统治者喜欢有为。老子云：民之难治，以其上之有为，是以难治。[4]

道家认为，统治者专事征伐，骄奢淫逸，贪残暴虐，因而导致天怒人怨，民不聊生。长此以往，必将激起人民更强烈的反抗，彻底摧毁贵族的统治。所以他们对统治者既多所揭露，同时又有不少规劝和徽戒。

其一，抨击统治者骄奢淫逸。老子从当时的社会现实中，看到贵族统治者骄奢淫逸，腐化堕落，迷恋声色犬马，享尽人间富贵，结果，弄得国困民穷，社会混乱，他们简直成了强盗头子（"盗竽"）。因此，他对这伙社会的"蠹虫"进行猛烈的抨击。

> 朝甚除，田甚芜，仓甚虚，服文彩，带利剑，厌饮食，财货有余，是谓盗夸，非道也哉。[5]

> 五色令人目盲，五音令人耳聋，五味令人口爽，驰骋畋猎令人心发狂，难得之货令人行妨。是以圣人为腹不为目，故去彼取此。[6]

照老子看来，那些声色犬马和稀有的物品只能引起人们的贪欲，以致去

---

〔1〕《老子》十七章。
〔2〕《老子》五十八章。
〔3〕《庄子·天地》。
〔4〕《老子》七十五章。
〔5〕《老子》五十三章。
〔6〕《老子》十二章。

偷去抢，这对社会有害无益。他告诫统治者要少思寡欲，克制自己的欲望，要知足。老子云："祸莫大于不知足，咎莫大于欲得。故知足之足，常足矣。"〔1〕

老子认为，知足则无争，不知足就是灾祸，就是罪过。如果大家都知足，就会相安无事。

庄子对战国时代社会现实的揭露更为深刻。人们生活在那样混乱的社会里，时有冻馁之患，实在是"时命大谬"啊！而那些穷奢极欲的统治者虽然财多权重，酒醉饭饱，但其身心并不能真正愉快，且将招来大灾大难。庄子云：

> 今富人，耳营于钟鼓管籥之声，口嗛于刍豢醪醴之味，以感其意，遗忘其业，可谓乱矣；侅溺于冯气，若负重行而上阪，可谓苦矣；贪财而取慰（惄），贪权而取竭，静居则溺，体泽则冯，可谓疾矣……天下之至害也，皆遗忘而不知察。及其患至，求尽性竭财单（殚）以反一日之无故而不可得也。〔2〕

其二，反对苛征暴敛。老子从无为而治的思想出发，反对统治者"有之以为利"，用苛征暴敛去剥削人民，客观上暴露了统治者残酷剥削给人民带来的无穷痛苦。老子云：

> 民之饥，以其上食税之多，是以饥……民之轻死，以其上求生之厚，是以轻死。〔3〕

这里，老子明确地把人民的饥饿、贫困同统治者的繁重赋税直接联系起来，把人民之所以轻生冒死归咎于统治者过分地追求享乐，这是很有意义的。他告诫统治者，过分地聚敛财物，必然招致灭亡；对人民的榨取应有一定限度，适可而止。"身与货孰多？得与亡孰病？是故甚爱必大费，多藏必厚亡。"〔4〕

---

〔1〕《老子》四十六章。
〔2〕《庄子·盗跖》。
〔3〕《老子》七十五章。
〔4〕《老子》四十四章。

庄子生活的战国时代，各国统治者极力追求膏粱、文绣、女色、大厦、亭池台榭，这必然要横征暴敛，更加残酷地压榨人民。对此，庄子大加抨击，言辞激切。他借颜回之口，揭露卫国国君"轻用民死"，专横独断，死人无数；残酷压榨人民，结果田土焦裂，颗粒无收，逼得人民无路可走。《人间世》篇云："回（颜回）闻卫君，其年壮，其行独。轻用其国而不见其过。轻用民死，死者以国量乎泽若蕉，民其无如矣。回尝闻之夫子曰：治国去之，乱国就之，医门多疾（病人）。愿以所闻思其则，庶几其国有瘳（指可以治好）乎！"这就是人君有为的结果，难道不应该加以反对么！

其三，反对战争。道家特别是老子坚决反对战争，认为只要不打仗就比打仗好。国家政治上轨道，把战马用来种田；国家政治不好，连怀胎的母马也用来作战。战争对人类是一种不祥之物，它荒芜土地，破坏生产，谁都讨厌它。所以，有道的人都离它远远的。凡是用道来辅佐君主的人，不会依靠武力去征服天下。老子云：

> 以道佐人主者，不以兵强天下，其事好还：师之所处，荆棘生焉，大军之后，必有凶年。善有果而已，不敢以取强。果而勿矜，果而勿伐，果而勿骄，果而不得已，果而勿强。[1]
>
> 夫佳兵者不祥之器，物或恶之，故有道者不处……兵者不祥之器，非君子之器，不得已而用之。恬淡为上，胜而不美。而美之者，是乐杀人。夫乐杀人者，则不可以得志于天下矣。[2]

这里，老子只看到战争给人民带来了破坏的一面，而不了解当时要由分散割据的局面而达到统一，除了战争不可能有其他的途径。

庄子也反对战争。据《徐无鬼》记载：庄子借魏武侯和徐无鬼讨论"为义偃兵"问题的对话表达了这种思想。

> 武侯曰："欲见先生久矣！吾欲爱民而为义偃兵，其可乎？"徐无鬼曰："不可。爱民，害民之始也；为义偃兵，造兵之本也。君自此为之，

---

[1] 《老子》三十章。
[2] 《老子》三十一章。

则殆不成。凡成美，恶器也。君虽为仁义，几且伪哉！形固造形，成固有伐，变固外战。君亦必无盛鹤列（陈列出强大的军队）于丽谯（城楼）之间，无徒骥（指步兵、骑兵）于锱坛之宫，无藏逆于得，无以巧胜人，无以谋胜人，无以战胜人。夫杀人之士民，兼人之土地，以养吾私与吾神者，其战不知孰善？胜之恶乎在？君若勿已矣！修胸中之诚，以应天地之情而勿撄。夫民死已脱矣，君将恶乎用夫偃兵哉！”

照庄子看来，讲仁义就必然认为有不仁不义，有不仁不义就必然会产生征伐，互相杀戮，于是武器就出现了。结果，所谓“为义偃兵”反而导致了为对付不义而造“兵”，当情势进一步激化时，必然会发展为公开的战争。他认为只要心中纯真，顺应自然，战争也自然会停息，无须刻意去“偃兵”。

其四，不尚贤。自春秋以来开始流行尚贤政治，这在当时条件下是贵族政治转向地主政治的必经阶段，是新兴地主阶级参与政治进而掌握政权的第一步。可是，道家认为尚贤必有不贤，而贤与不贤必起争端。如果只务尚贤之名，而起争端之实，这也是统治者的一种妄为，应当反对。老子云：“不尚贤，使民不争。”[1]

如果王公诸侯不尚贤，就能使卿大夫不争；卿大夫不尚贤，就能使士、庶人不争。相反，如果尚贤，各级贵族将群起而争夺，尤其会刺激民智的开发，那将促使人民起来抗争。老子认为，最好的办法是逃避矛盾，消弭斗争。

善为士者不武，善战者不怒，善胜敌者不与，善用人者为之下。是谓不争之德，是谓用人之力，是谓配天古之极（准则）。[2]

上善若水。水善利万物而不争，处众人之所恶，故几于道。居善地，心善渊，与善仁，言善信，政善治，事善能，动善时。夫唯不争，故无尤。[3]

---

[1]　《老子》三章。
[2]　《老子》六十八章。
[3]　《老子》八章。

在老子看来，不争是从来就有的准则，统治者要善于以退为守，不进行正面冲突，从而可以用"不争"达到"争"的目的。

庄子继承了老子"不尚贤，使民不争"的思想，认为那些贤人圣君如夏禹、周武王、孔子、曾参、杨朱、墨子等人，只不过是一些失性乱世之徒。在他所理想的"至德之世"里，在上者虽然身居高位，但无心作为，社会太平无事，百姓自由自在，故无须崇尚贤能。庄子云：

> 至德之世，不尚贤，不使能，上如标枝，民如野鹿。端正而不知以为义，相爱而不知以为仁，实而不知以为忠，当而不知以为信，蠢动而相使不以为赐。[1]

显然，道家不尚贤，主要是针对儒、墨两家尚贤主张的。客观上它阻碍了封建政治的发展。

以上四方面，都是道家对统治者"有为"的批判。至于劳动者的反抗斗争，那更是极端的有为了，道家坚决反对，主张防患于未然。"其安易持，其未兆易谋，其脆易泮，其微易散。为之于未有，治之于未乱。"[2]必须把它消灭在萌芽之中，如果让它发展壮大起来，那就不好对付了。

总之，道家认为一切有为都不符合天道无为的原则，都不能达到目的。

第三节　无为而治论与传统文化

道家无为而治的实质，在于以消解矛盾的方法来避免斗争，使统治者和人民、富有者和贫困者，在现实的基础上彼此让步，使各方面的矛盾缓和下来。这种理论对后世产生了深刻影响。就其对传统文化的影响来说，也是如此。

首先，无为而治论曾被一些封建统治者奉为治国之道，从而给人民以休养生息的机会，并促进了社会经济的发展。例如，西汉初期，由于统治者奉行黄老无为之道，"君臣俱欲休息乎无为"[3]，政绩斐然，获得史家的称赞。

---

〔1〕《庄子·天地》。
〔2〕《老子》六十四章。
〔3〕《史记·吕太后本纪》。

"汉兴，扫除烦苛，与民休息。至于孝文，加之以恭俭，孝景遵业，五六十载之间，至于移风易俗，黎民醇厚，周云成康，汉言文景，美矣。"〔1〕所谓"美矣"，是对文景之治的赞美，也是对无为而治的称道。又如，唐初统治者在推崇儒学的同时，又重视道家无为而治的主张。他们采取了"安人宁国"〔2〕的方针，实行了一些清静无为，与民休息的政策，获得了安定社会的良好效果。贞观九年，唐太宗在回顾前一时期的治绩时说："夙夜孜孜，惟欲清净，使天下无事。遂得徭役不兴，年谷丰稔，百姓安乐。夫治国犹如栽树，本根不摇，则枝叶茂荣。君能清净，百姓何得不安乐乎？"〔3〕这是唐太宗"君无为则人乐"的具体说明。

其次，无为而治论成为后世一部分人鄙视权贵利禄、蔑视名教的思想武器。道家，特别是庄子，一向鄙视权贵利禄，愤世嫉俗，对当权者采取不合作和消极抵抗的态度。他认为，那些为名、为利、为私、为功而奋斗的人，都是伤生害性之徒，那样做是一种无谓的牺牲。

> 故尝试论之：自三代以下者，天下莫不以物易其性矣；小人则以身殉利，士则以身殉名，大夫则以身殉家，圣人则以身殉天下。故此数子者，事业不同，名声异号，其于伤性以身为殉，一也。〔4〕

在庄子看来，只有抛弃权位名利，洗心寡欲，顺乎自然，才能苟全性命于乱世。这种思想对后世有较大影响，成为一部分人反对封建正统儒家思想和当权者的思想武器。

魏晋时期的嵇康是一个典型。他秉性刚直，笃好老庄，"恬静寡欲"，不拘礼法。他与魏宗室有姻戚关系，不肯投靠司马氏，拒绝做他们的官，隐居避世。嵇康崇尚自然，提出了著名的"越名教而任自然"说。

> 夫气静神虚者，心不存乎矜尚；体亮心达者，情不系于所欲。矜尚不存乎心，故能越名教而任自然；情不系于所欲，故能审贵贱而通物情。〔5〕

---

〔1〕　见《汉书·景帝纪》。
〔2〕　见《贞观政要·务农》。
〔3〕　见《贞观政要·政体》。
〔4〕　《庄子·骈拇》。
〔5〕　《嵇康集·释私论》。

嵇康认为人们应当超越名教的束缚，不尚虚荣，不谋富贵权位，顺应自然，以求得精神上的解脱。

其他如东晋"乐天知命"的陶渊明，对权贵"不愿为五斗米折腰"；唐代李白视仕途如草芥，"安得摧眉折腰事权贵，使我不得开心颜"，等等，无不表现出深受老庄思想的影响。

最后，无为而治论成为后世进步思想家抨击暴政、反对横征暴敛的理论武器。道家认为，只有清静无为才符合天道。符合自然，社会才能和谐安定。如果人为地去实行仁义礼智和法治之类的办法，只能越搞越乱，破坏社会的和谐；如果政令烦苛，犹如"飘风骤雨"[1]，给人民带来灾害，其统治就不能持久了。暴政之所以不能持久，就是因为它不符合自然。道家甚至把人民的饥饿、贫困同统治者的横征暴敛联系起来："民之饥，以其上食税之多，是以饥"[2]；"天下多忌讳而民弥贫"。[3]这表现出道家对人民遭受苦难的深切同情。

道家这种抨击暴政、反对横征暴敛、同情人民的思想，为历代诸多思想家所继承。如荀子、陆贾、贾谊、董仲舒、袁淮、王通、魏征、范仲淹、朱熹、耶律楚材、黄宗羲、顾炎武、王夫之等，他们都有许多论述和主张，均成为中国传统文化的重要内容。

---

〔1〕《老子》二十三章。
〔2〕 见《老子》七十五章。
〔3〕《老子》五十七章。

第三十二章

道家摈弃仁义礼乐论与传统文化

道家从道法自然、无为而治的思想出发，也反对人为地提倡仁义礼乐，认为那样将会越搞越乱。在先秦道家生活的时代，"礼崩乐坏"，他们从现实生活中感到贵族的礼制和宗法等级制已难以维持下去，儒家所倡导的仁义礼乐已日益失去其作用。因此，他们强烈反对那些实际上已不能发挥作用的仁义礼乐之类的东西。

第一节 仁义礼乐是祸乱的根源

老子认为，所谓仁义、慧智、孝慈、忠臣等，都是病态社会的反常现象，不合乎人的本性，在合理的社会中不会产生这些东西。

> 大道废，有仁义。慧智出，有大伪。六亲不和，有孝慈。国家昏乱，有忠臣。[1]

照老子看来，提倡仁义礼乐，也就是有为，会导致出现"民弥贫""盗贼多有"、国家昏乱等现象，使社会陷入深刻的危机之中。这种有为正是社会混乱、天下不安的根源。只有道才是最高明的，只有无为才是最高尚的道德；它们才是治理业已受到严重创伤的社会的良方。

在上古之时，本无仁义德礼之分，人们既然不知道有它们的存在，自然也不会去推崇它们。不过当时人们本性纯朴，顺应自然，从容中道，算是有了最高的道德，即所谓"上德不德，是以有德"。后来，人们不懈地提倡仁

---

[1] 《老子》十八章。

义，虽然表面上在全力求德，实际上人世间已失去纯朴的"至德"了，即所谓"下德不失德，是以无德"。[1]照老子看来，在他生活的春秋时代，大道早已丧失了；失道之后，才有所谓德；德不行之后，又有了仁；仁的提倡失败之后，又有了义；义又行不通，而后才有礼。而礼是最坏的东西。老子云：

> 上德无为而无以为。下德为之而有以为。上仁为之而无以为。上义为之而有以为。上礼为之而莫之应，则攘臂而扔之。故失道而后德，失德而后仁，失仁而后义，失义而后礼。夫礼者，忠信之薄而乱之首。[2]

本来，统治者视礼为"天之经也，地之义也，民之行也"，是神圣不可侵犯的。而老子却轻视礼，嘲笑礼；并指责统治者强迫人们接受礼，如不服从，还大打出手，这岂不是可笑的行动么？所以他特别攻击礼是罪魁祸首，它的出现不过表明忠信越加淡薄、混乱愈益加剧罢了！

庄子抨击仁义礼乐，认为它们败坏了人性，是邪门歪道，是罪恶的渊薮，应当加以排斥。因为"说仁邪，是乱于德也。说义邪，是悖于理也。说礼邪，是悖于理也。说乐邪，是相于淫也"。[3]仁义礼乐都是扰乱天下的东西，天下人反而珍视它，"甚矣天下之惑也"！

可以说，庄子抨击仁义礼乐是不遗余力的。他曾引述老子的话，借以说明仁义这类东西，使人迷失方向，搅起人们内心的激动，是天下祸乱的根源。《天运》篇云："孔子见老聃而语仁义。老聃曰：'夫播糠迷目，则天地四方易位矣；蚊虻噆（嘬）肤，则通昔不寐矣。夫仁义憯（惨）然，乃愤吾心，乱莫大焉。'"

庄子认为，从黄帝起就开始用仁"撄人之心"，接着尧舜不惜劳碌奔波，为推行仁义而使心性愁苦，为建立法度而血气激愤。于是，人们竞相提倡仁义礼乐，从而产生了严重的后果。本来老子就告诫人们"无撄人心"，因为人心是"排下而进上"的，如果一加煽动，大家都想往上爬，必然互相斗争。庄子云：

---

[1]《老子》三十八章。
[2]《老子》三十八章。
[3]《庄子·在宥》。

崔瞿问于老聃曰："不治天下，安藏（收拾的意思）人心？"老聃曰："女慎，无撄人心。人心排下而进上，上下囚杀，淖约柔乎刚强，廉刿雕琢，其热焦火，其寒凝冰，其疾俯仰之间而再抚四海之外。其居也，渊而静；其动也，县（玄）而天。偾骄而不可系者，其唯人心乎！昔者黄帝始以仁义撄人之心，尧舜于是乎股无胈，胫无毛，以养天下之形。愁其五藏以为仁义，矜其血气以规法度。然犹有不胜也。"[1]

庄子认为，后来的圣人和儒家墨家用仁义煽动人心，造成天下大乱，仁义倒成了苛政的帮凶。庄子云："夫施及三王而天下大骇矣。下有桀跖，上有曾史，而儒墨毕起。"他们倡导仁义、法度，使人的天性大受伤害，于是出现"斤锯制焉，绳墨杀焉，椎凿决焉"的残酷局面。所以说，"天下脊脊大乱，罪在撄人心"。庄子又一次抨击仁义的作用像刑具一样，只能加强残酷的统治，曾参、史鱼的高尚德行也成了残暴凶恶的先声。

照庄子看来，人的自然本性是恬淡无为的，所以人们应当顺应这种本性，任其自然发展，不要"淫其性"。然而仁义这类东西，不但不合乎人性，而且是伤性乱世的。他通过老子的口，指责孔子的仁义主张扰乱了人性。

意仁义其非人情乎！彼仁人何其多忧也。且夫骈于拇者，决之则泣；枝于手者，龁之则啼。二者或有余于数，或不足于数，其于忧一也。今世之仁人，蒿目而忧世之患；不仁之人，决性命之情而饕贵富。故意仁义其非人情乎！自三代以下者，天下何其嚣嚣也。[2]

老聃曰："请问：何谓仁义？"孔子曰："中心物恺，兼爱无私，此仁义之情也。"老聃曰："意，几（危）乎后言！夫兼爱，不亦迂乎！无私焉，乃私也。夫子若欲使天下无失其牧（养）乎？则天地固有常矣，日月固有明矣，星辰固有列矣，禽兽固有群矣，树木固有立矣。夫子亦放德而行，循道而趋已至矣！又何偈偈乎揭仁义，若击鼓而求亡子焉！意，夫子乱人之性也。"[3]

---

[1]　《庄子·在宥》。
[2]　《庄子·骈拇》。
[3]　《庄子·天道》。

庄子又进一步指出,孔子等所倡导的仁义,就像人体上的"骈拇枝指",是畸形之物,是多余的东西,不但毫无用处,而且成为累赘,给社会带来不安。统治者那样用心费力地推行仁义,不厌其烦地搞什么礼乐,把人类那种纯朴的本性败坏殆尽,这正是他们的罪过啊!庄子云:

> 骈拇枝指出乎性哉,而侈于德;附赘县疣出乎形哉,而侈于性;多方乎仁义而用之者,列于五藏哉,而非道德之正也。是故骈于足者,连无用之肉也;枝于手者,树无用之指也;多方骈枝于五藏之情者,淫僻于仁义之行,而多方于聪明之用也。[1]

> 及至圣人蹩躠(费劲的样子)为仁,踶跂(用心力的样子)为义,而天下始疑矣。澶漫为乐,摘僻为礼,而天下始分矣。故纯朴不残,孰为牺尊!白玉不毁,孰为珪璋!道德不废,安取仁义!性情不离,安用礼乐![2]

由此可见,道家对于仁义礼乐的批判是相当激烈的,认为仁义礼乐对于治理国家来说毫无用处,相反,还会给社会带来混乱。

第二节 摈弃仁义礼乐论

照道家看来,统治者用提倡仁义礼乐的办法,并不能拯救社会。那些办法不仅不能止盗,反而生盗,不能止乱,反而生乱。它们是祸乱的根源。他们主张"退仁义,宾礼乐",以保持人类纯朴的天性。

老子认为,仁义礼乐本来是用以劝导人们向善的,如今却流于矫揉造作。甚至有人还剽窃它们,用来作为欺世盗名的工具。所以,不如抛弃这些被人利用的外壳,使大家返璞归真。于是他提出"绝仁弃义"等主张,以恢复人类天性自然的美德。唯有"见素抱朴",少私寡欲,才可能治理好国家。老子云:

> 绝圣弃智,民利百倍;绝仁弃义,民复孝慈;绝巧弃利,盗贼无有。

---

〔1〕《庄子·骈拇》。
〔2〕《庄子·马蹄》。

此三者以为文不足，故令有所属：见素抱朴，少私寡欲。〔1〕

　　前识者，道之华而愚之始。是以，大丈夫处其厚，不居其薄，处其实，不居其华。故去彼取此。〔2〕

为什么老子强调"绝仁弃义"就可以达到"民复孝慈"呢？因为居仁由义也只能做到"人各亲其亲，子其子"。然而"父子责善"，甚至借口维护仁义而发生子弑其父之类的事情，父子之间自然之爱和纯朴之情，早已泯灭。因此，绝仁弃义，则民复其性，"故人不独亲其亲，不独子其子"，而自然无私的父慈子孝的局面就会出现。所以说，绝仁弃义，"民复孝慈"。

老子认为，人心本来纯朴无私，自从有了礼之后就都习于诈伪。可见礼乃人性由纯朴趋于浇薄的表现，社会由平静趋于混乱的开始，所以应当弃而不用。据《史记》记载："孔子适周，将问礼于老子。老子曰：'子所言者，其人与骨皆已朽矣，独其言在耳。'"〔3〕这正说明老子主张对已僵化的礼弃而不用。

庄子进一步发展了老子"绝仁弃义"的思想，对仁义礼乐表示深恶痛绝，认为它们都是扰乱天下、使社会沦落的邪说谬论，庄子云：

　　道德不废，安取仁义；性情不离，安取礼乐……夫残朴以为器，工匠之罪也；毁道德以为仁义，圣人之过也。〔4〕

　　夫孝悌仁义，忠信贞廉，此皆自勉以役其德者也。〔5〕

庄子痛惜世人中仁义之类的毒太深了，以致难以领悟大道的深意。所以他把仁义之类的东西视为统治者加在人们身上的刑具，使人得不到半点自由。如果用仁义之类的东西来治理天下，不仅没有好处，而且是一种罪过。《大宗师》云："意而子见许由，许由曰：'尧何以资汝？'意而子曰：'尧谓我：汝必躬服仁义而明言是非。'许由曰：'而奚来为轵？夫尧既已黥汝以仁义，而

〔1〕《老子》十九章。
〔2〕《老子》三十八章。
〔3〕《史记·老子韩非列传》。
〔4〕《庄子·马蹄》。
〔5〕《庄子·天运》。

劓汝以是非矣。汝将何以游乎遥荡恣睢转徙之途乎？'"

统治者讲仁义有什么用呢？"为之仁义以矫之，则并与仁义而窃之。何以知其然邪？彼窃钩者诛，窃国者为诸侯，诸侯之门而仁义存焉。"〔1〕圣人定出仁义，本来是为了矫正世事的，可是大盗连仁义也窃走了；窃国的人成了诸侯，仁义就归于他们。可见仁义只不过是窃国大盗手中的工具而已。你看，齐国的田成子不就是假借仁义而夺取了政权吗？仁义倒成了他的护身符，他倒成了仁义的体现者。

> 昔者齐国……阖四境之内，所以立宗庙社稷，治邑屋州闾乡曲者，曷尝不法圣人哉？然而田成子一旦杀齐君而盗其国。所盗者岂独其国邪？并与其圣知之法（指仁义礼智）而盗之。故田成子有乎盗贼之名，而身处尧舜之安；小国不敢非，大国不敢诛，十二世有齐国。〔2〕

田成子手里有权，谁能对他怎么样呢？

庄子仍是从道法自然的思想出发，来反对仁义礼乐的。庄子认为得天道的人能忘怀一切，什么仁义礼乐，权势名利，通通超脱。他借老子之口，明确提出了"退仁义，宾礼乐"的主张。《天道》篇云："夫子（指老子）曰："夫道，于大不终，于小不遗，故万物备。广广乎其无不容也，渊渊乎其不可测也。形德仁义，神之末也，非至人孰能定之！……故外天地，遗万物，而神未尝有所困也。通乎道，合乎德，退仁义，宾（损）礼乐，至人之心有所定矣！"

第三节　摈弃仁义礼乐论对传统文化的影响

道家崇尚自然，主张无为而治，反对统治者的"有为"。所谓仁义礼乐，正是统治者所积极倡导的，所以遭到道家的激烈反对。道家并不把仁义礼乐的产生视为社会进步的表现；相反，认为它们不合乎人的自然本性，是伤性乱世的东西，是社会混乱的根源。"大道废，有仁义"，"夫礼者，忠信之薄而

---

〔1〕《庄子·胠箧》。
〔2〕《庄子·胠箧》。

乱之首"。它们都是病态社会的反常现象，在合理的社会中是不会产生这些东西的。

所谓仁义礼乐，都是当权者统治人民的工具。人们从来都说仁义礼乐是至善的，而道家则从多方面揭露它们的虚伪性和欺骗性，抨击它们伤害了人的自然本性，扰乱了人心。用它们来治理天下，只能使人们争夺不已，它们是罪恶的渊薮。从这方面来看，先秦道家摈弃仁义礼乐，在客观上有一定积极意义。

同时，我们也应当看到，先秦道家生活的春秋战国时代，已是"文明社会"，人与人之间的关系复杂了，需要仁义礼乐之类的规范来加以调整，以维系整个社会的和谐。但道家忽视了人与人之间的关系，不了解仁义礼乐的出现是人类社会发展的必然，这是其认识片面性的表现。

道家摈弃仁义礼乐说对传统文化产生了深刻影响，特别是在反对封建礼法方面所起的作用是不小的。例如，魏晋时期，那位"不涉经学"的嵇康，对儒家六经、仁义、礼典等的攻击是很激烈的。《难自然好学论》云："今若以明堂为丙（病）舍，以诵讽为鬼语，以六经为芜秽，以仁义为臭腐，睹文籍则目焦，修揖让则变伛，袭章服则转筋，谈礼典则齿龋，于是兼而弃之，与万物为更始。"他还进一步斥责六经、仁义和礼律，批驳学习六经是出于人的自然本性的要求的说法。

> 六经以抑引为主，人性以从欲为欢。抑引则违其愿，从欲则得自然。然则自然之得，不由抑引之六经；全性之本，不须犯情之礼律。故仁义务于理伪，非养真之要术；廉让生于争夺，非自然之所出也。[1]

显然，人们学习六经并非出于人的自然本性，"六经以抑引为主"，它并非天理，"名教"也决非"自然"。

唐末的《无能子》对统治者仁义礼乐的说教也进行了尖锐的批判。它认为，统治者为了抑制人们的贪欲和争心，"于是立仁义忠信之教、礼乐之章以拘之"，企图用它们来调节人与人之间的关系，在人伦关系上确定了若干准则："君苦其臣曰苛，臣侵其君曰叛，父不爱子曰不慈，子不尊父曰不孝，兄

---

〔1〕《嵇康集·难自然好学论》。

弟不相顺曰不友不悌，夫妇不相一为不贞不和。为之者为非，不为之者为是，是则荣，非则辱。"[1]这样一来，对争心虽然有所抑制，但又产生了是非荣辱之心，其危害比争心更大。

生活在封建社会后期的明代进步思想家李贽极力主张个性自由、个性解放。他认为，如果统治者强天下使从己，驱天下使从礼，用德礼政刑来统治人民，那天下就不得安宁。

> 夫天下之人不得所也久矣，所以不得所者，贪暴者扰之，而"仁者"害之也。"仁者"以天下之失所也而忧之，而汲汲焉欲贻之以得所之域。于是有德礼以格其心，有政刑以絷其四体，而人始大失所矣。[2]

这里，李贽既抨击了统治者虚伪的仁义德礼的说教，又揭露了他们用残酷的刑罚来压迫人民的实质。这在封建统治十分严酷的明代，确实起到了振聋发聩的启蒙作用。

---

[1]《无能子·圣过》。
[2]《焚书·答耿中丞》。

第三十三章

道家的绝圣弃智论

在道家看来，古代社会浑噩纯朴，人们一切顺乎自然，无忧无虑。后来各行各业兴起，人们产生各种妄念奇求；又有了智慧和技巧，这种妄念奇求更可以得到满足。而统治者竞相倡导这种智慧和技巧，并且也把它们作为治国之术。殊不知它们和仁义礼乐一样，不仅不能作为治国之术，而且是致乱之源。所以道家主张绝圣弃智。

第一节　绝圣弃智论

老子是极力主张绝圣弃智的。他认为"智慧出有大伪"，这时，社会成为恶人横行、奸宄肆虐的世界了，再求拨乱反正又谈何容易！由此看来，统治者倡导智慧，以智治国，实在是贻害无穷。故老子云：

> 故以智治国，国之贼；不以智治国，国之福。知此两者亦稽式，常知稽式，是谓玄德。玄德深矣，远矣，与物反矣。然后乃至大顺。[1]

老子把智慧和技巧看成是致乱之源，因此提出一种"釜底抽薪"的办法，主张彻底抛弃它们，使大家还真归朴，少私寡欲，保持纯朴的天性。老子云：

> 绝圣弃智，民利百倍……绝巧弃利，盗贼无有……见素抱朴，少私寡欲。[2]

---

〔1〕《老子》六十五章。
〔2〕《老子》十九章。

天下多忌讳，而民弥贫；民多利器，国家滋昏；人多伎巧，奇物滋起；法令滋彰，盗贼多有。[1]

他以为圣智者所设想出来的教化、道德、政令、法律等，只对统治者有利，而对人民有害。所以说，绝圣而不为，弃智而不用，将会给人民带来百倍的利益。而人们的技术越精巧，奇怪的物品越多，越会引起人们的贪欲，以致去偷去抢。所以，绝巧弃利，堵塞人们贪欲之心，就不会有盗贼了。

第二节　否定文化技艺

庄子对"圣智"采取怀疑和不信任的态度，认为它们只是对盗贼有利，并导致社会的混乱。"彼圣人者天下之利器也，非所以明天下也"，"上诚好知而无道，则天下大乱矣"。[2]他把人们的虚伪、欺诈、盗窃的责任完全归之于统治者，上梁不正，下梁必歪，该责备谁呢？当然该责备身居上位的统治者。庄子指出：现在的统治者把事物的真相掩盖起来而愚弄那些不懂的人，把困难扩大而处罚那些畏难的人，把任务加重而处罚不胜任的人，把路程规定得很远而诛杀那些走不到的人。百姓智力无法做到而又怕处罚，必然投机取巧，耍弄诈骗来对付。既然统治者好智，经常表现得很虚伪，那一般百姓怎么会不虚伪呢？"夫力不足则伪，知不足则欺，财不足则盗。盗窃之行，于谁责而可乎？"[3]

归纳起来，庄子绝圣弃智思想主要表现在非难圣智、否定文化技艺和嘲笑儒墨三个方面。

其一，非难圣智。他认为在道德高尚的"至德之世"，人的本性纯朴，淡情寡欲，无须圣者，无须教化，天下就太平无事。而三代以后，由于统治者好智，从而扰乱了天下。他们倡导的智慧，毒害极大，有如"蛎虿之尾，鲜规之兽"；它使人们丧失了纯朴的天性。可是他们还自称为圣人，这不是太可耻了么？庄子云：

---

[1]　《老子》五十七章。
[2]　见《庄子·胠箧》。
[3]　见《庄子·则阳》。

上诚好知而无道，则天下大乱矣！何以知其然邪？夫弓弩毕弋机变之知多，则鸟乱于上矣；钩饵罔罟罾笱之知多，则鱼乱于水矣；削格罗落罝罘之知多，则兽乱于泽矣；知诈渐（剧）毒颉滑坚白、解垢同异之变多，则俗惑于辩矣。故天下每每大乱，罪在于好知……故上悖日月之明，下烁山川之精，中堕四时之施，惴耎之虫，肖翘之物，莫不失其性。甚矣，夫好知之乱天下也！自三代以下者是已，舍夫种种之民而悦夫役役之佞；释乎恬淡无为而悦夫啍啍之意，啍啍已乱天下矣！〔1〕

三皇五帝之治天下，名曰治之，而乱莫甚焉。三皇之知，上悖日月之明，下睽山川之精，中堕四时之施。其知憯（惨）于蛎虿之尾，鲜规之兽，莫得安其性命之情者，而犹自以为圣人，不可耻乎？其无耻也！〔2〕

由此可见，庄子对圣人的抨击是相当猛烈的。他甚至把所谓智者、圣者比作为大盗储藏和看守财物的奴仆，所以说"圣人生而大盗起"，圣人利天下少而害天下多。"吾未知圣知之不为桁杨椄槢也"，圣者和智者只不过像枷锁、木尖一样，只能起加强的作用，即只能加强残酷的统治。只有圣人都死了，大盗才不会兴起；圣人不死绝，大盗就不会消失。"故绝圣弃知，大盗乃止"；打倒圣人，纵舍盗贼，"而天下始治矣"。〔3〕庄子云：

将为胠箧探囊发匮之盗而为守备。则必摄缄縢，固扃鐍，此世俗之所谓知也。然而巨盗至，则负匮揭箧担囊而趋，唯恐缄縢扃鐍之不固也。然则乡之所谓知者，不乃为大盗积者也？……

尝试论之：世俗之所谓至知者，有不为大盗积者乎？所谓至圣者，有不为大盗守者乎？何以知其然邪？昔者龙逢斩，比干剖，苌弘胣，子胥靡。故四子之贤而身不免乎戮。故跖之徒问于跖曰："盗亦有道乎？"跖曰："何适而无有道邪？夫妄意室中之藏，圣也；入先，勇也；出后，义也；知可否，知也；分均，仁也。五者不备而能成大盗者，天下未之有也。"由是观之，善人不得圣人之道不立，跖不得圣人之道不行。天下

〔1〕《庄子·胠箧》。
〔2〕《庄子·天运》。
〔3〕见《庄子·胠箧》。

之善人少而不善人多，则圣人之利天下也少而害天下也多。故曰：唇竭则齿寒，鲁酒薄而邯郸围，圣人生而大盗起。掊击圣人，纵舍盗贼，而天下始治矣。[1]

可见庄子不懂得历史的发展是不断进步的。三代以前是原始社会，夏商周是奴隶社会；在历史上，奴隶社会的出现及其向封建社会的发展，是一大进步。贵族统治者利用"圣智"来欺骗和压迫人民，这是应该批判的，但人类智慧的发展和人们对智慧的运用，则是应该肯定的。

其二，否定文化技艺。庄子认为，客观世界本来不可知，因此，所谓知识、言语、辩论等都是多余的。他特别反对追求知识，认为人的生命有限而知识无限，用有限的生命去追求无限的知识，那不是太危险了吗？

吾生也有涯，而知也无涯。以有涯随无涯，殆已；已而为知者，殆而已矣。[2]

庄子所说的生命有限而知识无限，这是对的。但他把认识客观世界、追求知识看成是危险的和徒劳的，那就错了。像他那样，以"不知而后知之"，以"不惑解惑"就"复于不惑"[3]，实际上是认为知和惑是用不着的，对一切事物的认识可以采取不了了之的态度。

庄子告诫人们，不但不要去追求知识，而且要懂得知识是祸害，"知也者，争之器也"，它给人们带来争斗，引起不幸。因为有了知识，睡觉睡不好，心神不安；同外界交往，整天勾心斗角，心怀恐惧；为了争是非胜负，人们斗争不已。这样，给人们身心带来极大危害，长此以往，怎么能活下去呢？《齐物论》篇云：

大知闲闲，小知间间。大言炎炎，小言詹詹。其寐也魂交（心神烦乱），其觉也形开（四体不安）。与接为构，日以心斗……喜怒哀乐，虑叹变蜇，姚佚启态——乐出虚，蒸成菌。日夜相代乎前而莫知其所萌。

---

[1] 《庄子·胠箧》。
[2] 《庄子·养生主》。
[3] 见《庄子·徐无鬼》。

已乎，已乎！旦暮得此，其所由以生乎！

可见庄子对知识的否定，已经达到了极点。

庄子不但否定知识，而且对文化和技艺也持反对态度。他主张毁掉人类创造的符玺、度量衡、音乐、文彩和一切技艺。庄子云：

> 擿玉毁珠，小盗不起；焚符破玺，而民朴鄙；掊斗折衡，而民不争……擢乱六律，铄绝竽瑟，塞瞽旷之耳，而天下始人含其聪矣；灭文章，散五采，胶离朱之目，而天下始人含其明矣；毁绝钩绳而弃规矩，擢工倕之指，而天下始人含其巧矣。[1]

此外，《天地》篇中还有这样一个故事：晋国有个种菜的人，用瓮从井中取水灌园，又慢又费劲。子贡劝他用槔，将省劲得多。种菜的人却不愿意用它，说用它就是投机取巧，不合乎"道"的精神。

> 子贡南游于楚，反于晋，过汉阴，见一丈人方将为圃畦，凿隧而入井，抱瓮而出灌，搰搰然用力甚多而见功寡。子贡曰："有械于此，一日浸百畦，用力甚寡而见功多，夫子不欲乎？"为圃者仰而视之曰："奈何？"曰："凿木为机，后重前轻，絜水若抽（提），数如泆汤，其名为槔。"为圃者忿然作色而笑曰："吾闻之吾师，有机械者必有机事（指投机取巧），有机事者必有机心，机心存于胸中则纯白不备。纯白不备则神生（性，下同）不定，神生不定者，道之所不载也。吾非不知，羞而不为也。"

由此可见，庄子反对技艺进步的思想是很突出的。本来随着社会的发展，人类智慧以及文化科学技术也相应地发展起来，这是历史的进步，应予肯定。但庄子不分青红皂白，怀疑一切，打倒一切，连文化知识和科学技术都要舍弃，这是违反历史发展规律的。

其三，嘲笑儒、墨。庄子所说的圣人、圣者、智者，主要指儒者和墨者。"不为轩冕肆志，不为穷约趋俗"的庄生，对儒、墨两家一概加以嘲笑，甚至猛烈地加以抨击。据《庄子》载：

---

〔1〕《庄子·胠箧》。

春秋战国法律思想与传统文化

庄子见鲁哀公，哀公曰："鲁多儒士，少为先生方（指道术）者。"庄子曰："鲁少儒。"哀公曰："举鲁国而儒服，何谓少乎？"庄子曰："周闻之：儒者冠圜（圆）冠者知天时，履句（矩）履者知地形，缓佩玦者事至而断。君子有其道者，未必为其服也；为其服者，未必知其道也。公固以为不然，何不号于国中曰：'无此道而为此服者，其罪死！'"〔1〕

枝于仁者，擢德塞性以收名声，使天下簧鼓以奉不及之法非乎？而曾史是已！骈于辩者，累瓦结绳窜句游心于坚白同异之间，而敝跬誉无用之言非乎？而杨墨是已！〔2〕

儒、墨两家是战国时代两个著名的学派，"世之显学，儒、墨也"。〔3〕但庄子却嘲笑儒墨之流不过是一些自我标榜、沽名钓誉之徒，他们所从事的都是趋世应时的学问，如同"朝三暮四""朝四暮三"的愚弄猴子的把戏一样，是于世无益的东西。

绝圣弃智是道家的一贯思想。归纳起来，他们认为人们内在的欲望要求是不好的，将导致彼此争斗不已，所以要遏止它；人们外在的圣智、文化和物质产品也是要不得的，它们引起人们去追求，使社会混乱不堪，所以要消灭它们。最好的办法是少私寡欲，复归于自然。当然，道家对待人类发展进程中所出现的"圣智"采取完全否定的办法，是行不通的，也是违反历史发展规律的。在人类历史上，随着奴隶社会的出现及其向封建社会的发展，人类智慧、文化、科学技术也在发展，造福于人类。从总的方向来看，这是好事，是人类进步的表现。至于它也给人类带来争斗、恐惧，那只是次要的方面。

道家否定圣智，在理论上也是错误的。首先，他们主张取消人们内心的欲望和要求，殊不知这些欲望和要求也是发乎自然、为人性所必有的，谁要是随意取消它，反而抹煞了人性。其次，他们主张取消人们外在的一切圣智、文化和物质产品，殊不知这些东西正是适应人类的要求而产生的，它们产生之后为人们所接受，并促进了社会的发展。

〔1〕《庄子·田子方》。
〔2〕《庄子·骈拇》。
〔3〕《韩非子·显学》。

第三十四章
道家否定人定法及其对传统文化的影响

道家崇尚自然，推崇自然法，所以否定人为，反对人定法。他们认为，制定法令，本来是为了止盗，可是盗贼反而多有。为什么会酿成这样的局面呢？其根本原因在于法令破坏了自然的和谐。只有"殚残天下之圣法"，天下才会太平。

第一节　否定人定法

老子云：

> 天下多忌讳（指法制禁令），而民弥贫。民多利器，国家滋昏。人多伎巧，奇物滋起。[1]

他把天下的混乱直接归之于制定了各种法制禁令，产生了许多人为的新奇事物。在春秋时期，生产力的发展促进了生产关系的变化，新的封建制开始取代腐朽的奴隶制。同时，新兴封建势力为了巩固和壮大自己的力量，还制定和颁布了许多新的法令，这是社会发展的必然结果。可是老子把这些新事物统统视为统治者"有为"的结果，都是祸患，他认为这些新的法律制度都是统治者按照"人之道"制定出来的，不合乎天之道，所以他一律反对。

照老子看来，制定法律法令，是徒劳无功，贻害无穷的。"法令滋彰，盗贼多有"[2]，法律法令越是繁多严密，人民就越贫穷，盗贼也就越多。显然，这是老子对当时出现的"法治"主张的批判。

---

〔1〕《老子》五十七章。
〔2〕《老子》五十七章。

老子认为，在社会纷乱，人民日益贫穷而失去生路的情况下，即使统治者使用繁法苛刑，也不能使人民屈服，反而会激起他们更强烈的反抗。"民不畏威，则大威至。"[1]他认为到了人民不怕统治者威吓的时候，那么可怕的事就要发生了。

所以，老子以为用杀人的办法并不能解决问题。刑罚诛戮，如果不得已而用之，其基础在于人民畏惧刑罚，不敢以身试法。然而，当人民备受压榨，生计艰难，无法生存之时，他们便不再畏惧刑罚诛戮；既不畏惧，罚之又有何益？法令、刑罚又有什么作用呢？"民不畏死，奈何以死惧之？"[2]

照老子看来，统治者应当自然无为，不要任法用刑。如果任法用刑，则政事必多；政事多，则费用必繁；费用繁，则征税必多；征税多，则人民必饥；人民饥，则必轻死；人民轻死，自然不再惧怕刑罚诛戮了！

然而，老子并不一律反对刑杀。老子云："若使民常畏死，而为奇者（指从事反常活动者），吾得执而杀之，孰敢。"[3]如果把那些作怪捣乱的人捉来杀掉，那么谁还敢再捣乱？不过老子认为统治者不要随便杀人，要由专管杀人的去杀；否则，就会像代替木匠砍木头一样，会砍伤自己手的。

> 常有司杀者杀，夫代司杀者杀，是谓代大匠斫。夫代大匠斫，希有不伤其手矣。[4]

这种主张，和当时统治者暴虐无道、任意杀人，从而激起人民更强烈的反抗的情况有关，所以他说"希有不伤其手"，是自招其祸。

第二节　殚残天下之圣法

庄子对当时统治者的法律法令表现出强烈的憎恨，对它们的揭露和批判也是相当深刻的。他坚决反对统治者用法律、法令来统治人民，伤害他们的天性，约束他们的自由。他认为，"至人之治"不是"治外"，而是"治内"。

---

[1]《老子》七十二章。
[2]《老子》七十四章。
[3]《老子》七十四章。
[4]《老子》七十四章。

统治者应当"游心于淡，合气于漠（寞），顺物自然而无容私"，这样天下就大治了。即使是动物也知道避害，何况比动物聪明的人，怎能被欺骗而听从法度呢？说来说去，他还是主张"去人为，任自然"。《应帝王》篇云：

> 肩吾见狂接舆。狂接舆曰："日中始（假设人名）何以语女？"肩吾曰："告我：君人者以己出经（法典）式（程序、规矩）义（裁断之法）度（准则、法度），人孰敢不听而化诸！"狂接舆曰："是欺德也。其于治天下也，犹涉海凿河而使蚊负山也。夫圣人之治也，治外乎？正（指正己）而后行，确乎能其事者而已矣。且鸟高飞以避矰弋之害，鼷鼠深穴乎神丘之下以避熏凿之患，而曾二虫之无知！"

庄子在世时穷困潦倒，几乎一无所有，所以他愤世嫉俗，无所畏惧，敢于放言高论，嬉笑怒骂，溢于言表。据《至乐》篇记载，有一次庄子到楚国去，在途中见到一个空髑髅，很有感触地发问道：先生难道是由于过于追求人生欲望、违反天理，或者有亡国之事，斧钺之诛，或者有不善之行而给父母妻子丢了脸，才落到如此地步吗？这反映了庄子憎恨统治者刑罚残酷的感情，以及同情那些触犯封建法律和违背封建道德而遭到不幸的人的思想。

> 庄子之楚，见空髑髅，髐然有形。撽（敲击）以马捶，因而问之，曰："夫子贪生失理而为此乎？将子有亡国之事、斧钺之诛而为此乎？将子有不善之行，愧遗父母妻子之丑而为此乎？将子有冻馁之患而为此乎？将子之春秋故及此乎？"于是语卒，援髑髅，枕而卧。夜半，髑髅见梦曰："向子之谈者似辩士，视子所言，皆生人之累也，死则无此矣。子欲闻死之说乎？"庄子曰："然。"髑髅曰："死，无君于上，无臣于下，亦无四时之事，从然（放纵自由的样子）以天地为春秋，虽南面王乐，不能过也。"庄子不信，曰："吾使司命复生子形，为子骨肉肌肤，反（返）子父母、妻子、闾里、知识（指熟悉的人），子欲之乎？"髑髅深矉蹙额曰："吾安能弃南面王乐而复为人间之劳乎！"

关于庄子对统治者法律的抨击和批判，现从下列三个方面予以阐述。

其一，繁法严刑给人们带来无穷的灾难。在《天地》篇中，庄子借古讽今，写伯成子高批评夏禹运用赏罚进行统治，从此道德衰微，世风日下，社会开始混乱了！

> 尧治天下，伯成子高立为诸侯。尧授舜，舜授禹，伯成子高辞为诸侯而耕。禹往见之，则耕在野。禹趋就下风，立而问焉。曰："昔尧治天下，吾子立为诸侯。尧授舜，舜授予，而吾子辞为诸侯而耕。敢问其故何也？"子高曰："昔者尧治天下，不赏而民劝，不罚而民畏。今子赏罚而民且不仁，德自此衰，刑自此立，后世之乱自此始矣！夫子阖（盍）行邪？无（毋）落（废）吾事！"俋俋乎耕而不顾。

其实，这些批评是庄子针对战国时期的繁法严刑而发的。庄子不但借古以讽今，而且直接对战国社会的繁法严刑进行猛烈的抨击和尖锐的批评。《在宥》篇云：

> 今世殊死者相枕也，桁杨（架绑在脚上和颈上的刑具）者相推也，刑戮者相望也，而儒墨乃始离跂攘臂乎桎梏之间。

《人间世》篇云：

> 孔子适楚，楚狂接舆游其门曰："凤兮凤兮，何如德之衰也。来世不可待，往世不可追也。天下有道，圣人成焉；天下无道，圣人生焉。方今之时，仅免刑焉！福轻乎羽，莫之知载；祸重乎地，莫之知避。已乎，已乎！临人以德。殆乎殆乎！画地而趋。迷阳（一种多刺的草）迷阳，无伤吾行。吾行郤曲，无伤吾足。"

"方今之时，仅免刑焉。"这是庄子对现实世界尖锐的批判。正是由于当时统治者使用繁法严刑，造成囹圄遍地、死者相枕的悲惨局面。在这种情况下，人们只求免死而已。这虽然是一种悲观的论调，但在当时却不失为一种深刻的揭露和尖锐的批判。

其二，刑赏不符合于性命之情。庄子认为，自然的德性无所谓爱憎，所以统治者应当以无为的态度对待天下，不要使用刑罚、仁义等进行统治。如果任凭天下人自由发展，不施加人为的约束和控制，天下就能"不淫其性"，

"不迁其德"。统治者如果见善就赏，见恶就罚，其结果必然是赏不胜赏，罚不胜罚。这种赏罚制度怎么能行得通呢？天下乱哄哄的，百姓怎能安其性命之情？

因此，庄子要求恢复人的放荡不羁的性命之情。《在宥》篇云："人大喜邪，毗（偏，下同）于阳；大怒邪，毗于阴。阴阳并毗，四时不至，寒暑之和不成，其反伤人之形乎！使人喜怒失位，居处无常，思虑不自得，中道不成章，于是乎天下始乔诘（骄傲自大）卓鸷（出众不凡），而后有盗跖曾史之行。故举天下以赏其善者不足，举天下以罚其恶者不给。故天下之大不足以赏罚。自三代以下者，匈匈焉终以赏罚为事，彼何暇安其性命之情哉！"

其三，为罪人和刑徒辩护。在战国时代，法繁刑酷，不少人受到封建法律的制裁，尝够了刑狱之苦。庄子同情他们，并为之鸣不平。

在《德充符》篇中，庄子以受到刖足刑罚的"兀者"和一些形体丑陋的人为例说，这些人虽然形体残废，但却是道德完美的人；他们在社会上虽然受到歧视和冷遇，但却符合"天"的要求。他们才是高贵的，是"天之君子"；而世俗所谓君子却是卑贱的，是"天之小人"。例如：鲁国兀者王骀，其声望超过孔子，人们都追随他，连孔子也要拜他为师。

> 鲁有兀者（被处刑断足的人）王骀，从之游者与仲尼相若。常季问于仲尼曰："王骀，兀者也，从之游者与夫子中分（对半分）鲁。立不教，坐不议。虚而往，实而归。固有不言之教，无形而心成者邪？是何人也？"仲尼曰："夫子，圣人也，丘也直后而未往耳！丘将以为师，而况不若丘者乎！奚假（何止）鲁国，丘将引天下而与从之。"

郑国"兀者"申徒嘉和郑国执政子产"同师于伯昏无人"，开始时享有盛名的子产怕有伤体面，羞与申徒嘉为伍，而申徒嘉不以被处刑为耻辱，而且能安之若命，最后连子产都自愧不如。

> 申徒嘉，兀者也，而与郑子产同师于伯昏无人。子产谓申徒嘉曰："我先出则子止，子先出则我止。"其明日，又与合堂同席而坐。子产谓申徒嘉曰："我先出则子止，子先出则我止。今我将出，子可之止乎？其未邪？且子见执政而不违（避开），子齐执政乎？"申徒嘉曰："先生之

门固有执政焉如此哉？子而说子之执政而后人者也。闻之曰："鉴明则尘垢不止；止则不明也。久与贤人处则无过。今子之所取大者，先生也，而犹出言若是，不亦过乎！"子产曰："子既若是矣，犹与尧争善。计子之德，不足以自反（反省）邪？"申徒嘉曰："自状其过以不当亡（指不应当受断足的刑罚）者众；不状其过以不当存者寡。知不可奈何而安之若命，唯有德者能之……"子产蹴然改容更貌曰："子无乃称！"

鲁国兀者叔山无趾，他所追求的是道德的完美，庄子借孔子之口赞扬他。

> 鲁有兀者叔山无趾，踵见仲尼。仲尼曰："子不谨，前既犯患若是矣。虽今来，何及矣！"无趾曰："吾唯不知务而轻用吾身，吾是以亡足。今吾来也，犹有尊足者（比足还尊贵的东西，指道德）存，吾是以务全之也。夫天无不覆，地无不载，吾以夫子为天地，安知夫子之犹若是也。"孔子曰："丘则陋矣！夫子胡不入乎？请讲以所闻。"无趾出。孔子曰："弟子勉之！夫无趾，兀者也，入犹务学以复补前行之恶，而况全德之人乎！"

很明显，以上三个寓言的用意，都是借题发挥。庄子赞美兀者王骀、申徒嘉和叔山无趾，实际上是为他们无辜受戮而不平，借以抨击封建统治者的刑酷法繁。

既然统治者的法度是要不得的，它残害人民，伤害天性，所以庄子主张废弃一切法度。庄子云：

> 擿玉毁珠，小盗不起；焚符破玺，而民朴鄙；掊斗折衡，而民不争；殚残天下之圣法，而民始可与论议。[1]

由此可见，庄子比老子走得更远，他不仅主张废弃一切法度，而且主张消灭一切规章制度，毁灭人类的文明。无疑，这种主张是违反历史发展规律的。然而，我们也应当看到，庄子对当时法律的揭露是相当深刻的，它使人们认识到地主阶级对人民的剥削和压迫。

---

[1]《庄子·胠箧》。

第三节 否定人定法对传统文化的影响

道家对统治者用来统治人民的各种手段，诸如王权、仁义、礼乐、法度等一概加以反对，主张减轻对人民的刑罚镇压，"天网恢恢，疏而不失"，法网也宜疏不宜密。这对后世有深刻的影响。自西汉起，各代都有不少思想家、政治家常思道家之意，要求放宽法禁，以示怀柔。例如：汉初黄老学派的倡导者陆贾总结秦亡的教训，最主要的是"举措太众、刑罚太极"[1]，君主应当减轻刑罚压迫，不要使用繁法苛刑。陆贾云：

> 天地之性，万物之类，怀德者众归之，恃刑者民畏之，归之则附其侧，畏之则去其域。故设刑者不厌轻，为德者不厌重，行罚者不患薄，布赏者不患厚，所以亲近而致远也。夫形重者则身劳，事众者则心烦，心烦者则刑罚纵横而无所立，身劳者则百端回邪而无所就。[2]

陆贾这种"罚不患薄"的思想，成为西汉初期统治者约法省刑的重要理论根据。

王弼对曹魏时期的严刑峻法曾作了相当深刻的揭露和批判。"若乃多其法网，烦其刑罚，塞其径路，攻其幽宅，则万物失其自然，百姓丧其手足，鸟乱于上，鱼乱于下。是以圣人之于天下，歙歙焉，心无所主也。"[3]他认为，现实社会的刑政应当遵循自然无为的原则，去其繁苛；治国不在严刑，而在顺应自然，使人民各得其所。王弼云："夫刑以检物，巧伪必生……息淫在乎去华，不在滋章；绝盗在乎去欲，不在严刑；息讼存乎不尚，不在善听。"[4]

比王弼晚些的晋代鲍敬言，对统治者实行严刑峻法给人民带来深重的灾难的现实状况予以猛烈的抨击。鲍敬言云："君臣既立，众慝日滋，而欲攘臂乎桎梏之间，愁劳于涂炭之中……闲之以礼度，整之以刑罚，是犹辟滔天之

---

〔1〕《新语·无为》。
〔2〕《新语·至德》。
〔3〕《老子》四十九章注。
〔4〕《老子指略》。

源，激不测之流，塞之以撮壤，障之以指掌也。"〔1〕当人民反抗的怒火燃烧起来之后，不管统治者采取礼义还是刑罚去制裁他们，都无济于事。特别可贵的是，鲍敬言把刑罚的残酷归罪于君主专制制度。

> 使夫桀纣之徒，得燔人辜谏者，脯诸侯，菹方伯，剖人心，破人胫，穷骄淫之恶，用炮烙之虐。若令斯人并为匹夫，性虽凶奢，安得施之？使彼肆酷恣欲，屠割天下，由于为君，故得纵意也。〔2〕

这是多么深刻的分析！可见鲍敬言已觉察到，君主残暴不仁，滥施严刑酷罚，不仅是个人品质问题，更重要的是"由于为君"，即由于君主制度的存在。

唐朝建立之初，唐太宗君臣鉴于隋末严刑酷法从而导致农民大起义的教训，强调用法务在宽简，断狱务求审慎。

> 贞观元年，太宗谓侍臣曰：死者不可复生，用法务在宽简。古人云：鬻棺者欲岁之役，非疾于人，利于棺售故耳。今法司核理一狱，必求深刻，欲成其考课，今作何法，得使平允？……又曰：古者断狱，必讯于三槐九棘之官；今三公九卿，即其职也。自今以后，大辟罪，皆令中书门下、四品以上及尚书九卿议之，如此庶免冤滥。由是至四年，断死刑，天下二十九人，几致刑措。〔3〕

由此可见，唐太宗君臣在司法实践中具体贯彻了用法务在宽简、断狱务求审慎的原则，在一定程度上减轻了对人民的刑罚压迫。

生活在唐末的《无能子》作者对衰朽末世的黑暗体会尤深，对统治者的刑罚压迫感受更烈。对于人民的反抗，社会的祸乱，统治者"乃设刑法与兵以制之，小则刑之，大则兵之。于是缧绁桎梏鞭笞流窜之罪充于国，戈铤弓矢之伐充于天下，覆家亡国之祸绵绵不绝，生民困贫夭折之苦漫漫不止"。〔4〕

---

〔1〕《抱朴子·诘鲍》。
〔2〕《抱朴子·诘鲍》。
〔3〕《贞观政要·刑法》。
〔4〕《无能子·圣过》。

因此，他对统治者的法律采取否定的态度。这也是法律虚无主义的一种表现。一般地说，历代信奉道家学说的人，在论及人定法时，多有这种表现。

晋代葛洪在评论老庄的法律虚无主义时，指出：

> 若行其言，则当燔枳栝，堕图圄，罢有司，灭刑书，铸干戈，平城池，散府库，毁符节，撤关梁，掊衡量，胶离朱之目，塞子野之耳，泛然不系，反乎天牧，不训不营，相忘江湖，朝廷阒尔若无人，民则至死不往来，可得而论，难得而行也。[1]

这个评论是较为公允的。对于老庄法律虚无主义的主张，"可得而论"，但实际上是行不通的。

---

[1]　《抱朴子·用刑》。

第三十五章

道家的自由论

　　道家主张因循自然，人类应依其自然本性自由发展，淡泊无为，统治者不要乱加干涉。老子、庄子都持这种主张。

　　老子看到权贵们的荣华富贵发展到了极点，不但不能使他们幸福，反而会感到痛苦。"五色令人目盲，五音令人耳聋，五味令人口爽，驰骋畋猎令人心发狂"〔1〕，所以老子坚决反对人们追求各种物质享受，主张恢复人类固有的自然本性。

　　庄子主张因循自然、淡泊无为，则纯系一种主观的设想。其中最主要的，是他超然物外，极力摆脱一切物质的牵累，追求一种不受任何约束的绝对自由，"独与天地精神往来"〔2〕，以达到逍遥自由的境界。庄子的自由思想特别突出，本章较集中地加以论述。

第一节　无是非论

　　庄子作为一个没落贵族，既不敢正视客观现实，也不愿对现实作出判断。他认为不论是客观事物，还是人的内心世界，都受道的支配。从道的观点来看，事物的彼此和人们认识上的是非，都是相对的。庄子云：

> 以道观之，物无贵贱；以物观之，自贵而相贱；以俗观之，贵贱不在己。以差观之，因其所大而大之，则万物莫不大；因其所小而小之，则万物莫不小。知天地之为稊米也，知毫末之为丘山也，则差数睹矣。

〔1〕《老子》七十三章。
〔2〕见《庄子·天下》。

以功观之，因其所有而有之，则万物莫不有；因其所无而无之，则万物莫不无。知东西之相反而不可以相无，则功分定矣。以趣观之，因其所然而然之，则万物莫不然；因其所非而非之，则万物莫不非。[1]

自其异者观之，肝胆楚越也；自其同者观之，万物皆一也。[2]

在庄子看来，万事万物都可同一，都无差别，无论是贵贱、大小、有无、东西，抑或是生死、寿夭、是非、善恶、得失、荣辱等，都是如此。即使是肝胆与楚越，也没有本质的区别。

如果事物有差别，那也不过是人的主观判断而已。"彼亦一是非，此亦一是非"，大家都对，大家都不对，没有什么客观的是非标准。因此，又何必认真！何必带着己见去看待事物！何必要去树立对立面！对的就任它对，错的就任它错，对的错的又何必计较呢！"不谴是非而与世俗处"，随波逐流，不是很好吗！故庄子云：

物无非彼，物无非是。自彼则不见，自知则知之。故曰：彼出于是，是亦因彼。彼是方生之说也。虽然，方生方死，方死方生；方可方不可，方不可方可；因是因非，因非因是。是以圣人不由而照之于天，亦因是也。是亦彼也，彼亦是也。彼亦一是非，此亦一是非，果且有彼是乎哉？果且无彼是非哉？彼是莫得其偶，谓之道枢。[3]

毫无疑问，庄子这种相对主义的观点是错误的，因为它否定事物的差别，否定是非有客观标准。这种观点也是他的混世人生哲学的理论基础。他认为人生只不过是一场幻梦，"其觉者乎，其梦者乎"，人类的生死、梦觉等现象虽然各不相同，实际上都不过是道的物化现象罢了。[4]

昔者庄周梦为胡蝶，栩栩然胡蝶也。自喻适志与！不知周也。俄然觉，则蘧蘧然周也。不知周之梦为胡蝶与？胡蝶之梦为周与？周与蝴蝶则必有分矣。此之谓物化。

---

[1]《庄子·秋水》。
[2]《庄子·德充符》。
[3]《庄子·齐物论》。
[4] 见《庄子·齐物论》。

庄子这种人生若梦的颓废思想，是和他没落的遭遇相联系的。过去的一切都破灭了，而现实生活中的屈辱和痛苦，使他无法忍受。他要将干扰他的一切烦恼和痛苦都弃置不顾，而保持心灵上的安宁。一切以保持自我为依归，"吾与之虚而委蛇"，"知其不可奈何而安之若命"〔1〕，随波逐流，不与人争。

据《山木》篇载，庄子曾借市南子向鲁侯进献除患之术，劝他放弃权位的故事，宣称清心寡欲，忍让屈从，就可以免患除忧，达到"建德之国"。

> 市南子曰："君之除患之术浅矣！夫丰狐文豹，栖于山林，伏于岩穴，静也；夜行昼居，戒也；虽饥渴隐约，犹旦胥疏于江湖之上而求食焉，定也。然且不免于罔罗机辟之患，是何罪之有哉？其皮为之灾也。今鲁国独非君之皮邪？吾愿君刳形去皮，洒心去欲，而游于无人之野。南越有邑焉，名为建德之国，其民愚而朴，少私而寡欲；知作而不知藏，与而不求其报；不知义之所适，不知礼之所将。猖狂妄行，乃蹈乎大方。其生可乐，其死可葬。吾愿君去国捐俗，与道相辅而行。"

然而，在现实社会中，要求统治者放弃权位，少私寡欲，又谈何容易！不但最高统治者争权夺利，其他忠臣贤士又何尝不是争名逐利呢？"德荡乎名，知出乎争。名也者，相轧也；知也者，争之器也。二者凶器，非所以尽行也。"〔2〕庄子极力反对名利，并举例说，关龙逢、比干被杀，因为好名。丛枝、胥敖、有扈几个部族的君主被戮，是因为他们争权夺利。这难道还不足引以为戒吗！

> 且昔者桀杀关龙逢，纣杀王子比干，是皆修其身以下伛拊人之民，以下拂其上者也，故其君因其修以挤之。是好名者也。
> 昔者尧攻丛枝、胥敖，禹攻有扈。国为虚厉，身为刑戮。其用兵不止，其求实无已，是皆求名实者也，而独不闻之乎？名实者，圣人之所不能胜也，而况若乎！〔3〕

---

〔1〕 见《庄子·人间世》。
〔2〕《庄子·人间世》。
〔3〕《庄子·人间世》。

庄子抨击夏商周三代的人，都是为名、为利、为私、为公而奋斗的人，"事业不同，名声异号，其于伤性以身为殉，一也"。[1]他们的奋斗都是伤生害性的，是一种无谓的牺牲。

第二节 绝对自由论

庄子生活在"昏上乱相"统治的战国时代，对社会现实有较深刻的认识。他认为，人们一方面对现实应无所希求，摒绝名利，另一方面也不要受统治者的仁义道德和礼法刑政的约束。他幻想得到一种超脱一切、不受任何约束和限制的绝对自由，即所谓"逍遥游"。

一般的所谓自由，都是有限制的，有条件的，例如没有所谓天梯，就不能上天；不食五谷，就无法生存下去。而庄子所主张的绝对自由，则是"无所待"的，是不依赖任何客观条件的。在他看来，高飞九万里的鹏鸟，比起寒蝉和斑鸠来好像自由，但是它仍然要依靠大风才能飞行。轻妙地乘风而行的列子，比起带着三月之粮行千里的人好像自由，但是他也要依靠风才能飞行。因此，无论是鹏鸟或列子，都是要依靠客观条件才能获得自由，这都不是真正的自由，不是绝对的自由。

一般人之所以不自由，是因为他们有所依赖，有所希求，把自己看得很重，尤其把功名利禄看得很重。所以庄子极力宣扬"至人无己，神人无功，圣人无名"。只有这样"无己"的"至人、神人、圣人"，不求功，不求名，才能达到物我同一的境界，无所待地"独与天地精神往来"，逍遥自在地游于"无何有之乡"，在那里获得绝对的自由。《逍遥游》篇云：

> 若夫乘天地之正，而御六气之辩（变），以游无穷者，彼且恶乎待哉！故曰：至人无己，神人无功，圣人无名。
> 尧让天下于许由，曰："日月出矣，而爝火不息，其于光也，不亦难乎！时雨降矣，而犹浸灌，其于泽也，不亦劳乎！夫子立而天下治，而我犹尸之，吾自视缺然。请致天下。"许由曰："子治天下，天下既已治也，而我犹代子，吾将为名乎？名者，实之宾也，吾将为宾乎？鹪鹩巢

[1] 见《庄子·骈拇》。

于深林，不过一枝；偃鼠饮河，不过满腹。归休乎君，予无所用天下为！庖人虽不治庖，尸祝不越樽俎而代之矣！"

这里，庄子主要说明"无名"，但也说明"无功""无己"。许由不愿接受尧所让的天子之位，是因为他不想去追求过多的功名，否则，连"一枝"之地、"满腹"之飧都保不住了。由此可见，庄子的"无己""无功""无名"，并不是真正地反对利己主义。

怎样做到"无己"呢？庄子认为最好的办法是"坐忘"。所谓"坐忘"，就是静坐而心忘。《齐物论》所谓"隐机而坐，仰天而嘘，荅焉似丧其耦"，就是"坐忘"的形象表现。它要求人们进入一种静寂颓丧的精神境界，排除一切外来的影响和干涉，使自己变得毫无爱憎、麻木不仁，甚至连自己的存在都忘掉了。在《大宗师》篇中，庄子借颜渊和孔子的对话，具体地描绘了"坐忘"的境界。

颜回曰："回益矣。"仲尼曰："何谓也?"曰："回忘仁义矣。"曰："可矣，犹未也。"他日复见，曰："回益矣。"曰："何谓也?"曰："回忘礼乐矣！"曰："可矣，犹未也。"他日复见，曰："回益矣！"曰："何谓也?"曰："回坐忘矣。"仲尼蹴然曰："何谓坐忘?"颜回曰："堕肢体，黜聪明，离形去知，同于大通，此谓坐忘。"仲尼曰："同则无好也，化则无常也。而果其贤乎！丘也请从其后也。"

当然，世间绝不存在庄子所说的"坐忘"的境界。

综上所述，庄子的所谓自由，并不是建立在必然性认识的基础之上，而是他脱离对现实世界的认识，企图摆脱困境，避免斗争，去追求精神上的解脱。他所幻想的那种绝对自由，在现实社会里是不可能找到的。

第三十六章

道家的君人南面之术

所谓"君人南面之术"，就是最高统治者驾驭臣下、统治人民的一套方法和权术。在论语中出现的"南面"一词就有这个含义。孔子云：

> 无为而治者，其舜也与！夫何为哉？恭己正南面而已矣。[1]
>
> 雍也，可使南面。[2]

何晏《论语集解》引语云："可使南面者，言任诸侯治。"由此可见，天子统治天下和诸侯统治一国，都有"南面"之称。

《汉书·艺文志》云："道家者流……知秉要执本，清虚以自守，卑弱以自持，此君人南面之术也。"所以从前有人说，道家的思想是"君人南面之术"，这的确有一定道理。如蔡元培在《中国伦理学史》中指出："老子既主无为之治，是以斥礼乐，排刑政，恶甲兵，甚且绝学而弃智。虽然，彼亦应时世而立政策……老子固精于处世之法者。彼自立于齐同美恶之地位，而以至巧之策处理世界。彼虽斥智慧为废物，而于相对界，不得不巧其施智慧，此其所以为权谋术数所自出，而后世法术家皆奉为先河也。"

老子主张对日益衰微的政治加以改良，因此他不能不有所作为，"为无为"是为了"无不为"。他知道要有所作为的话，随时都可能遭到失败，于是他的思想中出现了权谋、策略之类的东西。将这种权谋、策略运用到国家政治上，就成为一套驾驭臣下、统治人民的"君人南面之术"。从广义方面来说，道家的无为而治、废弃仁义礼法等，都是"君人南面之术"。这里，我们只是从狭义方面来探讨老子"君人南面之术"，着重研究其中的几个问题。

---

[1] 《论语·卫灵公》。
[2] 《论语·雍也》。

第一节 以柔克刚

老子从自然界和现实社会的发展中，觉察到事物的发展总是由小到大、由弱到强的。

> 合抱之木，生于毫末；九层之台，起于累土；千里之行，始于足下。[1]

他从春秋社会中看到大量的以弱胜强、以小胜大，以及由原来的弱者变为强者，而原来的强者却变为弱者的事实，继而认为，事物矛盾双方的斗争，其结果必然是强者失败，弱者胜利，从而总结出柔弱胜刚强的思想。

> 天下之至柔，驰骋天下之至坚。无有入无间（没有空隙）。吾是以知无为之有益。不言之教，无为之益，天下希及之。[2]
>
> 人之生也柔弱，其死也坚强。万物草木之生也柔脆，其死也枯槁。故曰坚强者死之徒（类，下同），柔弱者生之徒。是以兵强则灭，木强则折。强大处下（劣势），柔弱处上（优势）。[3]

照老子看来，世界上最柔弱的东西，能穿透世界上最坚硬的东西。无为的好处就在于它体现了这种以柔克刚的道理。所以他概括出这样一条普遍原理：柔弱的东西最坚强；强硬的东西最无力甚至接近死亡。

老子更以水为喻，认为世间没有比水更柔弱的了，然而攻击坚强的东西，没有能胜过它的。"天下莫柔弱于水，而攻坚强者莫之能胜，其无以易之。"[4]我们看看屋檐下，滴滴雨水可以穿石；水积少成多，可以使大河泛滥，淹没田舍，冲毁桥梁。任何坚固的东西也阻挡不住水的冲击。所以，老子所讲的柔弱，并不是通常所说的软弱无力的意思，相反，他认为柔弱中含有坚韧的潜力，它是强大力量的化身。

---

[1]《老子》六十四章。
[2]《老子》四十三章。
[3]《老子》七十六章。
[4]《老子》七十八章。

由此可见，老子的思想并不是完全退守的，而是委曲求全，以退为进。他认为委曲反能保全，屈枉反能伸直，卑下反能充盈，敝旧反能新奇，少取反能多得，多取反而迷惑。所以，他虽然深知什么是雄强，却安于柔雌；虽然深知什么是光荣，却安于卑辱；虽然深知什么是光彩，却安于暗昧。人们遵循这样柔弱、退守的原则，不但不会吃亏，反而更为有利。

　　知其雄，守其雌，为天下溪。为天下溪，常德不离，复归于婴儿。知其白，守其黑，为天下式，常德不忒（差错），复归于无极。知其荣，守其辱，为天下谷。为天下谷，常德乃足，复归于朴。[1]

老子主张，统治者应当装作柔弱，逃避矛盾，不与人争，"夫唯不争，故天下莫能与之争"。[2]

他告诫统治者，必须掌握利用人民、统治人民的权术。要统治人民，必须先在言辞方面表示谦虚；要领导人民，必须把自己放在人民之后；用"不争"作为手段，以达到目的。

　　江海所以能为百谷王者，以其善下之，故能为百谷王。是以欲上民（统治人民的意思），必以言下之；欲先民（领导人民的意思），必以身后之。是以圣人处上而民不重（压迫，负承担）；处前而民不害（妨害）。是以天下乐推而不厌。以其不争，故天下莫能与之争。[3]

老子把退守视为不可改变的原则，只要统治者不出头，不争先，就能取得胜利，就能巩固自己的地位。于是他提出了"三宝"的主张。

　　我有三宝，持而保之：一曰慈，二曰俭，三曰不敢为天下先。慈，故能勇；俭，故能广；不敢为天下先，故能成器长。今舍慈且勇，舍俭且广，舍后且先，死矣。夫慈，以战则胜，以守则固。天将救之，以慈卫之。[4]

---

〔1〕《老子》二十八章。
〔2〕《老子》二十二章。
〔3〕《老子》六十六章。
〔4〕《老子》六十七章。

所谓慈，就是退守；俭，就是啬俭；不敢为天下先，就是不争先。可见"三宝"的基本精神就是以退为进，不出头，不争先。这样，天下就莫能与之争，自然就无敌于天下。

老子柔弱胜刚强的主张，主要是针对统治者逞强的作为而提出的。逞强者必然刚愎自用，自以为是，自我夸耀，自高自大。世间的纷争多半是由这种思想状态和行为状态所产生的。他认为，这些表现都不符合道的原则，谁都厌恶它。

> 企者不立；跨者不行，自见者不明，自是者不彰；自伐者无功；自矜者不长。其在道也，曰余食赘行，物或恶之，故有道者不处也。[1]

因此，老子要求统治者自我克制，多在自己这方面下功夫，这就是他所讲的"去甚、去奢、去泰"[2]的主张。

总的看来，老子柔弱胜刚强的思想，包含有一些合理的因素，因为它看到了事物向自己对立面转化的事实，其缺点则在于过分注重柔弱，反对进取。

第二节　欲夺先予

老子认为，要剥削人民，就得先给人民一点小恩小惠，让人民能维持生产和生活，然后才有可能从他们那里得到更多的东西。于是他提出了欲夺先予的主张。

> 将欲歙（收缩）之，必固张之；将欲弱之，必固强之；将欲废之，必固兴之；将欲夺之，必固与之。是谓微明，柔弱胜刚强。[3]

所谓"微明"，是指深沉的聪明或深沉的预见。实质上，它是一种权谋、手段。所以说，欲夺先予和以柔克刚一样，都是统治者统治人民的一种方法和权术。

---

[1]《老子》二十四章。
[2]《老子》二十九章。
[3]《老子》三十二章。

在老子生活的那个时代，统治者横征暴敛，任意鱼肉人民，是很普遍的现象。老子斥责他们用重税剥削人民，弄得民不聊生；他们过着豪华奢侈的生活，人民却田地荒芜，无以为炊；他们富裕有余，人民却仓库空虚。面对这种光景，老子很感叹地说："非道也哉！"他们简直是强盗头子！统治者这样肆无忌惮地压榨人民，必将引起他们强烈的反抗，老子深感忧虑。老子云：

　　持而盈之，不如其已。揣而锐之，不可常保。金玉满堂，莫之能守。富贵而骄，自遗其咎。功成身退，天之道也。[1]

他告诫统治者，对人民的剥削要有一定的限度，万万不能"盈"，否则，自己的财产就有保不住的危险：如果富贵而骄，那是自寻灾害；如果有了成功，便应当"身退"，这才是"天之道"。老子认为，统治者压榨和损害人民的行径是不符合天道的；他们贪图财货，肆意搜刮人民，势必带来严重的后果，"多藏必厚亡"。

应当说，老子欲夺先予的主张，在客观上对劝导统治者减轻对人民的压榨，多少有一些作用。

第三节　愚民政策

老子"君人南面之术"的另一项重要内容，就是实行愚民政策。这和第三十三章中所述的"弃智"思想是一致的。

老子认为，"绝学无忧"[2]，只有抛弃所谓文化学问，才能免于忧患。因为学了就会有"智"，"学"和"智"都是后天的东西，它们违反自然，"学"和"智"一天天多起来，就要扰乱天下。人们应当"为道"，"为道"的结果，必然把后天的东西一天一天地减少、减少再减少，最后可以达到无为。老子云：

[1]《老子》九章。
[2]《老子》二十二章。

为学日益，为道日损；损之又损，以至于无为。无为而无不为。[1]

照老子看来，"学"和"智"也是社会混乱的重要根源。如果人民有知识，难保其不犯上作乱，危及统治者的生存。所以统治者要防患于未然，早作准备。怎样防患于未然呢？最好的办法是实行愚民政策，使人民无知无欲。

是以圣人之治，虚其心，实其腹，弱其志，强其骨，常使民无知无欲。使夫智者不敢为也。为无为，则无不治。[2]

这主要是说，统治者对人民的剥削不要过分，使他们能吃饱肚子，能够生活下去。这样，他们的筋骨就会强壮，能有力气进行生产。但同时必须使他们头脑简单，没有知识，没有欲望，没有邪念，服从统治。这样，国家就没有治理不好的。这就是所谓"圣人之治"。相反，人民的知识越多，就越难统治，即所谓"民之难治，以其智多"。因为人民"智多"，觉醒了，就会起来造反。

老子宣扬蒙昧主义，认为没有知识、不去认识世界最高明；有知识、要求认识世界就有危险。所以他主张阻止知识向人民传扬。

知者不言，言者不知。塞其兑，闭其门，挫其锐，解其纷，和其光，同其尘，是谓玄同。[3]

在老子看来，知识是坏东西，是引起社会动乱的根源。"慧智出，有大伪"，有了智慧，也就有了虚伪。

老子特别告诫统治者，必须用愚民政策来窒息人民的反抗思想，使他们永远处于愚昧无知的状态。

古之善为道者，非以明民，将以愚之。民之难治，以其智多。故以智治国，国之贼（伤害）；不以智治国，国之福。知此两者亦稽式。常知

---

[1]《老子》四十八章。
[2]《老子》三章。
[3]《老子》五十六章。

稽式，是谓玄德。[1]

老子认为，作为统治者，不是要使人民懂得很多事情，而是要使他们无知；只有无知，才能无欲；只有无知无欲，才能使民心不乱，让他们成为一群浑浑噩噩的顺民。这样，天下就太平无事，自然是国家的"幸福"了。

这种愚民政策，正是对人民起义浪潮的应对。春秋时代，当奴隶和平民日益觉醒而奋起斗争之际，老子深感不安，所以不遗余力地向贵族统治者献计献策，要求他们实行愚民政策，以消弭祸乱。历代封建统治者对老子这一主张，基本上是照着办的。

---

[1]《老子》六十五章。

第三十七章
道家的理想社会与传统文化

道家目睹当时社会混乱不堪、兵连祸结、国无宁日的乱象，幻想有一个理想社会，最典型的两个模型是老子的小国寡民社会和庄子的至德之世。

第一节　小国寡民

老子无为而治的终极目的，是要实现小国寡民的理想社会。老子云：

> 小国寡民，使有什伯之器而不用；使民重死而不远徙。虽有舟舆，无所乘之；虽有甲兵，无所陈之。使人复结绳而用之。甘其食，美其服，安其居，乐其俗。邻国相望，鸡犬之声相闻，民至老死不相往来。[1]

在这个社会里，国家小，人口少，社会矛盾比较缓和，生产力水平低下，但人们还心满意足地生活着，不动干戈，不用文字。

在这个社会里，仍然有统治者与被统治者的区别。如老子云："侯王若能守之，万物将自宾。"[2]"是以圣人处上而民不重，处前而民不害。"[3]

老子言王、圣人、民者甚多。他所说的天子、三公、侯王、圣人都是统治者，而民、百姓则是被统治者。在这个理想社会里，仍然存在贵贱等级制。老子云：

> 侯王得一以为天下正……故贵以贱为本，高以下为基。是以侯王自

---

[1]《老子》八十章。
[2]《老子》三十二章。
[3]《老子》六十六章。

谓孤、寡、不穀。[1]

天子、侯王等少数统治者是高而贵者，而众多的民是低而贱者，等级界限分明。

在这个理想社会里，从国与国之间的关系来说，仍然是大国控制小国。

> 大国者下流，天下之交，天下之牝。牝常以静胜牡，以静为下。故大国以下小国，则取小国；小国以下大国，则取大国。故或下以取，或下而取。大国不过欲兼畜人，小国不过欲入事人。夫两者各得其所欲，大者宜为下。[2]

由此可见，大国和小国不是平等的关系，而是"取"和"取于"以及"兼畜人"和"入事人"的关系，实际上是控制和被控制的关系。

显而易见，这样有统治者和被统治者、高低贵贱、大小国之分的社会，仍然是有阶级、有国家的阶级社会。实际上它是被美化了的分封制盛行和小邦林立的西周初年的"盛世"的缩影。

第二节　至德之世

庄子所憧憬的理想社会，比老子的小国寡民社会更向后倒退，他要求回到最原始的人兽不分的"至德之世"去。

生活在"昏上乱相"统治之下的庄子，动辄得咎，终身潦倒。当时，世风日下，统治者攘夺火并，争斗不已，尔虞我诈，勾心斗角，《山木》篇中"庄子游于雕陵之樊"一段，描绘了世人见利忘形、互相倾轧的情景。

> 庄周游于雕陵之樊（藩），睹一异鹊自南方来者。翼广七尺，目大运寸（直径一寸），感（触）周之颡，而集于栗林。庄周曰："此何鸟哉！翼殷（大）不逝（指飞走），目大不睹。"褰裳躩步，执弹而留之。睹一蝉方得美荫而忘其身。螳螂执翳（举臂）而搏之，见得而忘其形。异鹊

---

[1]《老子》五十九章。
[2]《老子》六十一章。

从而利之（从中取利，指食螳螂），见利而忘其真。

在这样的社会里，人们随时都可能得祸，甚至是灭顶之灾。为了拯救这个日益沉沦的社会，人们都想方设法去医治它。庄子认为，坏就坏在这个医治、拯救上。这种医治和拯救，就好比"穿牛鼻""落马首"一样，破坏了事物的自然本性，不但无益，反而有害。回到那种没有政治、没有文化、没有一切人为的原始状态。庄子所憧憬的至德之世究竟是什么样的社会呢？《庄子》中有较详细的描绘。

> 至德之世，其行填填，其视颠颠。当是时也，山无蹊隧，泽无舟梁；万物群生，连属其乡；禽兽成群，草木遂长。是故禽兽可系羁而游，鸟鹊之巢可攀援而窥。夫至德之世，同与禽兽居，族与万物并。恶乎知君子小人哉！同乎无知，其德不离；同乎无欲，是谓素朴。素朴而民性得矣。[1]

> 至德之世，不尚贤，不使能，上如标枝，民如野鹿。端正而不知以为义，相爱而不知以为仁，实而不知以为忠，当而不知以为信，蠢动而相使不以为赐，是故行而无迹，事而无传。[2]

> 子独不知至德之世乎？……当是时也，民结绳而用之。甘其食，美其服，乐其俗，安其居，邻国相望，鸡狗之音相闻，民至老死而不相往来。若此之时，则至治矣。[3]

由此可见，在庄子理想的至德社会里，不尚贤，不使能，没有政府和官吏，根本不用人为地去管理，天下就太平无事；更没有君子和小人的区别。

在庄子理想的社会里，人的本性是纯朴的，清静寡欲，无需教化。人们在道德上也诚实端正，相亲相爱。

在庄子理想的社会里，人们浑浑噩噩地过日子，无知无欲，在文化上极端原始，人们结绳记事，没有也不需要任何人为的创造。

---

〔1〕《庄子·马蹄》。
〔2〕《庄子·天地》。
〔3〕《庄子·胠箧》。

很明显，这比老子的治天下"若烹小鲜"〔1〕还走得更远，人们对天下国家根本就不要过问。庄子主张回到最原始的蒙昧时代，达到"万物与我为一"，即人和世界万物毫无区别。人类已经进化到"文明"时代，而他却反其道而行之，这是违反历史发展规律的。

第三节　道家的理想与传统文化

先秦道家目睹当时社会的混乱，到处都是陷阱，人们生活在昏君乱相的统治下，痛苦不堪。由于历史条件的局限，他们无法认识当时社会存在的丑恶现实的根源，也不可能找到解决矛盾的途径，只能通过幻想、向往来表达自己精神上的寄托。无论是老子的小国寡民的理想社会，抑或是庄子的至德之世，都反映了这种幻想和向往。这种向往似乎没有什么价值，但它可以启发人们对苦难的现实问题的思索。从这方面看，它在中国古代具有启蒙意义，对传统文化有一定影响。例如，中国古代无君论的产生和发展，就深受道家特别是庄子思想的影响。

《庄子》中许多篇章从人性自然的立场出发，专骂那些被人们称颂的圣帝明王。庄子怒斥尧舜禹汤文武周公是破坏人性的罪魁、扰乱天下的祸首；君主是真正的盗贼。"窃国者为诸侯，诸侯之门而仁义存焉。"〔2〕窃国的人成了诸侯，仁义就归于他们，可见仁义只不过是窃国大盗手中的工具而已。齐国的田成子，不就是假借仁义夺取了政权而成为当权者吗！他认为君主的所作所为都是自私的，难道不应当加以抨击吗！

在秦汉以后漫长的封建社会中，无君论的呼声更是时起时伏，绵延不绝。如魏晋时期，无君论十分盛行，形成一股思潮。这是有其深刻的社会历史原因的。魏晋二百年间，是中国历史上的多君时代。有人作了统计，三国两晋十六国时期，称帝者凡九十人，平均两年多一点出一个皇帝。其中被杀、被废、被俘者六十一人，占三分之二强。〔3〕每一个政权的更替，每一个皇帝的失位，几乎都带来一场残酷的杀戮。这不仅给人民带来无穷的灾难，而且连

〔1〕　《老子》六十章。
〔2〕　《庄子·胠箧》。
〔3〕　参见1988年的《中国哲学》第2辑第133页。

士大夫们也不得安宁，很难苟全于乱世。人们目睹社会的混乱，民生的穷困，道德的沦丧，纲纪的败坏，认为其根源在于君主专制，从而产生干脆不要君主的思想。

阮籍是魏晋时期无君论的重要代表人物。他在《大人先生传》中提出鲜明而大胆的无君论主张。他认为，远古时代没有君臣，"无君而庶物定，无臣而万事理"，人们顺应自然，和睦相处，事情办得很好。后来出现了君臣，情况就大不相同了，"君立而虐兴，臣设而贼生"，于是产生了欺诈、压迫，人们斗争不已，上下相残。其实，阮籍也主张"定尊卑之制"，制定君臣之礼，但他看到司马氏集团搞得君臣易位了，索性对君主制来个全面否定。

陶渊明的《桃花源记》，则是以文学形式来宣传无君论的。在此文中，他描述了其所向往的无君的理想社会。这个社会，环境优美，人们"不知有汉，无论魏晋"，没有什么君王之事；庄稼熟了，不用交纳租税，生产自给自足；没有战乱灾祸，人们和睦共处，风俗古朴淳厚，大家"怡然自得"，无君胜有君。在陶渊明笔下，无君社会有这么多的优越性，这实际上也是对有君的现实社会的批判。

鲍敬言的反剥削反压迫的无君论则更具有鲜明的批判精神。他大声疾呼："君臣既立，众慝日滋"，他主张建立一个"无君无臣"的理想社会。[1]

唐末的《无能子》则大胆否定封建特权，批判君主专制。它认为，君主虽享有至高无上的权力，但是"至老而死，丰肌委于蝼蚁，腐骨沦于土壤，匹夫匹妇一也，天子之贵何有哉？"认为专制帝王的尊贵没有任何价值。它也主张建立一个无尊无卑、平等和睦的社会。

元朝的邓牧在其《伯牙琴》中猛烈抨击君主专制的残暴，鞭挞罪恶的君权。邓牧云：君主"竭天下之财以自奉"，"夺人之所好，聚人之所争"，是最大的搜刮者。他们滥用权势，"焚诗书，任法律"。这样的君主简直是盗贼，"败则盗贼，成则帝王"，所以盗贼和帝王是一回事。邓牧幻想改变这种状况，建立一个"为业不同，皆所以食力也"，人人劳动，没有剥削，如"春阳之熙"的平等美好的社会。

---

〔1〕 见《抱朴子·诘鲍》。

元朝以后各代，均有进步思想家提出无君的主张。他们关于无君的理论表现了人们对封建社会现实的不满和对封建君权的反抗，反映了人们建立美好社会的愿望；他们的观点和主张，闪烁着中国古代民主平等思想的光辉！

第三十八章

道家法律思想的发展

先秦道家的学说对后世有很大影响。秦汉以后，各代不少思想家都从不同角度吸收和利用了道家的思想。就道家法律思想的发展状况来说，大体上也是这样。

第一节　汉初黄老学派的无为而治论

何谓"黄老"？"黄者，黄帝也；老者，老子也。"[1]早在《史记》中，司马迁已把黄帝、老子并提，还把"黄老之术""黄老之言"单独作为一家之说，即承认它是一个独立的学派。

黄老学派形成于战国中期，最初流行于齐国稷下学官。这里学术思想非常活跃，各家学说都兼收并蓄，但黄老之学占据重要地位。他们特别注重发挥老子的思想，以适应当时社会的需要。一般说来，以老子为创始人的道家，到战国时期，固有庄子为道家理论的集大成者，另外还有稷下的黄老之学。早期黄老学派的代表作，除《老子》外，还有一九七三年长沙马王堆出土的《黄帝四经》，内有四篇，分别为《经法》《十六经》《称》《道原》，以及一九七三年河北定县汉墓出土的《文子》。

据史籍记载，战国时期一些著名的法家代表人物，多是"学本黄老"的。例如，慎到早年曾学"黄老道德之术"，申不害是"本于黄老而主刑名"，韩非也"喜刑名法术之学，而其本归于黄老"。[2]由此可见，早期黄老之学具有明显的道法结合的特点。

---

〔1〕《论衡·自然》。
〔2〕《史记·老子韩非列传》。

黄老学派的进一步发展，是在西汉初期六七十年间。

西汉建立初年，由于多年的战争，社会经济遭到严重破坏，人口大量死亡和流散，国家府库空虚，人民生计艰难。据《汉书·食货志》记载，"天下既定，民亡（无）盖藏，自天子不能具醇驷，而将相或乘牛车"，到处都是战后残破不堪的景象。在这种情况下，汉初统治者不得不在治国的指导思想等方面作相应的改变。他们亲眼看到秦朝以法家理论作为治国的指导思想，结果只历二世而亡，显然它已不能适应汉初的政治、经济形势了。为适应农民战争后的形势和满足恢复经济、稳定社会秩序的需要，汉初统治者终于找到"治道贵清静而民自定"的黄老无为而治的理论作为治国的指导思想，但在内容上又兼采儒、法等家的一些思想。

据史籍记载，汉初许多当权派人物，从汉高祖、惠帝、吕后，到文帝、窦太后、景帝，以及萧何、曹参、陈平、汲黯，都是黄老学说的信奉者和推行者。汉初黄老学说的发展，最终以刘安所辑《淮南子》一书的发表而达于顶峰。

汉高祖刘邦下诏云：过去天下大乱。兵革并起，万民遭殃。现在天下初定，宜"偃兵息民"。[1]陆贾在《新语》一书中写了"无为"等篇，直接向高祖宣传黄老无为而治的思想，他为汉初黄老之治提供了一套比较完整的治国理论。陆贾云：

> 夫道莫大于无为，行莫大于谨敬……故无为也，乃无不为也。[2]

这里所讲的"无为"，并不是什么事情都不做，所谓"谨敬"，也并不是拘守旧制，而是谨慎地遵从天道、人道行事，力求做到徭役不烦、刑法不滋、兵马少设，减轻对农民的经济剥削和政治压迫。陆贾理想的政治是：

> 君子之为治也，块然若无事，寂然若无声，官府若无吏，亭落若无民，闾里不讼于巷，老幼不愁于庭……邮无夜行之卒，乡无夜召之征，犬不夜吠，鸡不夜鸣，耆老甘味于堂，丁男耕耘于野，在朝者忠于君，在家者孝于亲。于是赏善罚恶而润色之，兴辟雍庠序而教诲之。[3]

---

〔1〕　见《汉书·高帝纪》。
〔2〕　《新语·无为》。
〔3〕　《新语·至德》。

显然，这种理想政治，正是汉初实行的轻徭、薄赋、缓刑的导向。

高祖死后，惠帝继位，吕后称制。他们统治时，相继重用崇尚黄老之学的曹参、陈平为丞相，积极推行黄老之治。据说曹参做齐国相时，"其治要用黄老术。故相齐九年，齐国安集"。[1]后来他继萧何为丞相，"举事无所变更，一遵萧何约束"。当陈平继曹参为丞相后，"上佐天子理阴阳，顺四时，下育万物之宜，外镇抚四夷诸侯，内亲附百姓"，[2]继续推行黄老之治。司马迁十分称赞惠帝、吕后时期的"无为"政治。

> 孝惠皇帝高后之时，黎民得离战国之苦，君民俱欲休息乎无为，故惠帝垂拱，高后女主称制，政不出房户，天下晏然，刑罚罕用，罪人是希。民务稼穑，衣食滋殖。[3]

由此可见，当时，由于统治者崇尚黄老之术，推行无为而治，社会经济迅速得到恢复和发展，出现了和平安定的局面。

文帝、景帝在位期间，继续实行无为而治、与民休息的方针，轻徭薄赋，约法省刑，移风易俗，致使"政宽人和"，天下富裕，出现了多年来未有的繁荣景象，史称"文景之治"。班固评价这段历史时云：

> 汉兴，扫除烦苛，与民休息。至于孝文，加之以恭俭，孝景遵业，五六十载之间，至于移风易俗，黎民醇厚。周云成康，汉言文景，美矣。[4]

所谓"美矣"，是对"文景之治"的赞美，也是对无为而治的肯定。

然而，汉初统治者崇尚的"无为"，和老子的"清静无为"、消极退守的思想有所不同，因为它有明确的目标，那就是"举一事而天下从，出一政而诸侯靡"，"同一治而明一统"[5]，即巩固西汉王朝的统治。

---

〔1〕《史记·曹相国世家》。
〔2〕《史记·陈丞相世家》。
〔3〕《史记·吕太后本纪》。
〔4〕《汉书·景帝纪》。
〔5〕《新语·怀虑》。

第二节　封建正统思想形成后道家法律思想的发展

汉初，黄老思想占统治地位，无为而治，轻徭薄赋，约法省刑，这有利于人民休养生息，有利于缓和社会矛盾。经过六七十年的休养生息，社会经济得到恢复和发展，到武帝时，"民人给家足，都鄙廪庾尽满，而府库余财"。[1]但也引起社会内部的分化，人民的反抗日益加剧，原来中央政权和地方诸侯王的矛盾以及汉王朝和匈奴的矛盾也亟待解决。

在这种情况下，汉初那种黄老无为思想指导下的不干涉政策，势必不能再继续下去了。为了适应新的形势，武帝迫切需要一种新的理论。于是，董仲舒的加强专制皇权的新儒学就应运而生了。这种新儒学和先秦儒学有所不同，它是以儒为主、儒法合流的产物，并吸收了道家、阴阳五行家以及殷周的天命神权等各种有利于封建统治的思想因素。

这种新儒学特别重视天意。董仲舒云："道之大原出于天，天不变道亦不变。"[2]并认为自然界的一切变化以及统治者施行仁德、刑罚等社会人事问题，都是天有意识、有目的的安排；天是万物之祖，"万物非天不生"[3]。这种以神学目的论为核心的思想学说，有利于神化皇权和加强思想统治，得到汉武帝的重视，从而成为封建正统思想。

由于董仲舒的新儒学取得独尊的地位，此后道家学说就不如先秦时期那样显赫了。就道家法律思想来说，此后颇为盛行的时期，是魏晋时期和唐朝初年。

魏晋时代，封建统治者抛弃了那种公开的有神论的说教，而采用精神性的本体，即通过玄学这种精致的哲学理论形式来宣扬他们的思想主张。从法律思想方面来看，玄学中包含不少法哲学思想。玄学家们用老庄道家学说来解释儒家经典《周易》，提倡尚自然、笃名教，极力把儒家和道家这两种不同的思想融合起来。然而，玄学家们的立场和倾向并不完全相同，他们代表着不同政治集团的利益。

---

〔1〕《汉书·食货志》。
〔2〕《汉书·董仲舒传》。
〔3〕见《汉书·董仲舒传》。

曹魏时期的何晏、王弼是玄学的创造者。《晋书·王衍传》云：

> 魏正始中，何晏、王弼等祖述老庄，立论以为：天地万物皆以无为本。无也者，开物成务，无往不存者也。阴阳恃以化生，万物恃以成形，贤者恃以成德，不肖恃以免身。故无之为用，无爵而贵矣。

这主要是说，"无"是宇宙万物的本体，是万事万物的创造主。当然，"无"也是伦理纲常、法律法制的本源。人们应当"贵无"。"无"即道，所以说："道者，无之称也。"〔1〕

何、王从"贵无"的宇宙本体论出发，主张"名教出于自然"。他们认为自然是名教之本，名教是自然的必然表现，所以提倡名教和崇尚自然是一致的。具体说来，自然为本，名教为末，自然为母，名教为子，名教出于自然、本于自然。〔2〕这种名教出于自然说，完全适应了曹魏政权后期力图恢复名教之治的政治需要。

他们认为，"万物以自然为性"，统治者必须顺应自然，特别是施政立法时，应"不违自然"；如果"多其法网，烦其刑罚，塞其径路，攻其幽宅，则万物失其自然，百姓丧其手足"。因此，他们主张无为而治，"除无用之官，省生事之故，绝流循之繁礼，反民情于太素"。〔3〕统治者应当简政安民，息事节欲，保持人们纯朴的自然本性。

> 以无为为君，以不言为教。〔4〕
> 物无所尚，志无所营，各任其贞。〔5〕

只要统治者清静无为于上，人民能相安无事于下，"各定其分"，那么天下就太平无事了。显然，何晏、王弼是企图用老子的无为政治论来维护曹魏的统治。

稍晚于何晏、王弼的嵇康、阮籍是魏晋之际玄学的主要代表。在曹魏政

〔1〕 见《老子注》。
〔2〕 见《老子注》。
〔3〕 《昭明文选》卷十一。
〔4〕 《老子注》。
〔5〕 《老子注》。

权濒于崩溃的前夕，司马氏集团掌握了实际权力。他们借着标榜名教来诛杀异己，"名士无有全者"。后来，他们终于取曹魏政权而代之。嵇康、阮籍面对司马氏的专权，政治上十分失望，因而对司马氏集团采取了消极对抗的态度。他们都崇尚老庄，终日纵酒谈玄，放荡不羁，并公开发表攻击名教礼法的言论。阮籍云：

> 君立而虐兴，臣设而贼生，坐（无故）制礼法，束缚下民……故重赏以喜之，严刑以威之，财匮而赏不供，刑尽而罚不行，乃始有亡国戮君溃败之祸，此非汝君子之为乎？汝君子之礼法，诚天下残贼乱危死亡之术耳，而乃自以为美行不易之道，不亦过乎？[1]

这些言论可谓相当激烈了，他把君臣制度、先王礼法攻击得体无完肤，认为这些东西都是社会混乱的根源，残贼屠杀人民的工具。要使人民安生乐命，就要把这些上下相残的礼法制度彻底摧毁。如果要免除祸乱，那就要回到"无君无臣无贵无贼"的时代去。在那个时代，明者不以智胜，暗者不以愚败；弱者不以迫畏，强者不以力尽。无君而庶物定，无臣而万事理。实际上，这是阮籍对司马氏集团残暴、伪善的抨击。

嵇康自称："老子庄周，吾之师也。"[2]从青年时期起，他就放荡不羁，不拘礼法，隐居不仕。当时，司马氏集团在"以孝治天下"的名义下，以"不孝"的罪名来废弑曹氏皇帝，名教遂成为他们夺取政权的工具。对此，嵇康洞若观火，所以他反对司马氏集团提倡的虚伪的名教，对那些礼法说教深恶痛绝，提出了"越名教而任自然"说。

> 气静神虚者，心不存于矜尚；体亮心达者，情不系于所欲。矜尚不存乎心，故能越名教而任自然；情不系于所欲，故能审贵贱而通物情。[3]

这里，嵇康强调名教和人的自然本性是对立的，人们应当顺应纯朴的自

---

[1] 《阮籍集·大人先生传》。
[2] 《嵇康集校注·与山巨源绝交书》。
[3] 《嵇康集校注·释私论》。

然本性，摆脱礼法名教的束缚，不尚虚荣，不谋富贵权位，以求得精神上的解脱。显然，这种"越名教而任自然"说，是针对司马氏虚伪巧饰的礼教而发的。嵇康对现实不满，而憧憬着一个和平安定、无为而治的理想社会。在这个社会里：

> 崇简易之教，御无为之治，君静于上，臣顺于下，玄化潜通，天下交泰。[1]

当然，在现实中不可能有这样乌托邦的社会，但嵇康的这种设想，恰好是对现实社会的批判，在当时算是比较进步的了。

向秀、郭象是西晋时期玄学的主要代表。郭象继向秀注解《庄子》，在《庄子注》这本书中阐发了他们的思想主张。他们提出：

> 故造物者无主而物各自造。物各自造而无所待焉，此天地之正也。[2]

从这种造物者无主、物各自造的观点出发，他们认为万物不待"无"而生，"有"就是有，是其本身"独化"而成的。但他们不承认事物个体的"有"是真实的东西，认为在它背后另有一个抽象的本体，那才是唯一的存在。

向秀、郭象也是主张"无为"的。他们要求"寂以待物""随物转化"；"任自然之运动"；"物无不理，但当顺之"。[3]按照这种观点，人们不必进行生产活动，可以坐待上天的恩赐；人们应当听任自然，安分守己，天下就太平无事。所以他们又强调"以小求大，理终不得，各安本分，则大小俱足"。[4]显然，他们是要人民服从门阀士族的统治，不得有半点违反"本分"的反抗。这也反映出他们是维护司马氏集团的利益的。

隋王朝的建立，结束了近四百年的分裂局面，全国又归于统一。但隋王朝只存在三十七年就被农民起义推翻了。继隋而起的唐王朝深深感受到农民

---

〔1〕《嵇康集校注·声无哀乐论》。
〔2〕《庄子注》。
〔3〕见《庄子注》。
〔4〕见《庄子注》。

起义的威力，"动静必思隋氏，以为殷鉴"。[1]唐太宗君臣采取了"安人宁国"的方针，实行了一系列与民休息、不违农时、轻徭薄赋、少兴土木兵戈的政策。贞观九年，唐太宗回顾前一段的政绩时，指出：

> 夙夜孜孜，惟欲清净，使天下无事。遂得徭役不兴，年谷丰稔，百姓安乐。夫治国犹如栽树，本根不摇，则枝叶茂荣。君能清净，百姓何得不安乐乎？[2]

这就是唐太宗"君无为则人乐"思想的具体说明，其中也反映出他确实吸收了道家清静无为的思想。

唐太宗认为，为君者必须先正其身，少私寡欲，不贪恋声色，不生事扰民。

> 若安天下，必须先正其身，未有身正而影曲，上治而下乱者。朕每思伤其身者不在外物，皆由嗜欲以成其祸。若耽嗜滋味，玩悦声色，所欲既多，所损亦大，既妨政事，又扰生民……朕每思此，不敢纵逸。[3]

如果要使人民过好日子，有吃有穿，"人君简静乃可致耳"[4]。唐太宗所讲的"简静""清净"，正是道家"无为"所要求达到的境界。

唐太宗的智囊魏征以能犯颜直谏著称，在他所陈谏的二百余事中，有不少反映出道家的思想。他曾向唐太宗建议："思安处于卑宫，则神化潜通，无为而治，德之上也……鸣琴垂拱，不言而化，何必劳神苦思，代下司职，役聪明之耳目，亏无为之大道哉！"[5]

唐初，在老子李耳被尊为皇祖的情况下，宫廷内外都有人主张道家无为而治的，甚至连太宗的妃嫔徐氏都敢于上疏，直言"为政之本，贵在无为"[6]的道理。显然，这和唐太宗统治集团倡导道家学说是分不开的。实际上，在思

---

〔1〕《贞观政要·刑法》。
〔2〕《贞观政要·政体》。
〔3〕《贞观政要·君道》。
〔4〕《贞观政要·务农》。
〔5〕《贞观政要·君道》。
〔6〕《贞观政要·征伐》。

想领域，从隋唐开始，已由儒、佛、道并立，形成为以儒为主、儒佛道逐渐融合的发展过程。

在唐代，还应提到的，尚有《无能子》的进步思想。唐末黄巢农民大起义后，封建统治的力量大大削弱了，封建正统思想受到严重的冲击。在这样的历史条件下，以社会批判思想为内容的道家思想又开始抬头，其中最有代表性的是《无能了》的进步思想。它大胆否定封建特权，批判君主专制和封建纲常伦理，主张"无尊无卑"，社会平等。实际上，它曲折地反映了起义农民的思想。其中不少思想和主张闪烁着中世纪民主平等思想的光辉！

总的看来，西汉中期封建正统思想形成后，儒学独尊，墨家和名家中绝；作为独立流派的法家成为被批判的对象（实际上法家的部分思想被吸收在儒学之中）；阴阳家思想被综合到儒家思想中，失去独立地位；唯有道家顽强地继续生存下来，对人们思想观念和民族文化的影响相当重大。特别是每当历史经过了一段战乱以后，道家那种贵清静、尚无为的思想，往往为那个时代的统治者所重视。这样，儒、道两家学说就成为中国传统文化的主要思想基础，并对中国古代社会产生了深刻影响。

第六编　法家的法律思想与传统文化

第三十九章

法家学派与法家诸子

第一节　法家学派

法家是先秦诸子百家中主张"以法治国"[1]的一个学派，它形成于战国中期。

春秋战国时期，随着封建制的发展，新兴地主阶级为了维护其私有财产和巩固其政治统治，一方面不断加强国家机构，把自己的意志上升为法律，强迫人民遵守；另一方面又要对他们的统治经验进行理论上的总结。这样，法家就作为他们的代言人应运而生了。

法家学派虽然形成和活动于战国时代，但法家这个名词却到汉代才出现。司马谈《论六家要旨》载：

> 夫阴阳、儒、墨、名、法、道德，此务为治者也，直所从言之异路，有省不省耳……法家严而少恩，然其正君臣上下之分，不可改矣……法家不别亲疏，不殊贵贱，一断于法，则亲亲尊尊之恩绝矣。可以行一时之计，而不可长用也。故曰"严而少恩"。若尊主卑臣，明分职不得相逾越，虽百家弗能改也。[2]

班固撰写《汉书》时，沿用刘向编次《七略》时论述法家的说法：

> 法家者流，盖出于理官，信赏必罚，以辅礼制。易曰"先王以明罚饬法"，此其所长也。及刻者为之，则无教化，去仁爱，专任刑法而欲以

---

〔1〕《管子·明法》《韩非子·有度》。
〔2〕《史记·太史公自序》。

致治，至于残害至亲，伤恩薄厚。[1]

综合上述汉人对法家的评论，有两点值得注意：

其一，法家是一些主张"一断于法""信赏必罚"、以法治国的政治家、思想家，他们在理论上有明确的系统，在政治实践方面也有所建树。我们从汉人对法家的这些批评中，可以窥出法家的一部分真貌。

其二，法家学派是春秋战国时代形势发展的产物，是社会发展的产物，并非完全出于理官（司法官）；他们主张信赏必罚，亦非"以辅礼制"。相反，多数法家只认定法为治国的唯一工具，而反对所谓礼制。

后来，魏人刘劭在《人物志》中对法家有比较确切的解释。刘氏云：

建法立制，富国强人，是谓法家，管仲、商鞅是也。

当然，管仲只是法家的先驱，还不能算是真正的法家，但刘劭清除了汉儒对法家的偏见，有助于我们认识法家的本来面目。

第二节　法家诸子

春秋时期，法家先驱管仲、子产、邓析等人都是一些法制改革家，虽然他们都重视法，有了一些法治思想，但他们都还没有建立起自己的思想理论体系。

到了战国时期，随着封建势力的进一步发展、壮大，反映其意志和利益的法家学说也逐渐发展起来，形成了比较完整的思想理论体系。特别是战国中期以后，法家学说终于占了相当的优势。

生活在战国初期的李悝虽然还不能称为法学理论家，但他汇集当时各国的法律，编撰成我国第一部较系统的封建法典《法经》，较集中地反映出一些根本的封建立法思想。战国中期的商鞅不但是先秦法家中变法最有成效的政治家，而且是法家思想理论形成的主要奠基者。他对变法和任法、重势和重术作了理论上的论证，提出了系统的法治理论。与商鞅同时的慎到是以重

---

[1]　见《汉书·艺文志》。

"势"著称的"势治"派代表人物，但他也"尚法"，也谈"术"，是法家学派中重要的理论家。申不害也是与商鞅同时的法家代表人物，他从道家那里吸取了"君人南面之术"，加以改造，形成一套君主驾驭臣下的"术治"理论。战国末期的韩非，继承和发展了李悝、商鞅、慎到、申不害等人的思想，形成了特别强调加强君权的更完整的法治理论，成为先秦法家学说的集大成者。韩非的同学李斯，既属法家，又是先秦法家理论在秦的实践者，人们称他为法家事业的集大成者。

在第二编中，我们已扼要地介绍了李悝、吴起、商鞅的生平及其变法主张，这里我们对慎到、申不害、韩非、李斯等人的生平、著作简略地介绍于下。

一、慎到

慎到，赵国人。约生于公元前三九五年，卒于公元前三一五年。齐宣王时，曾在齐国都城临淄稷下学宫讲学，负有盛名，受到宣王的礼遇。《史记》云：

> 慎到，赵人。田骈、接子、齐人。环渊，楚人。皆学黄老道德之术，因发明序其指意。故慎到著十二论。

由此可见，《史记》作者司马迁把慎到列入道家。

刘向《七略》中所校定的《慎子》由十二论增至四十二篇，并明列于法家类。《七略》已佚，班固依据《七略》编定的《汉书·艺文志》也把他列入法家。

为什么有的史家认为慎到属于道家，有的认为属于法家呢？其原因在于慎到的思想，既有属于道家的，也有属于法家的。如司马迁说慎到早年"学黄老道德之术"、《庄子·天下》篇说他"弃知去己""块不失道"，似乎慎到像一个纯粹的道家。《韩非子·难势》篇和《吕氏春秋·慎势》篇所讨论的慎到，则是一个"尚势"的慎到，他又像一个纯粹的法家了。荀子在其《非十二子》《天论》《解蔽》三篇中所论述的慎到则较全面而接近实际些：他一面是"有见于后，无见于先"的道家，另一面是"蔽于法而不知贤"的法家。

我们从诸家对慎到的评论以及现存他的著作全面加以考察，便可了解他确有道家思想，也有法家思想，而其法家思想又是依据道家思想来加以发挥的，可以说他是从道家中分化出来的法家。

在法家中，慎到虽以"尚势"著称，但他也"尚法"，也谈"术"。他是一位在法理学上造诣很深的思想家。

二、申不害

申不害，郑国京（今河南荥阳县东南）人。约生于公元前三八五年，卒于前三三七年。他与商鞅同时，比商鞅晚一年去世。韩灭郑后，韩昭侯起用他为相，进行改革，获得很大成功。《史记》云：

> 申不害者，京人也，故郑之贱臣。学术以干韩昭侯，昭侯用为相。内修政教，外应诸侯，十五年。终申子之身，国治兵强，无侵韩者。[1]

韩国在"七雄"中最小，又邻近秦、魏大国，所以申不害所凭借的韩国，实不及商鞅所凭借的秦国。当商鞅在秦用事的时候，他所着重的是变法，而申不害在韩所着重的是用术。据史籍记载：

> 申子之学本于黄老而主刑名。[2]

> 韩昭侯谓申子曰："法度甚不易行也。"申子曰："法者，见功而与赏，因能而受（授）官。今君设法度而听左右之请，此所以难行也。"昭侯曰："吾自今以来，知行法矣，寡人奚听矣。"[3]

所谓"刑名""见功而与赏，因能而受官""君设法度"，都是指的一种形名术，即综核名实之术，这是法家的主张，但申子之术又"本于黄老"，看来申不害也是从道家分化出来的法家。

申不害的著作为《申子》，《史记·老子韩非列传》称有二篇，《汉书·艺文志》称有六篇，但都已失传。《群书治要》第三十六卷中辑录其《大体》

---

〔1〕《史记·老子韩非列传》。
〔2〕《史记·老子韩非列传》。
〔3〕《韩非子·外储说左上》。

篇,《玉函山房辑佚书》也辑录其片段。

三、韩非

韩非约生于公元前二八〇年,卒于公元前二三三年,出身于贵族世家,是韩国的公子,荀子的学生。他喜欢研究刑名法术之学,看到韩国在战争中丧师失地,受到强秦的武力威胁,面临亡国的危险,多次上书韩王,力主变法强国。但他的建议未被采纳,于是只得退而著书,来阐述他的思想主张。他的著作传到秦国,秦王政非常赞赏。公元前二三三年秦攻韩,韩王派遣韩非出使秦国。韩非到秦后,遭到李斯、姚贾的陷害,被关进监狱,不久服毒身死。《史记·老子韩非列传》较详细地记载了他的生平和政治活动情况:

> 韩非者,韩之诸公子也。喜刑名法术之学,而其归本于黄老。非为人口吃,不能道说,而善著书。与李斯俱事荀卿,斯自以为不如非。
>
> 非见韩之削弱,数以书谏韩王,韩王不能用。于是韩非疾治国不务修明其法制,执势以御其臣下,富国强兵而以求人任贤,反举浮淫之蠹而加之于功实之上。以为儒者用文乱法,而侠者以武犯禁。宽则宠名誉之人,急则用介胄之士。今者所养非所用,所用非所养。悲廉直不容于邪枉之臣,观往者得失之变,故作孤愤、五蠹、内外储、说林、说难十余万言。

韩非的著作,在他生前业已流行。如上所述,秦王政就见到他的《孤愤》《五蠹》之书。据《汉书·艺文志》载:“《韩子》五十五篇。”今本《韩非子》也正好是五十五篇,据考证大部分是韩非本人的作品,有几篇可能是其他法家的著作被编入《韩非子》的。

四、李斯

李斯,楚国上蔡(今河南上蔡县)人。生年不详,卒于公元前二〇八年。他和韩非同为荀子的学生。战国末入秦,初为吕不韦舍人,后被秦王政任为客卿。以后又晋升为廷尉、丞相。在秦始皇亲政时期,他一直处于主要的辅佐地位,协助秦始皇制定和实施对六国的各个击破的战略,统一中国,以法治理天下。秦始皇死后，他追随赵高，合谋伪造遗诏，迫令秦始皇长子扶苏自杀，立少子胡亥为二世皇帝，即秦二世。后为赵高所忌，被杀。李斯的生平和政治活动，《史记·李斯列传》记述较详，今摘引于此。

> 李斯者，楚上蔡人也。年少时，为郡小吏……
>
> 乃从荀卿学帝王之术。学已成，度楚王不足事而六国皆弱，无可为建功者，欲西入秦……
>
> 至秦，会庄襄王卒，李斯乃求为秦相文信侯吕不韦舍人；不韦贤之，任以为郎。李斯因以得说……秦王乃拜斯为长史，听其计，阴遣谋士赍持金玉以游说诸侯。诸侯名士可下以财者，厚遗结之；不肯者，利剑刺之。离其君臣之计，秦王乃使其良将随其后。秦王拜斯为客卿……官至廷尉。二十余年，竟并天下，尊主为皇帝，以斯为丞相。夷郡县城，销其兵刃，示不复用。使秦无尺土之封，不立子弟为王，功臣为诸侯者，使后无战攻之患。
>
> ……
>
> 二世二年七月，具斯五刑，论腰斩咸阳市。斯出狱，与其中子俱执，顾谓其中子曰："吾欲与若复牵黄犬俱出上蔡东门逐狡兔，岂可得乎！"遂父子相哭，而夷三族。

李斯的著作和言论流传下来的不多，基本上保存在《史记》的《李斯列传》和《秦始皇本纪》中。

此外，还有齐法家的经典《管子》一书。《管子》是先秦管仲学派的著作汇编。一般认为它成书于战国时代。《管子》的内容很庞杂，包含有儒、道、法、农等家的思想，涉及政治、经济、法律、军事、哲学、伦理等方面。其中纯属齐法家的著作有《七法》《法禁》《法法》《重令》《任法》《明法解》等篇，其他如《禁藏》《版法》《版法解》《七臣七主》等篇中也有不少反映法家思想的论述。

第四十章

法家的法的起源与变法论

法家关于法的起源及法的变化发展的理论，是他们进行改革和变法的理论根据，对战国时代各国的变法运动起了促进作用。

第一节　法的起源论

法家主张的变法，是以他们的进化的历史观为根据的。他们认为社会是不断发展的，人类曾经有过没有国家和法的时代，后来才出现了国家和法律。商鞅云：

> 古者未有君臣上下之时，民乱而不治。是以圣人列贵贱，制爵位，立名号，以别君臣上下之义。地广民众，万物多，故分五官而守之。民众而奸邪生，故立法制为度量以禁之。是故有君臣之义，五官之分，法制之禁。不可不慎也。[1]

这是说没有国家和法律的原始状态，民乱而不治；有了国家和法律的状态就不同，有君臣之义，五官之分，法制之禁，社会井然有序。那么，人类怎样从混乱的状态进到井然有序的有国家和法律的状态呢？那便需要智者借众力以禁强虐。《管子》云：

> 古者未有君臣上下之别，未有夫妇妃匹之合，兽处群居，以力相征。于是智者诈愚，强者凌弱，老幼孤独不得其所。故智者假众力以禁强虐，而暴民止。为民兴利除害，正民之德，而民师之……上下设，民生体，

---

[1]　《商君书·君臣》。

而国都立矣。是故国之所以为国者，民以为国；君之所以为君者，赏罚以为君。[1]

这里的"上"指统治者，"下"指被统治者。统治的智者假借众力，禁止强暴，以建立一种受到被统治者遵守的秩序，于是就出现了国家，产生了法律。

关于人类由没有国家和法律，进化到有国家和法律的问题，还是商鞅说得具体些。他认为人类社会经历了上世、中世、下世三个阶段。商鞅云：

> 天地设而民生之。当此之时也，民知其母而不知其父，其道亲亲而爱私。亲亲则别，爱私则险（俭，下同），民众而以别、险为务，则民乱。当此时也，民务胜而力征，务胜则争，力征则讼，讼而无正，则莫得其性也。故贤者立中正，设无私，而民说仁。当此时也，亲亲废，上（尚）贤立矣。
>
> 凡仁者以爱利为务，而贤者以相出为道。民众而无制，久而相出为道，则有（又）乱。故圣人承之，作为土地、货财、男女之分。分定而无制，不可，故立禁；禁立而莫之司，不可，故立官；官设而莫之一，不可，故立君。既立君，则上贤废而贵贵立矣。
>
> 然则上世亲亲而爱私，中世上贤而说仁，下世贵贵而尊官。[2]

照商鞅看来，上世民知其母而不知其父，显然是指原始社会母系氏族阶段；接着是中世，那时尚贤而悦仁，即以道德观念的"仁"来维持社会秩序，还没有强制手段，这是指父系氏族阶段。在这两世里，都是"刑政不用而治，甲兵不起而王"[3]。

到了"贵贵而尊官"的下世，境况就大不相同了。这时，土地、货财都成为私有，争夺激烈，社会混乱，于是官吏（立官）、法律（立禁）、君主（立君）都出现了。但是，商鞅把这些都归之于圣人的创造，即圣人制定出各种制度以"定分""止乱"。由此可见，所谓下世，显然是指奴隶社会了。

---

[1] 《管子·君臣下》。

[2] 《商君书·开塞》。

[3] 见《商君书·画策》。

所谓"定分""立禁""立官""立君"，以及人们都尊重贵人，意味着国家和法律产生了。商鞅强调，立禁是为了保护土地、货财、男女之分的，即主要保护以土地私有制为基础的所有权，同时也起着维护社会秩序的作用，显然这种法律禁令是具有强制性的；这时，"内行刀锯，外用甲兵"〔1〕，即对内进行暴力镇压，对外进行战争，显然是说国家和法律是具有暴力性的。

由上可知，商鞅比较确切地叙述了中国国家和法律的起源。

此外，商鞅在《画策》中还将古代传说的不同帝王之世与社会发展阶段对照比较，阐述了昊英、神农、黄帝适应时代的变化，采用不同的统治方法，以充实其所述上世、中世、下世的论证。

> 昔者昊英之世，以伐木杀兽，人民少而木兽多。黄帝之世，不麛不卵，官无供备之民，死不得用椁。事不同，皆王者，时异也。神农之世，男耕而食，妇织而衣，刑政不用而治，甲兵不起而王。神农既没，以强胜弱，以众暴寡，故黄帝作为君臣上下之仪，父子兄弟之礼，夫妇妃匹之合；内行刀锯，外用甲兵。故时变也。

商鞅认为古代社会最早是"昊英之世"，恰为上世，这时人们以伐木杀兽来维持生活；随后的"神农之世"则为中世，这时人们男耕女织，以维持生计。在此以前，人类社会是没有国家和法律的。后来出现了以强胜弱、以众暴寡的争夺局面，人类社会进入下世，这时黄帝制定了君臣上下的制度，兄弟、父子的礼节和男女婚姻的规定，出现了国家和法律。

诚然，这里对在黄帝之世就产生了国家和法律的论述是不确切的。但国家和法律确实不是从来就有的，而是社会发展到一定历史阶段的产物。在社会发展的某个很早的阶段，产生了这样的一种需要：把每天重复着的生产、分配和交换产品的行为用一个共同规则概括起来，设法使个人服从生产和交换的一般条件。这个规则首先表现为习惯，后来便成了法律。随着法律的产生，就必然产生以维护法律为职责的机关——国家。

虽然商鞅不可能这样科学地阐述国家和法律的起源，但他完全排除了天命、神权一类的说教，其主张在当时是一种先进的理论。而且，他力图从财

---

〔1〕　见《商君书·画策》。

产关系上来探讨国家和法律的起因，确实是可贵的。

商鞅关于法的起源的论述，后来成为法家共同的法的起源论。

韩非继承和发展了商鞅的进化观，也认为人类社会是不断发展变化的。他把以往的历史分为上古、中古、近古、当今四个时期。韩非云：

> 上古之世，人民少而禽兽众，人民不胜禽兽虫蛇。有圣人作，构木为巢，以避群害，而民悦之，使王天下，号之曰有巢氏。民食果、蓏、蚌、蛤，腥臊恶臭，而伤害腹胃，民多疾病。有圣人作，钻燧取火，以化腥臊，而民悦之，使王天下，号之曰燧人氏。中古之世，天下大水，而鲧禹决渎。近古之世，桀纣暴乱，而汤武征伐。[1]

实际上，韩非所说的上古、中古，相当于原始社会母系氏族和父系氏族阶段；所谓近古，是指夏商西周奴隶社会。他还说到"当今"，则指春秋战国时期。

照韩非看来，人类社会最初也经历过一个没有争夺的时代，因为当时人口少，天然的生活资源多，人们用不着争夺，因而也不需要国家和法律。后来，社会发展了，"人民众而货财寡"，人们为了争夺生活空间产生了社会矛盾和斗争。为了适应社会的这一变化，就需要有国家和法律来禁暴止乱。这样，为了制止争夺而产生了国家和法律。韩非云：

> 古者丈夫不耕，草木之实足食也；妇人不织，禽兽之皮足衣也。不事力而养足，人民少而财有余，故民不争。是以厚赏不行，重罚不用，而民自治。今人有五子不为多，子又有五子，大父未死而有二十五孙。是以人民众而货财寡，事力劳而供养薄，故民争。虽倍赏累罚而不免于乱。[2]

这里，韩非试图从社会物质生活条件方面来探讨社会发生争夺和混乱的原因以及国家和法的起源，是有积极意义的。同时，还值得重视的是韩非所提出的人口思想。照韩非看来，古今社会的变化决定于人口和财货的比例关

---

[1] 《韩非子·五蠹》。
[2] 《韩非子·五蠹》。

系：祖父未死而有二十五孙，人口增长过快，消费也随之增加，社会出现
"人民众而货财寡"的状况；从事体力劳动很繁重，可是供养微薄，因而导致
人民争夺。虽然加倍奖赏，加重惩罚，社会仍然不免于乱。这里，韩非突破
了前人只是着眼于"广土众民"、如何增加人口的主张，深为人口过多而焦
虑，这是很有见地的。但他把"人口多而货财少"视为争夺和混乱的根本原
因，则又是片面的。

第二节　好利恶害的人性论

法家主张变法，实行法治，是有其理论根据的。其一是上节中讲到的进
化历史观，其二是他们好利恶害的人性论。他们认为，"人情好爵禄而恶刑
罚"，好利恶害是人的本性。基于这种本性，人们追求富贵的欲望和行为，要
进了棺材才会终止。所以，统治者可以根据人的这种本性来实行法治，统治
人民。商鞅是这种好利恶害人性论的奠基者。商鞅云：

> 民之性，饥而求食，劳而求佚，苦则索乐，辱则求荣，此民之情也。
> 民之求利，失礼之法；求名，失性之常。奚以论其然也？今夫盗贼上犯
> 君上之所禁，而下失臣民之礼，故名辱而身危，犹不止者，利也。其上
> 世之士，衣不暖肤，食不满肠，苦其志意，劳其四肢，伤其五脏，而益
> 裕广耳，非生（性）之常也，而为之者，名也。故曰：名利之所凑，则
> 民道之。主操名利之柄，而能致功名者，数也。[1]

> 臣闻道民之门，在上所先。故民可令农战，可令游宦，可令学问，
> 在上所与。上以功劳与，则民战；上以诗书与，则民学问。民之于利也，
> 若水之于下也，四旁无择也。[2]

照商鞅看来，人生来都是自私自利的，就像人饥食渴饮、痛苦时寻求欢
乐、耻辱时追求荣誉一样，在任何情况下都是不可改变的。人们的一切社会
活动都是为了追逐名利，哪里有名利，就往哪里奔跑，即使是违礼犯法，也

---

[1]《商君书·算地》。
[2]《商君书·君臣》。

在所不惜。其实，这种追逐名利的思维，正是当时私有制发展的产物。

商鞅主张，统治者应当根据人的好利恶害的本性，制定出相应的措施，把人民纳入法治的轨道。商鞅云：

> 人君（生）而有好恶，故民可治也。人君不可以不审好恶。好恶者，赏罚之本也。夫人情好爵禄而恶刑罚，人君设二者以御民之志，而立所欲焉。夫民力尽而爵随之，功立而赏随之，人君能使其民信于此如明日月，则兵无敌矣。[1]

这里，商鞅把人的好恶同君主的赏罚联系起来，用人性论来论证赏罚的必要。正因为人的常情是喜欢爵禄、厌恶刑罚，所以就可以用赏赐的办法来鼓励人们从事农战，用惩罚的办法来制止人们做不利于农战的事情。这样，通过赏罚的办法，把人民纳入法治的轨道，驱使他们积极从事农战，以达到富国强兵的目的。

韩非把商鞅的好利恶害的人性论发挥到了极端的地步。他也认为人生来就有好利恶害的本性，"好利恶害，夫人之所有也"，从圣人到奴隶，没有例外。韩非云：

> 人无毛羽，不衣则犯寒；上不属天而下不着地，以肠胃为根本，不食则不能活；是以不免于欲利之心。[2]
> 布帛寻常，庸人不释；铄金百溢（镒），盗跖不掇。不必害，则不释寻常；必害手，则不掇百溢，故明主必其诛也。是以赏莫如厚而信，使民利之；罚莫如重而必，使民畏之。[3]

在韩非眼里，普天之下都是这种好利恶害的人，都不免有欲利之心。他从这种好利恶害的人性论出发，把错综复杂的社会关系，统统看成是赤裸裸的利害关系，用利来解释人们的一切行为。

照韩非看来，骨肉之亲的父子关系就是一种利害关系："父母之于子也，

---

[1] 《商君书·错法》。
[2] 《韩非子·解老》。
[3] 《韩非子·五蠹》。

产男则相贺，产女则杀之。"为什么会这样呢？那是由于"虑其后便，计之长利也"。[1]父母子女之间"犹用计算之心以相待"，其他关系自不待言。

夫妇之间也是一种利害关系，韩非举例说："卫人有夫妻祷者而祝曰：'使我无故。得百束布。'其夫曰：'何少也？'对曰：'益是，子将以买妾。'"[2]

君主和臣民的关系，更是一种利害关系："君上之于民也，有难则用其死，安平则尽其力。"[3]韩非认为君臣之间完全是一种买卖关系，双方都是唯利是图者。"臣尽死力以与君市，君垂爵禄以与臣市，君臣之际，非父子之亲也，计数之所出也。"[4]

韩非甚至把地主和农民的关系也归为一种利害关系，认为地主为雇工准备好饮食，给他们钱物，并不是因为爱雇工，而是为了让他们耕耘得好；雇工努力耕作，也不是由于爱主人，而是为了吃到好饮食，能够得到钱物。韩非云："夫卖佣而播耕者，主人费家而美食，调布而求易钱者，非爱佣客也，曰：如是，耕者且深，耨者熟耘也。佣客致力而疾耘耕者，尽巧而正畦陌畦畤者，非爱主人也，曰，如是，羹且美，钱布且易云也。"[5]

由此可见，韩非对好利恶害的人性论的阐述，其思想倾向是相当偏颇的。但他揭开了儒家给封建关系蒙上的"父慈子孝、君惠臣忠、兄友弟恭、夫义妇顺、朋友有信"的温情脉脉的纱幕，露出了令人毛骨悚然的现实。韩非也由此而找到了治理国家的法术。他认为，既然人都是好利恶害的，那么君主正可以利用自己所掌握的生杀予夺的权力，以赏罚来控制臣民。

> 凡治天下，必因人情。人情者有好恶，故赏罚可用。赏罚可用，则禁令可立，而治道具矣。[6]

这样，韩非又为自己所主张的法治找到了一个理论根据。

齐法家也认为，人有趋利避害的本性，并举例说：商人日夜兼行，不远千里去贩运货物，渔人不避艰险，潜入深海去打鱼，那都是图利。统治者就

---

[1] 见《韩非子·六反》。
[2] 《韩非子·内储说下》。
[3] 见《韩非子·六反》。
[4] 《韩非子·难一》。
[5] 《韩非子·外储说左上》。
[6] 《韩非子·八经》。

应当利用人的这种本性，因势利导，从民之欲，使他们得到自己的利益。

> 夫凡人之情，见利莫能勿就，见害莫能勿避。其商人通贾，倍道兼行，夜以续日，千里而不远者，利在前也。渔人之入海，海深万仞，就波逆流，乘危百里，宿夜不出者，利在水也。故利之所在，虽千仞之山，无所不上，深源（渊）之下，无所不入焉。故善者势利之在，而民自美安，不推而往，不引而来。不烦不扰，而民自富，如鸟之覆卵，无形无声，而唯见其成。[1]

由此可见，齐法家对好利恶害的人性论的论述，和商、韩基本相同，但稍温和些，不像商、韩那样把人民只是视为驱使的对象，而主张不烦民，不扰民，让他们"自富"起来。

综上所述，作为法家变法的理论根据之一的好利恶害的人性论，指出了人人都有自己的物质利益，这是现实的；他们毫不留情地揭露了人们的各种利害关系，也是相当彻底的。但是，他们不区别不同阶层的人们有不同的物质利益，把所有的人都视为追求名利之徒，这正是在当时封建土地私有制和商品经济进一步发展的情况下，私有者特别是新兴地主阶级本性的反映。

第三节　变法论

法家所阐述的进化历史观和法的起源论，强调变革，注重人事的作用；他们宣扬好利恶害的人性论，力图把人民纳入法治的轨道。这些，为他们的变法提供了理论根据。

商鞅对战国时代作了分析。认为古代的民众朴实而忠厚，战国时代的民众巧诈而虚伪。朴实而忠厚的民众是容易统治的，可是巧诈而虚伪的民众就不好对付了。对于前者，可以"先德而治"，而奸邪不生；对于后者，则只能"前刑而法"，不用法治不足以驾驭他们。商鞅云：

> 古之民朴以厚，今之民巧以伪。故效于古者，先德而治；效于今者，

---

〔1〕《管子·禁藏》。

前刑而法，此俗之所惑也。今世之所谓义者，将立民之所好，而废其所恶；此其所谓不义者，将立民之所恶，而废其所乐也……立民之所乐，则民伤其所恶；立民之所恶，则民安其所乐……夫民忧则思，思则出度；乐则淫，淫则生佚。故以刑治则民威（畏，下同），民威则无奸，无奸则民安其所乐。[1]

由于古今形势不同，所以统治方法各异，所以不能法古，不能循今，必须因时变法："世事变而行道异也……圣人不法古，不修（循，下同）今。法古则后于时，修今则塞于势。周不法商，夏不法虞，三代异势，而皆可以王。"[2]

在秦国变法前夕，商鞅同旧贵族的代表甘龙、杜挚进行了一场辩论，辩论的焦点是秦国到底要不要实行变法，《商君书·更法》生动地记录了这次辩论的内容。

商鞅认为，不应拘守旧制，只有变法才能强国利民。"苟可以强国，不法其故；苟可以利民，不循其礼。"秦孝公认为这个意见很好。而甘龙、杜挚坚决反对，认为"圣人不易民而教，智者不变法而治"，顺着民众的旧习惯去进行管教，不费力就会成功；依照旧法来治理国家，官吏既习惯，民众也安宁。现在如果变法，不按秦国的旧法办事，改变旧礼制来管教民众，不会有好结果。他们提出"法古无过，循礼无邪"的主张，企图维护旧礼法的规定，不要随意触动、任意更改。

商鞅反驳了甘龙、杜挚反对变法的言论。他认为社会是不断发展变化的，并研究了历史上各代帝王的统治方法，得出了"世事变而行道异"的结论。照商鞅看来，古代帝王都是"各当时而立法，因事而制礼；礼法以时而定，制令各顺其宜"。既然人类社会是不断变化发展的，而各个历史时代都有它本身的特点，因此每一个时代都应当有适合当代需要的政治法律制度，绝不应简单地去抄袭前人的治国方法。商鞅云：

夫常人安于故习，学者溺于所闻。此两者，所以居官而守法，非所

---

〔1〕《商君书·开塞》。
〔2〕《商君书·开塞》。

与论于法之外也。三代不同礼而王,五霸不同法而霸。故知者作法,而愚者制焉;贤者更礼,而不肖者拘焉。拘礼之人不足与言事,制法之人不足与论变……前世不同教,何古之法!帝王不相复,何礼之循!伏羲、神农教而不诛,黄帝、尧舜诛而不怒。及至文武,各当时而立法,因事而制礼。礼法以时而定,制令各顺其宜,兵甲器备各便其用。臣故曰:治世不一道,便国不必法古。汤武之王也,不修(循)古而兴;殷夏之灭也,不易礼而亡。然则反古者未可必非,循礼者未足多是也。

这种不因循古制、"礼法以时而定"的主张,商鞅在其他篇章中也阐述过。如《壹言》篇云:"故圣人之为国也,不法古,不修(循)今,因世而为之治,度俗而为之法。故法不察民之情而立之,则不成;治宜于时而行之,则不干(冒犯)。故圣人之治也,慎为察务,归心于壹而已矣。"商鞅的变法主张得到秦孝公的支持,孝公乃发布了变法令。商鞅的"不法古,不循今"的变法论遂成为秦国变法运动的指导思想。

如前所述,商鞅两次在秦国实行变法,都获得了成功,使贫穷落后的秦国,一跃而为当时最富强的国家,并为以后秦始皇统一中国奠定了基础。所以说,商鞅是把变法理论付诸实践并取得显著成效的法家人物。

其他先秦法家,如慎到、申不害、齐法家、韩非等,都主张因时变法。特别是韩非,较系统地阐述了"法与时移"的变法思想。

韩非认为,历史的发展,并不是复古主义者所说那样一代不如一代,而是一代比一代进步。他从古今社会的变迁中,列举事实证明"世异则事异""事异则备变"。社会是变化发展的,政治法律制度和治国的方法也应随之变化,不能因循守旧,墨守成规。他明确地提出了"法与时移"的变法说。韩非云:

> 是以圣人不期修(循)古,不法常可,论世之事,因为之备。宋人有耕者,田中有株,兔走触株,折颈而死,因释其耒而守株,冀复得兔,兔不可复得,而身为宋国笑。今欲以先王之政,治当世之民,皆守株之类也。[1]

---

[1] 《韩非子·五蠹》。

治民无常，唯治为法。法与时转则治，治与世宜则有功。故民朴而禁之以名，则治；世知，维之以刑则从。时移而治不易者，乱；能治众而禁不变者，削。故圣人之治民也，法与时移，而禁与能变。[1]

综上所述，无论是商鞅的"各当时而立法"，抑或是韩非的"法与时移则治"，都是说明法要因时制宜，实行变法。这在"争于气力"的战国时代，具有很大的进步意义，表现了法家的远见卓识和进取精神。

第四节　变法论在传统文化中的地位

先秦法家是以主张变法改革而著称于世的。上节所述的商鞅的"各当时而立法"、韩非的"法与时移则治"等主张，都突出反映了他们的变法改革要求。法家的这种变法论对后世产生了很大影响，它在传统文化中占有极重要的地位。

一、因时变法

人类社会是不断发展变化的，而各个历史时代又各有其特点，因此每一时代都应当对原有的不适应时代需要的政治法律制度加以变革，建立起适应时代需要的政治法律制度。历代有远见的政治家、思想家，很多都能顺应时代的潮流，在不同程度上提出变法改革的主张。这里，我们仅以"永贞革新""王安石变法""张居正改革""戊戌变法"为例来加以阐明。

公元七五五年爆发了"安史之乱"，唐王朝从此进入动荡不安的衰落时期。中央统治力量逐渐衰微，出现了宦官专权和藩镇割据的局面；均田制遭到破坏，土地自由兼并现象普遍存在；人民的负担日益加重，科敛之名竟有数百种之多，使人民"竭膏血，鬻亲爱"，旬输月送，无有休息。因此，小规模的农民起义连绵不断，唐王朝陷入了严重的危机之中。正是在这种形势下，发生了力主改革的"永贞革新"运动。

王安石针对北宋面临的阶级矛盾和民族矛盾所造成的"积弱积贫"的局

---

[1]《韩非子·心度》。

面，提出了"更易改革"的变法主张，他向神宗上万言书，"惩……苟且因循之祸，明诏大臣思所以陶成天下之才，虑之以谋，计之以数，为之以渐，期为合于当世之变"〔1〕，审时度势，变更天下之弊法。

明朝一代权相张居正生活在明王朝由盛而衰的时期，当时宦官专权，政治腐败，边防松弛，经济衰败。为了挽救国家所面临的危机，他严厉斥责那些"不达时变，动称三代"的顽固守旧之论为老儒臭腐之谈，并大力进行改革。重振纪纲，"以法绳天下"〔2〕，收到了显著成效。

近代维新变法运动领袖康有为、梁启超等人继承了中国古代变法改革的思想，又接触了西方资产阶级的法治理论，发动和领导了一场变法运动。他们认为，"法既积欠，弊必丛生，故无百年不弊之法"〔3〕，"非变法万无可图存之理"。〔4〕变法势在必行，刻不容缓。戊戌变法虽然失败了，但它促进了历史的发展，传播了资产阶级学说，在一定程度上为辛亥革命作了思想理论上的准备。

纵观中国历史上的变法改革，多数都在不同程度上受到先秦法家变法论的影响，这是毋庸置疑的事实。

二、变法改革必须同守旧派作坚决斗争

变法改革就意味着对"祖宗成法"的叛逆，要突破旧法制的束缚，实际上是对守旧派这些既得利益者的挑战，必然会遭到他们的反抗。战国时期各国的变法都是如此。但立志变法的改革家们，都表现出对旧的"成法"的批判精神和彻底决裂的态度，进行了艰苦卓绝的斗争。这条宝贵经验，为后世变法改革者所吸取。"永贞革新"时，革新派采取一系列措施，同守旧派进行了坚决的斗争，他们"罢进奉、宫市、五坊小儿，贬李贯，召陆贽、阳城，以范希朝、韩泰夺宦官之兵柄，革德宗末年之乱政，以快人心，清国纪，亦云善矣"。〔5〕王安石实施新法时，守旧派群起而攻之，但他坚持"三不足"

---

〔1〕《王文公文集·上皇帝万言书》。
〔2〕见《明史·张居正传》。
〔3〕《康有为政论集·上清帝第六书》。
〔4〕《梁启超选集·变法通议》。
〔5〕《读通鉴论·唐顺宗》。

的精神，认为"天变不足畏"，"人言不足恤"，"祖宗之法不足守"。在王安石看来，"祖宗之法，不必尽善"，因此，"可革则革，不足循守"。[1]张居正的改革变法，遭到权贵的反对，但他以天下为己任，"以法绳天下"，严惩权贵豪强，"奸无所赦"[2]，使变法改革取得显著成效。

三、法律必须公正无私

先秦法家认为，法律是公正无私的表现，因而主张任法去私，反对"释法任私"，[3]指出"舍法以心裁轻重，则同功殊赏，同罪异罚矣，怨之所由生也"。[4]

君主必须依法而断，不别亲疏，不殊贵贱，把公正无私的法作为判断是非功过的客观标准。

这条变法经验也为后世改革家所吸取。王安石认识到，变法改革，首先要制定出体现公正无私精神的善法。"盖君子之为政，立善法于天下，则天下治；立善法于一国，则一国治。"[5]而且，官吏必须严格执法，"有司议罪，惟当守法"。[6]张居正改革时，特别强调要改变"法之所加，惟在于微贱，而强梗者虽坏法干纪而莫之谁何"的状况，并在《陈六事疏》中指出，最高统治者应当做到，"刑赏予夺，一归之公道，而不必曲循私情。政教号令，必断于宸衷，而毋致纷更于浮议。法所当加，虽贵近不宥；事有所枉，虽疏贱必伸"。在戊戌变法中，梁启超提出，立法权应属于多数之国民，只有符合多数国民的意图，才能制定出公正的法律，这就是他在《论立法权》一文中所说的："合多数人私利之法，而公益之法存矣。"

四、运用法律以推行改革

先秦法家变法时，特别重视采用颁布法令的形式来推行改革。如商鞅变

---

〔1〕　见《司马温公文集》卷一七五。
〔2〕　见《明史·张居正传》。
〔3〕　见《商君书·修权》。
〔4〕　《慎子·君人》。
〔5〕　《王文公文集·周公》。
〔6〕　见《文献通考·刑考九》。

法，确立封建土地私有制，废除世卿世禄制而实行按军功行赏制，实行分县制时，就曾颁布和贯彻了相应的法律法令，并取得很大成功。

秦汉以后的变法改革家十分重视先秦法家这些成功的经验，运用法律的力量来推行改革。"永贞革新"时，下令禁止宫市、五坊小儿，释放宫女，停止苛捐杂税，严惩贪官，等等，较充分地发挥了法律的威力，以保障改革的进行。以理财、整军为主要内容的王安石变法，也制定了相应的法令，在理财方面有均输法、农田水利法、青苗法、免役法、市易法、方田均税法等新法；在整军方面有将兵法、保甲法、保马法等新法。王安石通过实施这些法令，使其改革得以贯彻执行。戊戌变法领袖人物也借光绪帝之名，先后颁发了四十七道上谕来推行政治、经济、文化等方面的改革。虽然由于各种原因，这些上谕未能真正贯彻，但维新派重视运用法律法令来推进改革的意图是很明显的。

毫无疑问，中国历史上的变法改革，一般说来都在不同程度上促进了社会的发展。这同它们继承先秦法家的变法思想、吸取他们变法的经验，是分不开的。

第四十一章

法家的以法治国论与传统文化

　　法家生活的战国时代，奴隶主贵族所恃以治理国家的礼已经崩溃，"上无礼，下无学"的情况普遍存在。"礼不下庶人"，而贵族已自弃其礼；"刑不上大夫"，而人民已不畏其刑。当时，礼和刑都不能有效地维护统治，"以礼治国"被视为迂腐之论。在这种情况下，法家极力主张以法代礼、以法治国，建立起封建社会的新秩序。

第一节　法的定义

　　什么是法？在法家兴起以前，中国古代学者一般都把它与刑等同起来，传统的说法是刑礼为治，法的观念很薄弱。对此，丘汉平有扼要的说明。"法律是什么？中国古来学者，从没有透彻地说过。讲到法律，中国人便想到刑罚：刑即法，法即刑——几乎法律与刑罚是一件事。我们私法观念的不进步，不发展，可以说大半是受此名不正的影响——仅知道用法律来治犯法之人，却不知用法律来治人群的关系……这不是我们中国学者的罪过，却是自孔子生后，一劈头便是刑礼。汉以后，天下一统，孔子一尊——只有礼治一说。"

　　法家学派兴起后，那种刑、法不分的情况才有所改变。他们从各方面对法进行论述，特别是战国末期的韩非给它下了比较确切的定义。韩非云：

　　　　法者，宪令著于官府，刑（赏）罚必于民心，赏存乎慎法，而罚加乎奸令者也。[1]

------

　　〔1〕《韩非子·定法》。

明主之国，令者，言最贵者也；法者，事最适者也。言无二贵，法无两适。故言行不轨于法令者必禁。[1]

我们从韩非给法所下的定义来分析，可以概括为下列几点：

其一，法是由官府制定、颁布的，各级官吏应依法而断不得任意予夺。

其二，法具有强制性，使犯了法就一定要判刑这一原则深入人心，奖赏给予谨慎守法的人，刑罚加于违法犯罪的人。

其三，法律具有绝对的权威。"法不两适"，人们的言行必须符合法律，如有违犯，必须禁止。

其四，立法为公。法律不可随意而定，必须为公，不能为私。"事最适"，便是公；"不适"，便是私。

总的看来，韩非要求立法为公，制定和颁布成文法，使人们对赏罚有明确的认识，官吏必须依法而断，这些是有进步意义的。但法家把法的内容限制在赏和罚这样较狭窄的范围内，则是不全面的。

第二节　以法治国论

法家认为法优于礼，主张以法治国，这是一种划时代的治国之道。他们把法视为治理国家的唯一工具和判定是非功过的唯一标准。商、慎、申、韩诸子及齐法家都反复强调法的重要性。

商鞅云：

昔之能制天下者，必先制其民者也；能胜强敌者，必先胜其民者也。故胜民之本在制民，若冶于金，陶于土也。本不坚，则民如飞鸟禽兽，其孰能制之？民本，法也。故善治者塞民以法，而民、地作矣。[2]

法令者民之命也，为治之本也，所以备民也。为治而去法令，犹欲无饥而去食也，欲无寒而去衣也，欲东而西行也，其不几亦明矣。[3]

---

〔1〕《韩非子·问辩》。
〔2〕《商君书·画策》。
〔3〕《商君书·定分》。

在商鞅看来，统治者如果不能用法和刑去制服人民，那人民就会像飞禽走兽一样难以控制。如果用法和刑来制裁他们，那么统治者的名位和土地就可以得到了。所以他反复劝告统治者，"圣王者，不贵义而贵法；法必明，令必行，则已矣"[1]；治国者"不可以须臾忘于法"。[2]只要一切依法而断，任法而治，那国家就一定能治理好。

商鞅认为，国家和人民的关系，全靠法律来维系；君主之所以能号令人民，也完全依赖于法律。君主的德行、智慧、勇力不一定超过别人，可是人们不敢不服从于他，那都是实行法治的结果。商鞅云：

> 凡人主德行非出人也，知非出人也，勇力非过人也。然民虽有圣知，弗敢我谋；勇力弗敢我杀；虽众不敢胜其主。虽民至亿万之数，悬重赏而民不敢争，行罚而民不敢怨者，法也。[3]

> 今有主而无法，其害与无主同；有法而不胜其乱，与无法同。天下不安无君，而乐胜其法，则举世以为惑也。夫利天下之民者，莫大于治；而治莫康（盛）于立君；立君之道，莫广于胜法（任法）。[4]

慎到也主张法治，强调法的重要性，并从理论上论证了法是判断是非功过的唯一标准，"事断于法，是国之大道也"。[5]为国君者应当"不多听"，一切事情都要依法判断，把法作为察言、观行、考功任事的标准。这样就能做到上下无事，"唯法所在"。《慎子》云：

> 君人者，舍法而以身治，则诛赏予夺从君心出矣。然则受赏者虽当，望多无穷；受罚者虽当，望轻无已。君舍法而以心裁轻重，则同功殊赏，同罪殊罚矣，怨之所由生也。是以分马者之用策，分田者之用钩，非以钩策为过于人智也，所以去私塞怨也。故曰大君任法而弗躬，则事断于法矣。法之所加，各以其分蒙其赏罚，而无望于君也，是以怨不生而上

---

〔1〕《商君书·画策》。
〔2〕《商君书·慎法》。
〔3〕《商君书·画策》。
〔4〕《商君书·开塞》。
〔5〕《慎子·佚文》。

下和矣。[1]

为人君者不多听，据法倚数，以观得失。无法之言，不听于耳；无法之劳，不图于功；无劳之亲，不任于官。官不私亲，法不遗爱，上下无事，唯法所在。[2]

申不害认为，法是治理国家的准则，"君必有明法正仪"才可以把群臣统一起来。因此，圣明的君主任法而不任智。他以尧和黄帝为例，认为他们之所以善于治理天下，就在于"明法审令"，置法而不变。君主必须凭借法律、法令，才能建立起自己的尊严和权威。《申子》云：

君必有明法正义（仪），若悬权衡以称轻重，所以一群臣也。尧之治也，盖明法审令而已。圣君任法而不任智，任数而不任说。黄帝之治天下，置法而不变，使民安乐其法也。君之所以尊者，令。令不行，是无君也。故明君慎令。[3]

齐法家则是最先提出"以法治国"口号的。他们认为法是治国的根本，只要以法治国，不需要经过什么考虑研究，不过是举手之劳，就能把一切事情办好。所以他们把法视为天下的"至道"，是圣明君主实际使用的东西。一切都必须纳入法治的轨道，有了法，臣民都不敢恣意妄为。

是故先王之治国也，不淫意于法之外，不为惠于法之内也。动无非法者，所以禁过而外私也。威不两错（措），政不二门。以法治国，则举错而已。[4]

法者，天下之程式也，万事之仪表也。吏者，民之所悬命也。故明主之治也，当于法者赏之，违于法者诛之。故以法诛罪，则民就死而不怨；以法量功，则民受赏而无德也。此以法举错之功也。[5]

---

[1]《慎子·君人》。
[2]《慎子·君臣》。
[3]《申子·佚文》。
[4]《管子·明法》。
[5]《管子·明法解》。

集先秦法家思想之大成者韩非对法的重要性的论述甚多。他是法治决定论者，简直可以说，在他眼中，没有法便不成其为国家，不依法律便不能治理国家，法不立乃"乱亡之道"。他特别强调以法治国是根本，"动无非法"，人们的言行不符合法者必须禁止。韩非根本不相信人是可以自行为善的，世上没有自善之民。那么怎样才能使他们不敢为非作歹呢？其关键就在于"不务德而务法"。如果一切都依法而断，以法治国，就能轻而易举地把国家治理好。韩非云：

> 夫圣人之治国，不恃人之为吾善也，而用其不得为非也。恃人之为吾善也，境内不什数；用人不得为非，一国可使齐。为治者用众而舍寡，故不务德而务法。[1]

> 明主使其群臣不游意于法之外，不为惠于法之内，动无非法。峻法，所以凌过游外私也；严刑，所以遂立惩下也。威不贰错（措），制不共门。威制共则众邪彰矣，法不信则君行危矣，刑不断则邪不胜矣。故曰：巧匠目意中绳，然必先以规矩为度；上智捷举中事，必以先王之法为比。故绳直而枉木断，准夷而高科削，权衡县而重益轻，斗石设而多益少。故以法治国，举措而已矣。[2]

由上可知，法家所谓"不贵义而贵法""事断于法""明法审令""以法治国""不务德而务法"，等等，都是把法律作为治国的唯一工具。他们为何认为法律如此重要呢？其理由大致于下。

其一，任法是国家富强的关键。法家认为，有关国家命运的重大问题，需要通过法律来解决："明法者强，慢法者弱"[3]，严明的法度是国家富强的关键，社会的治乱也系于任法与否。所以说："治强生于法，弱乱生于阿。"[4]

其二，任法可以废私。法家认为，私是祸乱的根源。而社会上各阶层的人都有自己的私：人君有人君的私，臣子有臣子的私，百姓有百姓的私。任

---

[1]《韩非子·显学》。
[2]《韩非子·有度》。
[3]《韩非子·饰邪》。
[4]《韩非子·外储说右下》。

凭这些私发展起来，必然导致社会混乱，国家灭亡。唯有任法才能废私。"夫立法令者，以废私也，法令行而私道废矣。私者，所以乱法也……故本言曰：'所以治者，法也；所以乱者，私也。法立，则莫得而私矣。'故曰：'道私者乱，道法者治。'"〔1〕

其三，法治优于人治。儒家主张人治，治理国家主要依靠圣君贤相的才能和智慧。法家认为人治不如法治。因为贤人是极少数，尚贤不足为长治久安之计；法治则不同，即使是具有中等才能的君主，只要依法而治，也能把国家治理好。正如韩非所云："且夫尧舜桀纣，千世而一出……中者上不及尧舜，而下者亦不为桀纣。抱法处势则治，背法去势则乱。今废势背法而待尧舜，尧舜至乃治，是千世乱而一治也；抱法处而待桀纣，桀纣至乃乱，是千世治而一乱也。且夫治千而乱一，与治一而乱千也，是犹乘骥駬而分驰也。相去亦远矣。"〔2〕随心而"治"，无一定标准，随心而定，亦不能治理好国家。正如韩非所言："释法术而心治，尧不能治一国；去规矩而妄意度，奚仲不能不一轮；废尺寸而差短长，王尔不能半中。使中主守法术，拙匠执规矩尺寸，则万不失矣。"〔3〕

法家之所以特别强调法的重要性，其目的在于劝告统治者，要想巩固政权进而成就霸业，唯一的办法是重视法律、实行法治。

第三节　以法治国论与传统文化

法家以法治国的法治思想，作为一种地主阶级的意识形态，是一定历史时期政治、经济发展的产物。早在春秋时期，由于出现了封建生产关系，法治思想的萌芽已经产生。到了战国时期，奴隶制的井田制已逐步被封建土地所有制所代替，地主阶级相继在各国取得政权。地主阶级为了维护其私有财产和巩固其政治统治，一方面要借助于国家权力，把自己的意志上升为法律，强迫人民遵守；另一方面又要对他们的统治经验进行理论上的总结。这样，作为地主阶级代言人的法家就产生了，较系统而完备的法治理论就出现了。

---

〔1〕《韩非子·诡使》。
〔2〕《韩非子·难势》。
〔3〕《韩非子·用人》。

以法治国论是法家学说的核心。法家极力主张以法治代替礼治，建立起封建社会新秩序。他们把法看成是治理国家的唯一工具，判断是非功过的唯一标准；主张一切以法为断，"一任于法"。

在法家看来，法具有规范性、公正性、平等性、公开性，是衡量人们是非功过，区别罪与非罪的标准；法的作用在于"定分止争"〔1〕、"兴功禁暴"〔2〕，信赏；必罚。实行重刑，"重刑连其罪，则民不敢试"，"故禁奸止过，莫若重刑"。〔3〕从总体上看，法家的以法治国论是一种先进的理论，在当时各国的变法运动中显示出强大的生命力和巨大的威力。后来秦始皇运用这种理论建立起中国第一个统一的专制主义中央集权制国家，这是法家对中国历史的伟大贡献。但法家的重刑论是不可取的，因为它所强调的是对人民的暴力镇压。至于他们的非道德仁义说，是一种十分偏颇的思想主张。就治理国家来说，谁也不能否认仁义道德的作用。

先秦法家的以法治国等理论，对中国传统文化产生了深刻的影响。

秦朝统治者是法家理论的信奉者和实践者。他们"作制明法""事皆决于法"〔4〕，一切皆有法式。这在当时历史条件下曾起到巩固国家统一和加强中央集权制度的积极作用。但是，秦朝统治者过于迷信它，"专任刑罚"，横征暴敛，把法家的严刑峻法发展到极端的地步，从而激起了人民的强烈反抗。结果，赫赫的秦王朝只存在十四年，就被陈胜、吴广领导的农民大起义推翻了。法家的理论在政治上破产了，成为"老鼠过街，人人喊打"的批判对象。

"汉承秦制"。西汉王朝在继承秦朝政治制度的同时，也沿袭秦朝法律。高祖刘邦初入关时约法三章，但后来感到它不足以维持政治社会秩序，故又命萧何根据秦法，"取其宜于时者，作律九章"。〔5〕即使是省刑轻罚的汉初，也有夷三族之酷法，即"当三族者，皆先黥、劓，斩左右止（趾），笞杀之，枭其首，菹其骨肉于市。其诽谤詈骂者，又先断舌"。〔6〕此后，虽然吕后除三族令，文帝去相坐法，但后来因新垣平谋反，又复行三族之诛。文帝时，虽

---

〔1〕 见《慎子·佚文》。
〔2〕 见《管子·七臣七主》。
〔3〕 《商君书·赏刑》。
〔4〕 见《史记·秦始皇本纪》。
〔5〕 见《汉书·刑法志》。
〔6〕 见《汉书·刑法志》。

约法省刑，减轻罪犯所受之刑，实际上又增加了一些罪犯的刑罚，故史称"外有轻刑之名，内实杀人"。到武帝时，由于社会危机加深，盗贼公然叛乱，因而刑罚也随之加重。《汉书·刑法志》云："及至孝武即位，外事四夷之功，内盛耳目之好，征发烦数，百姓贫耗，穷民犯法，酷吏击断，奸宄不胜。于是招进张汤、赵禹之属，条定律令，作见知故纵、监临部主之法，缓深故之罪，急纵出之诛，其后奸猾巧法，转相比况，禁网寖密。律令凡三百五十九章，大辟四百九条，千八百八十二事，死罪决事比万三千四百七十二事。文书盈于几阁，典者不能遍睹。是以郡国承用者驳，或罪同而论异。奸吏因缘为市，所欲活则傅生议，所欲陷则予死比，议者咸冤伤之。"

由上可知，实际上汉朝在相当程度上仍然是严刑峻法，与秦一脉相传，为法家之精神。这是就严刑峻法这方面来说的。

当然，先秦法家的法治精神，亦为历代封建统治者所继承。自秦朝统治者制定秦律起，历代封建王朝不仅把制定法律作为治理国家的重要任务，而且还编纂法典。毫无疑问，这些法律、法典，对于治国治民起了巨大作用。

诚然，汉武帝采纳董仲舒"罢黜百家，独尊儒术"的建议以后，在思想领域，董仲舒的新儒学逐渐取得支配地位。但它已不同于先秦的儒学，而是以儒为主、儒法合流的产物，并吸收了道家、阴阳五行家以及殷周天命神权等各种有利于封建统治的思想因素。事实上，自汉以后，就不存在先秦时期那样纯粹的儒家和法家了。正如汉宣帝所云："汉家自有制度，本以霸王道杂之。"这种"霸王道杂之"的政治为此后各封建王朝所继承，在历史发展过程中虽有量的变化，但一直未能形成本质上的不同。

这样一来，先秦法家以法治国等理论，就不像战国时代那样光彩夺目了，而成为一种"伏流"，潜伏在儒家滔滔不绝的"长河"之中。所以人们称汉以后的儒家文化为"显文化"，称法家文化为"隐文化"。

第四十二章

法家论法的性质与作用

通读法家著作，我们深深感到，法家关于法的性质和特征，法的明分止争、齐众使民、兴功禁暴、富国强兵的作用等方面的论述，是相当透彻的，而且给人们留下了极丰富的思想资料，有助于后人了解、研究中国古代的法和法律思想。

第一节　论法的性质

法家从多方面论述了法的性质和特征，反映了他们那个时代人类认识所能达到的比较高的程度。

一、法的规范性

法是一种社会规范，是调整人们关系的一种特殊行为准则。它具有普遍的约束力，人人必须遵守。法家特别强调法的这种规范性，常常把它们比作规矩、准绳、度量衡。商鞅云：

> 先王县权衡，立尺寸，而至今法之，其分明也。夫释权衡而断轻重，废尺寸而意长短，虽察，商贾不用，为其不必也。故法者国之权衡也。夫倍法度而任私议，皆不知类者也。不以法论知能贤不肖者惟尧；而世不尽为尧。是故先王知自议誉私之不可任也，故立法明分，中程者赏之，毁公者诛之，赏诛之法，不失其议，故民不争。[1]

----

〔1〕《商君书·修权》。

　　照商鞅看来，法是社会生活中的度量衡，是调整人们行为的一种规范，是判断是非功过和施行赏罚的客观标准。商人即使经验丰富，能够准确地进行心算和目测，也必须持权衡和尺寸去接待顾客，这是因为权衡和尺寸是公认的客观标准，准确可靠。治理国家，也只能用法来衡量人的智慧、能力、贤、不肖，判断是非曲直和罪与非罪，这是因为法是衡量人们行为的准则和标准。

　　慎到也十分重视法的规范性，认为法是一种客观标准，是判断是非功过的客观尺度。如果君主对诛赏予夺没有一个客观标准，全凭主观臆断，势必造成同功不同赏、同罪不同罚。这样，人们出于私心，便要对赏"望多无穷"，对罚则"望轻无已"。〔1〕所以，治国必须用法，充分发挥法规范社会生活的作用。慎子云："有权衡者，不可欺以轻重；有尺寸者，不可差以长短；有法度者，不可巧以诈伪。"〔2〕

　　申不害、齐法家几乎用与商鞅、慎到同样的语言强调法的规范性。他们认为，法是治理国家的准则，是整齐划一规范人们行为的标准，如同尺寸是长度的标准，衡石是重量的标准一样。有了一定标准，就可以把人们统一于一个标准之下。法律也是一种标准，乃"吏民规矩也"，是全体臣民必须遵守的行为规范。他们说："君必有明法正义（仪），若悬权衡以称轻重，所以一群臣也。"〔3〕"尺寸也、绳墨也、规矩也、衡石也、斗斛也、角量也，谓之法。"〔4〕

　　韩非则更详尽地论述了法的这种规范性，力图使它达到最大的限度，"使天下皆极智能于仪表，尽力于权衡"。〔5〕

　　第一，遵循法度是"万全之道"，无视法的规范性是"惑乱之道"。韩非云："夫悬衡而知平，设规而知圆，万全之道也。明主使民饰于法，知道之故，故佚而有功。释规而任巧，释法而任智，惑乱之道也。"〔6〕

　　第二，法是使民就范的工具。"一民之轨，莫如法。"〔7〕如果人民不受法

〔1〕见《慎子·君人》。
〔2〕《慎子·逸文》。
〔3〕《申子·佚文》。
〔4〕《管子·七法》。
〔5〕《韩非子·安危》。
〔6〕《韩非子·饰邪》。
〔7〕《韩非子·有度》。

律规范的约束，就要加以惩罚。

第三，官吏的言行必须以法律为准绳。韩非认为，各级官吏必须"顺上之为，从主之法，虚心以待令，而无是非也。故有口不以私言，有目不以私视，而上尽制之"。[1]一切都必须符合法律规范的要求。

第四，君主本人亦应受法律规范的约束。韩非云："故明主使法择人，不自举也；使法量功，不自度也。"[2]当然，这只是韩非在理论上的主张，在实际政治中，像他所主张的那种君主绝对独裁制，君主大权在握，当然是不会受法律约束的。

法家之所以强调法的规范性，其目的在于以法来统一人心，让人们在法所容许的范围内行动，以维持封建统治秩序。

二、法的公正性

照法家看来，法又是公正无私的表现，"以法制行之，如天地之无私也"。[3]公是法的灵魂，无公也就无法，君主立法、行法，必须抑私奉公，而不能任私废公。

商鞅主张任法去私，反对释法任私。凡是违法、"害法"、乱法、废法等情况的发生，都是由于去公任私。商鞅云：

> 世之为治者，多释法而任私议，此国之所以乱也……夫倍法度而任私议，皆不知类者也。……君好法，则端直之士在前。君好言，则毁誉之臣在侧。公私之分明，则小人不嫉贤，而不肖者不妒功。……今乱世之君臣，区区然皆擅一国之利而管一官之重，以便其私，此国之所以危也。故公私之交，存亡之本也。[4]

这里所讲的私议，是指君主周围近臣的建议，这些建议大都是反映贵族要求的。商鞅认为私议是不合乎法度的，是实行法治的大敌。所以任私就好比"释权衡而断轻重，废尺寸而意长短"一样，其危害是很大的。君主应当

---

〔1〕《韩非子·有度》。
〔2〕《韩非子·有度》。
〔3〕《管子·任法》。
〔4〕《商君书·修权》。

做到"公私之分明"。商鞅等法家把包括天子、国君在内的个人之利益叫做"私"，把他们统治者的整体利益叫做公，所以代表其整体利益的法叫公法。

照商鞅看来，法的公正性还应表现为"立法为公"。商鞅云：

> 故尧舜之位天下也，非私天下之利也，为天下位天下也。论贤举能而传焉，非疏父子亲越人也，明于治乱之道也。故三王以义亲天下，五霸以法正（征）诸侯，皆非私天下之利也，为天下治天下。是故擅其名而有其功，天下乐其政，而莫之能伤也。[1]

其实，商鞅等法家所说的"公"，并不是代表社会各阶层的共同利益的大公，而是代表他们统治者整体利益的"小公"，对于整个社会来说，仍是他们统治者的私。

慎到和齐法家对法的公正性也有许多论述。他们认为法是"至公大定之制"，君主应当立公弃私，不要弃法而行私。法律虽然是由君主制定的，但既已制定出来，则人人必须遵守，天子、国君也不能例外，"凡立公所以弃私也"。这样，对君主来说，就有奉公和行私的矛盾。他们认为，君主的权势应当通过推行法治来体现，而不要随自己的好恶即"行私"来表现，"欲不得干时，爱不得犯法"。否则，就会造成严重的后果，立法而行私或弃法而行私，都是"私与法争，其乱甚于无法"。法家云：

> 法者，所以齐天下之动，至公大定之制也。故智者不得越法而肆谋，辩者不得越法而肆议，士不得背法而有名，臣不得背法而有功。我喜可抑，我忿可窒，我法不可离也。骨肉可刑，亲戚可灭，至法不可阙也。[2]

> 法之功莫大使私不行，君之功莫大使民不争。今立法而行私，是私与法争，其乱甚于无法。立君而尊贤，是贤与君争，其乱甚于无君。故有道之国法立则私议不行，君立则贤者不尊。[3]

> 有道之君者，善明设法而不以私防者也。而无道之君，既已设法，

---

〔1〕《商君书·修权》。

〔2〕《慎子·逸文》。

〔3〕《慎子·逸文》。

则舍法而行私者也。为人上者释法而行私，则为人臣者援私以为公。公道不违，则是私道不违者也。行公道而托其私焉，寖久而不知，奸心得无积乎?[1]

由此可见，如果立法而行私，必然使法失去应有的权威，不能起到维护封建统治的作用。

韩非完全继承了商鞅等人立法废私的思想，坚持法的公正性，认为君主应去私心，臣下应去私议。"夫立法令者，以废私也，法令行而私道废矣。私者，所以乱法也。"[2]他还认为立法是为了民众的利益，"窃以为立法术，设度数，所以利民萌便众庶之道也"。[3]

他自称是为民众公益而奋斗、不惜一切牺牲的仁人志士。

法家从维护封建统治者的整体利益出发，强调法的公正性，反对包括天子、国君在内的统治者枉法徇私，反对玩弄权柄和权术，这是有积极意义的，应予肯定。

三、法的平等性

法家认为，法代表国家和社会的整体利益，应当具有普遍适用的平等性；在法律面前人人平等，没有贵贱等级的区分，没有智愚贤不肖的分别，不能因人而异。因此，他们反对儒家"刑不上大夫"的法律不平等说。司马迁称法家这种法的普遍适用的平等性为"不别亲疏，不殊贵贱，一断于法"。[4]商鞅称这种法的平等性为"壹刑"或刑无等级，无论卿相将军或平民百姓，凡触犯国法者，一律加以惩处，不能以功抵罪。

所谓壹刑者，刑无等级，自卿相、将军以至大夫、庶人，有不从王令、犯国禁、乱上制者，罪死不赦。有功于前，有败于后，不为损刑；有善于前，有过于后，不为亏法。忠臣孝子有过，必以其数（指罪的轻重程度）断。守法守职之吏有不行王法者，罪死不赦，刑及三族。周官

---

[1]　《管子·君臣上》。
[2]　《韩非子·诡使》。
[3]　《韩非子·问田》。
[4]　《史记·太史公自序》。

（指同僚）之人，知而讦之上者，自免于罪，无贵贱，尸袭其官长之官爵田禄。〔1〕

可见商鞅的"壹刑"主张明显地体现了法律面前贵贱平等的思想。事实上，商鞅在执行刑罚时也做到了太子犯法则刑及师傅，在相当程度上坚持了法的平等性原则。据《史记》载："令行于民期年，秦民之国都言初令之不便者以千数。于是太子犯法。卫鞅曰：法之不行，自上犯之。将法太子。太子君嗣也，不可施刑。刑其傅公子虔，黥其师公孙贾。明日，秦人皆趋令。行之十年，秦民大说。道不拾遗，山无盗贼，家给人足。民勇于公战，怯于私斗。乡邑大治。"〔2〕

齐法家坚持法的平等性比商鞅更彻底些。他们认为，法律不但适用于人民，而且要适用于亲贵；不但要适用于亲贵，而且要适用于君主本身。

> 君臣上下贵贱皆从法，此谓为大治。故主有三术。夫爱人不私赏也，恶人不私罚也，置仪设法以度量断者，上主也。爱人而私赏之，恶人而私罚之，倍大臣，离左右，专以其心断者，中主也。臣有所爱而私赏之，有所恶而私罚之，倍其公法，损其正心，专听其大臣者，危主也。〔3〕

> 不法法则事无常，法不法则令不行。令而不行则令不法也，法而不行则修令者不审也，审而不行则赏罚轻也，重而不行则赏罚不信也，信而不行则不以身先之也。故曰：禁胜于身则令行于民矣。〔4〕

这种君臣上下贵贱皆从法的主张，无疑比商鞅的"太子犯法，刑及师傅"要彻底些。

韩非也认为，在法律面前没有也不应当有亲疏贵贱的区别，"法不阿贵"，有功就赏，有罪就罚。法律既不迁就权贵大臣的违法犯罪行为，又不忽视平民百姓为国出力的劳绩。人们行为的善恶，都统一用法律来论处。韩非云："是故诚有功则虽疏贱必赏，诚有过则虽近爱必诛。"〔5〕又云："法不阿贵，绳

---

〔1〕《商君书·赏刑》。
〔2〕《史记·商君列传》。
〔3〕《管子·任法》。
〔4〕《管子·法法》。
〔5〕《韩非子·主道》。

不挠曲。法之所加，智者弗能辞，勇者弗敢争。刑过不避大臣，赏善不遗匹夫。故矫上之失，诘下之邪，治乱决缪，绌羡齐非，一民之轨，莫如法。"〔1〕

　　法家强调法的平等性，在当时确实起到了限制和打击贵族特权的作用，并对后世产生了良好影响。然而，在"权制断于君"的封建社会里，要君主放弃特权，遵守法度，是很难做到的；要做到"刑无贵贱"，君臣上下贵贱皆从法也是不可能的。君主处于至高无上的地位，生杀予夺由他决定，法律怎能罚及他自身呢！

四、法的公开性

　　中国古代存在着"刑不可知，而威不可测"的神秘法传统，贵族统治者认为没有公布成文法的必要。所以，春秋末期郑国子产铸刑书、晋国铸刑鼎，将成文法公布于众时，都曾遭到非难。法家继承了子产等人公布成文法的思想，都主张公布成文法，坚持法的公开性。

　　商鞅极力主张公布成文法。认为统治者制定法令，必须明白易懂，无论智者愚者都能理解。然后广为宣传，力求做到家喻户晓，妇孺皆知。商鞅云：

> 夫微妙意志之言，上知之所难也。夫不待法令绳墨，而无不正者，千万之一也。故圣人以千万治天下。故夫知者而后能知之，不可以为法，民不尽知。贤者而后知之，不可以为法，民不尽贤。故圣人为法，必使之明白易知，名正，愚知遍能知之。〔2〕

　　商鞅认为公布成文法有两大好处。

　　第一，使"万民皆知所避就"。"圣人……行法令，明白易知，为置法官吏为之师，以道之知，万民皆知所避就，避祸就福，而皆以自治也。"

　　商鞅主张使人民知道什么行为是法律许可的，什么行为是法律禁止的，从而使人民能够谨慎地行事。人民依据法律的明文规定，凡是选择了为国家奖励的行为并有成效，就依法受奖而得福；凡是选择了为法律所禁止的行为并造成后果，就依法定罪科刑而得祸。

---

〔1〕《韩非子·有度》。
〔2〕《商君书·定分》。

第二，吏不敢以非法遇民，民不敢犯法以干法官。《定分》篇云：

> 吏民欲知法令者，皆问法官。故天下之吏民无不知法者。吏明知民知法令也，故吏不敢以非法遇民，民不敢犯法以干法官也。

这主要是说，当人们都懂得法令以后，官吏就不敢任意断罪，罪犯也不敢法外求情或刁难法官。

商鞅还主张设置法官，解答法令上的疑难问题。这些法官必须严格执行法令，严厉禁止人们的非法活动。民众和各级官吏来询问法令条文，法官必须明确解答；如果不回答，等到询问者犯了罪，就要按照他们询问的条款所规定的罪来惩办法官。商鞅云："为法令置官吏，朴足以知法令之谓者，以为天下正，则奏天子。天子若，则各主法令之，皆降，受命发官。各主法令之民（人，指法官），敢忘行法令之所谓之名（法令条文），各以其所忘之法令名罪之……主法令之吏不告，及之罪，而法令之所谓也，皆以吏民之所问法令之罪，各罪主法令之吏。"〔1〕

齐法家和韩非也强调法的公开性。他们认为，法虽然是官府制定的，但必须明白易知，无论对智者、巧者或愚者、拙者来说，都要容易了解。同时，还要经常向人民作宣传，"使卑贱莫不闻知"。他们指出："是故智者知之，愚者不知，不可以教民；巧者能之，拙者不能，不可以教民。非一令而民服之也，不可以为大善；非夫人（指众人）能之也，不可以为大功。"〔2〕"法者，编著之图籍，设之于官府，而布之于百姓者也。"〔3〕

法家坚持法的公开性，主张公布成文法，力求让人民知法懂法，这是一种进步的主张。显然，他们企图用明白易知的法令来统一人们的言行，以保证封建法令的贯彻执行。

总的看来，法家对法的规范性、公正性、平等性、公开性的论述，在一定程度上揭示了法的一些共性，表明他们对法理学的研究达到了相当的高度。这是封建法律制度发展到一定阶段的结果，也是中华法律文化史上的一大进步。

---

〔1〕《商君书·定分》。
〔2〕《管子·乘马》。
〔3〕《韩非子·难三》。

第二节　论法的作用

法家认为，法之所以重要，是由于法具有明分止争、齐众使民和兴功禁暴、富国强兵的作用。法的作用是和法的性质相联系的，如上节所述，法的规范性和平等性相关论述，实际上已涉及法的作用问题。但是，法家对法的作用还有进一步的论述。

一、定分止争，齐众使民

所谓"定分"，就是确定事物的权利名分，其实质是要求把封建私有制和等级制用法令形式固定下来。在法家看来，没有法以前，人人争夺，毫无限制，于是造成了混乱的局面。要治理好国家，就必须定分，权利名分定了，就可以禁争夺，法就是定分止争的工具。商鞅和慎到都把法和财产联系起来，几乎用同样的语言论述了用法律确保私有财产权的必要性。他们以兔为例，说一兔奔跑百人追逐，是由于兔子归谁所有尚未确定；而市场上兔子很多，谁也不来争夺，是因为所有权已经确定。法家认为治理国家也是同一个道理，"存乎定分而已矣"。商鞅云：

> 一兔走，百人逐之，非以兔为可分以为百，由名分之未定也。夫卖兔者满市而盗不敢取，由名分已定也。故名分未定，尧舜禹汤且皆如鹜焉而逐之；名分已定，贪盗不取。……夫名分不定，尧舜犹将皆折而奸之，而况众人乎？此令奸恶大起，人主夺威势，亡国灭社稷之道也。[1]

慎到云：

> 一兔走街，百人逐之。贪人具存，人莫之非者，以兔为未定分也。积兔满市，过而不顾，非不欲兔也，分定之后，虽鄙不争。[2]

这种学说以法作为定分止争的工具，相对说来，它只能起到维护社会秩

---

[1]《商君书·定分》。
[2]《慎子·逸文》。

序的作用，而法家特别着重的，在于控制和役使人民，去努力从事农战，所以又主张以法作为齐众使民的标准。法家云：

> 夫法者，上之所以一民使下也。私者，下之所以侵法乱主也。故圣君置仪设法而固守之。然故谍杆习士，闻识博学之人，不可乱也；众强富贵私勇者，不能侵也；信近亲爱者，不能离也；珍怪奇物，不能惑也。万物百事，非在法之中者，不能动也。故法者，天下之至道也，圣君之实用也。[1]

> 夫圣人之治国，不恃人之为吾善也，而用其不得为非也。恃人之为吾善也，境内不什数；用人不得为非，一国可使齐。为治者用众而舍寡，故不务德而务法。[2]

所谓"一民使下""一国可使齐"等，都是说明法有齐众使民的作用。

二、兴功禁暴，富国强兵

所谓兴功，主要指富国强兵。法家认为，在"强国事兼并，弱国务力守"的战国时代，国家贫弱就要危亡，国家富强才能安存。要想国家安存并进而取得兼并战争的胜利，就只能取之以力，富国强兵；要富国强兵，就必须重视农战。

商鞅是法家中最重视农战的。他在秦变法时，以重农政策来发展国家经济力量，以重战政策来发展国家军事力量，终于使落后的秦国富强起来。他在论述重视农战以达到富国强兵时，指出："圣人之为国也，入令民以属农，出令民以计战……入使尽民力，则草不荒；出使民致死，则胜敌。胜敌而草不荒，富强之功，可坐而致也。"[3]

这种"兴功"的富国强兵的主张，可以说是战国时代成就"霸王之业"的重要思想武器。各主要诸侯国为了取得兼并战争的胜利，都在不同程度上采取了富国强兵的措施。

---

[1] 《管子·任法》。
[2] 《韩非子·显学》。
[3] 《商君书·算地》。

韩非也是主张富国强兵的，要求做到"无事则国富，有事则兵强"。[1] 他在总结秦国实行法治的经验时指出："燔诗书而明法令，塞私门之请而遂公家之劳，禁游宦之民而显耕战之士。孝公行之，主以尊安，国以富强。"[2]可见韩非是很推崇秦国富国强兵之策的。

所谓禁暴，主要指镇压被压迫者的反抗，特别是农民的反抗。商鞅把法视为制民之本，认为法的根本作用就在于制裁人民。"昔之能制天下者，必先制其民者也；能胜强敌者，必先胜其民者也。故胜民之本在制民……民本，法也。故善治者塞民以法。"[3]

韩非甚至把被统治的人民比作虎，把法比作关猛兽的笼子。君主立法，就是为了要惩办像跖那样的盗贼。韩非云："服虎而不以柙，禁奸而不以法，塞伪而不以符，此贲育之所患，尧舜之所难也。故设柙非所以备鼠也，所以使怯弱能服虎也；立法非所以备曾史也，所以使庸主能止盗跖也；为符非所以豫尾生也，所以使众人不相谩也。"[4]

然而，在法家以法禁奸的主张中，所谓奸，不仅指进行反抗的民众，也包括一部分豪强和权贵。这些豪强和权贵"重赋敛，尽府库，虚其国，以事大国，而用其威求诱其君；甚者举兵以聚边境而制敛于内"。[5]对于他们的犯罪行为，必须加以惩处。

齐法家对法的作用做了概括："法者，所以兴功惧暴也；律者，所以定分止争也；令者，所以令人知事也；法律政令者，吏民规矩绳墨也。"[6]

法有这样的作用，所以法家主张以法治国。

---

〔1〕《韩非子·五蠹》。

〔2〕《韩非子·和氏》。

〔3〕《商君书·画策》。

〔4〕《韩非子·守道》。

〔5〕《韩非子·八奸》。

〔6〕《管子·七臣七主》。

第四十三章

法家论法的制定与执行

　　法是由人制定的，是人为的产物。在奴隶主贵族统治下，法律的适用多出自贵族的擅断，而这种擅断无异于制定新法，也就是说，法律的制定权，除由君主操控外，也分散于各级贵族之手。法家极力反对贵族的擅断，坚决主张将立法权完全集中到君主手中。法律制定之后，必须颁布全国，坚定不移地贯彻执行。

第一节　论法的制定

　　法家主张法自君出，君主要维护自己的威势，就要牢牢掌握立法权，绝不能与臣下分权。执法的则是群臣百吏，遵守法律的则是人民。管子云："明主之治天下也，威势独在于主，而不与臣共；法政独制于主，而不从臣出。"[1]又云："夫生法者，君也；守法者，臣也；法于法者，民也。"[2]然而，法家认为，君主立法必须十分审慎，遵循一定的原则。具体说来，立法必须顺应天道，随时而变，合乎人心，明察"国本"。

一、顺应天道

　　司马迁把申不害、韩非等人和老子列在一传，是有道理的。原来申韩等人"本于黄老而主刑名"，"喜刑名法术之学，而其本归于黄老"，其学说的一个主要来源就是道家的黄老之学。

　　法家认为自然界的运动是有规律的，并称之为道、理、则等。韩非云：

---

〔1〕《管子·明法解》。
〔2〕《管子·任法》。

"道者，万物之所然也，万理之所稽也。"〔1〕这里的"道"指自然的总规律，"理"指事物的客观规律。法家认为，立法必须顺应自然，合乎事物的客观规律。"错（措）仪画制，不知则不可……和民一众，不知法不可。"〔2〕什么叫"则"呢？《管子》云：

> 根天地之气，寒暑之和，水土之性，人民鸟兽草木之生，物虽不甚多，皆均有焉，而未尝变也，谓之"则"。〔3〕

由此可见，"则"是指自然规律，法家常称之为天道。这种自然规律或天道不以人们的主观意志为转移，人们"莫之能损益"。人们应当研究和掌握它，遵循规律行动，这叫做"法天地，象四时"。〔4〕因此，统治者在制定法律时，"不知则不可"，应当了解和应用这种客观规律，并把它作为指导原则。

自然和天道对所有的人都一视同仁，无远无近，无偏无私。《管子·版法解》篇云：

> 法天合德，象地无亲，日月之明无私，故莫不得光。圣人法之，以烛万民，故能审察，则无遗善，无隐奸。

这种无亲、无私集中体现在公上，"以法制行之，如天地之无私也"。公是法的灵魂，统治者立法、行法必须"任公不任私"，绝对不要释法而任私。

二、随时而变

法家认为，人类社会是不断发展变化的，不同的时代有不同的历史任务。因此，必须根据变化了的社会现实来制定相应的法律。他们指出：

> 三代不同礼而王，五霸不同法而霸……各当时而立法，因事而制礼。

---

〔1〕《韩非子·解老》。
〔2〕《管子·七法》。
〔3〕《管子·七法》。
〔4〕见《管子·版法解》。

礼法以时而定，制令各顺其宜。〔1〕

故古之所谓明君者，非一君也。其设赏有薄有厚，其立禁有轻有重，迹行不必同，非故相反也，皆随时而变，因俗而动。〔2〕

故治民无常，唯治为法。法与时转则治，治与世宜则有功。〔3〕

这都是说社会是发展的，历史是变化的，统治者应随时而立法，以适应时代的需要。

三、合乎人心

法家认为，统治者施政立法要考虑人们的要求和愿望，应合乎人心；只有顺应民心的法令，才能畅通无阻。他们指出：

法非从天下，非从地出，发于人间，合乎人心而已。〔4〕

凡治天下，必因人情。人情者有好恶，故赏罚可用。赏罚可用，则禁令立而治道具矣。〔5〕

法立而民乐之，令出而民衔之。法令之合于民心，如符节之相得也，则主尊显。故曰：衔令者，君之尊也。人主出言，顺于理，合于民情，则民受其辞。〔6〕

所谓"合乎人心""合于民情"，就是要因人之情，顺乎人们自私之心。慎到讲得很清楚："因也者，因人之情也。人莫不自为也，化而使之为我，则莫可得而用矣。"〔7〕

诚然，法家这种要求统治者把立法和人的自私心联系起来的思想主张，是当时财产私有制发展在观念上的反映，但他们强调立法不应脱离民情，否则法就失去了社会基础，是有一定道理的。

---

〔1〕《商君书·更法》。
〔2〕《管子·正世》。
〔3〕《韩非子·心度》。
〔4〕《慎子·佚文》。
〔5〕《韩非子·八经》。
〔6〕《管子·形势解》。
〔7〕《慎子·因循》。

四、明察"国本"

统治者立法，还必须了解国家的根本，而农战就是这个根本。法家认为，只有熟悉国情，考察民俗，注重农战，措施才会得当，制定的法律才切合国家的需要。如果立法不考察民众的实际情况，不了解国家的根本，那么制定的法律就会和现实相抵触，民众仍然会乱，统治者尽管政务繁忙而成效却很微小。商鞅云：

> 圣人之为国也，观俗立法则治，察国事本则宜。不观时俗，不察国本，则其法立而民乱，事剧而功寡。[1]

> 故法不察民之情而立之，则不成。治宜于时而行之，则不干。故圣人之治也，慎为察务，归心于壹（指农战）而已矣。[2]

关于农战问题，将在第四十七章中专题论述。

法家提出的立法原则确有不少精湛之论，且给后人以启迪。但在专制主义封建国家里，从根本上说，法只不过是君主的私物，是"帝王之具"。韩非毫不隐讳地说："人主之大物，非法则术也。"[3]这样一来，他们所说的一些立法原则就陷入了无法解决的矛盾境地。

第二节　论法的执行

法家主张各方面都要有法，以便"服之以法"，[4]做到有法可依。但他们也认识到立法固然重要，执法却更加复杂，也更加重要。所以，他们特别强调法律的执行权必须集中于君主。"权者，君之所独制也……权制断于君，则威。"[5]这个权就包含着法律的执行权。法家认为，法律执行权中最重要的，是实行赏罚的权力，它必须完全掌握在君主手中，防止臣下分权。他们

---

[1]《商君书·算地》。
[2]《商君书·壹言》。
[3]《韩非子·难三》。
[4]《韩非子·说疑》。
[5]《商君书·修权》。

指出："人主之所以禁使者，赏罚也。赏随功，罚随罪。故论功察罪，不可不审也。"〔1〕"明主之所导制其臣者，二柄而已矣。二柄者，刑德也。何谓刑德？曰：杀戮之谓刑，庆赏之谓德。为人臣者，畏诛罚而利庆赏，故人主自用其刑德，则群臣畏其威而归其利矣。"〔2〕

至于如何执法，法家也提出了一些原则和要求。

一、严格执法

法家主张，有了法就要严格地依法办事，"法立令行，则民用之者众矣。法不立，令不行，则民用之者寡矣"。〔3〕

但是，法家要求君主以身作则，带头守法，严格执法。

> 信而不行，则不以身先之也。故曰：禁胜于身，则令行于民矣……是故明君知民之必以上为心也，故置法以自治，立仪以自正也。故上不行，则民不从，彼民不服法死制，则国必乱矣。是以有道之君，行法修制，先民服也。〔4〕

> 厝钧石，使禹察锱铢之重，则不识也。悬于权衡，则氂发之不可差，则不待禹之智。中人之知，莫不足以识之矣。〔5〕

在他们看来，即使君主没有超人的才智，而只有中等才能，也可以治理好天下。

齐法家则把法令当作治理国家、巩固政权和加强君权的重要工具，人人都要服从君主的意志，做到有令则行，有禁则止。"凡君国之重器，莫重于令"，"令重则君尊，君尊则国安；令轻则君卑，君卑则国危"。〔6〕

所谓令重，指法令重于一切，具有绝对权威；所谓令轻，指法令不起作用，缺乏权威。因为法令具有绝对权威，并能贯彻执行，人民才能畏法服上，

〔1〕《商君书·禁使》。
〔2〕《韩非子·二柄》。
〔3〕《管子·法法》。
〔4〕《管子·法法》。
〔5〕《慎子·逸文》。
〔6〕见《管子·重令》。

反之则轻法犯上。所以必须维护法令的权威，严格执行。齐法家主张，对那些私自删改法令、增添法令、不执行法令、扣压法令、不服从法令的人，一律判处死刑，决不赦免。齐法家云：

> 故安国在乎尊君，尊君在乎行令，行令在乎严罚。罚严令行，则百吏皆恐；罚不严，令不行，则百吏皆喜。故明君察于治民之本，本莫要于令。故曰：亏令者死，益令者死，不行令者死，留令者死，不从令者死。五者死而无赦，唯令是视。[1]

照齐法家看来，君主治理国家有三种工具（"三器"），失败有六方面的原因（"六攻"）。三种工具是：号令、斧钺（刑罚）、禄赏；六方面的原因是：亲、贵、货、色、巧佞、玩好。他们认为，英明的君主应该牢牢掌握治国的三种工具，使法令得到贯彻执行。齐法家云：

> 号令不足以使下，斧钺不足以威众，禄赏不足以劝民，若此则民毋为自用。民毋为自用则战不胜，战不胜则守不固，守不固则敌国制之矣。然则先王将若之何？曰：不为六者变更于号令，不为六者疑措于斧钺，不为六者益损于禄赏。[2]

很明显，法家要求任法、重令，严格执法，其实质在于使体现封建统治者的意志的法律能够贯彻执行，以维护和巩固封建统治。

二、执法必信

法家强调执法必信，即通过君主和官吏严格执法从而使人民信法。所谓"民信法"，就是要使人民相信国家的赏和刑，该赏的一定赏，该罚的一定罚，而不"以私害法"；做到"赏厚而信，刑重而必，不失疏远，不违亲近"。[3]这样，人民就会亲近君主，国家的法律、法令就能得到贯彻。法家云：

---

〔1〕《管子·重令》。

〔2〕《管子·重令》。

〔3〕《商君书·修权》。

信者，君臣之所共立也……民信其赏，则事功成，信其刑，则奸无端。惟明主爱权重信，而不以私害法。故上多惠言，而不克其赏，则下不用；数加严令，而不致其刑，则民傲死。〔1〕

民信其法则亲……，明王知其然，故见必然之政，立必胜之罚，故民知所必就，而知所必去，推则往，召则来，如坠重于高，如溃水于地；故法不烦而吏不劳，民无犯禁，故有百姓无怨于上。〔2〕

为了取信于民，据说商鞅还搞过一次"徙木立信"的活动。《史记·商君列传》记载了这件事："令既具，未布。恐民之不信，己乃立三丈之木于国都市南门，募民有能徙置北门者，予十金。民怪之，莫敢徙。复曰：'能徙者予五十金。'有一人徙之，辄予五十金，以明不欺，卒下令。"

三、执法准确

法家主张执法像射箭一样力求准确，严格依据法律给予赏罚。特别是在用刑方面，必须反对"妄怒"，感情用事，反对凭个人意志动用刑罚。韩非曾举例说：射箭时不对准箭靶而乱放箭，即使击中了很小的目标，也不能说射技高超，抛开法度而乱罚滥杀，奸人也不会害怕。

释仪的而妄发，虽中小不巧；释法制而妄怒，虽杀戮而奸人不恐。罪生甲，祸归乙，伏怨乃结。故至治之国，有赏罚而无喜怒。故圣人极；有刑法，而死无螫毒，故奸人服。发矢中的，赏罚当符，故尧复生，羿复立。如此，则上无殷夏之患，下无比干之祸，君高枕而臣乐业，道蔽天地，德极万世矣。〔3〕

毫无疑问，法家关于执法必须准确的观点，是很宝贵的。

四、执法官吏刚正不阿

法家主张君主以身作则，带头守法执法，同时要求执法官吏刚正不阿，

---

〔1〕《商君书·修权》。
〔2〕《管子·七臣七主》。
〔3〕《韩非子·用人》。

不徇私情。

商鞅主张自朝廷以至郡县都设置法官，借以达到"吏不敢以非法遇民"、天下之吏民"不能开一言以枉法"的成效。《商君书·定分》篇云：

> 天子置三法官：殿中置一法官，御史置一法官及吏，丞相置一法官。诸侯郡县皆各为置一法官及吏，皆比秦一法官。郡县诸侯一受赍来之法令，学并问所谓。吏民欲知法令者，皆问法官，故天下之吏民无不知法者。吏明知民知法令也，故吏不敢以非法遇民，民不敢犯法以干法官也……如此，天下之吏民虽有贤良辩慧，不能开一言以枉法；虽有千金，不能以用一铢。

韩非对执法官吏须具有刚正不阿的素质有更具体的论述。他认为，官吏在执法方面起着关键性作用，"故吏者民之本纲者也"。[1]如果他们刚正不阿，不徇私枉法，那么，行贿舞弊之事便不会发生，一切事情都能依法处理。韩非云："明主之国，官不敢枉法，吏不敢为私，货赂不行，是境内之事尽如衡石也。"[2]

特别值得提出的是，法家看到统治者的特权是破坏法律执行的主要原因。他们说，"法之不行，自上犯之"[3]，"犯法为逆以成大奸者，未尝不从尊贵之臣也；而法令之所以备，刑罚之所以诛，常于卑贱。是以其民绝望，无所告诉"。[4]这些论述，深刻地揭露了统治者带头破坏法制、践踏法律的罪恶。

韩非对实施法律的功效曾有一个概括的论述：

> 不以智累心，不以私累己；寄治乱于法术，托是非于赏罚，属轻重于权衡；不逆天理，不伤情性；不吹毛而求小疵，不洗垢而察难知；不引绳之外，不推绳之内；不急法之外，不缓法之内：守成理，因自然；祸福生乎道法，而不出乎爱恶；荣辱之责在乎己而不在乎人。故至安之世，法如朝露，纯朴不散，心无结怨，口无烦言……因道全法，君子乐

---

〔1〕《韩非子·外储说右下》。
〔2〕《韩非子·八说》。
〔3〕《史记·商君列传》。
〔4〕《韩非子·备内》。

而大奸止。[1]

由此可见，法家主张以法治国，严格执法，却不赞成法律过于苛细；他们认为实施法律的功效，不仅在于国家的富强，而且在于人民的安乐。这未免对其实施法律的功效太理想化了。事实上，鼓吹以暴力手段治国，以严刑峻法治民的，不是别人，正是法家自己。在严刑峻法统治下，人民哪有什么安乐可言呢？

---

[1]《韩非子·大体》。

第四十四章

法家的赏刑论

法家的法，既包括刑罚，也包括奖赏。法家从好利恶害的人性论出发，系统地论述了施行刑赏的问题。特别是商鞅，对刑与赏的诸多问题，从理论上作了全面的阐述，为法家的刑赏论奠定了基础。齐法家和韩非等又进一步发展了法家的刑赏论。他们都认为，刑赏之所以能发生作用，主要原因在于人们好利恶害，贪生怕死。所以，统治者用刑罚去惩治人民，他们就不敢以身试法；用名利去鼓励人民从事农战，他们就乐于为统治者拼死效力。法家云：

好恶者，赏罚之本也。夫人情好爵禄而恶刑罚，人君设二者以御民之志，而立所欲焉。[1]

明主之治也，县爵禄以劝其民，民有利于上，故主有以使之；立刑罚以威其下，下有畏于上，故主有以牧之。故无爵禄，则主无以劝民，无刑罚，则主无以威众。故人臣之行理奉命者，非以爱主也，且以就利而避害也；百官之奉法无奸者，非以爱主也，欲以爱爵禄而避罚也。……明主之道，立民所欲以求其功，故为爵禄以劝之；立民所恶以禁其邪，故为刑罚以畏之。[2]

且夫死力者，民之所有者也，人情莫不出其死力以致其所欲。而好恶者，上之所制也，民者好利禄而恶刑罚。上掌好恶以御民力，事实不宜失矣，然而禁轻事失者，刑赏失也。[3]

---

〔1〕《商君书·错法》。
〔2〕《管子·明法解》。
〔3〕《韩非子·制分》。

照法家看来，要想取得法治的成功，似乎除实施刑赏以外，别无他途。

第一节　赏与刑为法的纲要

赏与刑是法家法治理论中的两个重要方面。法家认为赏与刑是法的纲要，治国必须赏刑并用，以保证法的贯彻执行。

一、赏刑为法的纲要

商鞅主张，治国必须赏刑并用，文武兼施。赏赐是勉励人们做好事的文的办法，而刑罚则是制止人们做坏事的武的办法。《修权》篇云："凡赏者文也，刑者武也。文武者法之约（要）也。"

赏与刑是法的纲要。赏刑并用，这是封建统治者经常使用的两种统治人民的手段和方法。在战国时代，统治者经常采用刑罚作为维护其统治的主要手段，而赏赐仅仅是次要手段。正如商鞅所说的那样："夫刑者所以禁邪也，而赏者所以助禁也。"[1]

韩非继承和发展了商鞅刑赏并用的思想，把它们看成是君主维护其权势的两种极重要的工具，称之为刑德二柄。他所讲的德，不同于儒家所讲的仁义道德，而是指以富贵为钓饵的赏。韩非主张，君主必须掌握这刑德二柄，不可旁落臣下；君主之所以能制服臣下，就是因为他手中有这两种权柄。韩非还以田常用德、子罕用刑而"劫杀拥蔽"君主的事例，来具体说明君主亲自掌握二柄的极端重要性，认为这关系到国家的存亡，为君者不可掉以轻心。《二柄》篇云：

> 明主之所导制其臣者，二柄而已矣。二柄者，刑、德也。何谓刑、德？曰：杀戮之谓刑，庆赏之谓德。为人臣者，畏诛罚而利庆赏，故人主自用其刑、德，则群臣畏其威而归其利矣……人主者，以刑德制臣者也，今君人者释其刑德而使臣用之，则君反制于臣矣。故田常上请爵禄而行之群臣，下大斗斛而施于百姓，此简公失德而田常用之也，故简公

---

〔1〕《商君书·算地》。

见弒。子罕谓宋君曰："夫庆赏赐予者，民之所喜也，君自行之；杀戮刑罚者，民之所恶也，臣请当之。"于是宋君失刑而子罕用之，故宋君见劫。田常徒用德而简公弒；子罕徒用刑而宋君劫。故今世为人臣者兼刑德而用之，则是世主之危甚于简公、宋君也。故劫杀拥蔽之主，非（兼）失刑德而使臣用之，而不危亡者，则未尝有也。

由此可见君主牢牢掌握刑德二柄是何等重要了。

本来，用赏刑作为贯彻法的手段，是古今中外通行的办法，但法家的刑赏论有其特色，即"多刑少赏""重罚轻赏"。

二、信赏必罚

在执行赏罚上，法家要求非常严格，必须做到信赏必罚，即按照法令规定，该赏的一定赏，决不失赏；该罚的一定罚，决不失罚。什么应赏？什么应罚？法家主张，这些一律取决于法律，取决于功罪，不应受到执法者喜怒好恶和亲疏远近等因素的影响。

商鞅对于赏罚要求"信""必"的程度是相当彻底的，即赏只限于积极从事农战和告奸的人，而罚则允许有例外。他认为，这样做就能促使人们积极从事农战，从而达到国富兵强的目的。商鞅云：

民信其赏，则事功成；信其刑，则奸无端；惟明主爱权重信而不以私害法。[1]

善为国者，其教民也，皆作壹（从事于一，指专一农战）而得官爵，是故不官无爵（不专一从事农战的人不给他官职和爵位），[2]明君之使其臣也，用必出于其劳，赏必加于其功。功赏明，则民竞于功。

为国而能使其民尽力以竞于功，则兵必强矣。[3]

齐法家在论述信赏必罚的重要性时，特别强调不私赏、不私罚，即不因亲、贵、货、色、巧佞、玩好等而变更赏罚。他们认为，善于役使人民的统

---

〔1〕《商君书·修权》。
〔2〕《商君书·农战》。
〔3〕《商君书·错法》。

治者，其赏罚总是以法律为准绳，赏赐不打折扣，刑罚不任意增加。这样贤人知所勉励，而暴人平息。贤人勉励而暴人平息，功业就随之而立了。人们可以赴汤蹈火，冒着生命危险去执行君主的命令。召之即来，人民不敢转移力量；送去打仗，人民不敢爱惜生命。齐法家云：

> 号令必著明，赏罚必信密，此正民之经也。[1]
> 治国有三器，乱国有六攻……六攻者何也？亲也，贵也，货也，色也，巧佞也，玩好也……明君不为六者变更号令，不为六者疑错（措）斧钺，不为六者益损禄赏。故曰，植固而不动，奇邪乃恐。奇革邪化，令往民移。[2]

由上可知，"有功必赏，有过必诛"是商鞅和齐法家所谓信赏必罚的简释。对此，韩非从正反两面论述甚详。他认为，只有使人民相信国家的赏赐，他们才会去做立功的事情；使人民确信国家的刑罚，他们才不会干违法的事情。无论尊卑贵贱，只要有功就按法赏赐，有过就依法惩罚。统治者不可私赏私罚，不可谬赏滥罚，更不可偷赏赦罚。韩非云：

> 圣人之治也，审于法禁，法禁明著，则官治；必于赏罚，赏罚不阿，则民用。民用官治则国富，国富则兵强，而霸王之，业成矣。[3]
> 明君之行赏也，暖乎如时雨，百姓利其泽；其行罚也，畏（威）乎如雷霆，神圣不能解也。故明君无偷赏，无赦罚。赏偷，则功臣堕其业；赦罚，则奸臣易为非。是故诚有功，则虽疏贱必赏；诚有过，则虽近爱必诛。疏贱必赏，近爱必诛，则疏贱者不怠，而近爱者不骄也。[4]
> 明主积于信，赏罚不信，则禁令不行。[5]

可见韩非对信赏必罚是何等重视了。同时他认为，赏罚所及，不仅在于赏罚对象本身，而且在于扩大影响。惩罚"一奸之罪"，可以"止境内之

〔1〕《管子·法法》。
〔2〕《管子·版法解》。
〔3〕《韩非子·六反》。
〔4〕《韩非子·主道》。
〔5〕《韩非子·外储说左上》。

邪"；"报一人之功"，可以"劝境内之众"。[1]也就是说，杀一可以儆百，赏一可以劝万。所以，统治者施行赏罚时，必须做到信赏必罚。

三、厚赏重罚

在施行赏罚方面，法家在强调赏罚必信的同时，又注重厚赏重罚。他们主张赏足以劝善，罚足以胜暴。如果赏不重，罚不厚，那赏罚仍然不能充分发挥劝善、胜暴的作用。

商鞅是以重刑赏著称的。但他认为，为了树立法令的权威，刑应比赏重。因为刑罚是用来禁止奸邪的，而赏赐仅仅是用来辅助刑罚的。刑罚愈多、赏赐愈少者，国家就能治理得好；反之，国家就会削弱。商鞅云：

治国刑多而赏少，故王者刑九而赏一，削国赏九而刑一。[2]

重罚轻赏，则上爱民，民死上；重赏轻罚，则上不爱民，民不死上……王者刑九赏一，强国刑七赏三，削国刑五赏五。[3]

商鞅所谓少赏、轻赏，是就赏的范围说的，即赏赐只给予积极从事农战和告奸的人。他主张"刑不善而不赏善"，对一般的善行是不给赏赐的。如果滥赏，那就失去赏赐的鼓励意义了。

商鞅也说"赏厚而信"[4]，所谓赏厚，是就赏的规格来说的。商鞅规定：凡努力农事并取得显著成绩的，奴隶可以成为庶民，庶民可以免去租役；积极从事战争，斩得一颗敌人首级的，赏给爵位一级，田地一顷，宅地九亩，并取得担任军官和行政官的资格[5]；凡告奸者与斩敌首同赏[6]。由此可见商鞅赏格之厚。

齐法家和韩非也强调赏不可不厚，刑不可不重。赏厚可以使人民见利而趋，罚重可以使人民见害而避。

---

〔1〕　见《韩非子·六反》。
〔2〕　《商君书·开塞》。
〔3〕　《商君书·去强》。
〔4〕　见《商君书·修权》。
〔5〕　见《商君书·境内》。
〔6〕　见《史记·商君列传》。

赏必足以使，威必足以胜，然后下从……夫民躁而行僻，则赏不可以不厚，禁不可以不重。故圣人设厚赏，非侈也；立重禁，非戾也。赏薄，则民不利；禁轻，则邪人不畏。设人之所不利，欲以使，则民不尽力；立人之所不畏，欲以禁，则邪人不止。是故陈法出令，而民不从，故赏不足劝，则士民不为用；刑罚不足畏，则暴人轻犯禁。[1]

是以赏莫如厚而信，使民利之；罚莫如重而必，使民畏之……故明主施赏不迁，行诛无赦，誉辅其赏，毁随其罚，则贤、不肖俱尽其力矣。[2]

这里所讲的"誉辅其赏，毁随其罚"，是指赏罚必须同舆论一致，用舆论的褒贬来辅助赏罚，从而使贤能的人和不贤的人都去为君主效力。

此外，法家还宣扬赏罚"爱民"说。照他们看来，如果君主善于使用赏罚，那么人民就不会把赏罚视为于己有害的东西，而以为有明主在上，道和法通行全国，这不正是爱民的表现吗！《管子·法法》云："计上之所以爱民者，为用之爱之也。为爱民之故，不难毁法亏令，则是失所谓爱民矣。夫以爱民用民，则民之不用明矣。夫至用民者，杀之，危之，劳之，苦之，饥之，渴之；用民者将致之此极也，而民毋可与虑害己者，明王在上，道法行于国，民皆舍所好而行所恶。故善用民者，轩冕不下拟，而斧钺不上因。"

诚然，法家主张的赏和刑在战国时代对打击奴隶主贵族、鼓励人民从事耕战有一定积极作用，但它绝不是统治者"爱民"的表现，而是统治者役使人民的手段。

第二节　重刑论

总的说来，法家重视赏刑并用，但他们眼中的赏和刑并不是半斤八两、平分秋色，其实质在于严刑重罚，实行重刑。

就法家来说，李悝首先倡导重刑。他在《法经》中明确提出"王者之政莫急于盗贼"，实际上是主张把危害封建统治者利益的起义者作为"盗贼"予

---

〔1〕《管子·正世》。
〔2〕《韩非子·五蠹》。

以严惩。商鞅则把这种重刑思想向前推进了一大步，对重刑问题作了全面的论述，形成了系统的重刑论，是法家重刑论的奠基者。后来，韩非继承了这种重刑论，并有所发展。

一、严刑重罚，"以刑去刑"

法家认为，重刑是力量的源泉，是禁奸止邪的根本。法家重刑论的奠基者商鞅尤其注重重刑。照他看来，现时国家不是没有法，可是盗贼不止，违法犯罪不断出现，就是因为刑罚太轻，所以要实行重刑。实行重刑，人民才不会以身试法，自然也就用不着刑罚了。商鞅云：

> 重刑，连其罪，则民不敢试。民不敢试，故无刑也。夫先王之禁，刺杀，断人之足，黥人之面，非求伤民也，以禁奸止过也。故禁奸止过，莫若重刑。刑重而必得，则民不敢试，故国无刑民。[1]
>
> 胜法之务，莫急于去奸；去奸之本，莫深于严刑。故王者以赏禁，以刑劝；求过不求善，藉刑以去刑。[2]
>
> 国皆有法，而无使法必行之法。国皆有禁奸邪、刑盗贼之法，而无使奸邪、盗贼必得之法。为奸邪盗贼者死刑，而奸邪盗贼不止者，不必得。必得而尚有奸邪盗贼者，刑轻也……刑重者，民不敢犯，故无刑也。[3]

商鞅如此坚决地主张实行重刑，在法家中是很突出的。同时，他认为实行重刑，造成一种恐怖气氛，也是防止人民反抗的一种措施。商鞅又云："故其国刑不可恶，而爵禄不足务也，此亡国之兆也……设刑而民乐之，此盖法术之患也。"[4]如果人民不感到刑罚是非常可怕而令人憎恶的，那将是亡国的征兆了；如果人民经常处于恐惧和忧虑之中，他们就会服服帖帖地服从统治。

商鞅一再强调通过重刑可以达到无刑，这是他们法家所追求的法治的最

---

〔1〕《商君书·赏刑》。
〔2〕《商君书·开塞》。
〔3〕《商君书·画策》。
〔4〕《商君书·算地》。

高理想。商鞅认为这种以刑去刑的办法，符合儒家不用杀人的主张。"刑生力，力生强，强生威，威生德"，所以说"德生于刑"。他得出的结论是：

> 以战去战，虽战可也；以杀去杀，虽杀可也；以刑去刑，虽重刑可也。[1]

这种理论，反映出商鞅等法家重刑论的残暴本质。

商鞅重刑论的矛头固然主要指向农民，但他也主张对违法的贵族施以重刑。他举晋文公因颠颉迟到而将他处决的事例，说：

> 晋文公将欲明刑，以亲百姓，于是合诸卿大夫于侍千宫。颠颉后至，吏请其罪，君曰："用事焉（按法令处理）。"吏遂断颠颉之脊以徇。晋国之士，稽焉皆惧，曰："颠颉之有宠也，断以徇，况于我乎！"举兵伐曹、五鹿，及反郑之埤，东征之亩：胜荆人于城濮。三军之士，止之如斩足，行之如流水。三军之士，无敢犯禁者。故一假道重轻于颠颉之脊，而晋国治。[2]

显然，晋文公之所以对宠臣颠颉施以重刑，其目的仍然在于威慑百姓，使百姓"亲附"，使三军之士不敢犯禁。

商鞅为了维护封建统治，镇压人民的反抗，在其司法实践中贯彻了这种重刑的原则，实行了"不告奸者腰斩"以及族刑、连坐等刑罚。据史籍记载：

> 令民为什伍，而相收司连坐。不告奸者腰斩，告奸者与斩敌首同赏，匿奸者与降敌同罚。[3]
> 守法守职之吏有不行王法者，罪死不赦，刑及三族。[4]
> 秦用商鞅连坐之法，造参夷之诛。[5]

所谓族刑，即一人犯罪，灭其三族，甚至五族或九族；所谓连坐，即一

---

〔1〕《商君书·画策》。
〔2〕《商君书·赏刑》。
〔3〕《史记·商君列传》。
〔4〕《商君书·赏刑》。
〔5〕《汉书·刑法志》。

人犯罪，全家、邻里或其他有关之人同受刑罚。这些都是商鞅用来镇压人民的残酷刑罚，它给人民带来了深重的灾难。韩非进一步发展了商鞅的严刑重罚思想，把法家的重刑论推向了极端。可以说，韩非的著作从头到尾都贯穿着严刑重罚思想。他把"峭其法而严其刑"视为治国安邦的首要条件，作为维护封建统治的特殊法宝。他要求封建统治者对人民不要有任何怜悯仁爱之心，"有难则用其死，安平则尽其力"。韩非云：

> 圣人者，审于是非之实，察于治乱之情也。故其治国也，正明法，陈严刑，将以救群生之乱，去天下之祸……夫严刑者，民之所畏也；重罚者，民之所恶也。故圣人陈其所畏以禁其邪，设其所恶以防其奸，是以国安而暴乱不起……操法术之数，行重罚严诛，则可以致霸王之功。[1]

> 有重罚者必有恶名，故民畏。罚所以禁也，民畏所以禁，则国治矣。[2]

> 且夫重刑者，非为罪人也，明主之法揆也。治贼，非治所揆也，治所揆也者，是治死人也。刑盗，非治所刑也，治所刑也者，是治胥靡也。故曰，重一奸之罪，而止境内之邪，此所以为治也。重罚者盗贼也，而悼惧者良民也，欲治者奚疑于重刑。[3]

由此可见，在韩非心目中，劳动者如同牛马，必须用重刑去驱使他们。

韩非极力支持商鞅以刑去刑的主张，还和主张轻刑的儒家展开了一场辩论。儒家认为重刑伤民，轻刑可以止奸，那何必要实行重刑呢？韩非针锋相对地批评了这种重刑伤民和轻刑可以止奸说。他认为重刑是对人的一种重大伤害，人们都会计算利害得失，不会因微小的利益去触犯刑律，犯罪现象就会消除。轻刑则相反。所以说，不是重刑伤民，而是轻刑伤民。韩非云：

> 今不知治者，皆曰重刑伤民，轻刑可以止奸，何必于重哉？此不察于治者也。夫以重止者，未必以轻止也；以轻止者，必以重止矣。是以

---

[1] 《韩非子·奸劫弑臣》。
[2] 《韩非子·八经》。
[3] 《韩非子·六反》。

上设重刑者而奸尽止，奸尽止则此奚伤于民也！所谓重刑者，奸之所利者细，而上之所加焉者大也；民不以小利蒙大罪，故奸必止者也。所谓轻刑者，奸之所利者大，上之所加焉者小也；民慕其利而傲其罪，故奸不止也……今轻刑罚，民必易之。犯而不诛，是驱国而弃之也；犯而诛之，是为民设陷也。是故轻罪者，民之坯也。是以轻罪之为民（民当衍）道也，非乱国也，则设民陷也，此则可谓伤民矣。[1]

显然，韩非为了强调重刑而提出"轻刑伤民"，这种说法是站不住脚的。

韩非主张重刑，其锋芒主要指向劳动者，这和其他法家是一致的。但他阐释重刑原则时，也有其独特的地方。例如：韩非将重刑作为道德的基础。他认为重刑出道德，重刑出一切。只要施行重刑，即使是江湖大盗也会变得纯洁清廉；残暴的人可以变得很老实，邪恶者可以养成端正无瑕的品行。重刑真是太好不过了。韩非云："古之善守者，以其所重禁其所轻，以其所难止其所易。故君子与小人俱正，盗跖与曾史俱廉。何以知之？夫贪盗不赴溪而掇金，赴溪而掇金则身不全；贲育不量敌则无勇名，盗跖不计可则利不成。明主之守禁也，贲育见侵于其所不能胜，盗跖见害于其所不能取。故能禁贲育之所不能犯，守盗跖之所不能取，则暴者守愿，邪者反正。大勇愿，巨盗贞，则天下公平而齐民之情正矣。"[2]

重刑为社会教育的基础。韩非认为，人民本来是"骄于爱，听于威"的。他举例说，现在有一个不成器的儿子，父母、乡邻、老师都教育他学好，他置若罔闻，坚决不改。等到地方官吏带着武器，依法搜捕歹人，他才感到畏惧，改恶从善。《五蠹》篇云：

今有不才之子，父母怒之弗为改，乡人谯之弗为动，师长教之弗为变。夫以父母之爱，乡人之行，师长之智，三美加焉而终不动，其胫毛不改；州部之吏，操官兵，推公法而求索奸人，然后恐惧，变其节，易其行矣。故父母之爱不足以教子，必待州部之严刑者，民固骄于爱，听于威矣。

---

〔1〕《韩非子·六反》。
〔2〕《韩非子·守道》。

显然，这种把重刑作为社会教育的基础的观点是错误的。如果不成器的儿子经过父母、乡邻和老师的教育还没有明显的转变，那只能耐心地等待，继续进行教育，可是韩非却主张动用刑罚，强迫他改恶从善。这种以刑代教的主张是很荒谬的，也是他重刑思想的一种表现。

刑罚应更加严密。在惩治犯罪方面，韩非主张刑罚要更加严密，并把商鞅的族诛、连坐变得更加彻底，甚至提倡"发奸之密"，要求把作奸的隐情、可疑的线索都加以揭发。《制分》篇云："是故夫至治之国，善以止奸为务，是何也？其法通乎人情，关乎治理也。然则去微奸之奈何？其务令之相规其情者也。则使相窥奈何？曰盖里相坐而已。禁尚有连于己者，理不得不相窥，惟恐不得免。有奸心者不令得忘，窥者多也。如此，则慎己而窥彼，发奸之密。告过者免罪受赏，失奸者必诛连刑。如此，则奸类发矣。奸不容细，私告任坐使然也。"

齐法家和商鞅、韩非一样，认为在战国这样的乱世，必须用严刑重罚才能治理好国家。"圣王之立法也，其赏足以劝善，其威足以胜暴。"他们从这种威足以胜暴的思想出发，进而推论出严刑重罚的主张。"安国在乎尊君，尊君在乎行令，行令在乎严罚。罚严令行，则百吏皆喜。"[1]

由此可见，齐法家的重刑主张，比商鞅、韩非要温和一些。

二、重轻罪

所谓重轻罪，是指加重对轻罪的刑罚。这是法家重刑论中的一项重要内容。法家认为对轻罪处以重的刑罚，那么轻罪就不会产生，重罪更不会出现，这叫做用刑罚来遏止刑罚，以致不用刑罚。因此，他们既反对重罪轻判，也反对重罪重刑、轻罪轻刑的罪刑相称的判决，认为那是就事论事的办法，不能达到以刑去刑的目的。商鞅云：

> 行罚重其轻者，轻者不至，重者不来，此谓以刑去刑，刑去事成。轻其重者，罪重刑轻，刑至事生，此谓以刑致刑。其国必削。[2]
>
> 行刑重其轻者，轻者不生，则重者无从至矣，此谓治之于其治也。

---

[1] 《管子·重令》。
[2] 《商君书·靳令》。

行刑重其重者，轻其轻者，轻者不止，则重者无从止矣，此谓治之于其乱也。故重轻，则刑去事成，国强；重重而轻轻，则刑至而事生，国削。[1]

这种重轻罪说是法家重刑论的一项重要内容。

《韩非子·饰邪》篇中也有类似商鞅在《靳令》篇中说过的"重轻罪"的话，不少研究者认为《饰邪》篇就是商鞅的《靳令》篇。

法家既然主张对轻罪处重刑，那么对重罪施行的刑罚就更重了。然而刑罚总有一个最大的限度，最重的无非是剥夺犯人的生命。所以到最后，实际上是轻罪重罪同罚。

商鞅在秦国的司法实践中贯彻了这种重轻罪的原则。《史记·商君列传》云："不告奸者腰斩……匿奸者与降敌同罚。"

集解曰："今卫鞅内刻刀锯之刑，外深铁钺之诛，步过六尺者有罚，弃灰于道者被刑，一日临渭而决囚七百余人，渭水尽赤。号哭之声动于天地。"像在官道上倒灰这样的小过也要受刑，其他的犯法行为会受到什么样的严刑就可想而知了。后来，韩非分析商鞅的"重轻罪"时，指出："公孙鞅之法也，重轻罪。重罪者，人之所难犯也；而小过者，人之所易去也。使人去其所易，无离其所难，此治之道。夫小过不生，大罪不至，是人无罪而乱不生也。"[2]这说明法家重轻罪的目的，是防止发生危害封建统治的大罪和重罪。

三、"刑用于将过"，不赦不宥

法家认为，统治者应当防止大罪、重罪的发生，"见小奸于微，故民无大谋"；防止人们由小奸细过进而去施行严重的犯罪行为，这无疑是正确的。同时，他们又主张"刑用于将过"，即在人们将要犯罪而尚未构成犯罪时，就处以刑罚。在他们看来，等到人们犯了罪才使用刑罚，那犯罪的行为就不能禁止；只有把刑罚用在人们将要犯罪的时候，大的罪恶才不会发生。如果把赏赐给予告奸的人，那连"细过"也逃脱不了。商鞅云：

---

[1]《商君书·说民》。
[2]《韩非子·内储说上》。

刑加于罪所终，则奸不去；赏施于民所义，则过不止。刑不能去奸而赏不能止过者，必乱。故王者刑用于将过，则大邪不生，赏施于告奸，则细过不失。[1]

然而，从人们犯罪的发展阶段来看，将要犯罪仅仅是有了犯罪的表示，尚未实施犯罪的行动，没有产生或没有完全产生危害社会的后果，因此不应定罪，至少也应轻罚。可见所谓"刑用于将过"，实际上是按照人们的思想来定罪，而不是按照人们的行为来定罪。这就为封建统治者无限扩大对人民的刑罚镇压提供了理论根据。

法家是主张赏罚必信的，该赏的固然一定要赏，该罚的也一定要罚。因此，他们又主张"不赦不宥"，反对赦罪。认为赦罪只得小利而有大害，因为该受刑罚的人一再被赦免，他们就不知刑罚之苦，存在着侥幸心理，势必还会继续干坏事，危害社会和国家。法家云：

圣人不宥过，不赦刑，故奸无起。[2]

凡赦者，小利而大害者也，故久而不胜其祸。毋赦者，小害而大利者也，故久而不胜其福。故赦者，奔马之委辔；毋赦者，痤疽之砭石也。[3]

明君之蓄其臣也，尽之以法，质之以备，故不赦死，不宥刑。赦死宥刑，是谓威淫，社稷将危，国家偏威。[4]

丘汉平在其《先秦法律思想》中曾对韩非的重刑主义（其实也是法家的重刑主义）提出了颇为中肯的批评，现引述于后："韩非只从片面着想，所以陷入了极大错误，人的病症有轻重，所以医生开药方有强弱，社会的病症也是如此。恶人有几等，我们自不能一律看待，偷窃之盗，当然与杀人放火者有重大区别。现在照韩非的刑事政策，偷窃之盗一定要受重刑，才可警戒后来者。如果人类只有惧怕心理，那么韩非的重刑主义也许可以防奸止犯。无

[1]《商君书·开塞》。
[2]《商君书·赏刑》。
[3]《管子·法法》。
[4]《韩非子·爱臣》。

如人类的心理不只是惧怕。所以警戒主义终不能贯彻实现。"

综上所述，法家赏刑论的实质在于重刑，对人民轻微的犯罪行为也处以重刑，迫使他们畏惧封建统治者之法，不敢以身试法。这是一种赤裸裸的恐怖政策，充分暴露了封建统治者的残暴性。在法家主张的重刑威逼之下，人民除了为封建统治者卖命送死以外，没有别的出路。至于法家想通过重刑达到"无刑"，那只不过是一种幻想，因为在现实社会中，只要有各种违法犯罪事实的存在，那么刑罚就不可能去掉。

第四十五章

法家的势治论与传统文化

法家主张以法治国，但他们认为，要推行法治，必须以君主的权势为前提，以国家政权为后盾。所以，他们又主张"势治"。

法家讲势，是指君主统治人民的权力和权势。法家云：柄者，杀生之制也；势者，胜众之资也。[1]国之所以治者三：一曰法，二曰信，三曰权。[2]

所谓"胜众之资"或"权"，就是指势。君主治理国家和统治人民，都要依赖这个势。

法家所讲之势，具有其鲜明的特性。

其一，势具有唯一性。"王也者，势也；王也者，势无敌也；势有敌，则王者废也。"[3]

其二，势具有最高权威。"万物莫如身之至贵也，位之至尊也，主威之重，主势之隆也。"[4]

其三，势具有强制性。"势之为道也，无不禁。"[5]

最先主张任势的著名法家，大概是慎到。他从新兴地主阶级夺取政权和巩固政权的斗争中，认识到君主的地位和权势的极端重要性。其他法家，特别是商鞅、韩非，也反复阐述了势治的主张。

第一节　以民众为基础的君主集势说

法家都主张君主集势，但其内容不尽相同。慎到主张，君主集势必须以

---

〔1〕《韩非子·八经》。
〔2〕《商君书·修权》。
〔3〕《吕氏春秋·慎势》。
〔4〕《韩非子·爱臣》。
〔5〕《韩非子·难势》。

民众为基础。

慎到认为，君主既要"尚法"，通过立法来建立自己的统治，更要用势来推行法治。他的势治说主要有三项内容。

一、权重位尊与令行禁止

慎到认为，君主要推行法治，使臣民服从法令，唯一有效的办法是依靠权势，使自己的权势远远超过一切臣僚。

> 君臣之间犹权衡也，权左轻则右重，右重则左轻。轻重迭相橛，天地之理也。[1]

"相橛"，是互相打击的意思。君臣之间，谁的权力大谁就有指挥权。当然，慎到是主张君主要独操大权的。

慎到在论述权势的重要性和作用时，举例说：腾蛇、飞龙的飞行需要腾云驾雾，如果云消雾散，它们也就和蚯蚓、蚂蚁一样了，因为它们失去了赖以飞行的云雾之势。因此，君主个人不必十分贤智，只要能够牢牢掌握权势，就能使臣民屈服，有令则行，有禁则止；如果没有权势，纵然是贤者也不能役使三人。《威德》篇云：

> 腾蛇游雾，飞龙乘云，云罢雾霁，与蚯蚓同，则失其所乘也。故贤而屈于不肖者，权轻也；不肖而服于贤者，位尊也。尧为匹夫，不能使其邻家；至南面而王，则令行禁止。由此观之，贤不足以服不肖，而势位足以屈贤矣。故无名而断者，权重也；弩弱而矰高者，乘于风也；身不肖而令行者，得助于众也。

慎到从历史和现实的经验中看到，在政治上谁服从谁，不是以贤智、道德为标准，而是看权势的大小。他的结论是"贤不足以服不肖，而势位足以屈贤"。显然，这是在反驳儒、墨等家崇尚贤人的说教。

---

[1]《慎子·逸文》。

二、权势以民众为基础

如上所述，慎到特别强调权势的重要性，认为权势要集中于君主之手。但他并不主张君主的权势脱离臣民，使自己成为孤家寡人。相反，权势应以民众为基础。他认为，古代三王、五霸之所以能称王天下或独霸诸侯，就是因为他们得到天地、鬼神、万物的帮助；君主并不贤明而能号令天下，就是由于"得助于众"。

具体说来，君主怎样才能"得助于众"呢？慎到认为，其关键在于对臣民要"尽包而畜（蓄）之"。因为人们的才能各有不同，各有所长，各有所短，但都可以为君主所用。因此，英明的君主"不设一方以求于人"，要善于用其所长，使之为国效力。这样，君主拥有的臣民越多，他的权势就越大。《民杂》篇云：

> 民杂处而各有所能，所能者不同，此民之情也。大君者，太上也，兼畜（蓄，下同）下者也。下之所能不同，而皆上之用也。是此大君因民之能为资，尽包而畜之，无能去取焉。是故不设一方以求于人，故所求者无不足也。大君不择其下，故足。不择其下，则易为下矣。易为下，则莫不容，莫不容故多下，多下谓之太上。

慎到这种权势以民众为基础的观点是可取的，它反映了战国中期封建势力力图争取人民群众的支持，以期统一天下的愿望。

三、立天子以为天下

所谓"立天子以为天下""立国君以为国"，就是要求天子、国君为天下掌权，而不是借机弄权宰割天下。为此，慎到提出了百姓养活君主说，即是百姓养活圣人、君主，而不是圣人、君主养育百姓。这样，他就从经济关系上为"立天子以为天下"的主张提供了根据。慎到云：

> 圣人之有天下也，受之也，非取之也。百姓之于圣人也，养之也，

非使圣人养己也，则圣人无事矣。[1]

古者立天子而贵之者，非以利一人也。曰：天下无一贵，则理无由通，通理以为天下也。故立天子以为天下，非立天下以为天子也；立国君以为国，非立国以为国君也；立官长以为官，非立官以为长也。[2]

显而易见，既然是百姓养活圣人、君主，那么君主就应当为天下掌权，不应贪图一己的私利，"通理以为天下也"。慎到提出的设立君主是为了服务于天下的说法，在理论上无疑是对君主的一种制约。它告诫君主，应当正确处理个人和天下的关系，不要"以利一人"，恣意妄为。毫无疑问，这是对君主占有天下说的批评。

第二节 权制断于君论

商鞅是专制君主的代言人，所以他讲法治，实际上是要维护君主的威势和至尊的地位。他认为这是推行法治必不可少的国家强制力量；如果没有这种强制力量作保证，法治就会落空。如果君主善于掌握权势，就可以明见千里，而官吏就不敢作奸，人民就不敢犯法。即使不多设官吏，也能使吏治清廉、使国家治理得好。他比喻说，飞蓬能在大风中远行千里，是凭借着风力；测量水潭的人能知千仞的深度，是运用悬绳的测量方法。所以有作为的君主总是"贵势"。商鞅云：

凡知道者，势、数也。故先王不恃其强，而恃其势；不恃其信，而恃其数。今夫飞蓬遇飘风，而行千里，乘风之势也。探渊者知千仞之深，县绳之数也。故托其势者，虽远必至；守其数者，虽深必得……得势之至，不参官而洁，陈数而物当……故先王贵势。[3]

由此可见，君主要治理好国家，就必须"贵势"。

商鞅主张，君主必须将这种权势完全集中到自己手中，而不可使臣下擅

---

[1] 《慎子·威德》。
[2] 《慎子·威德》。
[3] 《商君书·禁使》。

势，"权制断于君则威"，它对于国家的治乱安危具有重大意义。他以为推行法治所必备的法、信、权三个条件中，最重要的是君主对权势的掌握和运用。君主只有大权独揽，才能树立自己的威势，才能发号施令；如果失去了对权势的控制，国家就危险。故又云："国之所以治者三：一曰法，二曰信，三曰权。法者君臣之所共操也，信者君臣之所共立也，权者君之所独制也。人主失守则危，君臣释法任私则乱。故立法明分，而不以私害法，则治。权制断于君则威……唯明主爱权重信。"〔1〕

商鞅讲君主的权势，总是同法和法令联系着的。要使君主的法令能够顺利推行，就必须尊君；要尊君，就必须使民从令。民从令的实质，在于使人民老老实实服从封建统治，使统治者的权势得以维护和巩固，使他的法令畅通无阻。《君臣》篇云：

> 处君位而令不行，则危。五官分而无常，则乱。法制设而私善行，则民不畏刑。君尊则令行。官修则有常事。法制明则民畏刑。法制不明，而求民之行令也，不可得也。民不从令，而求君之尊也，虽尧舜之知，不能以治。

商鞅对权制断于君的论述，反映他在权与法的关系上，已意识到推行法治要以君主的权势为前提，要以国家政权为后盾。这种思想也为韩非等法家所继承，并有所发展。同时，我们也看到，商鞅论势时，所强调的是君主"独制"，而几乎没有像慎到那种权力以民众为基础的民主性内容。

第三节　绝对君主专制论

韩非从战国末期的具体历史条件出发，继承和发展了慎到、商鞅等法家的势治思想。他批评儒家非难慎到的观点，发展和丰富了慎到的势治理论。在他的著作中，处处反映出其推崇商鞅"权制断于君则威"的思想，并发展为"圣人执要"的绝对君主专制论。《扬权》篇云："事在四方，要在中央；圣人执要，四方来效。"因此，君主必须大权独揽，善于掌握和运用自己的权

---

〔1〕《商君书·修权》。

势，去制服臣民，统治天下。

君主的权力和威势是治理国家、建功立业的重要工具。它关系到国家的安危，所以英明的君主都重势、任势。韩非云："明君之所以立功成名者四：一曰天时，二曰人心，三曰技能，四曰势位……得势位则不进而名成。"[1]"明主者，使天下不得不为己视，使天下不得不为己听。故身在深宫之中而明照四海之内，而天下弗能蔽，弗能欺者，何也？暗乱之道废而聪明之势兴也。故善任势者，国安；不知因其势者，国危。"[2]

韩非在强调君主权势的重要性时，还有一个生动的比喻："千钧得船则浮，锱铢失船则沉。非千钧轻而锱铢重也，有势与无势也。"[3]可见君主的权势是何等重要！

权势既然如此重要，韩非主张，君主必须将一切大权独操在自己手中。这样，君主就可以决定一切，如法令由君主制定，政府由君主组织，官吏由君主任免，军队由君主指挥，重大狱讼由君主决定。总之，天下大事由君主一个人说了算。所以，英明的君主一定操权处势，借势以制天下，征服诸侯。韩非云：

> 明主之道，在申子之劝独断也……申子曰："独视者谓明，独听者谓聪。能独断者，故可以为天下主。"[4]
>
> 独制四海之内，聪智不得用其诈，险躁不得关其佞，奸邪无所依。远在千里外，不敢易其辞；势在郎中，不敢蔽善饰非。朝廷群下直凑单微，不敢相踰越。故治不足而日有余，上之任势使然也。[5]
>
> 主之所以尊者，权也……故明君操权而上重。[6]
>
> 万乘之主，千乘之君，所以制天下而征诸侯者，以其威势也。[7]

因此，韩非把抓权任势视为头等大事，认为君主必须独断，以建立起自

---

〔1〕《韩非子·功名》。
〔2〕《韩非子·奸劫弑臣》。
〔3〕《韩非子·功名》。
〔4〕《韩非子·外储说右上》。
〔5〕《韩非子·有度》。
〔6〕《韩非子·心度》。
〔7〕《韩非子·人主》。

己至高无上的绝对权威。他还认为君臣之间"一日而百战"，其矛盾是不可调和的。臣下都在觊觎着君位，一有机会就会下手，致使君臣易位。因此，他一再劝告君主，切不可与臣下"共权"，切不可大权旁落，否则，就会产生严重的后果：君主大权"失其一"，则臣下得以各行其是，上下百官各自为政，君主的命令就行不通。"人主失力而能有国者，千无一人"，为人主者应当引以为训。韩非关于防止臣下篡权窃国的论述甚多，现择其要者引述于下：

> 权势不可以借人，上失其一，臣以为百。故臣得借则力多，力多则内外为用，内外为用则人主壅。[1]
>
> 故人主有五壅：臣闭其主曰壅；臣制财利曰壅；臣擅行令曰壅；臣得行义曰壅；臣得树人曰壅。臣闭其主则主失位；臣制财利则主失德；臣擅行令则主失制；臣得行义则主失名；臣得树人则主失党。此人主之所以独擅也，非人臣之所以独操也。[2]
>
> 威势者，人主之筋力也。今大臣得威，左右擅势，是人主失力。人主失力而能有国者，千无一人。虎豹之所以能胜人，执百兽者，以其爪牙也。当使虎豹失其爪牙，人必制之矣。今势重者，人主之爪牙也；君人而失其爪牙，虎豹之类也。[3]
>
> 势重者，人主之渊也；臣者，势重之鱼也。鱼失于渊而不可复得也，人主失其势重于臣而不可复收也。古之人难正言，故托之于鱼。赏罚者，利器也，君操之以制臣，臣得之拥（壅）主。故君失见所赏，则臣鬻之以为德；君先见所罚，则臣鬻之以为威。故曰："国之利器，不可以示人。"[4]
>
> 上古之传言，春秋所记，犯法为逆以成大奸者，未尝不从尊贵之臣也……大臣比周，蔽上为一，阴相善而阳相恶以示无私，相为耳目以候主隙。人主掩蔽，无道得闻，有主名而无实，臣专法而行之，周天子是也。偏借其权势，则上下易位矣。此言人臣之不可借权势。[5]

---

〔1〕《韩非子·内储说下》。
〔2〕《韩非子·主道》。
〔3〕《韩非子·人主》。
〔4〕《韩非子·内储说下》。
〔5〕《韩非子·备内》。

为了削弱臣下的势力，有效地实行君主专制独裁，韩非又设计出一条尊君抑臣的妙策。他以树为喻，君主为树干，臣下为枝叶，枝叶蓬生，则主干不能挺拔高大，要使主干挺拔高大，必须不断地去掉枝叶；要使君主的地位崇高尊贵，必须不断地削黜臣下的威势，"数披其木，毋使枝茂；木枝数披，党与乃离"。[1] 由此可见，韩非是一个绝对君权论者。

慎到、商鞅等法家的势治主张提出后，就遭到儒家的责难。儒家认为，权势这种东西，贤人和不肖者都能利用它，"贤者用之则天下治，不肖者用之则天下乱"。可是天下贤人少而不肖者多，从而他们得出结论："以势乱天下者多矣，以势治天下者寡矣。"同时，儒家还攻击"任势"是祸乱的根源，说势是"养虎狼之心而成暴乱之事"的工具，是天下之大患。照他们看来，要想车子跑得快去得远，却不懂得任用王良那样的好驭手，要想治理好国家，却不知道任用贤人，"此则不知类之患也"。在他们心目中，像尧舜那样的圣贤"亦治民之王良也"。[2] 韩非针锋相对地批评儒家的观点，维护并发展了慎到的势治思想。

其一，韩非将势分为自然之势和人为之势。尧舜生居帝位，桀纣生为王者，这是自然之势，人力无可奈何。而他韩非所注重的是人为之势，即依靠君主的权力和权势，去推行法治。这种人为之势同儒家的尚贤主张是不兼容的，是互相对立的。因为儒家一方面主张贤人政治，否定君主权势对治国的重要作用；另一方面又认为贤者用势则天下治，这不是自相矛盾吗？韩非云：

> 夫势者，名一而变无数者也。势必于自然，则无为言于势矣。吾所为言势者，言人之所设也。
>
> 夫尧舜生而在上位，虽有十桀纣不能乱者，则势治也；桀纣亦生而在上位，虽有十尧舜亦不能治者，则势乱也。故曰："势治者则不可乱，而势乱者则不可治也。"此自然之势也，非人之所得设也。若吾所言，谓人之所得设也；若吾所言，谓人之所得势也而已矣，贤何事焉！何以明其然也。客曰：人有鬻矛与盾者，誉其盾之坚，物莫能陷也。俄而又誉

---

[1] 《韩非子·扬权》。
[2] 见《韩非子·难势》。

其矛曰：吾矛之利，物无不陷也。人应之曰：以子之矛，陷子之盾，何如？其人弗能应也。以为不陷之盾，与无陷之矛，为名不可两立也。夫贤之为势不可禁，而势之为道也无不禁：以不可禁之贤，与无不禁之势，此矛楯之说也。夫贤、势之不相容亦明矣。[1]

其二，君主贤能的少，中等才能的多，为使中等才能的君主治理好国家，必须"抱法处势"，即既坚持法治又掌握权势。韩非认为慎到的势治说偏重于自然之势，有不够完善的地方，应当注意人为之势，法须待势而立，亦须待势而行，无势就谈不上治理国家，任势就不必待贤。像尧舜桀纣那样的君主千世才出一个，"世之治者不绝于中"，与其释法废势而待贤者，不如让那些中等才能的君主"抱法处势"去治理好国家。韩非云：

　　且夫尧舜桀纣千世而一出，是比肩随踵而生也；世之治者不绝于中，吾所以为言势者，中也。中者，上不及尧舜，而下亦不为桀纣，抱法处势则治，背法去势则乱，今废势背法而待尧舜，尧舜至乃治，是千世乱而一治也；抱法处势而待桀纣，桀纣至乃乱，是千世治而一乱也。且夫治千而乱一，与治一而乱千也，是犹乘骥駬而分驰也，相去亦远矣。夫弃隐栝之法，去度量之数，使奚仲为车不能成一轮；无庆赏之劝，刑罚之威，释势委法，尧舜户说而人辨之，不能治三家。夫势之足用亦明矣，而曰"必待贤"，则亦不然矣。[2]

显然，韩非这种法势结合、用势来保证法的实施的观点，是对慎到势治论的重要发展。

由此可知，韩非继承和发展了慎到等法家的势治论。但遗憾的是，他对慎到的权势以民众为基础的具有民主性的观点抛弃净尽，只剩下权势决定一切的内容了。

毫无疑问，法家的君主集权的主张在封建割据的战国时代，具有变分裂为统一、变权力分散为权力集中的进步作用。从法理学角度来看，法家已意识到法势必须结合，在法律同国家政权的关系的看法上已前进了一大步。然

---

[1]《韩非子·难势》。
[2]《韩非子·难势》。

而，我们也看到，这种君主集权的思想，如像韩非那样走向极端的话，其祸害是无穷的。极端专权必然独断专行，必然造成孤家寡人的政治局面。这是为许多历史事实所证明了的。

第四节　势治论对传统文化的影响

如前所述，法家都积极宣扬君主集权制，但其内容不尽相同。慎到认为，"大君者，太上也，兼畜（蓄）下者也"，[1]这是一种以民众为基础的君主集权说，要求君主不要脱离臣民。商鞅则是君主专制论者，"权者，君之所独制也"，[2]认为君主必须独揽大权，有令则行，有禁则止。至于韩非，更是君主绝对专制论者，认为"事在四方，要在中央；圣人执要，四方来效"。[3]君主必须独自掌握一切权力，利用它去制服臣民，绝不可大权旁落，否则就要受制于人。可见韩非是君主独裁论者，认为有权就有了一切。

如前所述，法家的君主集权的主张在当时具有变权力分散为权力统一集中的进步作用。但是这种君主集权的主张如果走向极端的话，其祸害是无穷的。因为极端专权，必然导致独断，必然对臣下不信任，时时加以防范，甚至用残酷的手段去加以镇压。结果，必然阻塞言路，犯颜直谏之臣遭到迫害；而那些佞臣庸人反而会被重用。此外，极端的专权，无限的权力，必然会造成无限的欲望，那些好大喜功的君主就会为所欲为，横征暴敛，祸国殃民。

秦始皇在法家势治论指导下建立起来的封建君主专制制度为以后各代封建统治者所继承。这种制度对中国传统文化产生了巨大的影响。

如果说在春秋战国时期人们在政治、思想较宽松的环境下可以自由讨论包括君权在内的各种问题的话，那么，在秦始皇建立了统一的君主专制主义的封建国家之后，情况就大不一样了。过去讲维护君主的权势，主要还停留在理论主张上，现在却已成为实实在在的制度，并由国家的强制力量予以推行，谁也不得违抗，更不准唱反调，否则就杀头治罪。过去，权力分散在各诸侯国君和地方割据者手中，现在权力集中到皇帝一人手里。所谓"贵为天

---

〔1〕《慎子·民杂》。
〔2〕《商君书·修权》。
〔3〕《韩非子·扬权》。

子，富有四海""君要臣死，臣不得不死"等，标志着皇帝处于绝对的特权地位。在政治上，皇帝是最高的首脑；在经济上，他是最大的地主；在军事上，他是最高的统帅；在司法上，他是最高的裁判者；在思想文化问题上，他是最后的裁决者。皇帝的喜怒哀乐决定着臣民的身家性命。既然皇帝掌握着一切大权，生杀予夺，不受任何约束，自然是言出法立，法自君出，即所谓"命为制，令为诏"，全体臣民必须严格遵守。皇帝的诏令具有至高无上的权威，它可以取消法律、更改法律、补充法律、代替法律。后世所谓"君者，出令者也"，也是法自君出的意思。其他的敕、格、式、例等，都得由皇帝批准和颁布。在封建专制制度下，皇帝的权势神圣不可侵犯，皇帝的言论是金科玉律，具有最高的法律效力。西汉廷尉杜周直言不讳地说："三尺（法）安在哉？前主所是著为律，后主所是疏为令，当时为是，何古之法乎？"[1]

秦始皇创建的封建君主专制制度为以后各封建王朝所承袭，皇帝拥有决定一切的权力。因此，各代的封建政治家、思想家们也大多美化君权，主张维护皇帝的权势。西汉的董仲舒是一个突出的代表。他极力神化君权，认为皇帝是受天意而教化臣民的立法者，所以天下不可一日无君，"故屈民而伸君"。[2]所有臣民都要绝对服从于皇帝，这是所谓春秋之大义。西汉以后近两千年的封建社会里，维护皇帝的权势一直是不可动摇的根本原则，敬畏皇帝的思想深入人心。像唐代韩愈那样著名的文学家、思想家也主张"君者，出令者也；臣者，行君之令而致之民者也"[3]；像中国十一世纪时的改革家王安石，也只能在维护皇帝权势的前提下，借助宋神宗的权势，才能推行变法改革。宋神宗一死，失去皇权的支持，变法改革也就归于失败。

按照传统的说法，在封建社会的上升时期，以皇权至上为核心的中央集权制对发展社会经济、维护国家统一曾起过积极的作用，对此我们姑置不论。现仅就它对传统文化的某些消极影响作初步探讨。

皇权至上的最大恶果是蔑视人格平等，扼杀个人的自由权利，形成一种以义务为本位的法律文化。总的说来，君主政体的原则就是轻视人、蔑视人，

---

〔1〕《汉书·杜周传》。

〔2〕 见《春秋繁露·玉杯》。

〔3〕《韩昌黎集·原道》。

使人不成其为人。在君主专制制度下，个人无独立的人格可言，人一生下来就是任凭皇帝摆布的子民，皇帝可以滥施王法，随时将任何臣民置于死地，人民哪里还有什么自由和权利？相反，缴纳赋税，担负徭役，则是他们必须承担的义务，并且由国家制定出各种法律，强迫他们履行其义务。事实上，封建统治者从来就不许人民具有什么基本权利的观念，所以，中国人民对于自身基本权利被剥夺、被蹂躏的事实，很少从法的角度考虑其是非。国家虽然有法，但遇到皇权与人权矛盾时，它只维护皇权，即使是践踏人民的基本权利也在所不惜，从而使大多数人不成其为人。

同时，皇权至上的恶果还表现为权大于法，以致滥杀无辜。虽然法家提出过"君臣上下贵贱皆从法"[1]的主张，儒家也要求君主应受道德伦理的约束，但均属空泛的理论，实际上皇帝可以我行我素，置之不理。历史上像汉文帝那样力求做到"法者，天子所与共也"，[2]唐太宗错杀了人又表示"追悔"[3]的事例，实属寥寥可数。更多的是刑戮妄加，滥杀无辜。仅以秦朝为例，秦始皇一次就坑杀无辜儒生四百六十余人，有人尚嫌杀得太少哩！实际上被秦始皇杀头的比这多得多。据史籍记载，秦朝罪犯有一百多万，其中相当多的人都死于非命，难道这不是皇权至上、权大于法的罪恶吗？

〔1〕《管子·法法》。
〔2〕见《汉书·张释之传》。
〔3〕见《贞观政要·刑法》。

第四十六章

法家的术治论

先秦法家既重法、势，也重术。其中，申不害以重术著称，韩非对术的论述也较多。

所谓术，是指方法；就法家而言，则指统治方法，主要指处理君臣关系的原则和方法。战国时期，各诸侯国之间的兼并战争在持续地、急剧地进行，新旧势力的斗争也很激烈，诸侯国的大臣往往"虚其国以事大国，而用其威求诱其君"，利用外部的力量来达到他们个人的目的。然而，封建君主则力图把国家大权掌握在自己手里，防范大臣们窃国夺权，因此，必然要对其臣下使用权术，甚至搞阴谋诡计。正如《管子·明法解》所云：

> 明主者，有术数而不可得欺也……主无术数，则群臣易欺之；国无明法，则百姓轻为非……明主操术任臣下，使群臣效其智能，进其长技，故智者效其计，能者进其功。以前言督后事，所效当则赏之，不当则诛之。张官任吏治民，案法试课成功，守法而法之，身无烦劳而分职。

所以说，君主治国不可无术。如何以术治国，使君主能有效地驾驭臣下，自然就为主张维护君权的法家所关注了。

第一节　"君人南面"的术治论

申不害特别致力于术治，是有其深刻的社会政治原因的。他是韩国人，公元前四五三年韩赵魏三家分晋，夺得晋国的权力，各自建立起国家政权。诸侯国君为了巩固刚刚取得的政权，避免被其臣下所篡夺，亟须加强君权，运用一种权术来驾驭臣下。申不害的"君人南面"的术治理论就是在这种情况下产生的。

申不害认为，君主之所以要高筑城郭，门禁森严，是为了防范盗寇。君主把盗寇视为最危险的敌人。可是现在弑君夺国者，并非必须越城郭，犯门禁，而是大臣们蔽君之明，塞君之听，然后就轻而易举地把君主推翻，夺取了政权。由此可见，对君主来说，最可怕的是左右大臣。因此，君主要想巩固自己的统治，避免臣下夺权窃国，就必须使臣下不得"专君"。申子云：

> 夫一妇擅夫，众妇必乱；一臣专君，群臣皆蔽。故妒妻不难破家也，而乱臣不难破国也。是以明君使其臣，并进辐凑，莫得专君焉。今人君之所以高为城郭而谨门闾之闭者，为寇戎盗贼之至也。今夫弑君而取国者，非必踰城郭之险而犯门闾之闭也。蔽君之明，塞君之聪，夺之政而专其令，有其民而取其国矣。[1]

所以说，君主不仅要大权独揽，而且要掌握驾驭臣下的统治权。

在申不害看来，"独视者谓明，独听者谓聪。能独断者，故可以为天下王（主）"。[2]臣下只能遵照君主的决定行事，君主则暗中窥探臣下之所为。君主和臣下的关系，如同身和手一样，"君如身，臣如手"，是支配和被支配的关系。君主发号施令，臣下要积极响应。他主张君道无为而臣道有为，君主抓根本大权，臣下去做日常具体工作。他并以奏乐时用鼓统一指挥为例，说明君主虽然不为五官之事，但为治理国家之主。至于把日常工作处理得恰当，那是臣下的事情，非君主道也。《申子》云：

> 明君如身，臣如手，君若号，臣如响。君设其本，臣操其末；君治其要，臣行其详；君操其柄，臣事其常……鼓不与于五音，而为五音主；有道者不为五官之事，而为治主。君知其道也，臣知其事也。十言十当，百为百当者，人臣之事也，非君人之道也。[3]

申不害所主张的解决君臣矛盾、驾驭臣下之术，大致说来有两种。

---

〔1〕《申子·大体》。
〔2〕见《韩非子·外储说右上》。
〔3〕《申子·大体》。

其一，"为人君者操契以赏（责）其名"。[1]即韩非所指出的，"术者，因任（能）而授官，循名而责实，操生杀之柄，课群臣之能者也"。[2]这种术是君主公开任免、考核、赏罚群臣的方法和手段。君主先要按照臣下的能力大小而授予相应的官职，然后考核臣下所做的工作，是否符合他的职责，据以进行赏罚。申不害要求各级官吏必须做到名实相符，"治不逾官，虽知弗言"，即各守其职，凡不是他职权范围内的事，不能越权去做，知道的也不许说，其目的在于防止臣下篡权。

其二，"藏于无事，窜端匿疏，示天下无为"。[3]即韩非所说的，"术者，藏之于胸中，以偶众端，而潜御群臣者也"。[4]这种术是君主暗中驾驭群臣的阴谋权术。申不害从防止臣下觉察到君主的意图和虚实出发，要求君主知道的要装作不知道，不知道的装作知道，深藏不露，虚虚实实，真真假假，免得臣下有所提防。

> 申子曰："上明见，人备之；其不明见，人惑之。其知见，人饰之；不知见，人匿之。其无欲见，人司（伺）之；其有欲见，人饵之。故曰：吾无从知，惟无为可以规（窥，下同）之……慎而言也，人且知女（汝，下同）；慎而行也，人且随女。而有知见也，人且匿女；而无知见也，人且意女。女有知也，人且臧女；女无知也，人且行女。故曰：为无为可以规之。[5]

照申不害看来，如果君主能够做到不暴露自己，胸中高深莫测，臣下既无从投己之所好，也无从隐瞒他们的错误；而君主却能洞察臣下的一切，真正识别其忠奸。这样，臣下自然就会俯首听命于君主，而不敢篡权窃国了。

由上可知，申不害的术治论，归根到底，还是为了加强君主的专制统治，是一种"君人南面之术"。

---

〔1〕《申子·大体》。
〔2〕《韩非子·难三》。
〔3〕《申子·大体》。
〔4〕《韩非子·难三》。
〔5〕《韩非子·外储说右上》。

第二节 法术结合说

韩非为适应战国末期即将建立统一的中央集权封建国家的需要，在总结商鞅、申不害等法家的变法理论和实践的基础上，明确提出了法术"不可一无"的法术结合论。有人问韩非：申不害、公孙鞅这两家的学说，哪一家对于治理国家更具紧迫性，他回答说：

> 是不可程也。人不食，十日则死；大寒之隆，不衣亦死。谓之"衣食孰急于人"，则是不可一无也，皆养生之具也。今申不害言术，而公孙鞅为法……君无术则弊于上，臣无法则乱于下，此不可一无，皆帝王之具也。[1]

韩非把法和术区别开来，但他所强调的是二者缺一不可，都是帝王统治人民的工具。他第一次明确地提出法和术必须结合的理论，这是他对法家理论的一个重要发展。

韩非在批评商鞅"徒法而无术"的同时，又批评了申不害"徒术而无法"的错误。他认为申不害只注重术治，而没有抓住当时韩国问题的根本，"不擅其法，不一其宪令"，没有废除旧法又颁布新法，未能充分发挥新法清除旧贵族势力的作用，以致出现奸多的现象。所以他相韩十几年也没有能够使韩国称霸。韩非云：

> 申不害，韩昭侯之佐也。韩者，晋之别国也。晋之故法未息，而韩之新法又生；先君之令未收，而后君之令又下。申不害不擅其法，不一其宪令，则奸多。故利在故法、前令则道之，利在新法、后令则道之。故新相反，前后相悖。则申不害虽十使昭侯用术，而奸臣犹有所谲其辞矣。故托万乘之劲韩七十（当为十七）年，而不至霸王者，虽用术于上，法不勤饰于官之患也。[2]

---

〔1〕《韩非子·定法》。
〔2〕《韩非子·定法》。

所以，韩非认为申不害之术"未尽善也"。实际上，他认为只有他自己的法术结合论才是尽善尽美的。

通观《韩非子》全书，韩非谈术的内容几乎占了一半，而且主要的是谈论如何察奸、防奸、禁奸等阴谋权术问题。

韩非作为韩国的贵公子，非常熟悉贵族的政治斗争内幕，了解他们之间进行斗争的阴险残酷的特点。他曾明确指出，古往今来犯法为逆以成大奸者，"未尝不从尊贵之臣也"。[1]他在用术问题上主张秘密，讲求周密，主要是为了对付这些尊贵之臣。

韩非认为，君和臣的利益是迥然不同的，他们之间的矛盾是完全对立的。君主必须树立这样的观念："知臣主之利异者王，以为同者劫，与共事者杀。"[2]所以，君臣之间的利害冲突是不可避免的。《孤愤》篇云：

> 主利在有能而任官，臣利在无能而得事；主利在有劳而爵禄，臣利在无功而富贵；主利在豪杰使能，臣利在朋党用私。是以国地削而私家富，主上卑而大臣重。故主失势而臣得国；主更称蕃臣而相室剖符。此人臣之所以谲主便私也。

因此，君主要维护自己的统治，要使臣下为自己效力建功，就必须运用驾驭臣下的权术，"恃术而不恃信"[3]，不能依靠那些信义之类的空谈。他在阐述君主操术的重要性时指出："国者，君之车也；势者，君之马也。无术以御之，身虽劳犹不免于乱；有术以御之，身处佚乐之地，又致帝王之功也……故曰：人主者不操术，则威势轻而臣擅名。"[4]

韩非论术的内容很多，归纳起来，主要有两类。

其一，综核名实之术。韩非给术下的一个定义是："术者，因任（能）而授官，循名而责实，操生杀之柄，课群臣之能者也。"[5]如前所述，这种术是君主公开任免、考核、赏罚官吏的方法。

---

〔1〕　见《韩非子·备内》。
〔2〕　《韩非子·八经》。
〔3〕　《韩非子·外储说左下》。
〔4〕　《韩非子·外储说右下》。
〔5〕　《韩非子·定法》。

第一，因能授官。君主应当按照人们能力的大小而授予相应的官职，使他们才职相称，各尽其能。韩非云："治国之臣，效功于国以履位，见能于官以受职，尽力于权衡以任事。人臣皆宜具能，胜其官，轻其任，而莫怀余力于心，莫负兼官之责于君。"[1]

第二，循名责实。韩非认为君主督责群臣，必使言行相合，名实相符。具体说来，臣下所达到的功效必须与其所任职务相合，所任职务必须与其诺言相符，这样就给予奖赏。反之，就要受到惩罚。"言大而功小者"和"言小而功大者"都要受罚。这样才能使臣下守法尽职，言行一致，从而起到禁奸的作用。他并以韩昭侯同时惩罚典衣失职、典冠越职的事例，来具体说明"功当其事"，"臣不越官而有功"，坚守职位的重要性，其目的在于防止臣下篡夺君位。对此《二柄》篇论述甚详。

> 人主将欲禁奸，则审合刑名；刑名者，言与事也。为人臣者陈而言，君以其言授之事，专以其事责其功。功当其事，事当其言则赏；功不当其事，事不当其言则罚。故群臣其言大而功小者则罚，非罚小功也，罚功不当名也。群臣其言小而功大者亦罚，非不说于大功也，以为不当名也，害甚于有大功，故罚。昔者韩昭侯醉而寝，典冠者见君之寒也，故加衣于君之上。觉寝而说，问左右曰："谁加衣者?"左右对曰："典冠。"君因兼罪典衣与典冠。其罪典衣，以为失其事也；其罪典冠，以为越其职也。非不恶寒也，以为侵官之害甚于寒。故明主之畜（蓄）臣，臣不得越官而有功，不得陈言而不当。越官则死，不当则罪。守业其官，所言者贞也，则群臣不得朋党相为矣。

很明显，这种考核、赏罚官吏的办法，既机械，又苛刻。实际上，人们的认识不但受到主观条件的限制，而且受到客观过程的发展及其表现程度的限制。所以，要使人们行事的功效完全与其诺言一致，是很困难的。韩非为君主向臣下提出的"不得陈言而不当"的要求，确实是强人之所难，客观上为君主滥施刑罚提供了一个根据。

第三，迁官袭级，必因其功。法家反对人治，但并不反对任用官吏必须

---

[1]《韩非子·用人》。

选择有才能的人。韩非也是这样。他认为，君主不能单看人物的相貌衣着，光听他的言辞谈吐，授予他官职，应当考核他的工作成绩，凡迁官袭级，必因其功。他主张通过实践的考验，袭节而进。他的"宰相必起于州部，猛将必发于卒伍"的名言，集中表述了法家用人的重要原则。他主张选拔那些经过考察并且具备实际工作经验的人来担任重要的官职。韩非云：

> 明主之国，迁官袭级，官爵受功。[1]

> 观容服，听辞言，则仲尼不能以必士；试之官职，课其功伐，则庸人不疑于愚智。故明主之吏，宰相必起于州部，猛将必发于卒伍。夫有功者必赏，则爵禄厚而愈劝；迁官袭级，则官职大而愈治。夫爵禄大而官职治，王之道也。[2]

韩非的这种用人原则，否定了过去只讲出身和宗法关系的世卿世禄制度。

其二，无为而为与禁奸之术。韩非给术下的另一个定义是："术者，藏之于胸中，以偶众端，而潜御群臣者也。"[3]如前所述，这种术是君主暗中驾驭臣下、防止臣下作奸的权术。它是秘密的，不可以示人，即通常所说的阴谋权术。

韩非吸取道家的无为思想，形成积极进取的人君"南面之术"。他主张君主无为，而臣下有为；君主不亲细民，不躬琐事。这样，就不会示臣下以短，而且不论他们干好干坏，君主都可从中得到好处。"故曰：寂乎其无位而处，漻乎莫得其所。明君无为于上，群臣竦惧乎下。明君之道：使智者尽其虑，而君因以断事，故君不穷于智；贤者敕其材，君因而任之，故君不穷于能。有功则君有其贤，有过则臣任其罪，故君不穷于名。是故……臣有其劳，君有其成功。此之谓贤主之经也。"[4]

同时，韩非又主张不可"以情借臣"、防止臣下作奸。所谓不"以情借臣"，是说君主要隐匿真情，不要向臣下表露自己的好恶，使人觉得莫测高深。他认为人臣之情是决不会爱其主的，如果君主不掩情匿端，是十分危险

---

[1]《韩非子·八说》。
[2]《韩非子·显学》。
[3]《韩非子·难三》。
[4]《韩非子·主道》。

的。历史上燕国的子之，就是借着王哙的好贤而夺取君位的，齐国的竖刁、易牙，也是因桓公之欲而侵其君的。所以，君主必须把臣下当作乱臣贼子来防范，才能保住自己的势位。韩非云："故君见恶，则群臣匿端；君见好，则群臣诬能。人君欲见，则群臣之情态得其资矣。故子之，托于贤以夺其君者也；竖刁、易牙，因君之欲以侵其君者也。其卒子哙以乱死，桓公虫流出户而不葬。此其何故也？人君以情借臣之患也。人臣之情，非必能爱其君也，为重利之故也。今人主不掩其情，不匿其端。而使人臣有缘以侵其主，则群臣为子之、田常不难矣。故曰：'去好去恶，群臣见素。'群臣见素，则大君不蔽矣。"〔1〕

韩非的察奸、防奸、禁奸之术甚多，其他如"八奸"〔2〕"六微"〔3〕等均属之。只要能够达到禁奸的目的，他甚至主张多设耳目〔4〕、明斩暗杀〔5〕，其残暴性暴露无遗。

在韩非著作中，较全面地阐述术的还有《内储说上七术》篇。他称之为"主之所用也七术"。这七种术是：

第一，"众端参观"。韩非认为，君主考察臣下是否忠诚，不为少数重臣所蒙蔽，对他们所言之事，必须通过研究多方面的情况，予以验证，而不要偏听一人。他指出："观听不参则诚不闻，听有门户则臣（臣当作主）壅塞。"

第二，"必罚明威"。韩非主张不以仁慈之爱乱法，凡有罪者必罚，那么臣下就不敢轻易犯上。他指出，"爱多者则法不立，威寡者则下侵上。是以刑罚不必则禁令不行"。

第三，"信赏尽能"。韩非认为民信其赏则事功成，该赏的一定赏，臣下就会为君主效力。"赏誉薄而谩者下不用，赏誉厚而信者下轻死。"

第四，"一听责下"。对各种言辞须一一听之，则智愚不乱，对臣下一一考察，以免滥竽充数。韩非指出，"一听则愚智不纷，责下则人臣不参"。

第五，"疑诏诡使"。韩非主张君主用诡诈术诏令臣下，使他们于仓猝之间，真假莫辨，以观察其奸私。这样，他们就不敢隐匿真实情况。即所谓

---

〔1〕《韩非子·二柄》。
〔2〕见《韩非子·八奸》。
〔3〕见《韩非子·六微》。
〔4〕见《韩非子·制分》。
〔5〕见《韩非子·外储说右上》。

"使人问（间）他则不鬻私"。

第六，"挟知而问"。君主利用已知的情况，去问自己所不知的情况，则自己所不知的情况也了解了，臣下就不敢欺骗自己了。即所谓"挟知而问，则不智者智；深智一物，众隐皆变"。

第七，"倒言反事"。君主可以故意颠倒是非，将无作有，将有作无，正话反说，用以窥测臣下的真伪。他指出，"倒言反事以尝所疑，则奸情得"。

很明显，在这七种术中，"众端参观""一听责下"等有一些合理因素，但"疑诏诡使""挟知而问""倒言反事"则全为阴谋权术，无任何合理因素可言。无数历史事实证明，用阴谋权术和整人之术去维持一个政权，效果甚微。一定程度上，秦统治者就是过分相信韩非这一套，从而招致秦朝的骤亡。总的看来，法家，特别是韩非，过分夸大了君臣之间的矛盾和利害冲突，把君臣置于绝对对立的地位，于是就想方设法为君主设计出各种察奸、防奸、除奸之术，借以维护君主的专制统治。虽然，封建统治者内部确实存在法家所强调的这一类矛盾和利害冲突，但这仅仅是问题的一个方面。其实，还有另外一个方面，那就是在维护封建政权上，他们存在共同的利害关系，可以说是休戚与共。这就决定了他们存在着团结和协调一致的可能性。如果君主善于处理这些矛盾，就有可能维持统治集团的稳定，以维持社会的安定，治理好国家。

然而，我们应当看到，"术"这种东西是官场尔虞我诈、你争我斗的理论表现，它随着战国官僚制的推广而得到迅速的发展。在君主专制制度下，玩弄阴谋权术是不可避免的现象。

第四十七章

法家的重农重战论

所谓重农重战，就是鼓励发展农业，积极从事战争，奖励军功。这是指法家发展封建经济和加强军事实力、具有全局性的战略思想。重农重战，也是法家法治的一个重要组成部分。

先秦法家都重视农战，其中尤以商鞅重赏重罚的农战论、齐法家以民为本的耕战说、韩非以富贵为钓饵的耕战主张更为突出。

第一节　重赏重罚的农战论

商鞅是先秦法家农战理论的主要奠基者，其农战论具有明显的重赏重罚的特点。

商鞅认为，英明的统治者应当懂得事物发展的必然道理，懂得怎样做才符合形势的要求，施行使国家必然富强的政治，这样就能做到"兵出而无敌，令行而天下服"。[1]那么，制定什么样的政策才符合当时形势的要求，施行什么样的政治才能使国家富强呢？商鞅认为必须实行"力治"，"汤武致强而征诸侯，服其力也"。[2]如果力量强大，虽然桀纣做君主，也不必屈服于人；反之，虽然尧舜做君主，也不得不臣服于他人。

> 千乘能以守者，自存也；万乘能以战者，自完也。虽桀为主，不肯诎半词以下其敌。外不能战，内不能守，虽尧为主，不能以不臣谐所谓不若之国。自此观之，国之所以重，主之所以尊者，力也。[3]

---

〔1〕　见《商君书·画策》。
〔2〕　见《商君书·开塞》。
〔3〕　《商君书·慎法》。

这里所讲的力，不仅指兵力，而且包括财力、物力。当时的兼并战争不仅是各国军事力量的竞赛，而且是各国财力、物力的竞赛，看来商鞅是懂得这个道理的。然而，这些力量的来源都在于农战，所以商鞅极力主张以农战为本，大力推行重赏重罚的农战政策，富国强兵，增强国家的实力。

在商鞅所处的战国时代，兵源来自农民，财力、物力也主要来自农业，所以，要想国家富强，并取得兼并战争的胜利，自然离不开农战。"故治国者欲民之农也。国不农，则与诸侯争权，不能自持也，则众力不足也。"〔1〕一国之君要达到强兵、"辟土""王天下"的目的，唯一的办法就是实行农战政策，使自己具有强大的经济力量和军事实力。故云：

> 国之所以兴者，农战也……国待农战而安，主待农战而尊。〔2〕

如果君主对内使人民致力农耕，对外使人民专心打仗，那么"富强之功可坐而致也"。〔3〕相反，如果君主不能使人民"归其力于耕，即食屈于内"，"不归其节于战，则兵弱于外"，〔4〕即使有地万里，拥兵百万，那也如同一个人孤单地站在平原之上一样，是没有真正防卫能力的。

但是，商鞅也看到农战是劳苦危险的事情，"民之内事，莫苦于农"，"民之外事，莫难于战"。〔5〕就是孝子为他的父母，忠臣为他的君主，也都难以去办。所以商鞅主张制定出严厉的刑罚去强制他们，用优厚的赏赐去鼓励他们。

关于农事方面的奖惩办法有：

第一，"大小僇力本业，耕织致粟帛多者复其身，事末利及怠而贫者，举以为收孥"。〔6〕即努力从事农业而生产粟帛多的，免除其徭役；对从事商业和不事生产而贫者，罚作奴隶。

第二，提高粮食价格。商鞅云："欲农富其国者，境内之食必贵……食贵则田者利。田者利则事者众。"〔7〕粮食价格提高了，种田的人就得到利益，这

〔1〕《商君书·农战》。
〔2〕《商君书·农战》。
〔3〕《商君书·农战》。
〔4〕见《商君书·算地》。
〔5〕见《商君书·慎法》。
〔6〕《史记·商君列传》。
〔7〕见《商君书·外内》。

样，种田的人就多。如果粮食价格高，买粮食不合算，再加上非农业人口要负担繁重的赋税徭役，那么人们就不得不放弃工商业，转而从事农业，"故民之力尽在于地利矣"。[1]

第三，推行有利于农业的租税政策。对农业的征课，商鞅主张"征不烦，民不劳，则农多日。农多日，征不烦，业不败，则草必垦矣"。[2]既然对农业征课不烦，使农业"不败"，看来其税率是不会很高的，否则就会和重农主义相矛盾。对非农业的行业则采取重税政策，迫使他们转而从事农业，以增加农业劳动力。商鞅规定："不农之征必多，市利之租必重。"[3]为此，他制定了一系列措施。例如：加重关口和集市的商品税；根据商人家庭人口摊派公差，他们的奴仆必须按规定服役；对贵族家吃闲饭的人按其人数收税，而且要多派公差；加重酒肉的税额，让税额相当于成本的十倍，等等。

第四，使民以粮食买官爵。《靳令》篇云："民有余粮，使民以粟出（捐）官爵，官爵必以其力。"

商鞅重农，是为了使国家具有雄厚的经济实力，以便把强大的军事力量建立在这种经济实力的基础上，通过战争成就统一中国的大业。所以商鞅的重战政策尤为突出。《史记》："卫鞅说孝公变法修刑，内务耕稼，外劝战死之赏罚，孝公善之。"[4]

由此可见，加强军事立法、严明奖惩制度，是商鞅变法的基本内容之一。他规定的具体奖惩办法有：

第一，"能得甲首一者，赏爵一级，益田一顷，益宅九亩，一除庶子一人，乃得入兵官之吏"[5]。"有功者，各以率受上爵。"商鞅规定的爵位共有二十级，官爵的升迁，凭战功的大小，凡斩敌人一颗首级即可得爵一级，其赏格是很优厚的。

第二，"其战也，五人来簿为伍，一人羽（逃）而轻（到）其四人，能人得一首则复"[6]。这是说五人编为一伍，五人中一人逃跑，就对其他四人用

---

〔1〕 见《商君书·外内》。
〔2〕《商君书·垦令》。
〔3〕《商君书·外内》。
〔4〕《史记·秦本纪》。
〔5〕《商君书·境内》。
〔6〕《商君书·境内》。

刑，如果能得敌人一颗首级，就可免予处罚。

第三，"匿奸者，与降敌同罚"。[1]索隐云："按律，降敌者诛其身，没其家。"这是说作战时投降敌人的，本人处死，全家没为官奴婢。

第四，冲锋时不能勇敢战斗，没有完成任务的，处死。全队冲进城内的，每人赏赐爵位一级。冲锋战士如果战死，就由其家人继承爵位。

显而易见，这些规定主要是为迫使士兵勇敢作战，为封建统治者卖命。商鞅自己说得很清楚："民之外事，莫难于战，故轻法不可以使之……如欲战其民者，必以重法。赏则必多，威则必严……赏使之忘死，而威使之苦生。"[2]自商鞅以后直到秦始皇，秦国历代统治者无不把商鞅所确定的这些原则奉为指导战争的神圣教条。

第二节　以民为本的耕战说

在先秦法家中，齐法家的主张是比较温和的，但他们也讲耕战，也说霸王，也要求"务力"，认为只有注重耕战，加强国家实力，才能统一天下，成就王霸之业。

> 霸王之形，象天则地，化人易代。创制天下，等列诸侯，宾属四海，时匡天下；大国小之，曲国正之，强国弱之，重国轻之，乱国并之，暴王残之，僇其罪，卑其列，维其民，然后王之。夫丰国之谓霸，兼正之国之谓王。[3]

> 任力有五务。五务者何？曰：君择臣而任官，大夫任官辩事，官长任事守职，士修身功材，庶人耕农树艺。君择臣而任官，则事不烦乱；大夫任官辩事，则举措时；官长任事守职，则动作和；士修身功材，则贤良发；庶人耕农树艺，则财用足。故曰：凡此五者，力之务也。夫民必知务，然后心一，心一然后志专；心一而志专，然后功足观也。故曰，力不可不务也。[4]

[1]《史记·商君列传》。
[2] 见《商君书·外内》。
[3]《管子·霸言》。
[4]《管子·五辅》。

显然，齐法家讲耕战，论霸王，与商鞅、韩非等专恃暴力有所不同，他们主张要顺民心，"以民为本"。[1]他们总结历史经验，认为古代圣王明君成就丰功伟业，显赫于天下，不朽于后世，从来都是由于深得民心。暴君之所以丧失国家，危害社稷，湮没无闻于天下，也是由于失去民心。现今拥有国土的君主，"皆处欲安，动欲威，战欲胜，守欲固，大者欲王天下，小者欲霸诸侯，而不务得人，是以小者兵挫而地削，大者身死而国亡"。[2]所以说，民心是不可不注重的，这是一个关系到自身生死存亡以及能否统一天下的大问题。

要得民心，就必须顺民之心，从民之欲，满足人民的物质欲望。因此，必须发展生产，实行富民政策。《管子》治国篇云：

> 凡治国之道，必先富民，民富则易治也，民贫则难治也。奚以知其然也？民富则安乡重家，安乡重家则敬上畏罪，敬上畏罪则易治也；民贫则危乡轻家，危乡轻家则敢凌上犯禁，凌上犯禁则难治也。故治国常富，而乱国常贫。是以善为国者，必先富民，然后治之。

显然，齐法家讲富民，其主要目的仍在于防止人民因饥寒交迫而走上反抗的道路，以免危及封建统治。他们所要的是"田畴垦而国邑实"，"仓廪实而圄圉空"，"庶人好耕农而恶饮食，于是财用足而饮食、薪菜饶"。[3]一句话，民富国强。无疑这对人民、对国家都是有利的。

怎样富民呢？在齐法家看来，富民之道在于奖励生产，特别是农业生产。"民事农，则田垦；田垦，则粟多；粟多，则国富，国富者兵强。"[4]他们还把发展农业生产作为兴举德政的重要内容。《五辅》篇云：

> 辟田畴，制坛宅，修树艺，劝士民，勉稼穑，修墙屋，此谓厚其生。发伏利，输滞积，修道途，便关市，慎将宿，此谓输之以财。导水潦，利陂沟，决潘渚，溃泥滞，通郁闭，慎津梁，此谓遗之以利。

---

〔1〕见《管子·霸言》。
〔2〕见《管子·五辅》。
〔3〕见《管子·五辅》。
〔4〕《管子·治国》。

所谓"输积滞""便关市"，是说要疏通积滞的货物，便利商业往来。由此可见，齐法家主张尽地利，劝农事，这同商鞅、韩非等法家的主张是一致的；但他们又主张重商业，则与商、韩等完全采取抑商政策有所不同。

第三节　以富贵为钓饵的耕战论

韩非认为，当时对君主最有利的事情，莫过于富国强兵，发展壮大自己的力量，以期称霸天下。所以他也重视耕战。韩非云：

> 富国以农。[1]
>
> 不事力而衣食，则谓之能；不战功而尊，则谓之贤。贤能之行成，而兵弱而地荒矣。人主说贤能之行，而忘兵弱地荒之祸，则私行立而公利灭矣。[2]
>
> 博习辩智如孔墨，孔墨不耕耨，则国何得焉？修孝寡欲如曾史，曾史不战攻，则国何利焉？[3]
>
> 夫好尊岩穴之士而朝之，则战士怠于行阵。上尊学者，下士居朝，则农夫惰于田。战士怠于行阵者，则兵弱也。农夫惰于田者，则国贫也。兵弱于敌，国贫于内，而不亡者，未之有也。[4]

综合以上几段引文可以看出：第一，韩非也重视耕战，但其论述不如商鞅那样透彻；第二，他以为除耕战之士外，其他贤者、学者等都有害于耕战，无益于国家。他非难儒、墨等家怠于农战。

在韩非看来，君主应当采取的治国之策是："耕田垦草以厚民产"，"修刑重罚以为禁邪"，"征赋钱粟以实仓库，且以救饥馑，备军旅"，"境内必知介而无私解，并力疾斗，所以禽虏"。[5]这种以耕战为主要内容的治国之策，是韩非为发展封建经济，加强军事实力所提出的战略方针。

---

[1]　《韩非子·五蠹》。
[2]　《韩非子·五蠹》。
[3]　《韩非子·八说》。
[4]　《韩非子·外储说左上》。
[5]　见《韩非子·显学》。

当然，从事耕战的主体是劳动者。韩非主张以富贵为钓饵，诱使他们积极从事农战。"夫耕之用力也劳，而民为之者，曰：可得而富也；战之为事也危，而民为之者，曰：可得而贵也。"[1]照韩非看来，如果能使大家努力农战，"动作者归之于功，为勇者尽之于军"，就能收到无事而国富、有事则兵强的效果。

韩非指出，对于社会上无益于耕战的五种人，即儒家学者、纵横家、游侠、患御者、商工之民，必须予以打击。《五蠹》篇云：

> 是故乱国之俗，其学者则称先王之道以籍仁义，盛容服而饰辩说，以疑当世之法而贰人主之心。其言谈者为设诈称，借于外力，以成其私而遗社稷之利。其带剑者聚徒属，立节操，以显其名而犯五官之禁。其患御者积于私门，尽货赂而用重人之谒，退汗马之劳。其商工之民，修治苦窳之器，聚弗靡之财，蓄积待时而侔农夫之利。此五者，邦之蠹也。

这五种人就像蛀虫那样有害于社会，因为他们都怠于耕战。韩非认为，君主不除此五蠹之民，不养耿介之士，那么"海内虽有破亡之国，削灭之朝，亦勿怪矣"。

韩非以富贵为钓饵的耕战主张，对发展封建经济和统一天下曾起过一定作用。但他非难除耕战之士以外的各阶层人民，则未免偏颇。

总的看来，法家关于重农重战的论述，有些地方有使人毛骨悚然之感，他们所采取的手段也极残酷；但从那个时代看，抓住农战，确实抓住了治国的中心环节，从而增强了国家的经济实力和军事力量，使得国富兵强。商鞅在秦国所推行的重农重战政策就是明证。所以说，从历史发展来看，法家的重农重战论虽不如儒家"为民制产"、轻徭薄赋论那样娓娓动听，但它比较切合当时实际，在客观上促进了社会的发展。

第四节　重农抑商与传统文化

中国封建君主专制制度是建立在自然经济基础之上的，为了保护这个经

---

[1] 《韩非子·五蠹》。

济基础，历代封建统治者一般都实行重农抑商的政策，以农为本业，以工商为末业。先秦法家是这种重农抑商政策的倡导者。如前所述，商鞅变法时就明确规定：努力从事农业从而生产粟帛多的，免除其徭役；对从事商业和不事生产而贫者，罚作奴隶。韩非则进一步提出："夫明主治国之政，使其商工游食之民少而名卑，以寡舍本务而趋末作者。"[1]法家这种重农抑商的思想主张，对传统文化产生了深刻的影响。

秦王朝继承了商鞅重农抑商的传统，积极发展农业，抑制商业。《吕氏春秋·上农》篇云："古先圣王之功以导其民者，先务于农"，"民农则朴，朴则易用，易用则边境安，主位尊"，"民舍本而事末，则不令，不令则不可以守，不可以战"。秦统治者实际贯彻了这种思想主张。西汉建立之初，高祖即"令贾人不得衣丝乘车，重租税以困辱之"[2]，武帝时，"杨可告缗遍天下，中家以上大抵皆遇告。杜周治之，狱少反者"[3]，致使中产以上之家大都破产。西晋政府更规定商人都要戴头巾，头巾上写明姓名及所卖物品的名称。唐朝则列工商于杂流。明中叶以后，中国东南沿海经济发达地区出现了资本主义萌芽，但由于明清两代封建专制主义的压制摧残，资本主义萌芽的发展十分缓慢，明清封建统治者还推行海禁政策，不准出境经商。

历代封建统治者对商人和商品经济采取如此严厉的限制政策，他们也必然轻视保护商品经济的民事法律，这是中国古代民事法律不发达的一个重要原因。民事法律是以法律形式表现社会经济生活条件的规则，它同商品经济紧密联系在一起，商品经济发展的状况决定了民事法律发展的状况。以罗马法为例，它就是对简单商品所有者一切本质的法律关系（如买主和卖主、债权人和债务人、契约、债务等）所作的明确的规定。但在中国古代，自然经济占统治地位，从秦汉以来不仅地主阶级的庄园是一个自足自给的经济单位，甚至一家一户的封建家长制家庭也是彼此独立的自给自足的经济单位。它们在生产上一般不依赖市场，致使商品经济的发展极为缓慢。正是由于商品经济不发达，调整财产、交换等民事关系的民事法律也不发达。这是中国传统法律文化的一个特点。

---

〔1〕　《韩非子·五蠹》。
〔2〕　见《汉书·食货志》。
〔3〕　见《汉书·食货志》。

第四十八章

法家的文化专制论与传统文化

　　法家所主张的专制主义应用于文化方面，便成为统一思想与统一文化教育的政策。战国时代，文化上最好的现象是"百家争鸣"，思想解放，士人横议，学术自由；不好的现象是思想混乱，众说纷纭，莫衷一是。法家认为，要治理好国家，使社会安定，必须统一思想和文化教育，必须排斥私学和私议，必须定法家学说于一尊。一句话，必须实行文化专制主义。

　　春秋战国时期，随着经济、政治的变革，原来学在官府的局面被打破，出现了"天子失官，学在四夷"〔1〕的现象，士人活跃，各国养士之风盛行。这些士人著书立说，到处游说，宣传自己的主张，形成了"百家争鸣"的局面。当时出现的学派很多，而影响最大的有儒、墨、道、法四家。据韩非说，先是"儒墨显学"，形成尖锐的对立。进入战国中期，商鞅之学兴起，法家正式成为一个学派并在社会上发生作用之后，儒、法两家成为当时"争鸣"的主角。特别是商鞅和韩非，反对儒书儒术是十分突出的。

　　法家既然主张在政治上实行君主专制独裁，在文化理想上必然也要求钳制人民的思想；文化上的专制总是伴随着政治上独裁而产生的。

第一节　燔诗书而明法令

　　商鞅在秦变法时，极力反对儒家，主张"燔诗书而明法令"；同时他也反对"事商贾，为技艺"等一切不从事农战的人，主张对人们进行统一的军事教育，按照统一的原则来统一人们的思想。

---

　　〔1〕　见《左传·昭公十七年》。

一、壹教论

法家认定军事的强弱同国家的存亡有极密切的关系，所以特别提倡按照统一的农战原则教育人民，鼓励人民从事农战，而对于那些不利于农战的思想言论则严厉禁止。这就是所谓"壹教"。商鞅云：

> 所谓壹（一，下同）教者，博闻辩慧，信廉礼乐，修行群党，任誉清浊，不可以富贵，不可以评刑，不可独立私议以陈其上。坚者被（破），锐者挫。虽曰圣知、巧佞、厚朴，则不能以非功罔上利。然富贵之门，要存战而已矣。彼能战者，践富贵之门；强梗焉，有常刑而不赦。是父兄、昆弟、知识、婚姻、合同者，皆曰："务之所加，存战而已矣。"夫故当壮者务于战，老弱者务于守，生者不悔，生者务劝，此臣之所谓壹教也。民之欲富贵也，共阖棺而后止。而富贵之门必出于兵，是故民闻战而相贺也，起居饮食所歌谣者，战也。[1]
>
> 强国之民，父遗其子，兄遗其弟，妻遗其夫，皆曰："不得，无返！"又曰："失法令者，若死，我死，乡治之。行间无所逃，迁徙无所入。"行间之治，连以五，辨之以章，束之以令，拙无所处，罢无所生。是以三军之众，从令如流，死而不旋踵。[2]

综合起来，壹教的主要内容如下。

第一，反对同农战教育相反的儒家学说和儒者。商鞅极力反对儒家那些博闻、辨慧、信廉、礼乐、德行的说教，反对他们集结党羽、互相标榜，诋毁别人，不许他们得到富贵，不许他们议论刑罚，更不许他们特意创立私家学说向君主陈述。一句话，要取缔一切不利于农战、不符合法令的思想言论，严厉打击那些不利于农战的儒家学者。

第二，富贵之门只向勇于战斗者敞开，只有参战立功和努力从事农业的人才能获得官爵利禄。商鞅又云："故吾教令：民之欲利者，非耕不得；避害

---

〔1〕《商君书·赏刑》。
〔2〕《商君书·画策》。

者，非战不免。境内之民，莫不先务耕战，而后得其所乐。"〔1〕

第三，在社会上要形成一种参战立功的风气。当人们遇到战争时，父亲勉励儿子，兄长勉励弟弟，妻子勉励丈夫，务必努力作战立功。商鞅比喻说，要使人们见到战争，"如饿狼之见肉也"。〔2〕如果谁能使人民乐意作战。那他就可以做帝王了。

二、"燔诗书而明法令"

商鞅既普遍推行农战教育，自然要反对儒家的仁义德教。他认为道德仁义这类东西，在古代曾发挥过作用，那时是先德而治；现在却成为过时的东西了，且不利于法治的推行。仁义能够对人仁爱，而不能使人仁爱；义士能够爱人，而不能使人相爱。所以说，仁义是不足以治天下的。要治理天下，只能靠法而不能靠仁义道德，只能靠正常的法律教育而不能靠道德感化。

> 故曰：仁者能仁于人，而不能使人仁；义者能爱于人，而不能使人爱。是以知仁义之不足以治天下也。圣人有必信之性，又有使天下不得不信之法。所谓义者，为人臣忠，为人子孝，少长有礼，男女有别；非其义也，饿不苟食，死不苟生。此乃有法之常也。圣王者不贵义而贵法，法必明，令必行，则已矣。〔3〕

据韩非说，商鞅变法时，"教孝公……燔诗书而明法令"〔4〕，对儒家的经典采取激烈的行动。关于商鞅焚烧诗书一事，在《商君书》《史记》等书中都没有提到过，但韩非离商鞅活动的年代不远，看来他是有根据的。

商鞅是个功利主义者，要富国强兵须重实利，如不能致国家于富强的，都要受到制裁，受到排斥。照他看来，要使农民专心务农，全体人民都积极从事农战，最重要的是禁止对人民传授诗书等儒家典籍，严厉打击不利于农战的思想言论和不从事农战的人。

---

〔1〕《商君书·慎法》。
〔2〕 见《商君书·画策》。
〔3〕《商君书·画策》。
〔4〕 见《韩非子·和氏》。

农战之民千人，而有诗书辩慧者一人焉，千人者皆怠于农战矣。[1]

照商鞅看来，如果人们都去学诗书，好淫辞邪说，以逃避农战，取得官爵，那么粮食哪能不少？军队哪能不弱？在这种情况下，即使有很多诗书，每乡有一捆，每家有一人攻读，"犹无益于治也"。所以，要治好国家，必须"燔诗书而明法令"。

商鞅把社会上那些"不作而食，不战而荣，无爵而尊，无禄而富，无官而长"[2]的人，叫做奸民；把儒家倡导的礼乐、诗书、修善、孝悌、诚信、贞廉、仁义、非兵、羞战，叫做"六虱"。[3]他主张去奸、去虱。商鞅痛切地感到当时的君主喜欢听信说客的言论，却不顾它们是否行之有效。其实，"说者成伍，烦言饰辞，而无实用"。[4]他尖锐地指出，这样是十分有害的。因为人们看到成群结队的说客们，凭借毫无实用的"烦言饰辞"，可以获得高官厚禄，便都向他们学习。这样，舍农游食的人就多，国家必然贫弱。这难道还不值得君主深思吗？《农战》篇云：

> 民见其可以取王公大人也，而皆学之。夫人聚党与，说议于国，纷纷焉，小民乐之，大人说之。故其民农者寡，而游食者众。众则农者殆。农者殆则土地荒。学者成俗，则民舍农，从事于谈说，高言伪议，舍农游食，而以言相高也。故民离上，而不臣者成群。此贫困弱兵之教也。

基于同样理由，商鞅也反对"事商贾，为技艺"。他认为，人们看到商人可以发家致富，从事手工业能够衣食有给，既舒适，又有利，就必然逃避农战，不能为君主尽力。故又云：

> 商贾之可以富家也，技艺之足以糊口也……则必避农。避农，则民轻其居。轻其居，则必不为上守战也。

显然，商鞅这种反对工商、技艺的思想是不可取的。

---

〔1〕《商君书·农战》。
〔2〕见《商君书·画策》。
〔3〕见《商君书·靳令》。
〔4〕《商君书·农战》。

第二节 以法为教与以吏为师

商鞅"燔诗书而明法令"的思想主张对后世产生了深刻影响。战国末期的韩非，大大发展了这种文化专制主义的思想主张。韩非主张毁弃一切文化典籍，取缔一切学术派别，定法家学说于一尊。

> 明主之国，无书简之文，以法为教；无先王之语，以吏为师；无私剑之捍，以斩首为勇。是以境内之民，其言谈者，必轨于法。[1]

由此可见，韩非的文化专制思想，比商鞅更加彻底、周密。在他理想的国家里，完全是法家思想统治一切，人民没有一点思想学术的自由。

一、毁弃一切文化典籍，取消一切学派

韩非主张毁弃一切文化典籍，"无书简之文"，"无先王之语"。因为记载先王之语的儒家经典，已经成为破坏法治的工具。他明确地将儒家作为打击的重点，在《五蠹》篇中，他将儒家列为"五蠹"之首而加以批判。韩非揭露说：儒以文乱法，动摇君主实现法治的决心；纵横家高谈阔论，假托旧说，抛弃国家利益；侠客们标榜气节操守，违犯国家的禁令；逃避兵役者聚集在权贵门下，行贿请托，逃避作战；商工之民制造恶劣的器具，囤积居奇，牟取暴利。对于危害社会的五种蛀虫，必须彻底清除掉。韩非云：

> 儒以文乱法，侠以武犯禁，而人主兼礼之，此所以乱也。夫离（罹）法者罪，而诸先生以文学取；犯禁者诛，而群侠以私剑养。故法之所非，君之所取；吏之所诛，上之所养也。法、趣、上、下，四相反也，而无所定，虽有十黄帝不能治也。[2]

韩非深为当时法律、君意、权贵、官吏四者互相矛盾，使社会动乱而忧虑；对五蠹之民给国家带来的危害表示极大愤慨。在韩非看来，当时影响法

---

[1] 《韩非子·五蠹》。
[2] 《韩非子·五蠹》。

治推行的，尤以儒、墨两家最为突出。所以，他常常同时对儒、墨两家加以批评。他指出：在孔子、墨子之后，"儒分为八，墨离为三"，他们的取舍不同，却都自称为孔墨的真传。孔墨又称道尧舜，他们的取舍也不同，却都自称为尧舜的真传。尧舜死了三千多年，孔墨也不能复活，那么谁能来评判它们的真假呢？对于人们的言论，只有通过比较和研究，检验其是否符合实际，是否真有实际的功效，才能判定其正确与否，这就是所谓"参验"。韩非云："殷周七百余岁，虞夏二千余事，而不能定儒、墨之真，今乃欲审尧舜之道于三千岁之前，意者其不可必乎？无参验而必之者，愚也；弗能必而据之者，诬也。故明据先王，必定尧舜者，非愚则诬也。愚诬之学，杂反之行，明主弗受也。"[1]

二、以法为教与以吏为师

韩非主张用法家思想统治一切，人民如果要学习，就学习法令，如果要从师，就以吏为师。同时，他要求远仁义，摒德治，实行愚民政策。

远仁义。韩非认为，以仁义原则来处理事物，必然是随心而定，没有客观标准。因此，治国必须抛弃仁义。仁义这种东西，在古代可能有些用处，现在就行不通了。他举周文王和徐偃王为例，前者行仁义而王天下，后者行仁义而丧其国，"是仁义用于古而不用于今也"。他强调指出，随着时代的发展，治国的方法也得随着改变。在"争于气力"的战国时代，仁义不足以治国，唯有尚法务实，才能使国家富强。韩非还讥讽孔子口倡仁义，在现实面前却处处碰壁，其行仁义而王的说教，岂不是自欺欺人吗？韩非云：

> 古者文王处丰镐之间，地方百里，行仁义而怀西戎，遂王天下。徐偃王处汉东，地方五百里，行仁义，割地而朝者三十有六国。荆文王恐其害己也，举兵伐徐，遂灭之。故文王行仁义而王天下，偃王行仁义而丧其国，是仁义用于古而不用于今也。[2]

> 今世皆曰"尊主安国者，必以仁义智能"，而不知卑主危国者之必以仁义智能也。故有道之主，远仁义，去智能，服之以法。是以誉广而名

---

〔1〕《韩非子·显学》。
〔2〕《韩非子·五蠹》。

威，民治而国安，知用民之法也。[1]

　　言先王之仁义，无益于治；明吾法度，必吾赏罚者，亦国之脂泽粉黛也。故明主急其助而缓其颂，故不道仁义。[2]

因此，韩非把儒家的以仁义教人比作巫祝的祷告，无益于治。他要求君主兴办有实际效果的事，去掉没有用的空论，不空谈仁义这类滥调，不听儒家学者的妄言。

摒德治。儒家主张德治，用道德感化人。韩非认为人性自私自利，自善之民极少，就像"自直之箭""自圆之木"一样，一百代也没有一个。所以，君主治理国家，不是依赖人们替君主做好事，而是使得他们不能做坏事。那么怎样使他们不能做坏事呢？其关键就在于"不务德而务法"[3]，用刑罚来威逼人民就范。韩非云：

　　不恃赏罚而恃自善之民，明主弗贵也。何则？国法不可失，而所治非一人也。故有术之君，不随适然之善，而行必然之道。[4]
　　故明主者，不恃其不我叛也，恃吾不可叛也；不恃其不我欺也，恃吾不可欺也。[5]

由此可见，韩非等法家专恃法治，不懂得仁义道德在治理国家中的作用，这正是他们偏颇的地方。

实行愚民政策。韩非从维护极端的君主独裁的立场出发，视臣民如鸟兽。如他曾说："明主之牧臣也，说在畜鸟……夫驯鸟者断其下翎，则必待人而食，焉得不驯乎？夫明主畜臣亦然。令臣不得不利君之禄，不得无服上之名……焉得不服？"[6]对广大人民来说，更要严加管制，禁锢其思想，要做到嘴上不准讲，心中不准想。韩非云：

---

[1]《韩非子·说疑》。
[2]《韩非子·显学》。
[3]《韩非子·显学》。
[4]《韩非子·显学》。
[5]《韩非子·外储说左下》。
[6]《韩非子·外储说右上》。

禁奸之法，太上禁其心，其次禁其言，其次禁其事。[1]

他主张，只能让人民成为服服帖帖、无知无识的顺民，任凭封建统治者来驱使。

在韩非理想的国家里，"无书简之文，以法为教；无先王之语，以吏为师"，一切文化教育都要纳入法治的轨道，定法家学说于一尊。不但儒、墨、纵横、阴阳等家都在必禁之列，即使是对法家自身讲求法治的"商管之法"和"孙吴之书"，他也主张加以限制："今境内之民皆言治，藏商管之法者家有之，而国愈贫：言耕者众，执末者寡也。境内皆言兵，藏孙吴之书者家有之，而兵愈弱：言战者多，被甲者少也。"[2]因为讲得多，做得少，或只讲不做，那是和韩非急功近利的要求相抵触的。不能把法治理论束之高阁，专务空谈；既要言法，更要行法。

第三节 文化专制论与传统文化

如上节所述，先秦法家特别是商鞅、韩非，主张文化专制，实行愚民政策。商鞅建议秦孝公燔诗书而明法令。韩非则主张无书简之文，以法为教；无先王之语，以吏为师，完全由法家思想统治一切。毫无疑问，由商鞅发其端而经韩非大加发展的文化专制思想，是对春秋战国以来学术思想空前活跃的"百家争鸣"的反动。

先秦法家这种文化专制思想对中国传统文化产生了极为恶劣的影响。最直接的是秦王朝的极端文化专制，罪恶的"焚书坑儒"就是其突出的表现。

"焚书"是由分封与郡县之争引起的。公元前二二〇年丞相王绾和廷尉李斯关于分封与郡县的论争并没有彻底解决，到公元前二一三年又出现仆射周青臣和博士淳于越的辩论。周青臣极力颂扬秦始皇的功德，说秦始皇"平定海内，放逐蛮夷，日月所照，莫不宾服。诸侯为郡县，人人自安乐，无战争之患，传之万世。自上古不及陛下威德"。[3]秦始皇听了很高兴，而淳于越却

---

〔1〕《韩非子·说疑》。
〔2〕《韩非子·五蠹》。
〔3〕《史记·秦始皇本纪》。

反驳说："臣闻殷周之王千余岁，封子弟功臣，自为枝辅。"如果现在不分封子弟功臣，一旦天下有事，"无辅拂何以相救哉？事不师古而能长久者，非所闻也"。[1]这又涉及师古与非今的问题。针对淳于越是古非今的言论，当时的丞相李斯严厉地加以批驳。李斯云：

> 五帝不相复，三代不相袭，各以治，非其相反，时变异也。今陛下创大业，建万世之功，固非愚儒所知。且越言乃三代之事，何足法也。异时诸侯并争，厚招游学。今天下已定，法令出一，百姓当家则力农工，士则学习法令辟禁。今诸生不师今而学古，以非当世，惑乱黔首。丞相臣斯昧死言：古者天下散乱，莫之能一，是以诸侯并作，语皆道古以害今，饰虚言以乱实，人善其所私学，以非上之所建立。今皇帝并有天下，别黑白而定一尊。私学而相与非法教，人闻令下，则各以其学议之，入则心非，出则巷议，夸主以为名，异取以为高，率群下以造谤。如此弗禁，则主势降乎上，党与成乎下，禁之便。[2]

这里李斯明确指出：第一，"师古"不足法，治国的方法应随时而异；第二，诸生的言行不利于秦始皇政权，他们采取以古非今的方法，来否定现行的政治措施；第三，诸生以私学议论当今的政令，混淆视听，惑乱百姓；第四，为了维护皇帝的权势，必须统一思想，禁止私学，取缔自由言论。李斯把诸生对秦始皇政权的不满，归结为有各家著述的存在，于是向秦始皇提出了"焚书"的建议。

> 臣请史官非秦记皆烧之。非博士官所职，天下敢有藏诗书百家语者，悉诣守、尉杂烧之，有敢偶语诗书者弃市。以古非今者族。吏见知不举者与同罪。令下三十日不烧，黥为城旦。所不去者，医药卜筮种树之书。若欲有学法令，以吏为师。[3]

秦始皇采纳了李斯的建议，立即付诸实施。接着秦始皇又以"为妖言以

[1]《史记·秦始皇本纪》。
[2]《史记·秦始皇本纪》。
[3]《史记·秦始皇本纪》。

乱黔首"的罪名,在咸阳坑杀儒生四百六十余人。这就是历史上所谓的"焚书坑儒"事件。

李斯反对以古非今是对的,这有利于刚刚建立起来的中央集权制封建国家的巩固;但是,"焚书"把一场对政治制度的辩论异化成一场对各种学术自由思想的迫害,这是一种野蛮的文化专制主义暴行。凡是不以行为本身而以当事人的思想作为主要依据的法律,都是对非法行为的公开认可。秦朝统治者正是这样,他们以思想定罪,就是对他们非法专横行为的认可。"焚书"的直接结果是使中国古代文化典籍丧失殆尽。西汉王朝初建时,"天下唯有易卜,未有他书"。[1]司马迁写《史记》时,就感慨道,秦"焚诗书,坑术士,六艺从此缺焉"。所以说,"焚书"无疑是中国历史上一场毁灭文化的浩劫。它严重摧残和破坏中国古代文化,扼杀了文化的发展,并窒息了人们的思想,把秦始皇的独裁推上了更高峰。

此后,各代封建统治者承袭了这种加强思想专制的主张,规定了各式各样的思想言论罪。由于君主专制只能建立在人民愚昧无知的基础之上,所以以皇帝为首的封建统治者最害怕人民觉醒,一旦人民起来与封建统治作斗争,那么这种制度就难以存在下去。所以历代皇帝大多实行愚民政策,严厉限制人民的思想言论自由,严厉惩罚思想犯罪。

继秦而起的汉代有所谓"诽谤妖言"之罪,"过误之语,以为妖言"。不仅所谓诽谤朝廷有罪,连说话偶然失误也难逃法网。更有甚者,汉武帝还首创所谓"腹非"之罪。《汉书》云:

> 初,异(颜异)为济南亭长,以廉直稍迁至九卿。上与汤(张汤)既造白鹿皮币,问异。异曰:"今王侯朝贺以仓璧,直数千,而其皮荐反四十万,本末不相称。"天子不说。汤又与异有隙,及人有告异以它议,事下汤治。异与客语,客语初令下有不便者,异不应,微反唇。汤奏当异九卿见令不便,不入言而腹非,论死。自是后有腹非之法比,公卿大夫多谄谀取容。[2]

---

〔1〕　见《汉书·刘歆传》。
〔2〕　《汉书·食货志》。

所谓"腹非"就是无言无行而非议于心，也构成犯罪。这真是欲加之罪，何患无辞？此律一定，多少像颜异这样的无辜者，就惨死在这种封建酷法之下。汉魏六朝法律中还有所谓"非所宜言"罪，凡是对封建统治者说了不应该说的话，都构成犯罪。唐律规定有"指斥乘舆"罪，即因不满而议论或诽谤皇帝的就要定罪。

封建统治者既然可以针对思想言论定罪，表达思想的文字自然可以作为论罪的根据了。凡著作、文章、诗词、书信等，略涉"诽谤""悖逆""犯讳"之嫌的，都要定罪，甚至构成"大逆"罪，处以极刑。这以封建社会后期统治者屡兴文字狱为突出表现。如清朝前期康熙、雍正、乾隆三朝，大的文字狱就有数十起，而且愈演愈烈。一案之兴往往波及数省，株连千百人，从发案到案结常常拖延几年、几十年，造成了空前的恐怖和灾难。乾隆时，御史曹一士评论云：

> 比年以来，小人不识两朝所以诛殛大憝之故，往往挟睚眦之怨，借影响之词，攻讦诗文，指摘字句。有司见事风生，多方穷鞫，或致波累师生，株连亲故，破家亡命，甚可怜也！臣愚以为井田封建，不过迂儒之常谈，不可以为生今反古；述怀咏史，不过词人之习态，不可以为援古刺今。即有序跋偶遗纪年，亦或草茅一时失检，非必果怀悖逆，敢于明布篇章。使以此类悉皆比附妖言，罪不当赦，将使天下造讦不休，士子以文为戒，非以国家义以正法、仁以包蒙之意。[1]

由此可见，当时诬告他人不但无罪，而且有功，统治者则借故屡兴文字狱，以致冤案成堆。显然，这种愚昧的封建文化专制主义禁锢了人们的思想，扼杀了人民的思想文化权利和言论自由，阻碍了人类文明的发展，是一种"历史的惰力"，其后果是十分严重的，直到清朝后期，龚自珍还在诗文中写道："避席畏闻文字狱，读书只为稻粱谋。"[2]

---

〔1〕《清史稿·曹一士传》。
〔2〕《龚自珍全集·咏史》。

第四十九章

法家思想的演变

先秦法家在战国时代已达于极盛的境地，人才辈出，著述也很丰富。自李悝著《法经》，其后则有商鞅、慎到、申不害、韩非等著名的法家代表人物，他们都有著作，列在《汉书·艺文志》法家类。李斯既是先秦法家，也是法家理论在秦的实践者，人们称他为法家事业的集大成者。汉代以后，封建统治者实行"霸王道杂之"的政策，外儒内法，儒法合流，使礼法逐渐融合起来。法家思想渐次演变，归于"伏流"，远不及战国时代那样光彩夺目了。

第一节　秦朝的法治

公元前二二一年，秦统一六国，建立起中国历史上第一个统一的封建专制主义中央集权制国家。秦的统一，是在法家理论指导下，凭借武力而获得成功的。统一后，秦统治者继续迷信暴力，专恃刑罚，实行法治。

秦始皇为了保持自己的权力，维护和加强封建统治，制定和完善各种法律，迫使全体臣民服从他的统治。他命令李斯等人在秦国原有法律的基础上，制定出统一的法律，颁行全国。秦朝法律条文早已佚失。一九七五年十二月，湖北云梦县睡虎地秦墓出土大量秦代竹简，其中记载有秦朝的部分法律。墓主死于秦始皇三十年，即秦王朝建立后的第五年，所以这些法律应是通用于全国的法律。这些秦简反映出秦始皇统一中国前后秦政权的法律制度的面貌。当时，在政治、军事、工农业生产、市场管理、货币流通、交通、行政管理、官吏任免、案件审理等方面，确实"皆有法式"，体现了"事皆决于法"[1]的法制状况。

---

〔1〕　见《史记·秦始皇本纪》。

这种"事皆决于法"的法治主张，还突出表现在秦始皇巡行天下时，李斯等人到处立碑刻石的颂德辞中。

> 皇帝临位，作制明法，臣下修饬。二十有六年，初并天下，罔不宾服……治道运行，诸产得宜，皆有法式。[1]

琅邪刻石云：

> 端平法度，万物之纪……上（尚）农除末，黔首是富。
> 普天之下，抟心揖志。器械一量，同书文字……除疑定法，咸知所辟。[2]

芝罘刻石云：

> 大圣作治，建定法度，显著纲纪……普施明法，经纬天下，永为仪则……圣法初兴，清理疆内，外诛暴强。武威旁畅，振动四极，禽灭六王……黔首改化，远迩同度，临古绝尤。常职既定，后嗣循业，长承圣治。[3]

会稽刻石云：

> 秦圣临国，始定刑名，显陈旧章。初平法式，审别职任，以立恒常……后敬奉法，常治无极，舆舟不倾。[4]

这些歌功颂德之辞中有不少夸大的成分，但也反映出秦朝统治者力图建立完备的封建法律制度的法治主张。他们还要求后继者遵循他们所制定的法度行事，认为那样便可长治久安了。

这种"事皆决于法"的法治思想和主张，在当时历史条件下，曾起到巩固国家统一和中央集权制度的作用。但是，秦朝统治者过于迷信它，"专任刑

---

[1]《史记·秦始皇本纪》。
[2]《史记·秦始皇本纪》。
[3]《史记·秦始皇本纪》。
[4]《史记·秦始皇本纪》。

罚"，"赋敛无度"，把法家主张的严刑峻法发展到了极端的地步，从而激起人民的强烈反抗，秦王朝只存在十四年就被农民大起义推翻了。《汉书·刑法志》评论说：

> （秦始皇）兼吞战国，遂灭先王之法，灭礼谊之官，专任刑罚，躬操文墨，昼断狱，夜理书，自程决事，日县石之一。而奸邪并生，赭衣塞路，囹圄成市，天下愁怨。

所以，我们应该看到秦朝法治的另一面，那就是残酷的镇压给人民带来了无穷的灾难。它充分暴露了秦朝法治残暴的一面。

第二节　法家思想的演变

战国末年的荀子，既隆礼，又重法，将法家思想纳入儒家思想体系，开启了儒法合流的先河。西汉初期占主导地位的黄老学说，本身就具有道法结合的特点。汉武帝采纳董仲舒"罢黜百家，独尊儒术"的建议以后，儒家在思想领域虽然当权，但也兼采法家思想，以充实儒家的理论。所以，董仲舒的新儒学，是以儒为主，儒（礼）法合流的产物。事实上，自汉以后，已不存在先秦时期那样纯粹的儒家和法家了。我们从儒学"独尊"以后汉宣帝的"霸王道杂之"的说法可以窥见一斑。据《汉书·元帝纪》记载：

> 孝元皇帝，宣帝太子也。母曰恭哀许皇后，宣帝微时生民间。年二岁，宣帝即位。八岁，立为太子。壮大，柔仁好儒。见宣帝所用多文法吏，以刑名绳下，大臣杨恽、盖宽饶等坐刺讥辞语为罪而诛，尝侍燕从容曰："陛下持刑太深，宜用儒生。"宣帝作色曰："汉家自有制度，本以霸王道杂之，奈何纯任德教，用周政乎！且俗儒不达时宜，好是古非今，使人眩于名实，不知所守，何足委任。"

先秦儒家崇尚王道，先秦法家注重霸道，而汉朝的制度是"霸王道杂之"，即兼采儒、法两家的学说。尽管历代政治家、思想家对法家的"刻薄少恩"和秦朝的"专任刑罚"口诛笔伐，但从封建统治的实际需要出发，又不得不在儒家仁政德治的口号下，兼采法家的一些思想主张。西汉时期就是如此。"汉承秦制"，在政治法律方面，西汉统治者仍然沿袭了秦朝那一套，不过逐步有所改革而已。确实，他们实行的是"外儒内法""霸王道杂之"。这种统治方法，基本上为汉以后历代王朝所继承。

这样一来，法家的学说就不像战国时代那样光彩夺目了，而成为一种"伏流"，不得不潜伏在儒家滔滔不绝的"长河"之中。清人沈家本在《法学盛衰说》中写道：

> 按法家者流，出于理官。自李悝著法经，其后则有商鞅、申不害、处子、慎到、韩非、游棣子诸人，并有著作，列在汉志法家，是战国之时，此学最盛。迨李斯相秦，议请史官非秦记皆烧之，非博士官所职。天下敢有藏诗书百家语者，悉诣守尉杂烧之，若欲有学法令，以吏为师。自是法令之书藏于官府，天下之士阨于见闻。斯时朝廷之上，方以法为尚，四海之内必有不屑以吏为师者，而此学亦遂衰。汉兴虽弛秦禁，而积习已久，未能遽改，外郡之学律令者必诣京师，又必于丞相府。……宋承唐律，通法学者，代有其人。盖自魏置律博士一官，下及唐宋，或隶大理，或隶国学，虽员额多寡不同，而国家既设此一途，士之讲求法律者，亦视为当学之务，传授不绝于世。迨元废此官，而法学自此衰矣。明设讲读律令之律，研究法学之书，世所知者约数十家，或传或不传，盖无人重视之故也。清朝讲究此学为世所推重者，不过数人，国无专科，群相鄙弃，纪文达编纂四库全书政书类法令之属，仅收二部，存目仅收五部。其按语谓"刑为盛世所不能废，而亦为盛世所不尚，所录略存梗概，不求备也"。夫四库目录乃奉命撰述之书，天下趋向之所属，今创此论于上，下之人从风而靡，此法学之所以日衰也。[1]

这里，沈家本阐述了法家的演变和法学日衰的历史情况，也指出了法学日衰的一些原因，但他没有也不可能从封建制度本身探讨其根本原因。从实质上说，法家学说日益衰落，并成为儒家仁政德治滔滔不绝的"长河"中的一股"伏流"，其根本原因在于封建专制制度的建立和封建人治主义的统治。

[1] 见《寄簃文存·卷三》。

秦始皇建立起统一的专制主义中央集权国家之后，就推行文化专制主义，禁止诗书，取缔私学，只许以法为教，以吏为师。这样，不但窒息了其他各家思想，也阻碍了包括法家在内的法律学说的发展。后来，封建统治者实行"霸王道杂之"的政策，使礼法融合起来，有效地维护了封建专制制度。特别是到了封建社会后期，封建专制制度的腐朽性日益显现出来，统治者更加强了思想统治，把法律和法学囿于上层官府，而不许民间自由研讨，严重地窒息了学术探讨的空气，从而使法学日益衰落。

然而，我们也应该看到，自汉至清，在法家的演变和法学日益衰落的过程中，既有不少专门治律的律家和刑吏，也有许多号称儒家而杂有法家言的思想家，更有在某些问题上切近法家主张的人物。例如桑弘羊、曹操、诸葛亮、王安石、张居正等，就是秦以后法家思想比较突出的人物。

汉武帝统治时期，桑弘羊担任朝廷财政官员职务三十多年。在公元前八十一年（昭帝始元六年）召开的"盐铁会议"上，贤良文学同御史大夫桑弘羊展开了辩论，"总论政治得失"。会议的论争，是先秦儒法斗争的继续，贤良文学责难实行法治是"峭法长利"，桑氏则极力颂扬法治，认为要治理好国家，必须一切绳之以法，断之以刑。桑氏云："令者，所以教民，法者，所以督奸也。令严则民慎，法设而奸禁，网疏则兽失，法疏则罪漏，罪漏则民放佚而轻犯禁，故禁不必，怯夫侥幸……执法者，国之辔衔；刑罚者，国之维楫也。故辔衔不饬，虽王良不能以致远；维楫不设，虽良工不能以绝水……今刑法设备而民犹犯之，况无法乎？其乱必也。"〔1〕观桑氏的言论，其法治思想十分突出，可以说他是汉代的法家。

曹操、诸葛亮生活的东汉末年，政治极端腐败，法纪松弛，豪强官僚倚仗权势，横行不法。曹操、诸葛亮都认为，要想治理好国家，统一天下，必须强调法治。曹氏云："夫治定之化，以礼为首；拨乱之政，以刑为先。是以舜流四凶族，皋陶作士；汉祖除秦苛法，萧何定律。"〔2〕这里，他主张虽然应礼法兼用，但要治理当时的乱世，应当以刑为先。诸葛亮执政时，法正批评他"刑法峻急"，并援引刘邦"约法三章"的成功经验，劝他宽刑省法。诸葛亮回答说："君知其一，未知其二。秦以无道，政苛民怨，匹夫大呼，天下

〔1〕《盐铁论·刑德》。
〔2〕《曹操集·以高柔为理曹掾令》。

土崩，高祖因之，可以弘济。刘璋暗弱，自焉以来有累世之恩，文法羁縻，互相承奉，德政不举，威刑不肃。蜀土人士，专权自恣，君臣之道，渐以陵替；……吾今威之以法，法行则知恩，限之以爵，爵加则知荣；恩荣并济，上下有节。"[1]他强调实行法治是治理国家的根本，只有威之以法，限之以爵，才能巩固政权。诸葛亮实行法治取得很大成效，史家曾称赞他"科教严明，赏罚必信，无恶不惩，无善不显"。[2]

中国十一世纪时的改革家王安石，在其变法主张中，既利用儒家的经典而赋以新义，更吸纳崇尚法家法治的内容。他在上宋神宗的奏疏中云："臣以为有司议罪，惟当守法，情理轻重。则敕许奏裁。若有司辄得舍法以论罪，则法乱于下，人无所措手足矣。"[3]所以他对先秦法家商鞅实行的法治备加赞扬："陛下看商鞅所以精耕战之法，只司马迁所记数行具足。若法令简而要，则在下易遵行；烦而不要，则在下既难遵行，在上亦难考察。"[4]在变法过程中，他所推行的青苗、均田、市易、免役、农田水利、保甲、保马等新法，亦多与先秦法家的农战政策有关。

明代"第一权相"张居正的改革，在历史上与王安石变法齐名。他援法入儒，将法家之精神灌注于原有之儒术，可以说他是以儒者而行法治，是一位外儒内法的政治家。他主张"以法绳天下"[5]，法权应高于一切，一律裁之以法，不徇私情。"刑赏予夺，一归之于公道，而不必曲徇乎私情；政教号令，必断于宸衷，而毋致纷更于浮议。法所当加，虽贵近不宥；事有所枉，虽疏贱必申。"[6]所以他在改革中厉行法家综核名实、信赏必罚的主张，"有功于国家，即千金之赏，通侯之印，亦不宜吝；无功国家，虽嚬笑之微，敝裤之贱，亦勿轻予"。[7]张居正这位外儒内法的政治家，亦以其变法改革的事业而为后人所称赞。

综上所述，自汉代儒学独尊之后，就不存在先秦时期那样纯粹的法家学

---

〔1〕《诸葛亮集·答法正书》。
〔2〕《三国志·蜀志·诸葛亮传》。
〔3〕见《文献通考·刑考九》。
〔4〕《续资治通鉴长编》卷二五〇。
〔5〕见《明史·张居正传》。
〔6〕《张文忠公全集·陈六事疏》。
〔7〕《张文忠公全集·陈六事疏》。

说了，法家思想常常在外儒内法、礼法并用等形式下出现，人们称法家文化为"隐文化"，但它始终是封建统治者用以统治人民的一种思想武器。

到一八四〇年，英国对中国发动了鸦片战争，尔后资本主义列强相继侵入，中国沦为一个半殖民地半封建社会。中华民族处于十分危急的时刻，大批先进人物提出了救亡图存、变法图强的主张。他们放眼世界，掀起了向西方学习的热潮，因而也引进了西方资产阶级革命时期以法治国等理论。从形式上看，它与旧日法家思想有几分相似之处，所以有人称之为法家思想之"复兴"。如常燕生云：

> 中国今日是一个战国以后最大的变局，今日的世界又是一个"新战国"的时代，我们将要从哪一条路去挽救国家的颓运，是值得郑重考虑的一件事。就事实上看来，并世各强国，没有一个不是把国家统制的权力逐渐扩大，以期建设一个强有力的民族集团，以备对外战争的，法家的思想确正是往这一条大路走的。当然，二千年前的法家，他们的时代，他们的环境，他们的问题，和我们今日中国未必都一一相同。因此，他们的理论，不是绝对无条件一一可施行于今日的。然而他们的根本精神——一个法治的权力国家——却是今日中国一副最适宜的良药。中国的起死回生之道，就是法家思想的复兴，就是一个新法家思想的出现。[1]

常氏所说法家思想复兴的话有某些道理，那是因为近代一些先进人物，如洪仁玕、康有为、沈家本、章太炎等人，在他们所吸收的西方法治思想主张中，往往融合一些法家思想。但常氏未能明确区分其性质的差异，即中国法家思想是封建性的，而西方法治理论是资产阶级性的。

---

〔1〕《国论月刊》第一卷第二期，民国二十四年八月号。

第七编

阴阳家、杂家的法律思想与传统文化

第五十章

阴阳家的法律思想与传统文化

第一节　阴阳家

阴阳家又称阴阳五行家，是战国时期以"术数"（如天文、历谱、五行、蓍龟、杂占、形法等）为基础发展出来的一个学派。他们懂得天文、历法、农业生产等科学知识，但其中又混杂着大量的巫术和迷信。阴阳最初指日光的向背，向日为阳，背日为阴，引申为气候的寒暖。古代思想家看到一切现象都有正反两方面，就用阴阳这个概念来解释自然界两种对立和相互消长的物质势力。如西周伯阳父（史伯）就用阴阳失调来说明地震的原因："阳伏而不能出，阴迫而不能蒸，于是有地震。"[1]春秋医学以阴、阳、风、雨、晦、明"六气"的相互关系来说明疾病产生的由来[2]；老子云"万物负阴而抱阳"[3]，肯定阴阳的矛盾势力是事物本身所固有的。

所谓"五行"，指的是水、火、木、金、土。古代思想家把这五种东西看成是构成万物的元素。伯阳父云："先王以土与金、木、水、火杂以成百物。"[4]宋国大夫子罕云："天生五材，民并用之，废一不可。"[5]"五材"就是五行。中国古代思想家希望用日常习见的五种物质来说明世界万物的起源和多样性的统一。

阴阳家致力于构造一个将天、地、人统一起来的世界图式。司马谈和班固评论阴阳家时指出：

---

〔1〕《国语·周语上》。
〔2〕见《左传·昭公元年》。
〔3〕《老子》四十二章。
〔4〕《国语·郑语》。
〔5〕《左传·襄公二十七年》。

尝窃观阴阳之术，大祥而众忌讳，使人拘而多所畏，然其序四时之
大顺，不可失也。[1]

阴阳家者流……敬顺昊天，历象日月星辰，敬授民时，此其所长也。
及拘者为之，则牵于禁忌，泥于小数，舍人事而任鬼神。[2]

这个评价是比较中肯的。阴阳家在研究以天人关系为中心的各种事物的
关系时，确实有一部分具有科学性的论述，但其中同时又夹杂着大量的巫术
和迷信。

战国时期阴阳家的代表人物是邹衍。邹衍，齐国人，他在齐国临淄的稷
下住过，历游魏、燕、赵等国，受到各国诸侯的礼遇。《史记》在记述邹衍的
思想学说时指出：

骊衍睹有国者益淫侈，不能尚德，若大雅，整之于身，施及黎庶矣。
乃深观阴阳消息，而作怪迂之变，终始、大圣之篇，十余万言。其语闳
大不经，必先验小物，推而大之，至于无垠。先序今以上至黄帝，学者
所共术，大并世盛衰，因载其襪祥度制，推而远之，至天地未生，窈冥
不可考而原也。先列中国名山、大川、通谷、禽兽，水土所殖，物类所
珍，因而推之，及海外，人之所不能睹。称引天地剖判以来，五德转移，
治各有宜，而符应若兹。以为儒者所谓中国者，于天下，乃八十一分居
其一分耳。中国名曰赤县神州。赤县神州内自有九州，禹之序九州岛是
也，不得为州数。中国外，如赤县神州者九，乃所谓九州也。于是有
"裨海"环之，人民禽兽莫能相通者，如一区中者，乃为一州。如此者
九，乃有"大瀛海"环其外，天地之际焉——其术皆此类也。然要其归，
必止乎仁义节俭，君臣上下六亲之施，始也滥耳。[3]

由此可见，邹衍的思想学说主要有三个方面：一是天论，二是五德终始
说，三是大九州的地理学说。其中最有影响的是五德终始说。

邹衍的著作很多。《史记·孟子荀卿列传》说他着"终始、大圣之篇十余

---

[1]《史记·太史公自序》。
[2]《汉书·艺文志》。
[3]《史记·孟子荀卿列传》。

万言"。《汉书·艺文志》著录《邹子》四十九篇、《终始》五十六篇。可惜这些著作都已散佚。现在只能依托秦汉以后有关著作中的片段资料来研究他的思想。

第二节　五德终始说

邹衍有《主运》一篇，是专讲五德终始的。李善曾引有关邹衍的两句话："五德从所不胜，虞土、夏木、殷金、周火"[1]，"邹子有终始五德，从所不胜。土德后木德继之，金德次之，火德次之，水德次之"。[2]由此可见，五德终始说是原始的"五行相胜"说的发展。邹衍将"五行相胜"说与朝代的盛衰更替相附会，即每一朝代都有五德（威力）中的一种与之相配合，由这种德支配着这个朝代的命运。历史就是按"五行相胜"的顺序一代一代循环往复的。邹衍的五德终始说在《吕氏春秋·应同》篇中还保存了比较完整的一段：

> 凡帝王者之将兴也，天必先见祥乎下民。黄帝之时，天先见大螾大蝼。黄帝曰："土气胜！"土气胜，故其色尚黄，其事则土。及禹之时，天先见草木，秋冬不杀。禹曰："木气胜！"木气胜，故其色尚青，其事则木。及汤之时，天先见金刃生于水。汤曰："金气胜！"金气胜，故其色尚白，其事则金。及文王之时，天先见火，赤乌衔丹书，集于周社。文王曰："火气胜！"火气胜，故其色尚赤，其事则火。代火者必将水，天且先见水气胜，水气胜，故其色尚黑，其事则水。

这段话可说是"五德转移，治各有宜，而符应若兹"的详细注释和解说。值得注意的是，按照"五行相胜"的顺序，五德的运转也有一定的顺序，虞舜（《应同》篇说是黄帝）为土德，夏禹为木德，木胜土，所以夏禹代虞舜；殷商为金德，金胜木，所以殷代夏；姬周为火德，火胜金，所以周代殷；胜火者当为水德，所以代周而兴的王朝应主水德。可见一种"德"不能永远不变，一个朝代也不可能永世长存，必定有其终数。同时，一个新朝代的出现，

---

[1]　《文选·齐故安陆昭王碑》李善注引。
[2]　《文选·魏都赋》李善注引《七略》。

天必然先显示出某一种德盛的现象，这就叫"符应"。如夏禹时先出现了草木秋冬不枯黄的木气盛的现象，这就是夏禹"以木德王"的"符应"。

邹衍所论述的五德转移，虽没有一定的时间，但都是命定的，这和思孟学派的思想是一脉相承的，《中庸》云："国家将兴，必有祯祥，国家将亡，必有妖孽，见乎蓍龟，动乎四体；祸福将至，善必先知之，不善必先知之，故至诚如神。"孟子亦云："五百年必有王者兴，其间必有名世者。由周而来，七百余岁矣；以其数，则过矣；以其时考之，则可矣，夫天，未欲平治天下也，如欲平治天下，当今之世，舍我其谁也？吾何为不豫哉？"[1]实际上，邹衍的五德终始说是把古代五行说在思孟学派的基础上唯心主义化了。

邹衍所讲的"从所不胜"，是指旧德对它所不能战胜的新德的服从。所以人们应归顺适应新德而建立起来的新王朝，服从它的新制度。这种理论，在一定程度上符合战国时期历史发展趋于统一的客观形势，适应了新兴封建势力建立统一的封建政权的需要。

第三节　春夏施德与秋冬行刑

阴阳家认为，五行与四时的运转是相一致的，春为木，夏为火，秋为金，冬为水，土被置于夏秋之交，居中央。他们以"五行相生"的原理来解释四时运行和万物变化，并规定当政者每月应进行的经济、政治、军事、司法、教育、宗教等项活动。这种施政时令说主要保留在《礼记·月令》中。《月令》提出政治法律活动总的指导原则是：

> 凡举大事，毋逆大数，必顺其时，慎因其类。

这主要是说，国家大事不得违反阴阳五行运转的规律，必须顺应四时的变化。其具体内容是：

春季：春季为木德，阳气渐盛，万物萌生，是生养的季节。因此，天子布政施令要以宽厚仁恩为主旨，禁止杀伐伤生。"生而勿杀，赏而勿罚，罪狱

---

[1]《孟子·公孙丑下》。

勿断，以待期年"〔1〕；"命相布德和令，行庆施惠，下及兆民"，〔2〕"命有司，省囹圄，去桎梏，毋肆掠，止狱讼"。〔3〕

夏季：夏季为火德，是万物继续生长和繁荣的时期。因此，天子发布政令还应以宽厚为主。天子要"断薄刑，决小罪，出轻系"；要选拔人才，做到"行爵出禄，必当其位"；而"不可以兴土功，不可以合诸侯，不可以起兵动众，毋举大事，以摇养气"。〔4〕

秋季：秋季为金德，是万物成熟、凋落的季节，秋德肃杀。所以天子发布政令，应把惩治罪恶，征伐不义放在重要位置。"罚而勿赏，夺而勿予，罪狱诛而勿生，终岁之罪，毋有所赦"〔5〕；"命有司，修法制，缮囹圄，具桎梏，禁止奸，慎罪邪，务搏执……戮有罪，严断刑"，"申严百刑，斩杀必当，毋或枉桡，枉桡不当，反受其殃"，"专任有功，以征不义，诘诛暴慢，以明好恶"。〔6〕

冬季：冬季为水德，是万物收敛闲藏的季节。天子发布政令要注重治安管理，惩治罪犯。"罢官之无事者，去器之无用者"；要"行罪无赦"；天子要"与卿大夫饬国典，论时令，以待来岁之宜"。〔7〕

归纳起来，阴阳家把政治分为德和刑两大类，春夏以德政为主，秋冬以刑政为主，即所谓"德始于春，长于夏，刑始于秋，流于冬"。〔8〕

在阴阳家看来，当政者必须遵照上述程序化的政令，按时施行。否则，必将受到惩罚，没有天灾，必有人祸。《月令》篇云：

> 孟春行夏令，则雨水不时，草木早落，国时有恐。行秋令，则其民大疫，猋风暴雨总至，藜莠蓬蒿并兴。行冬令，则水潦为败，霜雪大挚，首种不入。

---

〔1〕《管子·轻重己》。
〔2〕《礼记·月令》。
〔3〕《礼记·月令》。
〔4〕《礼记·月令》。
〔5〕《管子·轻重己》。
〔6〕《礼记·月令》。
〔7〕《礼记·月令》。
〔8〕《管子·四时》。

这些说法虽有牵强的地方，但其目的在于警告、恫吓当政者，不可违背四时运行的规律，恣意妄为。这在客观上有限制君权的作用。

第四节　阴阳五行说对传统文化的影响

梁启超说："阴阳五行说为二千年来迷信之大本营，直至今日，在社会上犹有莫大势力。"[1]就其神学迷信的影响来说，确实如此。但阴阳家学说的影响是很广泛的，在简单的迷信之外，其对传统文化的影响也很深远。

《史记·封禅书》云：

> 秦始皇既并天下而帝，或曰："黄帝得土德，黄龙地蚓见。夏得木德，青龙止于郊，草木畅茂。殷得金德，银自山溢。周得火德，有赤乌之符。今秦变周，水德之时。昔秦文公出猎，获黑龙，此其水德之瑞。"于是秦更命河曰"德水"，以冬十月为年首，色上黑，度以六为名，音上大吕，事统上法。

《集解》注曰："政尚法令也"，"水阴，阴主刑杀，故尚法"。秦始皇信奉这种五德终始说，认定自己属于水德，当代周而有天下。水德尚黑色，于是秦代"衣服、旄旌、节旗皆上黑"[2]，连老百姓也称"黔首"，头上包裹黑布。他治国尚法，"刚毅戾深，事皆决于法。刻削毋仁恩和义，然后合五德之数。于是急法，久者不赦"[3]。

秦亡后，五德之说并未销声匿迹。据说汉文帝时曾有汉属水德还是土德的争辩。北魏孝文帝以拓跋部"出于黄帝，以土德王"，土为"万物之元"，故改姓元。[4]由此可见，五德说之影响相当深远。阴阳学说影响最深刻的，在于它对封建正统思想的渗透。西汉中期形成的董仲舒新儒学，以儒为主，儒法合流，并吸收了道家、阴阳家诸家的思想。在封建统治者的支持下，这种新儒学成为官方统治思想，统治中国社会两千多年。这其中就有阴阳学说

---

[1]《古史辨》第五册《阴阳五行说之来历》。
[2]《史记·秦始皇本纪》。
[3]《史记·秦始皇本纪》。
[4]《资治通鉴》卷一四〇。

的一份"功劳"。例如，董氏在论述德刑关系和"三纲"问题时，就充分运用了阴阳学说。董氏云：

> 王者欲有所为，宜求其端于天。天道之大者在阴阳，阳为德，阴为刑；刑主杀而德主生。是故阳常居大夏，而以生育养长为事，阴常居大冬，而积于空虚不用之处。以此见天之任德不任刑也。[1]
>
> 阴阳，理人之法也：阴，刑气也；阳，德气也，……是故天数右阳而左阴，务德而不务刑。刑之不可任以成世也，犹阴之不可任以成岁也，为政而任刑，谓之逆天，非王道也。[2]
>
> 君臣、父子、夫妇之义，皆取诸阴阳之道。君为阳，臣为阴；父为阳，子为阴；夫为阳，妻为阴。[3]

这样，董仲舒就把国家的政刑以及伦理道德等都纳入阴阳模式，并按照"阳尊阴卑"的公式，自然而然地推导出德主刑辅、"三纲可求于天"的结论。德主刑辅是封建正统法律思想的核心内容，"三纲"乃封建立法、司法的根本原则，终封建之世，它们都是封建上层建筑的重要组成部分。由此我们可以看出阴阳学说对传统文化的深远影响。

---

〔1〕《汉书·董仲舒传》。
〔2〕《春秋繁露·基义》。
〔3〕《春秋繁露·基义》。

第五十一章

杂家的法律思想与传统文化

第一节　杂家

《汉书·艺文志》著录杂家言二十家，四百三篇，《吕氏春秋》是杂家的代表作。吕不韦为秦相国时，令其门客编写了一部著作，名曰《吕氏春秋》。全书分为八览、六论、十二纪，共二十余万言。

春秋战国以来，"诸侯异政，百家异说"，在思想领域出现了"百家争鸣"的局面。各家各派都对社会大变革中出现的重大问题提出自己的看法和对策，各执一端，各执一术，互相非难，互相斗争。《吕氏春秋》叙述这种情势时说：

> 老聃贵柔，孔子贵仁。墨翟贵兼，关尹贵清，子列子贵虚，陈骈贵齐，阳生贵己，孙膑贵势，王廖贵先，倪良贵后。此十人者皆天下之豪士也。[1]
>
> 故反以相非，反以相是。其所非方其所是也，其所是方其所非也，是非未定而喜怒斗争反为用矣。吾不非斗，不非争，而非所以斗，所以争。故凡斗争者，是非已定之用也。今多不先定其是非而先疾斗争，此惑之大者也。[2]

对于这种斗争不已的情势，该书作者主张采取积极的态度加以解决。那就是"齐万不同，愚智工拙，皆尽力竭能，如出乎一穴"。[3]

因此，此书的内容，就反映出"诸子之说兼有之"的特点。它兼收并蓄，

---

[1]《吕氏春秋·不二》。
[2]《吕氏春秋·安死》。
[3]《吕氏春秋·不二》。

反映了各家各派的观点。但它却有一定的标准：对于儒家、道家的思想尽量摄取，同时又吸收墨、法等家的思想，然后加以综合，成为一个新的体系，力图为行将建立的封建统一国家提供思想理论武器。对此，《用众》篇作了具体说明："物固莫不有长，莫不有短，人亦然。故善学者，假人之长以补其短。故假人者，遂有天下。"很清楚，兼采各家之所长，以补其短，是为了达到"遂有天下"的目的。

《吕氏春秋》成书于公元前二三九年（秦始皇八年），这时秦始皇已经二十一岁，再过一年就要"冠而听治"、亲理朝政了。吕不韦迫不及待地赶在秦始皇亲政之前公布此书，其目的何在呢？郭沫若在《十批判书》中推测吕氏"可能是有意向他（秦始皇）说教"，这个看法是颇有见地的。

当时，"四海之内若一家"，由诸侯割据称雄向统一的中央集权封建国家转变的局势已经形成，而最具备条件完成这个统一大业的是秦国。可是统一后的封建帝国究竟采取什么样的思想理论作为治国的指导方针呢？这是秦统治者必须解决的大问题。元人陈澔在《礼记集说》中就说过："吕不韦相秦十余年，此时已有必得天下之势，故大集群儒，损益先王之礼，而作此书，名曰春秋，将欲为一代兴王之典礼也。"这个"将欲为一代兴王之典礼"，就是吕不韦向秦始皇"说教"的内容。具体地说，吕不韦力图为行将建立的封建帝国提出一套治国安邦的原则和方案。然而，天性刚愎自用的秦始皇，却置吕不韦的教诲于不顾，反而认为他危及自己的专制统治，而将他迫害致死。

第二节　因时变法论

《吕氏春秋》认为，人类社会是逐渐进化的，历史是不断发展的，政治法律制度也应适应这种发展变化，所以它主张因时变法。"故治国无法则乱，守法而弗变则悖。悖乱不可以持国，世易时移，变法宜矣。"[1]这种变法主张是秦国自孝公以来的传统。身为相国的吕不韦自然不会忽视这种传统。集中阐述变法主张的《察今》篇基本上采用了商鞅一派法家重视变法的主张。

上胡不法先王之法，（先王之法）非不贤也，为其不可得而法。先王

---

〔1〕《吕氏春秋·察今》。

之法，经乎上世而来者也；人或益之，人或损之，胡可得而法？虽人弗损益，犹若不可得而法。东夏之命，古今之法，言异而典殊。故古之命多不通乎今之言者，今之法多不合乎古之法者……时已徙矣，而法不徙，以此为治，岂不难哉？

这里，它极力非难先王之说，特别强调要审时度势，顺应时势的变迁和历史的发展，实行变法。如果时代变了，还要去效法先王之法，那就无异于"刻舟求剑"，是十分荒谬的。

但是，它要求变法的内容，有些则和法家的主张不同。《孟春纪》云："无变天之道，无绝地之理，无乱人之纪。"所谓"人之纪"，就是儒家的伦理纲常。《壹行》篇云："先王所恶，无恶于不可知，不可知则君臣、父子、兄弟、朋友、夫妻之际败矣。十际皆败，乱莫大焉。凡人伦以十际为安者也，释十际则与麋鹿虎狼无以异。"由此可见，《吕氏春秋》一方面积极主张因时变法，反映出法家的变法思想；另一方面又沿袭儒家维护伦理纲常的思想，认为"人之纪"是不可变的。在变法问题上，它表现出调和儒法的倾向。

第三节　无为而治论

《吕氏春秋》的《序意》篇是公认的该书的序言，其中说：

> 爰有大圜在上，大矩在下，汝能法之，为民父母。盖闻古之清世，是法天地。凡十二纪者，所以纪治乱存亡也，所以知寿夭吉凶也。上揆之天，下验之地，中审之人，若此则是非可不可无所遁矣。

这里，它指出古今治乱存亡、寿夭吉凶都没有脱离十二纪这个自然变化系统；同时又强调要取法天地，即"欲为天子者"必须体天行道，顺应自然，不要恣意妄为。十二纪的本文中又反复说明王者在一年之中，每月应按自然的变化施政立法，庶可实现太平盛世。这种取法天地的思想，大体和道家"人法地，地法天，天法道，道法自然"[1]相通。

---

[1]　见《老子》二十五章。

　　王者取法天地，首先必须示天下以公，或去私而立公。《贵公》篇云：
"昔先圣王之治天下也必先公，公则天下平矣。"该书作者认为古往今来能取
得天下的是由于"公"，而丧失天下的是由于"偏"；天下，不是一人之天
下，而是天下人之天下。所以要像天对待万物那样，"阴阳之和，不长一类，
甘露时雨，不私一物"；作为万民之王，就应当去私立公，"不私一人"。[1]
《本生》篇则更具体地说明了能养成天地之所生才叫"公"，能"公"然后才
能为天子："始生之者天地，养成之者人也，能养天地之所生而勿撄之为天
子。天子之动也，以全天为故者也。此官之所自立也。立官者，以全生也。"
这种公天下的思想，近似于慎到的立公弃私的主张。这种公天下和立公弃私
的主张，强调统治者必须秉公办事，而反对君主把天下当作私产予取予求，
所以它具有一定进步意义。

　　《吕氏春秋》认为，君道和臣道是不同的。做君主的要体天行道，无为而
治；为臣的则如"万物殊类殊形，皆有分职"[2]，所以要有为。它大量吸收
道家清静无为之说，用来论证君主应无为而治的主张。《吕氏春秋》云：

　　　　夫君也者，处虚服素而无智，故能使众智也；智反无能，故能使众
　　能也；能执无为，故能使众为也。无智、无能、无为，此君之所执
　　也。[3]

　　　　凡君也者，处平静，任德化，以听其要。[4]

　　　　至圣弃智，至仁忘仁，至德不德，无言无思，静以待时，时至而应，
　　心暇者胜……古之王者，其所为少，其所因多。因者君术也，为者臣道
　　也。[5]

　　这里所讲的无为，并不是什么事都不做，其关键在于君主应当"劳于求
人而佚于治事"[6]，以求贤为第一要务。至于各种具体事务，则由臣下去完

---

　　[1]　见《吕氏春秋·贵公》。
　　[2]　《吕氏春秋·分职》。
　　[3]　《吕氏春秋·分职》。
　　[4]　《吕氏春秋·勿躬》。
　　[5]　《吕氏春秋·君守》。
　　[6]　《吕氏春秋·君守》。

成，责成他们各尽其职。这样可以做到"大圣无事而千官尽能"〔1〕，事省而国治。

《吕氏春秋》之所以反复申述君主无为的好处，目的在于劝告秦始皇，在统一的封建帝国建成以后应当实行无为而治的政策，使长期遭受战乱之苦的人民有休养生息的机会，在和平环境里安心从事生产，从而更好地维护封建统治。后来秦始皇根本不顾这些有益的劝告，好大喜功，大事兴作，横征暴敛，加之专任刑罚，妄杀无辜，遂致天下大乱。代秦而起的西汉王朝，吸取秦朝骤亡的教训，实行无为而治，与民休息，从而使社会经济迅速得到恢复和发展，出现了"文景之治"。历史证明，无为而治的主张在当时有其积极作用。

第四节　施行仁义说

《吕氏春秋》在主张实行无为而治的同时，又主张用儒家仁义礼乐和德教作为封建统治思想的另一组成部分，共同为维护和巩固封建专制制度服务。

一、治国"莫如以德，莫如行义"

儒家主张为国以礼，为政以德。这种仁义德治思想在《吕氏春秋》中到处可见。如说：

> 古之君民者，仁义以治之，爱利以安之，忠信以导之，务除其灾，思致其福。〔2〕

> 为天下及国，莫如以德，莫如行义。以德以义，不赏而民劝，不罚而邪止。此神农、黄帝之政也。以德以义，则四海之大，江河之水，不能亢矣；太华之高，会稽之险，不能障矣；阖庐之教，孙吴之兵，不能当矣。故古之王者，德回乎天地，澹乎四海……岂必以严罚厚赏哉！严罚厚赏，此衰世之政也。〔3〕

---

〔1〕　见《吕氏春秋·士节》。
〔2〕　《吕氏春秋·适威》。
〔3〕　《吕氏春秋·上德》。

这里，《吕氏春秋》一方面极力推崇儒家的仁义德治主张，另一方面又鄙薄法家的严罚厚赏，这同秦国鄙儒尚法的传统有所不同。《功名》篇更把德教比作钓鱼的香饵、射鸟的良弓，突出强调德教的作用。"善钓者，出鱼乎十仞之下，饵香也；善射者，下鸟乎百仞之上，弓良也。善为君者，蛮夷反舌，殊俗异习皆服之，德厚也。"它还形象地比喻说："泉水深，则鱼鳖归之；树木盛，则飞鸟归之；百草茂，则禽兽归之；人主贤，则豪杰归之。"可见德教对于治国是何等重要了！

二、施行仁义与以宽使民

《吕氏春秋》揭露战国末期世道衰微，统治者不但不施仁义，不行德教，相反，还穷奢极欲，草菅人命，专以攻伐为事。"世主多盛其欢乐，大其钟鼓，侈其台榭苑囿，以夺民财，轻用民死，以行其忿"，甚至"攻无罪之国以索地，诛不辜之民以求利"，这样想要"宗庙之安也，社稷之不危也，不亦难乎"？这种做法如同覆巢毁卵、"刳兽食胎"一样，其后果是不堪设想的。该书作者主张：君主的宫室"足以避燥湿而已矣"，车马衣服"足以逸身暖骸而已矣"，饮食"足以适味充虚而已矣"。[1]它很称赞宛春关心民生，唯恐伤民，不妄兴徭役的主张。据《分职》篇载："卫灵公天寒凿池，宛春谏曰：天寒起役，恐伤民。公曰：天寒乎？宛春曰：公衣狐裘，坐熊席，陬隅有灶，是以不寒。今民衣弊不补，履决不组。君则不寒矣，民则寒矣。"宛春的劝谏终于使卫灵公醒悟，下令停止凿池。

《吕氏春秋》从历史经验中认识到，亡国之主多数是"以多威使其民"。对待经过长期战乱之苦的人民，应当给予休养生息的机会，决不能竭泽而渔，不顾一切地榨取人民的血汗。所以它提出了以宽使民的主张："先王之使其民，若御良马，轻任新节，欲走不得，故致千里。善用其民者亦然。"[2]毫无疑问，这种以宽使民的主张，客观上反映了人民希望减轻剥削的愿望。

---

〔1〕　见《吕氏春秋·重己》。
〔2〕　《吕氏春秋·适威》。

第五节　任法重势论

《吕氏春秋》直接阐述法的内容不多，但从其片段的论述中，仍可看出它在法律上的见解基本上承袭了法家的一些观点，认为治国必须用法。同时，其主张中又夹杂着一些儒家思想。

一、"法也者，众之所同也"

《吕氏春秋》也主张以法治国，如在《处方》《不二》篇中说：

> 法也者，众之所同也，贤不肖之所以其（共）力也。[1]
>
> 有金鼓所以一耳也，同法令所以一心也。智者不得巧，愚者不得拙，所以一众也。勇者不得先，惧者不得后，所以一力也。故一则治，异则乱；一则安，异则危。夫能齐万不同，愚智工拙，皆尽力竭能，如出乎一穴者，其唯圣人矣乎！[2]
>
> 贤主有度而听，故不过。有度而以听，则不可欺矣，不可惶矣，不可恐矣，不可喜矣。[3]

这里，它所论述的几乎全是法家思想，但有几点值得注意。

第一，所谓"法也者，众之所同也"，实际上是把法说成是平等的和公正无私的，似乎它对各阶层的人们一视同仁。这种主张在理论上无疑是很有价值的，但在等级森严的封建社会里却无从实现。第二，所谓"一则治，异则乱；一则安，异则危"，是指法令必须统一，不能政出多门。这样，法才能起到"一耳""一心""一众""一力"的作用。第三，所谓"贤主有度"，是指君主必须以法治国，运用法律这一"规矩""准绳"来处理天下事务，才可做到"不可欺"。

---

[1]《吕氏春秋·处方》。

[2]《吕氏春秋·不二》。

[3]《吕氏春秋·有度》。

二、"因其势也者令行"

《吕氏春秋》主张建立中央集权的君主专制制度，加强君主的权力，所以法家重"势"的思想自然为它所吸收。

> 失之乎数，求之乎信，疑；失之乎势，求之乎国，危。吞舟之鱼，陆处则不胜蝼蚁，权钧则不能相使，势等则不能相并，治乱齐则不能相正。故小大轻重少多治乱不可不察……其势不厌尊，其实不厌多。多实尊势，贤士制之，以遇乱世，王犹尚少。[1]
>
> 凡王也者，穷苦之救也。水用舟，陆用车。涂用辅，沙用鸠，山用樏。因其势也者令行，位尊者其教受，威立者其奸止，此畜人之道也……王也者，势也；王也者，势无敌也。势有敌则王者废矣。[2]

这里所讲的"势"，同慎到、韩非一样，也是指君主的地位和权势。君主要想维护自己的统治，就必须掌握和依靠能使法令得以贯彻执行的权势。凡是能够"因其势也者令行"；相反，如果君主失去权势，那就如同"吞舟之鱼"离开了水一样，连蝼蚁也不能战胜。但《吕氏春秋》重"势"的思想并不是始终一贯的，有时自相矛盾，例如，其在《骄恣》篇中又反对君主独揽大权，批评君主不听臣下的忠谏，认为"专独位危"，为君者不可不慎。

三、"为善者赏，为不善者罚"

和法家一样，《吕氏春秋》也认为君主必须掌握赏罚大权。《用民》篇云：

> 用民有纪有纲，壹引其纪，万目皆起；壹引其纲，万目皆张。为民纪纲者何也？欲也恶也。何欲何恶？欲荣利，恶辱害；辱害所以为罚充也，荣利所以为赏实也。赏罚皆有充实，则民无不用矣。

---

〔1〕《吕氏春秋·慎势》。
〔2〕《吕氏春秋·慎势》。

这是说人的本性是好利恶害的，君主应当根据这种本性，制定赏罚制度；要想有效地役使人民，还必须善于运用赏罚。"为善者赏，为不善者罚"，这是先王之法，"不可易"。[1]

但是，赏罚必须公平，不分亲疏远近，当赏者一定赏，当罚者一定罚。"凡赏非以爱之也，罚非以恶之也，用观归也。所归善，虽恶之赏；所归不善，虽爱之罚"[2]，"故当功以受赏，当罪以受罚。赏不当，虽与之必辞；罚诚当，虽赦之不外"。[3]如果赏罚适当，则亲疏远近贤不肖，"皆尽其力而以为用矣"。[4]它认为是否能正确施行赏罚，是国家治乱安危之所系，为政者必须特别慎重，一切秉公而断，不可枉法徇私。

四、"令苛则不听，禁多则不行"

和法家主张的严刑峻法不同，《吕氏春秋》对繁法苛刑持批判态度，认为"令苛则不听，禁多则不行"，夏桀、商纣的禁令虽然多得不可胜数，人民却因而惨遭杀戮，此之谓"不能用威适"[5]。相反，三王实行"先教而后杀，故事莫功焉"[6]。它特别称赞子产宽刑慎杀的业绩，认为统治人民单靠威力和刑罚是无济于事的，那只能激起人民更强烈的反抗。所以它批评那些不肖的君主"不得其道，徒多其威，威愈多，民愈不用"；亡国的君主则更是"多以多威使其民"。它由此而得出的结论是："故威不可无有，而不足专恃。"[7]显然，这是在劝告秦始皇，统治人民不能搞繁法苛刑。

第六节 《吕氏春秋》在传统文化中的地位

总的说来，《吕氏春秋》的政治法律主张是其安邦治国之策的重要组成部分。它的无为而治、仁义德教、兼采法治等思想主张，反映了新兴封建势力

---

〔1〕《吕氏春秋·禁塞》。
〔2〕见《吕氏春秋·当赏》。
〔3〕见《吕氏春秋·高义》。
〔4〕见《吕氏春秋·当赏》。
〔5〕见《吕氏春秋·适威》。
〔6〕见《吕氏春秋·先己》。
〔7〕见《吕氏春秋·用民》。

力图使天下长治久安的要求，在当时历史条件下基本上是能够行得通的。它不仅继承了秦国法治的传统，而且意识到仁义德教是有利于维护封建统治的。但是统一了天下的秦始皇却反其道而行之，专任刑吏，以刑杀为威，结果秦朝二世而亡。

历史是曲折前进的，继秦而起的西汉王朝，认真吸取了秦朝"专任刑罚""赋敛无度""仁义不施"而骤亡的历史教训，转而采取黄老无为而治作为治国的指导思想，并杂用儒法等家学说，从而取得了缓和社会矛盾、迅速恢复和发展经济的功效。实际上，这是"霸王道杂之"的政治，和《吕氏春秋》的主张基本一致。这种主张对后世有相当大的影响。所以说，《吕氏春秋》在中国传统文化中的地位是应当充分肯定的，吕不韦也不愧为一位杰出的政治家和思想家。